**DOS
GE-PACKT**

Gerhard Franken

DOS
GE-PACKT

Bibliografische Information Der Deutschen Bibliothek
Die Deutsche Bibliothek verzeichnet diese Publikation
in der Deutschen Nationalbibliografie;
detaillierte bibliografische Daten sind im
Internet über http://dnb.ddb.de abrufbar.

ISBN 3-8266-1313-9
1. Auflage 2003

Alle Rechte, auch die der Übersetzung, vorbehalten. Kein Teil des Werkes darf in irgendeiner Form (Druck, Kopie, Mikrofilm oder einem anderen Verfahren) ohne schriftliche Genehmigung des Verlages reproduziert oder unter Verwendung elektronischer Systeme verarbeitet, vervielfältigt oder verbreitet werden. Der Verlag übernimmt keine Gewähr für die Funktion einzelner Programme oder von Teilen derselben. Insbesondere übernimmt er keinerlei Haftung für eventuelle, aus dem Gebrauch resultierende Folgeschäden.

Die Wiedergabe von Gebrauchsnamen, Handelsnamen, Warenbezeichnungen usw. in diesem Werk berechtigt auch ohne besondere Kennzeichnung nicht zu der Annahme, dass solche Namen im Sinne der Warenzeichen- und Markenschutz-Gesetzgebung als frei zu betrachten wären und daher von jedermann benutzt werden dürften.

Printed in Germany

© Copyright 2003 by mitp-Verlag/Bonn,
ein Geschäftsbereich der verlag moderne industrie Buch AG & Co. KG/Landsberg

Lektorat: Sabine Schulz
Korrektorat: Petra Heubach-Erdmann
Satz und Layout: mediaService, Siegen
Druck: Kösel, Kempten

Inhaltsverzeichnis

V	**Vorwort**	**13**
V.1	Was ist DOS?	14
V.2	Und was bringt mir DOS?	15
V.3	Systemvoraussetzungen	17
V.4	Inhalt des Buches	17

1	**Aufgabe und Funktion des Betriebssystems**	**21**
1.1	Firmware und ROM-BIOS	21
1.2	Die Rolle des Betriebssystems	24
1.3	Programmkategorien und Befehlsarten	26
	Systemdateien	26
	Der Befehlsinterpreter	28
	Dienstprogramme	29
	Anwendungsprogramme und Programmiersprachen	31
	Benutzeroberflächen	32
	Befehlsarten	33

2	**DOS-Grundzüge**	**37**
2.1	Tastaturbelegung	37
2.2	Spezielle Tastenkürzel	41
2.3	Schreibweise von Befehlen	42
	Eckige Klammern [ ]	42
	Punkte ...	42
	Satz- und Sonderzeichen	43
	Das I-Zeichen	43

Inhaltsverzeichnis

2.4	DOS-Eingabeaufforderung	44
	Rechnerstart von Diskette	44
	DOS-Fenster unter Windows	46
	MS-DOS-Modus unter Windows 9x/Me	47
2.5	Befehlszeile editieren	49
2.6	Die Arbeitsumgebung	53
	VER: Anzeige der DOS-Version	53
	KEYB: Tastaturbelegung	53
	SET: Umgebungsvariablen	55
2.7	Hilfe? Hilfe!	57
2.8	FORMAT: Diskette formatieren	61
2.9	DISKCOPY: Disketten kopieren	64
	DISKCOPY	65
2.10	Dateien und Verzeichnisse	66
	Zulässigkeit von Dateinamen	67
	Lange Dateinamen	69
	Leerzeichen in Dateinamen	72
	Dateinamenerweiterungen	74
	Vorangestellte Pfadangaben	75
	Reservierte Dateinamen	76
	Joker, Platzhalter bzw. Wildcards	77
2.11	Befehle für die Arbeit mit Dateien	79
	Laufwerk wechseln	80
	DIR: Dateien in Verzeichnissen anzeigen	81
	CLS: Bildschirm löschen	86
	REN: Dateien umbenennen	86
	Bildschirminhalte drucken	87
	TYPE: Dateiinhalte anzeigen	88
	Befehlsverkettungen	89
	DEL: Dateien löschen	91
	ATTRIB: Dateiattribute ändern	93
	COPY: Dateien kopieren	95

2.12	Befehle für die Arbeit mit Verzeichnissen	97
	MD: Verzeichnis anlegen	100
	CD: Verzeichnis wechseln	100
	DIR /AD bzw. XDIR +D: Nur Verzeichnisse anzeigen	100
	TREE: Verzeichnisstruktur anzeigen	102
	RD: Verzeichnis löschen	103
	DELTREE: Verzeichnisbäume löschen	104
	MOVE: Dateien/Verzeichnisse verschieben bzw. umbenennen	105
2.13	PATH: Zugriffspfade auf Programme	106

3 Mitgelieferte Hilfsprogramme ... 109

3.1	Datensicherung	110
3.2	Datenwiederherstellung	112
3.3	Antivirenprogramme	113
3.4	Festplattenwartung	114
3.5	Datenträgerkomprimierung	115
	STACKER 4.0	116
3.6	Datenaustausch	119
	Hardware-Fallstricke	119
	Interlink-Einrichtung	121
3.7	Benutzeroberflächen	123
3.8	Dekompressionsprogramme	123
3.9	Weitere Programme	124

4 Konfiguration und Batch-Dateien ... 125

4.1	Setup-Programme	126
	MS-DOS	127
	DOS-Versionen von IBM	129
	DR-DOS-Varianten	131

Inhaltsverzeichnis

4.2	Speicherarten	132
	Konventioneller Arbeitsspeicher	132
	UMA (Upper Memory Area)	134
	Extended Memory Specification (XMS)	134
	Expanded Memory (EMS)	136
4.3	DOS-Editoren	136
4.4	Lösungen für CONFIG.SYS	139
	DEVICE/DEVICEHIGH: Treiber installieren	141
	HIMEM.SYS: UMBs nutzen	143
	FILES: Maximale Anzahl geöffneter Dateien	144
	BUFFERS: Puffer einrichten	145
	COUNTRY: Ländereinstellung	146
	SHELL: Befehlsinterpreter festlegen	147
	LASTDRIVE: Letzter Laufwerkbuchstabe	147
	EMM386.EXE: XMS/EMS verwalten	147
	Weitere Anweisungen	149
	Eine CONFIG.SYS für DR-DOS	149
4.5	AUTOEXEC.BAT	150
	Ein Beispiel für die AUTOEXEC.BAT	151
4.6	Startdateien für DOS-Spiele	156
4.7	Batch-Dateien	158
	Programmaufruf über Batch-Dateien	158
	CD-ROM-Unterstützung nachträglich laden	160
	DOS-Befehle nachbilden	161
	PATH-Anweisung modifizieren	161
4.8	Multikonfigurationsbefehle	164
	Weitere Multikonfigurationsbefehle	168
	Menüs mit Batch-Dateien	169
4.9	Optimierung der Speichernutzung	170
4.10	PIF-Dateien und Co.	171
	Das Register Programm	171
	Das Register Speicher	172

5 DOS-Versionen im Überblick ... 175

5.1 MS-DOS-Versionen im Überblick ... 175
- MS-DOS 3.x ... 175
- MS-DOS 4.0x ... 176
- MS-DOS 5 ... 176
- MS-DOS 6.0 ... 176
- MS-DOS 6.2x ... 177
- MS-DOS 7.x/8.0 (Windows 9x/Me) ... 178

5.2 Befehlsübersicht MS-DOS/PCDOS ... 178
- Befehle für Verzeichnisse und Zugriffspfade ... 189
- Datenträgerorientierte Befehle ... 189
- Verschiedene häufig verwendete Befehle ... 190
- Befehle der CONFIG.SYS ... 190
- Befehle für Batch-Dateien ... 193
- Befehle für Zeichensatztabellen ... 193

5.3 PC DOS/IBM DOS ... 194
- PC DOS 6.1/IBM DOS 6.3 ... 194
- PC-DOS 7.0/PC DOS 2000 ... 195

5.4 DR-DOS-Versionen ... 197
- DR DOS 3.41 bis 6.0 ... 197
- DR-DOS 7.0x ... 199

5.5 DOS-Emulationen unter Windows 2000/XP ... 203

6 Alphabetisches Befehlsverzeichnis ... 209

7 Bootfähige Disketten und nützliche Programme ... 469

7.1 DOS-Startdisketten erstellen ... 469
- Windows 9x/Me ... 470
- Windows NT/2000 ... 474
- Windows XP ... 475

	Startdisketten unter DOS erstellen.	476
	DOS auf Treiberdisketten	479
7.2	Besonders nützliche Dateien	479
7.3	Unix-Befehle für DOS-Anwender	484
7.4	Disketten für Rettungsaktionen	485
	Notfalldisketten	485
	Ultimate Boot Disk (UBD)	487
	Datensicherungsprogramme	488
	Diskmanagement-Software	489
	Festplattenabbilder	491

8 Festplatten und mehr. 493

8.1	Einrichtung von Festplatten	493
	Prinzipielle Vorgehensweise	495
	Kapazitätsgrenzen	496
	Partitionen, Cluster und Dateisysteme	499
	Die Partitionierung	505
	Buchstabensuppe	508
	Die Formatierung	508
8.2	Ein paar abschließende Tipps	509
	Mehr als 64 MB Arbeitsspeicher?	509
	Internet und World Wide Web	509
	Audio und Video	510

A Bochs für Windows. 511

A.1	Wie bekommen Sie Bochs?	512
A.2	Einschränkungen unter Windows 9x/Me	512
A.3	Installation und Einrichtung von Bochs	513
A.4	Die Bochs-Konfiguration	515
	Menügeführte Bochs-Konfiguration	516
	Die Konfigurationsdatei BOCHSRC.TXT	522
A.5	Bochs über eine Startdatei ausführen	525

A.6	Bochs-Symbole auf dem Desktop	526
A.7	Leere Image-Dateien erstellen	527
A.8	Image-Dateien von Disketten erstellen	528
A.9	DOS virtuell installieren	530
A.10	Image-Dateien von CD-ROM	532
A.11	Kompatibilität	533
A.12	Alternativen	534

B Netzwerke unter DOS 537

B.1	Grundkonfiguration von Personal NetWare	538
	Server-SETUP	539
	SETUP /FIRST	543
	Spätere Konfigurationsänderungen	545
	Personal NetWare auf weiteren Rechnern konfigurieren	545
	Arbeiten mit Personal NetWare	546
	NET-Befehle	547
	Abschließende Hinweise	550
B.2	Anbindung an Windows	550
B.3	Netzwerkdiagnose mit DOS-Programmen	551
	PING	551
	TCP/IP-Einstellungen anzeigen	553

S Stichwortverzeichnis 555

Vorwort

Mittlerweile haben Betriebssysteme mit grafischen Benutzeroberflächen ihren Siegeszug längst vollendet. Dennoch lesen Sie jetzt das Vorwort eines Buches über DOS und damit zu einem Betriebssystem, dessen Support Microsoft mit Ende des Jahres 2002 eingestellt hat (zusammen mit Windows 3.x und Windows 95). Ein Anachronismus? Keineswegs, denn DOS ist auch heute immer noch ein weit verbreitetes Betriebssystem für Personal Computer und wird es auch noch eine ganze Weile bleiben. Windows 95/98/Me und selbst Windows 2000/XP enthalten auch immer noch entweder MS-DOS 7 bzw. MS-DOS 8 und greifen in Notfällen auf DOS-artige befehlszeilenorientierte Benutzeroberflächen (z.B. die Wiederherstellungskonsole) zurück. Zudem setzt das gute alte Windows 3.11 auf DOS auf, OS/2 enthält eine DOS-Variante und auch unter den verschiedenen Nachkömmlingen von Windows NT können Sie sich auf die DOS-Befehlszeile hinab begeben. Auf all diesen Rechnern ist also DOS in der einen oder anderen Variante präsent. Und wenn irgendetwas richtig schief geht, dann begegnet Ihnen plötzlich wieder die nackte Befehlszeile. Dann müssen Sie den Rechner von einer Diskette aus starten und Befehle zeichenweise eingeben, wenn Sie bestimmte Hardware-Parameter einstellen wollen (wie z.B. das Übertragungsverfahren von Festplatten) und können keine Symbole mehr anklicken.

Vielleicht haben Sie ja auch noch das eine oder andere alte Spiel im Regal stehen. Lange wurden trotz (oder gerade wegen?) Windows 9x Spiele angeboten, die von DOS aus gestartet werden mussten, weil nur DOS eine wirklich hardwarenahe Programmierung zuließ, die notwendige Geschwindigkeit bot und zudem weit weniger Kompatibilitätsprobleme verursachte. Diese Situation hat sich zwar seit der Vorstellung von DirectX und mit den immer leistungsfähiger werdenden Rechnern gewandelt, aber auch ansonsten kann es durchaus noch das eine oder andere bewährte DOS-Programm geben, auf dessen Einsatz nicht verzichtet werden soll.

Allerdings begegnen Sie in der Befehlszeile einem wirklichen Anachronismus. Während Programme für grafische Benutzeroberflächen mit immer aufwändigeren Hilfefunktionen ausgestattet werden, lässt Sie MS-DOS 7 ziemlich im Regen stehen. Hilfestellungen für die DOS-Eingabeaufforderung suchen Sie weitgehend vergeblich. Abgesehen von dem Schalter /?, der die Hilfetexte dann auch gleich wieder über den Bildschirmrand hinwegrollen lässt, sieht es recht düster aus, weil die meisten Befehle heute weder in den Handbüchern noch in der Online-Hilfe der Benutzeroberfläche vertreten sind.

> Viele der aus dem Lieferumfang von MS-DOS 7 bzw. Windows 9x gestrichenen DOS-Dienstprogramme sind weiterhin über Microsoft bzw. das Internet erhältlich. In den »Microsoft Old MS-DOS Utilities for Windows 95« finden Sie auch die Hilfestellung für die DOS-Befehlszeile (sowie unter anderem REPLACE, RESTORE, TREE und QBASIC)! Einige der genannten Programme finden Sie auch noch auf der Programm-CD-ROM von Windows 95/98/Me (üblicherweise im Verzeichnis \TOOLS\OLDMSDOS). Ja, und mit diesen Dateien und denen auf den Startdisketten von Windows 95/98/Me können Sie sich auch heute noch ein reinrassiges MS-DOS installieren, wenn Sie sich mit diesem Betriebssystem und mit dem Einsatz der entsprechenden Dienstprogramme ein wenig auskennen!

V.1 Was ist DOS?

DOS ist ein einfaches Betriebssystem für Personal Computer, für Rechner, die meist einzelnen Personen zur Verfügung stehen. Im Unterschied zu größeren Rechneranlagen liegen hier alle zu bewältigenden Aufgaben in einer einzigen Hand. Beim Großrechner fällt z.B. die Systemüberwachung in den Aufgabenbereich eines Systemoperators. Dieser übernimmt auch die regelmäßige Datensicherung, greift gegebenenfalls bei Störfällen ein und startet die Systemverwaltungsprogramme. Der Anwender selbst hat mit diesen Aufgabenbereichen nichts zu tun.

Ganz anders stellt sich die Situation am PC dar. Hier muss der Anwender *alle* Aufgabenbereiche selbst bewältigen. Um dazu in der Lage zu sein, muss er aber über ein Mindestmaß an Kenntnissen verfügen. Zumindest sollte er kleinere Probleme selbstständig bewältigen können, um beispielsweise Programme zu installieren. In all diesen Fällen benötigen Sie ein gewisses Maß an Grundkenntnissen, die Ihnen das vorliegende Buch vermittelt. Spätestens, wenn Sie einen Personal Computer privat einsetzen, z.B. um Briefe mit einem Textverarbeitungsprogramm zu schreiben, sind Sie überwiegend auf sich allein gestellt.

V.2 Und was bringt mir DOS?

Möglicherweise fragen Sie sich, was Ihnen die Beschäftigung mit DOS heute noch bringen soll. Aber so abwegig ist es gar nicht, wenn man sich auch heute noch mit einem einfachen Betriebssystem wie DOS befasst:

- Auch heute noch gibt es eine Vielzahl von Programmen, die über die Eingabeaufforderung bedient werden oder über DOS gestartet werden müssen. FDISK und andere Programme, mit denen Festplatten vorbereitet werden, arbeiten immer noch weitgehend direkt auf der Basis von DOS.
- Wenn Sie DOS verstanden haben, lassen sich viele der Konzepte unter Windows besser verstehen. Wer DOS nicht versteht, wird Windows niemals verstehen!
- Die meisten DOS-Befehle funktionieren auch im DOS-Fenster der verschiedenen Windows-Versionen. Zudem lassen sich mit ihnen manche Aufgabenstellungen schneller bewältigen als über die Windows-Oberfläche.

V Vorwort

- Vielleicht wollen Sie Ihren Rechner ja z.B. auch experimentell nutzen und mit ihm z.B. einen kleinen Motor oder etwas Ähnliches ansteuern. Klar können Sie dazu auch die USB-Schnittstelle nutzen und entsprechende Windows-Anwendungen programmieren. Aber muss man denn gleich »mit Kanonen auf Spatzen schießen«? Wie wäre es denn mit einer Motorsteuerung über die serielle Schnittstelle?

Und das Beste daran: DR-DOS wird auch heute noch über das Internet angeboten und ist dort für private Nutzer kostenlos erhältlich. Dieses ursprünglich von der Firma Digital Research entwickelte DOS wurde später von Novell (DR-DOS 6.0/Novell DOS 7.0) übernommen und ging dann in den Besitz der Firma Caldera (OpenDOS 7.01/DR-DOS 7.02) über. Mittlerweile befindet sich DR-DOS im Besitz der Firma Devicelogics (seit DR-DOS 7.03), auf deren Website (www.drdos.com) Sie Genaueres über die verschiedenen Angebote und DR-DOS-Varianten erfahren können. Wenn Sie sich auf der Suche nach einer DR-DOS-Version befinden, werden Sie aber in jedem Fall mit einer der gängigen Suchmaschinen wie Google (www.google.de) fündig. Und selbst wenn Sie nicht mit DR-DOS, sondern lieber mit einem DOS von Microsoft arbeiten wollen, erfahren Sie im Kapitel *Bootfähige Disketten und nützliche Programme*, wie Sie sich Ihre eigene DOS-Version zusammenstellen können. Und es kommt noch besser: Sollten Sie sich aus dem einen oder anderen Grund ein wenig mit der Programmierung befassen wollen, dann sind selbst die entsprechenden Compiler in großer Vielzahl kostenlos über das Internet erhältlich. Was? Sie wollen dabei aber mit einem der damals kommerziell vertriebenen Compilern arbeiten? Nun, dann versuchen Sie es doch einfach einmal auf den Websites der Firma Borland, die einige ihrer alten Compilerversionen (Turbo Pascal und C++) zum Download bereitstellt. Damit kommen Sie heute praktisch kostenlos in den Genuss der damaligen Werkzeuge der Profis!

V.3 Systemvoraussetzungen

Um mit den in diesem Buch gebotenen Informationen etwas anfangen zu können, sollte DOS in der einen oder anderen Form auf Ihrem Rechner installiert sein. Unter Windows können Sie das Fenster EINGABEAUFFORDERUNG bzw. MS-DOS-EINGABEAUFFORDERUNG über START, PROGRAMME (und gegebenenfalls ZUBEHÖR) oder über START, AUSFÜHREN, Eingabe von COMMAND und Anklicken von OK öffnen. Wer aber so richtig mit DOS experimentieren will, der kann sich natürlich auch eine entsprechende Partition auf der Festplatte einrichten oder sich – ganz modern – eine so genannte »virtuelle DOS-Maschine« einrichten. Wie das geht, erfahren Sie im Anhang A am Ende des Buches. Und mit den dort erwähnten Lösungen brauchen Sie keine echte Festplatte für DOS einzurichten, sondern können auch ohne diesen Schritt nach Herzenslust mit DOS experimentieren. Zudem eignen sich die vorgestellten Lösungen auch, um DOS nicht nur unter Windows, sondern auch unter Linux und/oder Unix einmal ausprobieren zu können.

Die Ausgangslage, die »Systemvoraussetzungen«, die diesem Buch zugrunde liegen, bildet daher ein Rechner bzw. eine »virtuelle Maschine« mit

- einem (virtuellen) Diskettenlaufwerk
- einer (virtuellen) Festplatte
- DOS, installiert auf der (virtuellen) Festplatte

Kurz: Ihr »Rechner« ist startklar und einsatzbereit. Dazu gehören natürlich auch ein x-beliebiger Bildschirm (Monitor) und eine Tastatur.

V.4 Inhalt des Buches

Zunächst erfahren Sie in einem kleinen Überblick etwas mehr über die Aufgaben und Funktionen von DOS. Sollten Sie bisher noch keine Erfahrungen mit DOS gesammelt haben, dann erfahren Sie nachfolgend, wie Sie Programme starten können, wie Sie sich im Dateisystem bewegen

V Vorwort

und mit Dateien und Verzeichnissen (Ordnern) umgehen können und erhalten auch über einige andere Befehle einen eher aufgabenorientierten Überblick.

Die folgenden Kapitel widmen sich der Einrichtung und Konfiguration von DOS, Stapelverarbeitungsdateien und weiteren Dienstprogrammen, die den verschiedenen DOS-Versionen beiliegen. Daran schließt sich ein Kapitel an, das Ihnen einen Überblick über die in den verschiedenen DOS-Versionen verfügbaren Befehle und die Unterschiede zwischen diesen gibt. Den Hauptteil des Buches macht dann ein recht ausführliches Befehlsverzeichnis aus. Die Erläuterungen und Beispiele im Befehlsverzeichnis werden dabei so umfassend wie nötig, aber auch möglichst kurz und präzise gehalten. Und nicht nur dort finden Sie viele nützliche Hinweise, Beispiele, Tipps und Tricks.

Anschließend an das Befehlsverzeichnis werden dann noch einige weitere Themen rund um DOS behandelt. Hier erfahren Sie, wie Sie sich Ihre DOS-Startdisketten und eigene DOS-Versionen mit zusätzlichen Dienstprogrammen erstellen können und wie Sie Festplatten für den Einsatz (nicht nur) von DOS einrichten können.

In den abschließenden Abschnitten wird dann *Bochs* kurz vorgestellt. Mit diesem Programm können Sie virtuelle Maschinen unter Windows einrichten, so dass Sie sich nach Herzenslust erst ein wenig mit DOS vertraut machen können, ohne dabei Gefahr zu laufen, eine vorhandene Konfiguration zu beschädigen oder gar erst einmal die physische Festplatte Ihres Rechners in Gefahr zu bringen oder komplett neu einrichten zu müssen. Zu guter Letzt erfahren Sie dann auch noch ein wenig zum Thema Netzwerke.

Das Buch beschränkt sich dabei nicht auf eine einzelne DOS-Version, sondern berücksichtigt – so weit möglich – alle auch heute noch halbwegs aktuellen DOS-Versionen und -Varianten. Dabei handelt es sich neben den MS- und PC DOS-Versionen 6.x und 7.x insbesondere um die verschiedenen DR-DOS-Varianten (DR-DOS/Novell DOS/OpenDOS).

Diese Versionen unterscheiden sich zwar weitgehend nur geringfügig, weisen aber hinsichtlich der mitgelieferten Dienstprogramme (u.a. Datensicherung, Datenschutz, Editor) teilweise doch erhebliche Unterschiede auf. Den Schwerpunkt der Darstellung bilden dabei aber immer die allgemein verfügbaren Befehle.

Gerhard Franken

1 Aufgabe und Funktion des Betriebssystems

Ohne Programme ist PC-Hardware kaum mehr als ein (recht kostspieliger) Haufen Plastik und Metall. Erst die *Software* haucht dem Rechner Leben ein und macht ihn zu einem nützlichen Werkzeug, das Arbeitserleichterung verspricht und uns das Leben angenehmer machen kann. Unter Software versteht man die Gesamtheit aller Daten, die Steueranweisungen und Informationen für Computer enthalten (*Programme*). Programme können – wie bei vielen Homecomputern und auf ein Minimum beschränkt auch im PC – fest im Rechner installiert sein, liegen aber aus Gründen der Flexibilität meist auf CD-ROMs oder Disketten (Datenträger) vor, so dass sie beim Start des Rechners bzw. vor ihrer Ausführung jeweils neu geladen werden müssen. Dies gilt auch für die gängigen *Betriebssysteme* für Personal Computer.

Auch Betriebssysteme sind spezielle Programmsammlungen und damit Software. Im Folgenden sollen daher zunächst einmal die verschiedenen Software-Kategorien vorgestellt werden, aus denen sich auch die Aufgaben und Funktionen von Betriebssystemen ableiten lassen.

1.1 Firmware und ROM-BIOS

Die erste Software-Kategorie wird *Firmware* genannt. Dabei handelt es sich um firmen- bzw. hardwarespezifische Programme, die fest in elektronischen Bauteilen eines Rechners gespeichert (eingebrannt) sind. Die im ROM-BIOS *(Read Only Memory – Basic Input/Output System)* eines Rechners gespeicherte *Firmware* stellt die grundlegenden hardwarespezifischen Funktionen des Rechners und die Ein-/Ausgabe zur Verfügung, die bereits vorhanden sein müssen, damit sich andere Programme überhaupt starten lassen.

1 Aufgabe und Funktion des Betriebssystems

Jeder Rechner verfügt über spezifische Mikroprogramme, die in programmierbaren ROM-Bausteinen (PROM) gespeichert sind und die Hardware-Komponenten steuern. Das ROM-BIOS steht daher funktional zwischen Hard- und Software. Es stellt die Verbindung zwischen den gerätespezifischen Hardware-Komponenten und der standardisierten Software (also insbesondere dem Betriebssystem) her.

Das ROM-BIOS erfüllt im Wesentlichen die folgenden Aufgaben:

- Es führt den *Einschaltselbsttest* (POST – Power-On Self-Test) durch, mit dem nach dem Einschalten eines PC geprüft wird, ob die verschiedenen Rechnerkomponenten einwandfrei funktionieren.
- Es enthält die *Startroutine*, die es dem Rechner gestattet, ein Betriebssystem von einem Datenträger (Diskette, Festplatte oder CD-ROM) zu laden. Diese Routine heißt *Bootstrap Loader*, weshalb man beim Starten eines Rechners und dem Laden des Betriebssystems auch von *Booten*) spricht.

Basistests verschiedener Gerätekomponenten führen alle Rechner nach dem Einschalten durch. Einzelheiten werden aber nur selten auf dem Bildschirm angezeigt. Und ... es handelt sich bei diesen Tests wirklich nur um Basistests, bei denen letztlich nur die wirklich für den Start des Rechners benötigten Komponenten geprüft werden. Ob Steckkarten oder andere Erweiterungen fehlerfrei funktionieren, kann der POST daher nicht feststellen. (Selbst der Test der Speicherbausteine ist recht oberflächlich und kaum in der Lage, Fehlfunktionen zu erkennen!) Auf den POST folgt die Ausführung der *Startroutine* (*Primary Bootstrap*), die dafür sorgt, dass der Rechner die Laufwerke in einer über das Einrichtungsprogramm des BIOS (BIOS-Setup) festgelegten Reihenfolge auf den verschiedenen Datenträgern daraufhin überprüft, ob dort ein startfähiges Betriebssystem vorhanden ist, und die ein solches ggf. in den Speicher des Rechners lädt. Für den eigentlichen Ladevorgang des Betriebssystems sind dabei schon Programme auf dem jeweiligen Datenträger (CD-ROM, Diskette oder Festplatte) zuständig. Diese Miniprogramme müssen sich in speziellen Bereichen (*Bootsektor*) der entsprechenden Datenträger befinden.

Firmware und ROM-BIOS

> Auch wenn die Meldungen auf dem Bildschirm beim Rechnerstart nur recht kurz angezeigt werden, sollten Sie doch zumindest gelegentlich auf diese achten. Insbesondere lässt sich meist sehen, ob CD-ROM-Laufwerke und Festplatten einwandfrei erkannt wurden. (Falsch angezeigte Komponentenbezeichnungen können beispielsweise frühzeitig auf Fehlfunktionen hinweisen.)

Die folgende Meldung weist zum Beispiel auf einen erfolgreichen Start des Betriebssystems MS-DOS hin, bei dem keine weiteren Einheitentreiber geladen werden:

```
Booting from Hard Disk...
Starten von MS-DOS...

C:\>
```

Gelegentlich kann es passieren, dass Sie beim Ausschalten des Rechners eine Diskette im Laufwerk vergessen. Wenn eine solche Diskette das angesprochene Miniprogramm nicht enthält und das ROM-BIOS zunächst im Laufwerk A: nach dem Betriebssystem sucht, erhalten Sie Fehlermeldungen, wie z.B.:

```
Non-system disk
Keine System-Diskette
```

Nehmen Sie in einem solchen Fall einfach die Diskette aus dem Schacht und starten Sie den Rechner durch Drücken der Reset-Taste am Rechnergehäuse oder Betätigung der Tastenkombination [Strg]+[Alt]+[Entf] neu. Der Rechner startet dann wie gewohnt von der Festplatte.

> Der Text der Fehlermeldung beim Rechnerstart stammt übrigens bereits von der eingelegten Diskette und fällt daher zuweilen auch ausgesprochen nichts sagend aus (z.B. im Falle von OS/2 oder Windows NT).

> Zudem können Sie bei modernen Rechnern die Startreihenfolge im BIOS-Setup umstellen, so dass sich dafür sorgen lässt, dass der Rechner auch bei eingelegter Diskette immer von der Festplatte startet, sofern dort ein Betriebssystem vorhanden ist. Bei heutigen Rechnern lautet die Startreihenfolge standardmäßig häufig »CD-ROM, Festplatte, Diskettenlaufwerk«, so dass Sie über das BIOS-Setup erst dafür sorgen müssen, dass der Rechner überhaupt über eine Diskette gestartet werden kann.

1.2 Die Rolle des Betriebssystems

Bei DOS in seinen verschiedenen Varianten handelt es sich um ein *Betriebssystem*, das letztlich auch »nur« aus Programmen besteht. Im Unterschied zu Anwendungsprogrammen, wie z.B. Textverarbeitungsprogrammen, müssen Betriebssysteme jedoch bestimmte elementare Aufgaben ausführen:

- Betriebssysteme sind grundlegende Voraussetzung für die Funktionsfähigkeit der »Universalmaschine Computer«.
- Sie überwachen und steuern alle Funktionen und Abläufe innerhalb eines Computers.
- Betriebssysteme steuern die Kommunikation zwischen dem Rechner und den an ihn angeschlossenen *Peripheriegeräten* (z.B. Drucker, Bildschirm, Diskettenlaufwerke und Festplatten).
- Betriebssysteme steuern die Kommunikation zwischen Anwendungsprogrammen und den Hardware-Bausteinen.
- Betriebssysteme dienen als Mittler zwischen einem Rechner und dessen Benutzer.

Im Wesentlichen lässt sich mit DOS jeweils nur ein einziges Programm starten. Diese Eigenschaft wird neudeutsch Single-User/Single-Tasking-Operating System genannt. Bei solchen Einzelbenutzer-Betriebssystemen entfallen weiterführende Aufgabenstellungen, die bei Mehrplatzsystemen (Multi-User-System) oder bei der gleichzeitigen Nutzung mehrerer Programme (Multitasking) anfallen, wie z.B. die Koordination der Zugriffe verschiedener Programme/Benutzer auf ein und denselben (zentralen) Datenbestand oder auf gemeinsam nutzbare Drucker. Daher ist DOS, verglichen mit einem Multitasking- (wie z.B. Windows XP) oder einem Multi-User-Betriebssystem (z.B. Linux, UNIX, XENIX), einfach aufgebaut.

Zwar ist DOS sehr wohl multitasking*fähig*, wie dies auch die so genannten *speicherresidenten Programme* demonstrieren, aber die dafür zuständigen DOS-Funktionen wurden nie offiziell dokumentiert. Hinzu kommt, dass Programmierer unter DOS dafür sorgen müssen, dass Programme nicht auf Daten anderer Programme zugreifen, weil die entsprechenden Schutzfunktionen im Betriebssystem selbst einfach fehlen. DOS übernimmt also im Unterschied zu Mehrprogramm-Betriebssystemen in keinem Fall selbstständig die oben angesprochenen Koordinationsaufgaben, sondern muss dazu speziell veranlasst werden (z.B. über das Hilfsprogramm SHARE oder die Aktivierung von Task-Managern, wie sie einigen DOS-Versionen beilagen).

Und was bedeutet das Kürzel DOS nun eigentlich? Es steht abkürzend für *Disk Operating System*, was ins Deutsche übertragen »Disketten-Betriebssystem« bedeutet. Andere Übertragungen lauten »Betriebssystem auf Diskette« oder auch »diskettenorientiertes Betriebssystem«. Eins ist jedenfalls klar: Um mit DOS arbeiten zu können, benötigen Sie immer einen Datenträger, von dem aus das Betriebssystem geladen werden kann – also eine Diskette, eine Festplatte oder eine CD-ROM.

Die vor dem Kürzel DOS im Namen des Betriebssystems auftauchenden Zeichen stehen üblicherweise für die Hersteller, Anbieter oder (ursprünglichen) Entwickler der jeweiligen Betriebssystemvariante. MS steht abkürzend für *Microsoft*, PC deutet auf den Hersteller der Original-PCs, also *IBM* (International Business Machines), DR steht für *Digital Research* und *Novell* für den bekannten Anbieter aus dem Netzwerkbereich. Teilweise verwendet IBM für seine DOS-Versionen den Namen PC DOS, teilweise IBM DOS. Im Grunde genommen sind die Kernfunktionen der verschiedenen DOS-Versionen aber bis auf wenige Kleinigkeiten und die Anzahl und die Art der mitgelieferten Dienstprogramme identisch. Aber gerade diese Kleinigkeiten können der Grund dafür sein, dass DOS-Versionen eines Herstellers auf Rechnern eines anderen Herstellers nicht funktionieren.

1.3 Programmkategorien und Befehlsarten

Damit können wir uns den mit dem Betriebssystem DOS zusammen ausgelieferten Programmen zuwenden. Programme lassen sich allgemein in die Kategorien Systemprogramme, Dienstprogramme (Utilities), Anwendungsprogramme und Programmiersprachen einteilen. Hier geht es vorwiegend um die beiden ersten Kategorien, die wesentliche Bestandteile aller modernen Betriebssysteme sind.

Systemdateien

Systemprogramme nennt man diejenigen Programme, die interne Abläufe im Rechner steuern und überwachen. Sie sorgen dafür, dass sich der Rechner mit angeschlossenen Geräten verständigen und Verbindung zur »Umwelt« aufnehmen kann. Zur Umwelt gehören dabei alle Peripheriegeräte wie Drucker, Maus, Modems, aber auch Bildschirm, Tastatur und Diskettenlaufwerke.

Die Systemprogramme von DOS sind üblicherweise in zwei verborgenen Dateien (*Hidden Files*) enthalten. Diese heißen IO.SYS und MSDOS.SYS (bzw. in den DOS-Versionen von IBM üblicherweise IBMBIO.COM und IBMDOS.COM). In der ersten der beiden Dateien (IO.SYS/IBMBIO.COM) befindet sich das BIOS (Basic Input/Output System) und damit Funktionen, die interne Rechnerabläufe (ergänzend zum ROM-BIOS) steuern und überwachen. Das DOS-BIOS stellt gewissermaßen die Verbindung zwischen den einzelnen Komponenten des Rechners, den Chips und den elektronischen Bauteilen, her.

Die Datei MSDOS.SYS bzw. IBMDOS.COM (DOS – *Disk Operating System*) bereitet traditionell die Schnittstelle zum Anwender des Rechners vor und kümmert sich vor allem um die Anbindung von Disketten und Festplatten und die Initialisierung weiterer Standardschnittstellen. Sie stellt zusätzliche Routinen zur Verfügung, mit denen grundlegende Rechnerfunktionen genutzt werden können, ohne dass Programmierer dafür eigene Programme schreiben müssen. Das sorgt dafür, dass sich die Programmierer ganz auf die Erfordernisse der zu schreibenden Programme konzentrieren können. Die genaue Kenntnis der Hardware ist dann nicht mehr unbedingt notwendig. Meist reicht es völlig aus, wenn ein Programmierer weiß, wie er die vom Betriebssystem zur Verfügung gestellten Routinen einsetzen kann.

Nach dem Einschalten des Rechners werden zunächst die Dateien IO.SYS und MSDOS.SYS geladen. Das Programm, das das Laden eines Betriebssystems vom Datenträger initiiert, ist im ROM-BIOS des Rechners fest gespeichert und zählt damit zu dem wenigen, was ein PC beim Ausschalten nicht vergisst.

Hinsichtlich der Systemdateien IO.SYS und MSDOS.SYS fand seit Windows 95 ein Wandel statt. So weit die Funktionen dieser beiden Dateien noch benötigt wurden, befinden sich diese nun nur noch in der Datei IO.SYS. Mit Windows Me wurden dann neben dem Treiber HIMEM.SYS, der bei moderneren Rechnern ohnehin praktisch immer geladen werden sollte, und daher in die Datei IO.SYS integriert wurde, auch weitere Funktionen der Startdateien in die Datei IO.SYS verlagert.

MSDOS.SYS ist seither unter MS-DOS nur noch eine Textdatei, die Optionen für den Windows-Start enthält. Wenn Sie einen Blick in diese Datei auf einer Startdiskette von Windows 98/Me werfen, finden Sie dort daher auch nichts weiter als eine einzige Kommentarzeile, die von einem Semikolon eingeleitet wird:

;W98EBD

Dieses Kürzel steht für Windows 98 Emergency Boot Disk, also für eine bootfähige Windows-Diskette für Notfälle.

Zu den beiden Dateien IO.SYS und MSDOS.SYS kommt unter Umständen eine dritte Systemdatei mit Routinen zum Ansprechen komprimierter

Datenträger hinzu. Unter den verschiedenen MS-DOS-Versionen handelt es sich dabei um DBLSPACE.BIN bzw. DRVSPACE.BIN. PC DOS und auch Novell DOS haben bei der Datenträgerkompression entweder SuperStor oder Stacker verwendet. Hier lauten die Namen der entsprechenden Treiberdateien SSTORDRV.SYS bzw. STACKER.BIN. Da es sich hier um Zusatzprogramme von Drittanbietern handelt, werden diese Dateien üblicherweise nicht verborgen.

Als die Programme zur Komprimierung von Datenträgern mit in den Lieferumfang aufgenommen wurden, war die Speicherkapazität der damaligen Festplatten, gemessen an den Anforderungen der entsprechenden Windows-Versionen und Windows-Programme, relativ gering. Angesichts der Kapazität der heutigen Festplatten, verschiedener Inkompatibilitäten und der möglichen Probleme, die Sie sich beim Einsatz dieser Kompressionsprogramme einhandeln können, kann heute von deren Nutzung nur abgeraten werden. (Es sei denn, es gibt wirklich keine andere Alternativen.)

Der Befehlsinterpreter

Nach dem Einschalten des Rechners und dem Laden der beiden versteckten Systemdateien IO.SYS und MSDOS.SYS (bzw. IBMBIO.COM und IBMDOS.COM), die für die grundlegenden Ein-/Ausgabeoperationen zuständig sind, ist zwar bereits einiges passiert, aber der Rechner kann dennoch noch keine Befehle des Anwenders entgegennehmen. Diese Funktion übernimmt der *Befehlsinterpreter*, der üblicherweise in der Datei COMMAND.COM enthalten ist und dafür sorgt, dass der Rechner Anwendereingaben versteht.

Die Datei COMMAND.COM wird normalerweise beim Rechnerstart in den Arbeitsspeicher geladen. Teile von COMMAND.COM bleiben dabei ständig im Arbeitsspeicher (*residente* Teile), andere verbleiben auf der Festplatte und werden erst bei Bedarf nachgeladen (*transiente* Teile).

Alle Befehle an das Betriebssystem DOS sind Abkürzungen englischer Begriffe. Beispielsweise steht COMP für »Compare« (vergleichen), FC bedeutet »File Compare« (Datei vergleichen) usw. Die Befehle an das Betriebssystem werden von den in der COMMAND.COM enthaltenen Routinen interpretiert und, sofern sie den sprachlichen Regeln (der *Syntax*) des Betriebssystems entsprechen, an das Betriebssystem-BIOS weitergeleitet. Erst nach dem Laden des Befehlsinterpreters kann der Rechner einen Anwender »verstehen«.

> Vor dem Laden des Befehlsinterpreters wird zunächst noch eine andere Datei von DOS abgearbeitet, sofern sich diese im Hauptinhaltsverzeichnis des Startlaufwerks befindet. Dabei handelt es sich um die Konfigurationsdatei CONFIG.SYS, über die hardwarespezifisch notwendige Steuerprogramme und Systemeinstellungen geladen werden können. COMMAND.COM lädt dann seinerseits die Startdatei AUTOEXEC.BAT und interpretiert die darin enthalten Anweisungen.

Dienstprogramme

Dienstprogramme (Utilities) zählen zum Lieferumfang aller modernen Betriebssysteme. Die Befehle, die unter DOS direkt über den Befehlsinterpreter (die Datei COMMAND.COM) ausführbar sind, reichen bei weitem nicht aus, um komfortabel mit dem Rechner arbeiten zu können. Von Zeit zu Zeit werden weitere Dienstprogramme benötigt, mit denen sich unter anderem Disketten vorbereiten, kopieren und vergleichen lassen. Dienstprogramme erfüllen Funktionen, die für den Umgang mit dem Rechner unverzichtbar sind, aber nicht ständig verfügbar sein müssen. Zu den mit DOS ausgelieferten Dienstprogrammen existieren auf den DOS-Disketten Dateien, in denen die für die Ausführung des jeweiligen Befehls benötigten Anweisungen in Maschinensprache vorliegen.

Wem auch das noch nicht genügt, der sollte auch heute noch im Internet eine kaum überschaubare Anzahl mehr oder weniger nützlicher DOS-Dienstprogramme finden können. Obwohl DOS (und selbst aktuelle Windows-Versionen) den Benutzer bereits mit zahlreichen befehlzeilenorientierten DOS-Dienstprogrammen für die Arbeit am bzw. mit dem Rechner versorgt, können Ihnen zusätzliche Dienstprogramme die Arbeit

1 Aufgabe und Funktion des Betriebssystems

am Rechner erheblich erleichtern. Wenn Ihnen Programme für bestimmte Aufgaben fehlen, sollten Sie in jedem Fall eine Suchmaschine wie Google (www.google.de) bemühen. Dabei hat sich im Internet das Shareware-Vertriebskonzept besonders etabliert und bewährt. Im Bereich der Shareware finden Sie (mit etwas Geduld) eigentlich (fast) alles, was das Herz begehrt – zu vergleichsweise günstigen Preisen.

Bei echter Shareware handelt es sich um voll funktionsfähige Programme, die Sie nach Belieben für einen gewissen Zeitraum (meist 10 bis 30 Tage) testen können. Nach Ablauf dieses Zeitraums dürfen Sie rechtlich gesehen die entsprechenden Programme nicht mehr weiter benutzen, es sei denn, Sie lassen sich als Benutzer registrieren. Die Registrierung von Shareware-Programmen kostet dann meist zwischen 10 und 50 US-Dollar (bzw. Euro). Dafür erhalten Sie im Gegenzug häufig eine gedruckte Dokumentation sowie die aktuelle Programmversion. Wenn Sie sich nicht registrieren lassen, dürfen Sie Shareware-Programme nach Ablauf der Testphase rechtlich gesehen zwar nicht mehr weiter benutzen, dürfen diese aber noch an andere Personen weitergeben. Eine weitere Quelle von Shareware-Programmen sind die vielen Computermagazinen beiliegenden CDs. Diese Bezugsquelle bietet sich insbesondere dann an, wenn Sie Programme zu einem bestimmten Thema suchen und das Magazin aktuell einen entsprechenden Schwerpunkt hat.

Das Shareware-Vertriebskonzept ist deshalb so beliebt, weil es Programmautoren die Möglichkeit gibt, ihre Entwicklungen öffentlich verfügbar zu machen, ohne dazu eigene Vertriebsnetze aufbauen zu müssen. Gleichzeitig können sie sich einen Namen machen und gegebenenfalls Interessenten für die kommerzielle Vermarktung finden. Mittlerweile gibt es eine Vielzahl kommerziell vertriebener Programme, deren Ursprünge im Shareware-Bereich liegen. Weiterhin werden auf diesem Weg viele Programme angeboten, deren kommerzielle Vermarktung sich nicht (mehr) lohnt. Diese Programme ständen der Öffentlichkeit ohne das Shareware-Konzept nicht zur Verfügung. Häufiger stellen daher auch renommierte Software-Häuser Programme über diesen Vertriebsweg zur Verfügung, wenn sie die Nachfrage nach dem entsprechenden Produkt für zu gering halten oder auch nur das Interesse an einem Produkt testen wollen.

Achten Sie aber auf die Beschreibung der Shareware-Programme. Denn zuweilen handelt es sich auch nur um *Demoware* (Demonstrationsprogramme, die keine Aufschlüsse auf die Leistungen des Programms zulassen) oder *Crippleware* (im wahrsten Sinne des Wortes »verkrüppelte« Programme, deren wesentliche Bestandteile gesperrt sind), mit denen Sie nur Ihre Zeit verschwenden.

Weiterhin finden Sie im Internet Programme, die in die Bereiche *Public Domain* (PD – öffentlicher Bereich) und *Freeware* fallen. Dabei ist eine Registrierung nicht möglich. Die *Nutzung* von Public-Domain-Programmen unterliegt daher keinen Beschränkungen, die vom Programmautor festgelegten Bedingungen sollten jedoch befolgt werden. So sind beispielsweise Änderungen an den Programmen regelmäßig untersagt. Aufgrund der mittlerweile meist relativ geringen Nachfrage fallen sehr viele DOS-Programme in den Freeware-Bereich. Zudem finden Sie in diesem Bereich auch viele Programme, die von öffentlichen Einrichtungen (z.B. Universitäten) entwickelt wurden. (Ein Beispiel ist »Bochs«, der Emulator für Rechner mit x86-Prozessoren, der in diesem Buch öfter erwähnt wird.

Anwendungsprogramme und Programmiersprachen

Anwendungsprogramme sind diejenigen Programme, mit denen sich im Büroalltag bestimmte Aufgaben erledigen lassen. Dazu zählen u.a. Datenbank-, Textverarbeitungs- und Finanzbuchhaltungsprogramme. Mit dieser Kategorie und den Programmiersprachen beschäftigt sich dieses Buch nicht weiter. Mit Hilfe von *Programmiersprachen* können Sie selbst Programme erstellen. Lange wurden zusammen mit vielen DOS-Versionen die Programmiersprachen GWBASIC oder QBASIC ausgeliefert. In den Zeiten grafischer Benutzeroberflächen bieten diese Programmiersprachen jedoch keine ausreichende Funktionalität mehr, so dass darauf mittlerweile weitgehend verzichtet wird. Zwar wurden in frühen PC-Jahren viele kleinere Aufgaben mit dem GWBASIC-Interpreter erledigt, dessen Nachfolger

QBASIC stieß dann aber kaum noch auf Interesse. Zu guter Letzt ist der Umfang moderner Compiler (Übersetzer) für die Programmiersprachen BASIC, Delphi (Object Pascal), C++, Java oder C# oft größer als der des Betriebssystems selbst, so dass es auch aus diesem Grund kaum noch sinnvoll ist, Betriebssystemen weiterhin Programmiersprachen beizulegen.

Benutzeroberflächen

Für weniger erfahrene Anwender ist die spartanische DOS-Befehlszeile viel zu unkomfortabel und wenig attraktiv. Deshalb gab es recht bald Benutzeroberflächen, zu der auch die mit MS-DOS 4.0 erstmals ausgelieferte *DOS-Shell* gezählt werden muss. Wenn Sie komfortabler mit DOS arbeiten wollen und keine Windows-Version einsetzen wollen oder können, sind derartige DOS-Benutzeroberflächen sicherlich empfehlenswert. Insbesondere der *Norton Commander*, von dem es einige Klons gibt, ist in diesem Zusammenhang erwähnenswert. (Vielleicht können Sie ja auch eine alte Version der PC Tools auftreiben, die die *PC-Shell* enthält.) Letztlich handelt es sich bei all den erwähnten Programmen meist um zeichenorientiert arbeitende Varianten und Vorfahren des Windows-Explorers.

Heute sind grafikorientiert arbeitende Benutzeroberflächen üblich, die dem Benutzer weitaus komfortablere Bedienungsmöglichkeiten zur Verfügung stellen. Die DOS-Shell war in diesem Sinne kaum mehr als ein Sprungbrett in die Windows-Welt. Gleichzeitig dienen grafische Benutzeroberflächen als »Mittler« zwischen Systemprogrammen und Dienstprogrammen sowie zwischen Systemprogrammen und Anwendungsprogrammen. Aufgrund der zumindest teilweise komplexen Aufgaben, die vom Anwender bewältigt werden müssen, verfügen nahezu alle modernen Betriebssysteme über eigene komfortable Benutzeroberflächen, die das nackte DOS weitgehend ersetzen und dessen Funktionen übernehmen. (Teilweise lassen sich diese Benutzeroberflächen oder die Alternativprogramme von Drittanbietern aber auch heute noch so konfigurieren, dass sich über eine DOS-ähnliche Befehlszeile auf die Funktionen zugreifen lässt.)

Auch wenn es sich hier um ein Buch über das »gute, alte DOS« handelt, geht es doch vorwiegend darum, Ihnen Informationen zu liefern, wie Sie in Notfällen von DOS aus einen Rechner wieder zum Laufen bekommen können. Daher darf hier auch der Hinweis nicht fehlen, dass Sie bei (umfangreicheren) Rettungsaktionen besser die Ruhe bewahren, sich erst einmal zurücklehnen, und überlegen sollten. Bei einer defekten Registrierungsdatenbank und einer Windows-XP-Installation, die sich auf einem Laufwerk mit NTFS-Dateisystem befindet, kommen Sie beispielsweise mit DOS allein nicht weit. Hier können der (vorübergehende) Einbau einer zweiten Festplatte und die behelfsweise Installation einer Minimalversion des zu reparierenden (oder neu aufzubauenden) Betriebssystems Wunder wirken. Zumindest können Sie auf diese Weise noch gegebenenfalls vorhandene Daten in Sicherheit bringen, wenn die fragliche Festplatte nicht gleich mit einem Totalschaden ausgefallen ist.

(Schließen Sie die Festplatten dann möglichst an getrennten IDE-Kanälen bzw. IDE-Kabeln an, so dass sich Aussetzer möglichst nicht gleich auf beide Festplatten auswirken.)

Befehlsarten

Befehle sind Anweisungen an das Betriebssystem und damit an den Rechner, bestimmte Aufgaben durchzuführen. Diese können sich auf die Verarbeitung, die Übertragung oder die Analyse von Daten beziehen. Dabei ist die Unterscheidung zwischen Befehlsinterpreter und Dienstprogrammen bzw. die Unterscheidung zwischen *internen* und *externen* Befehlen von Bedeutung. Während sich interne Befehle wie VER (Ermittlung der DOS-Version), SET (Setzen von Umgebungsvariablen) und PROMPT (Gestaltung der Eingabeaufforderung) völlig problemlos aufrufen und ausführen lassen, weil sich der zugehörige Programmcode direkt im Befehlsinterpreter selbst befindet, muss der Code für externe Befehle erst aus Dateien von einem Datenträger in den Arbeitsspeicher geladen werden.

1 Aufgabe und Funktion des Betriebssystems

Interne Befehle

Interne Befehle (z.B. VER und SET) sind jederzeit von der Kommandozeile aus aufrufbar. Sie werden direkt vom Befehlsinterpreter verarbeitet, der sich üblicherweise in der Datei COMMAND.COM befindet. Diese Datei wird beim Start des Rechners mit DOS (oder dem Aufruf einer Eingabeaufforderung unter Windows) in den Arbeitsspeicher geladen und verbleibt anschließend dort. Alle Befehle, die von COMMAND.COM direkt verarbeitet werden, sind interne Befehle.

> Unter Windows 2000/XP gibt es neben dem sonst unter DOS oder an der DOS-Eingabeaufforderung üblicherweise verwendeten Befehlsinterpreter COMMAND.COM einen zweiten, der sich in der Datei CMD.EXE (im Ordner SYSTEM32, der dem Windows-Ordner untergeordnet ist) befindet. Sollten Sie einen Befehlsinterpreter unter Windows 2000/XP direkt aufrufen wollen oder müssen, sollten Sie CMD.EXE den Vorzug vor COMMAND.COM geben.

Genau genommen besteht COMMAND.COM aus zwei Teilen. Wenn der Arbeitsspeicher zu knapp wird, kann ein Teil des Befehlsinterpreters aus dem Arbeitsspeicher entfernt werden. Sollte er später wieder benötigt werden, wird dieser Teil von dem immer im Arbeitsspeicher verbleibenden Teil wieder nachgeladen. Zuweilen erhalten Sie daher bei der Arbeit mit DOS auch Meldungen der Art »Diskette mit COMMAND.COM in Laufwerk A: einlegen« oder »COMMAND.COM konnte nicht gefunden werden«. Wenn Sie DOS von der Festplatte aus starten, bleiben Sie von derartigen Meldungen naturgemäß weitgehend verschont.

Aufgrund der Zweiteilung des Befehlsinterpreters lassen sich Teile von COMMAND.COM in den neueren DOS-Versionen auch im Arbeitsspeicher hochladen.

Externe Befehle

Der Code externer Befehle befindet sich nicht in der Datei COMMAND.COM (oder CMD.EXE), sondern in eigenständigen kleinen Dateien, die nur bei

Bedarf von Diskette/Festplatte oder CD-ROM in den Arbeitsspeicher geladen und anschließend ausgeführt werden. Daher müssen die zu den Befehlen gehörenden Dateien nicht nur auf einem Datenträger gespeichert, sondern dort auch auffindbar sein. Ist das nicht der Fall, erhalten Sie Fehlermeldungen der Art:

Befehl oder Dateiname nicht gefunden
Unzulässiger Befehl oder Dateiname

Aus diesem Grund empfiehlt es sich auch, die zu den Dienstprogrammen gehörenden Dateien auf Festplatten oder CD-ROMs in speziellen Verzeichnissen abzulegen, so dass sie sich leicht auffinden lassen.

Ausführbare Dateien unter DOS

Aus der Unterscheidung zwischen internen und externen Befehlen ergibt sich ein weiterer wichtiger Aspekt: Nicht alle Dateien enthalten ausführbaren Befehlscode, so dass unter DOS nur Dateien von der Befehlszeile aus (direkt) aufgerufen werden können, die ausführbaren (oder vom Betriebssystem interpretierbare) Befehlscode enthalten. Dazu zählen die folgenden drei Dateiarten, die an ihren Dateinamenerweiterungen erkannt werden können:

- Ausführbare Dateien mit der Namenerweiterung .COM (Command)
- Ausführbare Dateien mit der Namenerweiterung .EXE (Executable)
- sowie Stapelverarbeitungsdateien mit der Namenerweiterung .BAT (die so genannten Batch-Dateien)

> Üblicherweise wird der Punkt mit zur Dateinamenerweiterung gezählt.

Damit entsteht natürlich ein kleines Problem, wenn in einem Verzeichnis beispielsweise mindestens zwei Dateien BEFEHL.BAT, BEFEHL.COM und BEFEHL.EXE vorhanden sind. Welche Datei in einem solchen Fall bei der Eingabe des Namens des Befehls ausgeführt wird, hängt letztlich von der Programmierung der jeweiligen Betriebssystemversion ab. Bei der Arbeit an der Eingabeaufforderung unter Windows 9x/Me scheint die Regel zu

1 Aufgabe und Funktion des Betriebssystems

gelten, dass Dateien mit der Erweiterung .COM vor jenen mit der Erweiterung .EXE ausgeführt werden. Nur wenn weder BEFEHL.COM noch BEFEHL.EXE im aktuellen Verzeichnis vorhanden ist, kann in diesem Fall die Datei BEFEHL.BAT ausgeführt werden.

Andere DOS-Versionen sollen hingegen generell die zuerst im Inhaltsverzeichnis vorhandene Datei mit einer der genannten Erweiterungen ausführen. Wie dem auch sei, generell müssen Sie darauf achten, welche Datei ausgeführt wird, und sollten dafür sorgen, dass keine derartigen Namenskollisionen auftreten. (Der Versuch, den Befehl zusammen mit der Namenerweiterung anzugeben, kann – je nach Programmierung des Betriebssystems – ebenfalls misslingen.)

> Das Problem mit Dateinamen, bei denen sich nur die Namenerweiterungen unterscheiden, bleibt naturgemäß nicht auf das aktuelle Verzeichnis beschränkt. Jedes Betriebssystem *muss* Datenträger in einer bestimmten Reihenfolge (diese kann durchaus auch zufällig sein) nach Dateien durchsuchen. Und wenn Sie Pech haben, dann erwischen Sie eben die falsche Datei. Und diese Aussage gilt auch für die Suche nach Hilfsdateien oder die von Programmiersprachen verwendeten Bibliotheken. Wenn Dateien doppelt auf einem Datenträger vorhanden sind, können Sie immer das Pech haben, dass die falschen Dateiversionen als Erstes gefunden und geladen werden, so dass der Rechner (im Extremfall) abstürzt. (Mit den Befehlen PATH und APPEND lassen sich unter DOS Suchpfade setzen.)

An dieser Stelle darf der Hinweis darauf nicht fehlen, dass unter Windows (aber nicht im DOS-Fenster!) im Unterschied zu DOS auch Datendateien doppelt angeklickt und »direkt« aufgerufen werden können. Windows sieht dabei nach, ob der Dateityp registriert ist, und führt erst einmal das entsprechende Programm aus, das die angeklickte Datei dann lädt oder zumindest zu laden versucht.

2 DOS-Grundzüge

Sollten Sie bisher noch relativ unerfahren im Umgang mit DOS sein, finden Sie in diesem Kapitel Informationen über die Tastaturbelegung unter DOS und die allgemeine Schreibweise von DOS-Befehlen. Anschließend werden dann die wichtigsten DOS-Befehle, nach Aufgabenstellung sortiert, vorgestellt. Für alte DOS-Hasen dürfte dieses Kapitel weniger interessant sein. Allerdings finden diese hier doch etliche möglicherweise interessante Hinweise zu Unterschieden zwischen den DOS-Varianten, so dass es sich doch lohnen kann, dieses Kapitel zumindest einmal zu überfliegen.

2.1 Tastaturbelegung

Die zu betätigenden Tasten werden im Buch auch als solche abgebildet. Die Umschalttaste für Großbuchstaben ⇧ sowie die Tasten Alt und Strg (s.u.) müssen in der Regel *gleichzeitig* mit anderen Tasten gedrückt werden. Die Kurzschreibweise lautet dann beispielsweise Alt + D . Tabelle 2.1 enthält eine Aufstellung der wichtigsten Tasten und deren Funktion.

Taste	Funktion
F1 bis F12	Die Funktionstasten können bis zu vierfach belegt werden. Sie können allein oder zusammen mit einer der Tasten ⇧ (Umschalttaste für Großschreibung), Strg oder Alt gedrückt werden. In vielen Programmen lassen sich über F1 integrierte Hilfefunktionen aufrufen. Mit F10 oder Alt lassen sich oft Befehlsauswahllisten oder Menüs aktivieren bzw. aufrufen.

2 DOS-Grundzüge

Taste	Funktion
`Esc`	(*Escape*) Abbrechen der Eingabe: Diese Taste bricht in der Regel Aktionen bzw. Befehle ohne schwerwiegende Folgen ab und ist erste Wahl, wenn Sie sich einmal vertan haben. (Bei einigen Programmen können Sie mit `Esc` auch vom Arbeitsbereich ins Hauptmenü wechseln.)
`⇧`	Mit den beiden Umschalttasten erreichen Sie die Großbuchstaben sowie die Zeichen über den Ziffern (!, ", $, %, & usw.).
`⇪`	(*Capitals Lock* bzw. *Feststelltaste*) Schaltet den alphanumerischen Bereich der Tastatur dauerhaft auf Großschreibung um. Meist arbeitet `⇪` wie bei einer Schreibmaschine. Wenn `⇪` aktiviert ist, werden sämtliche Tasten des alphanumerischen Tastaturblocks dauerhaft umgeschaltet. `⇪` lässt sich entweder durch Drücken einer der Umschalttasten (`⇧`) oder erneutes Drücken von `⇪` rückgängig machen.
`⇥`	Auf der TABulator-Taste befinden sich zwei Pfeile, von denen der eine nach links (d.h. zusammen mit `⇧`) und der andere nach rechts (ohne `⇧`) weist. Weit verbreitet ist die Verwendung von `⇥` zum Wechseln zwischen den Eingabefeldern in Eingabemasken bzw. Dialogfeldern.
`Strg`	(*Control* bzw. Steuerung) Mit Hilfe dieser Taste lässt sich die dritte Ebene der Tastaturbelegung erreichen. Da die einzelnen Tasten mehrfach belegt sind, benötigen Sie neben `⇧` weitere Umschalttasten. Entsprechend erreichen Sie die dritte Ebene mit `Strg` und die vierte mit `Alt`.
`Alt`	(*Alternate*, alternativ) `Alt` schaltet auf die vierte Ebene der Tastaturbelegung um. Über die linke `Alt`-Taste können Sie (unter reinem DOS, nicht aber im DOS-Fenster unter Windows) in Verbindung mit dem numerischen Tastenblock (durch Eingabe der entsprechenden Zahl) jedes der insgesamt

Taste	Funktion
	256 zur Verfügung stehenden Zeichen eingeben. Insbesondere die Sonderzeichen (mit den Nummern 0 bis 31) lassen sich jedoch meist nicht auf dem Bildschirm darstellen, da sie der internen Programmsteuerung dienen.
AltGr	Mit AltGr lassen sich die auf der Vorderseite oder in der rechten unteren Ecke der Tasten dargestellten Symbole bzw. speziellen Zeichen erreichen (beispielsweise @, {, }, [,], \, und |). Die gleiche Wirkung wie AltGr hat üblicherweise auch das gleichzeitige Drücken von Strg und Alt.
↵	Die *Eingabetaste* oder auch *Carriage Return* (kurz: CR – Wagenrücklauf) schließt Befehle bzw. Befehlszeilen ab. Die Taste ↵ ist meist auch noch einmal rechts unten im Ziffernblock vorhanden. Manchmal unterscheidet sich die Funktion dieser beiden Tasten voneinander. Insbesondere ist ↵ im numerischen Block manchmal wirkungslos, so dass die Taste im alphanumerischen Block verwendet werden muss.
←	(*Backspace*) Die Rückschritt-Taste löscht üblicherweise das Zeichen links von der Schreibmarke.
Einfg	(*Insert*) Mit Einfg kann meist zwischen dem *Einfügemodus* und dem *Überschreibmodus* umgeschaltet werden. Im Einfügemodus werden Zeichen in bestehende Texte eingefügt, so dass der nachfolgende Text nach rechts verschoben wird, während im Überschreibmodus vorhandene Zeichen überschrieben und damit gelöscht werden.
Entf	(*Delete*) Entfernt das Zeichen, auf bzw. vor dem sich die Schreibmarke befindet, und zieht dabei nachfolgenden Text nach links.

2 DOS-Grundzüge

Taste	Funktion
`Pos1`	Setzt den Cursor (meist) an den Anfang einer Zeile oder in die linke obere Ecke des Bildschirms (die so genannte Home-Position).
`Ende`	Setzt den Cursor (meist) an das Ende einer Zeile oder in die linke untere Ecke des Bildschirms.
`Bild ↑`, `Bild ↓`	(*Page Up/Page Down*) Wird zum Blättern in Dokumenten verwendet (bildschirmseitenweise in Richtung Anfang/Ende).
`Num`	(*Numerical Lock*) `Num` schaltet den Ziffernblock dauerhaft um. Ein Anzeigelämpchen gibt üblicherweise über den Zustand der Taste Auskunft. Sie können den numerischen Block entweder zur Eingabe von Ziffern oder zum Bewegen der Schreibmarke benutzen.
`↓`, `←`, `→`, `↑`	Die Cursor- bzw. Pfeiltasten im numerischen Ziffernblock dienen der zeichen- bzw. zeilenweisen Bewegung der Schreibmarke. Bei den heute üblichen Tastaturen stehen die Cursor-Tasten doppelt (noch einmal abgesetzt) zur Verfügung. Bei Bedarf müssen Sie die Tastatur mit `Num` umschalten, um mit den Cursor-Tasten im Ziffernblock arbeiten zu können. (Einige ältere Programme unterstützen die abgesetzten Cursor-Tasten nicht korrekt. Dann müssen Sie die Richtungstasten im numerischen Block benutzen.)
`Druck`	(*Print Screen*) Mit dieser Taste können Sie die auf dem Bildschirm anzeigten Daten auf einem Drucker ausgeben. Ohne zusätzliche Hilfsprogramme (z.B. GRAPHICS) funktioniert das allerdings nur bei der Anzeige von Textdaten. (Unter Windows oder OS/2 wird mit `Druck` der Bildschirminhalt in die Zwischenablage kopiert.)

Tabelle 2.1: Wichtige Tasten und deren Funktion

Denken Sie daran, dass die Tasten der PC-Tastatur *frei programmierbar* sind, so dass sie je nach eingesetzten Programmen eine völlig andere Wirkung haben können. In einfachen Spielen funktionieren z.B. manchmal nur drei Tasten: `Leertaste` (die Leerzeichentaste), um das Spiel zu starten, sowie die beiden `↔`-Tasten, um die Spielfigur zu bewegen. In derartigen Fällen wurden alle anderen Tasten gesperrt bzw. umprogrammiert.

> Sollten Sie in Tabelle 2.1 die speziellen Windows-Tasten vermissen, sei darauf hingewiesen, dass diese von DOS nicht unterstützt werden. (Diese entsprechen ohnehin nur den Tastenkombinationen `Strg`+`Esc` bzw. `↔`+`F10`.)

2.2 Spezielle Tastenkürzel

Einige Funktionen des Betriebssystems lassen sich über bestimmte Tasten(kombinationen) aufrufen. Dabei wird meist neben `Strg` eine weitere Taste betätigt. Die wichtigsten dieser Tastenkürzel finden Sie in Tabelle 2.2.

Tastenkombination	Wirkung
`Strg`+`Pause`	Bricht die Abarbeitung eines Programms ab.
`Strg`+`C`	Bricht die Abarbeitung eines Programms ab.
`Strg`+`S`	Hält das Bildschirmrollen bei der Ausgabe auf dem Schirm an.
`Strg`+`Z`	Erzeugt ein Dateiendekennzeichen (z.B. zum Abschluss der Eingabe beim Befehl COPY CON DATEIBEZ.ZUS).
`Strg`+`Alt`+`Entf`	Startet (bootet) das System neu.

2 DOS-Grundzüge

Tastenkombination	Wirkung
Strg + Alt + F1	Schaltet auf die amerikanische Tastaturbelegung um.
Strg + Alt + F2	Schaltet auf die zuletzt aktive Tastaturbelegung zurück.

Tabelle 2.2: Spezielle Tastenkürzel unter DOS

> Die aufgeführten Tastenkombinationen bleiben unter Windows gegebenenfalls wirkungslos bzw. haben eine andere Wirkung. Mit Strg + Alt + Entf wird so z.B. der Task-Manager aufgerufen.

2.3 Schreibweise von Befehlen

Wenn DOS-Befehle in einem allgemeinen Format angegeben werden, gelten üblicherweise die folgenden Zeichen und Darstellungsregeln.

Eckige Klammern [ ]

Eckige Klammern umschließen Bestandteile (Namen und Variablen) eines Befehls, die nicht in jedem Fall eingegeben werden müssen, die also von Fall zu Fall wegfallen können. Dabei dürfen die Klammern selbst *nicht* mit eingegeben werden. Ein Beispiel:

ECHO [ON]

Diese Anweisung könnten Sie als ECHO oder als ECHO ON eintippen. (Die Wirkung ist natürlich unterschiedlich.)

Punkte ...

Die Punkte dürfen *nicht* eingegeben werden. Sie deuten an, dass weitere, zusätzliche Eingaben mit gleichartigem Aufbau erlaubt sind.

Satz- und Sonderzeichen

An Stelle der Sonderzeichen (+ – ; : \) sind die entsprechenden Zeichen einzugeben.

> Den *Backslash* \ erhalten Sie mit [AltGr]+[ß] oder [Strg]+[Alt]+[ß]. Er lässt sich auf der DOS-Ebene aber auch durch Drücken und Festhalten von [Alt] und Eingabe der Ziffern 9 und 2 im numerischen Tastenblock erzeugen. (Sofern die amerikanische Tastaturbelegung geladen ist, befindet sich der Backslash auf der Taste [#].) Die Methode der Eingabe des numerischen Zeichencodes funktioniert übrigens zwar unter reinem DOS und meist auch im DOS-Fenster unter Windows, ob sie sich sonst aber nutzen lässt, ist vom jeweiligen Einzelfall abhängig.

Das l-Zeichen

Das Zeichen »|« weist darauf hin, dass eine von zwei Möglichkeiten gewählt werden kann. Beispiel:

ECHO ON|OFF

Diese Anweisung kann entweder als ECHO ON oder aber als ECHO OFF eingegeben werden.

> Das Zeichen »|« ist ein Sonderzeichen, das sich über [AltGr]+[<] bzw. durch Festhalten der Taste [Alt] und Betätigung der Ziffern 1, 2 und 4 (nacheinander) auf den Bildschirm »bringen« lässt.

2.4 DOS-Eingabeaufforderung

Um mit DOS arbeiten zu können, müssen Sie es zunächst von Diskette oder Festplatte aus starten. Im Kapitel 7 *Bootfähige Disketten und nützliche Programme* wird dargestellt, wie sich bootfähige Disketten erstellen lassen. Sie können DOS aber auch über die EINGABEAUFFORDERUNG bzw. MS-DOS-EINGABEAUFFORDERUNG unter Windows starten. Darüber hinaus sollten Sie, wenn Sie einige der nachfolgenden Befehle nachvollziehen wollen, ein paar neue oder leere Disketten bereithalten.

Rechnerstart von Diskette

Um den Rechner mit einer bootfähigen Diskette zu starten, müssen Sie bei neueren Rechnern meist erst einmal im BIOS-Setup-Programm dafür sorgen, dass der Rechner *nicht* von der Festplatte bootet. Die BIOS-Routinen werden beim Rechnerstart ausgeführt. Dabei wird zunächst der POST (Power-On Self Test – Einschaltselbsttest) durchgeführt. Während dieser Zeit lässt sich das BIOS-Setup durch Drücken einer bestimmten Taste oder Tastenkombination aufrufen, die üblicherweise am unteren Bildschirmrand angezeigt wird (sofern die entsprechende Option nicht deaktiviert wurde). Verwendet der Rechner ein AMI- oder ein Award-BIOS (ein BIOS der Firmen American Megatrends oder Award), müssen Sie meist `Entf` drücken:

Hit DEL, if you want to run SETUP

Mittlerweile haben die meisten Hersteller diese Konvention übernommen. Sollte das nicht der Fall sein und die fragliche Tastenkombination auch nicht angezeigt werden, sollte ein Blick in das Handbuch des Rechners oder der Hauptplatine helfen. Im BIOS-Setup finden Sie dann in einem Bereich, der BIOS FEATURES SETUP oder so ähnlich heißt, die Einstellung (BOOT SEQUENCE), bei der Sie dafür sorgen müssen, dass zunächst auf dem Diskettenlaufwerk A nach einem bootfähigen Datenträger gesucht wird. (Neuerdings wird häufig die Startreihenfolge CD-ROM, Festplatte,

Diskette vorgegeben, so dass die ersten beiden Optionen deaktiviert werden müssen, wenn der Rechner über Diskette gestartet werden soll.)

Um die Einstellungen zu speichern, müssen Sie üblicherweise [Esc] drücken und das BIOS-Setup über eine Option, die meist SAVE & EXIT SETUP heißt, verlassen. (Da bei der Arbeit mit dem BIOS-Setup die amerikanische Tastaturbelegung gilt, müssen Sie die Taste [Z] drücken, um ein »Y« einzugeben.) Legen Sie dann eine bootfähige Diskette mit dem Betriebssystem in Laufwerk A: ein und starten Sie den Rechner bei Bedarf neu. Nach einiger Zeit sollte der Rechner seine Bereitschaft durch Anzeige der Eingabeaufforderung melden:

[DR-DOS] A:\>

> Die ersten Disketten von PC DOS (und DR-DOS) sind üblicherweise bootfähig. Von MS-DOS gibt es eine Reihe von Update-Versionen, bei denen bereits eine ältere lauffähige MS-DOS-Version vorhanden sein muss, mit der der Rechner gestartet worden sein muss. Dann lässt sich bei Bedarf mit SETUP /F eine MS-DOS-Startdiskette erstellen.

Wenn die Diskette im Laufwerk *nicht* bootfähig ist, kommt es zu Fehlermeldungen (manchmal werden auch nur kryptische Fehlercodes angezeigt) der folgenden Art:

```
Keine Systemdiskette
Non-System Disk or disk error
Replace disk and press any key
```

Diese Meldungen sind nicht tragisch, weil dann lediglich auf der Diskette die zum Starten notwendigen Betriebssystemdateien nicht vorhanden sind. Dann entfernen Sie einfach die Diskette aus dem Laufwerk, legen gegebenenfalls eine andere ein und betätigen eine Taste (mit Ausnahme der Umschalttasten).

2 DOS-Grundzüge

> Wenn sich bei einer der obigen Meldungen eine Diskette ungewisser Herkunft im Laufwerk befindet, sollten Sie den Rechner sicherheitshalber mit einer anderen (oder keiner) Diskette im Laufwerk neu starten. So geben Sie Bootsektor-Viren keine Chance.

DOS-Fenster unter Windows

Wenn Sie mit DOS an der DOS-Eingabeaufforderung unter Windows arbeiten wollen, müssen Sie dazu entweder START|PROGRAMME|(MS-DOS-)EINGABEAUFFORDERUNG (Windows 9x/NT) oder START|PROGRAMME|ZUBEHÖR|(MS-DOS-)EINGABEAUFFORDERUNG (Windows Me/XP) wählen.

Bei der zweiten Variante rufen Sie einfach den Befehlsinterpreter auf. Dazu wählen Sie START|AUSFÜHREN und geben im Dialogfenster COMMAND (bzw. unter Windows 2000/XP CMD) ein und klicken OK an.

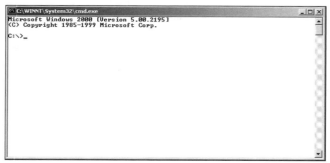

Abbildung 2.1: Das Fenster mit der DOS-Eingabeaufforderung nach dem Aufruf des Befehlsinterpreters CMD.EXE unter Windows 2000

Abgesehen von den unter Windows üblichen Schaltflächen zum Vergrößern, Verkleinern und Schließen des Fensters befindet sich in der oberen linken Fensterecke das Systemmenü, über dessen Option EIGENSCHAFTEN sich das Aussehen des Fensters anpassen lässt. Unter Windows 2000/XP gibt es rechts einen Rollbalken, über den sich bereits eingegebene Befehle und angezeigte Meldungen anzeigen lassen. (Die Anzahl der gespeicherten Zeilen lässt sich im Dialogfenster EIGENSCHAFTEN VON »EINGABEAUFFORDERUNG« festlegen.) Unter Windows 9x/Me verfügt das Fenster standardmäßig über eine Symbolleiste, die sich im Register BILDSCHIRM des Dialogfensters EIGENSCHAFTEN abschalten lässt.

Durch Betätigung von [Alt]+[↵] lässt sich zwischen dem Vollbild- und dem Fenstermodus umschalten. Ansonsten stehen auch im DOS-Fenster die üblichen Windows-Funktionen zum Kopieren und Einfügen von Texten zur Verfügung. (Sollten einige Funktionen unter Windows XP im Vollbildmodus nicht verfügbar sein, versuchen Sie es noch einmal im Fenstermodus.)

MS-DOS-Modus unter Windows 9x/Me

Unter Windows 9x/Me (*nicht* unter Windows 2000/XP) gibt es teilweise weitere Möglichkeiten zur Arbeit mit MS-DOS an der Eingabeaufforderung. Dazu aktivieren Sie den so genannten MS-DOS-Modus. Je nach Rechnerkonfiguration und Windows-Version stehen folgende Varianten zur Aktivierung des MS-DOS-Modus zur Verfügung:

- Unter Windows 98/Me können Sie über START|BEENDEN|IM MS-DOS-MODUS NEU STARTEN in den gleichnamigen Modus wechseln. (Dabei greift Windows 9x/Me intern auf die Datei DOSPRMPT.PIF zurück.)
- Unter Windows 9x gibt es speziell für DOS-Spiele im Windows-Verzeichnis drei PIF-Dateien (Programminformationsdateien; vgl. Abbildung 2.2). Zum Ausprobieren können Sie diese doppelt anklicken, um in einen der vorkonfigurierten DOS-Modi zu wechseln. Wenn Sie diese PIF-Dateien häufiger nutzen wollen, können Sie die Dateien aber auch markieren und mit gedrückter [Strg]-Taste auf den Desktop ziehen.

2 DOS-Grundzüge

- Sie starten den Rechner mit einer DOS-Diskette. (Doch, dieser Hinweis ist ernst gemeint und stellt nicht nur die sauberste, sondern auch die kompatibelste Variante dar.)

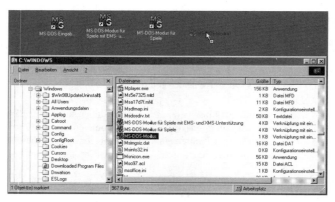

Abbildung 2.2: Kopieren der PIF-Dateien für verschieden konfigurierte DOS-Modi auf den Desktop (Windows 98)

Wie auch immer, an dieser Stelle sollte die DOS-Eingabeaufforderung in der einen oder anderen Version auf dem Bildschirm oder in einem Windows-Fenster angezeigt werden.

C:\>

[DR-DOS] A:\>

In welcher Form die DOS-Eingabeaufforderung angezeigt wird, ist nachfolgend kaum von Bedeutung, da die Darstellung weitgehend unabhängig von der jeweiligen DOS-Version ist. Und auch, ob DOS über Diskette, Festplatte oder ein DOS-Fenster gestartet wurde, ist vorwiegend nur deshalb von Interesse, weil die auf dem Bildschirm angezeigten Daten naturgemäß ein wenig von der Darstellung im Buch abweichen können.

> DOS unterscheidet im Unterschied zu Unix-Betriebssystemen bei Befehlseingaben *nicht* zwischen Groß- und Kleinbuchstaben. Dasselbe gilt normalerweise auch für die Befehlszeilenschalter der DOS-Befehle.

2.5 Befehlszeile editieren

Für die Arbeit an der Eingabeaufforderung stehen Ihnen einige Tastenbefehle zur Verfügung, die von der eingangs dieses Kapitels dargestellten Tastenbelegung ein wenig abweichen. Daher sollen hier zunächst die für die Arbeit mit der Befehlszeile wichtigsten Tastenbefehle aufgeführt werden.

Taste	Funktion
⏎	Schließt eine Befehlszeile ab und führt den eingegebenen Befehl aus.
F1	Kopiert ein Zeichen des zuletzt eingegebenen Befehls in eine neue Befehlszeile.
F3	Kopiert die gesamte zuletzt eingegebene Zeile in eine neue Eingabezeile.
Entf	Löscht ein Zeichen aus der zuletzt eingegebenen Eingabezeile.
Einfg	Schaltet den »Einfügemodus« ein bzw. aus.
←	Löscht das zuletzt eingegebene bzw. angezeigte Zeichen.

Tabelle 2.3: Die wichtigsten Tasten zur Bearbeitung der Befehlszeile

Seit MS-DOS 5 befindet sich das Programm DOSKEY im Lieferumfang von MS-DOS/PC DOS, das weitergehende Möglichkeiten zum Bearbeiten der Befehlszeile zur Verfügung stellt. (DR-DOS aktiviert mit dem Befehl

2 DOS-Grundzüge

HISTORY in der Datei CONFIG.SYS üblicherweise automatisch entsprechende Funktionen.) Beispielsweise können nach dem Laden von DOSKEY ältere Befehle wieder zurückgeholt und erneut ausgeführt werden.

Wenn DOSKEY nicht automatisch geladen wird, lässt es sich nachträglich durch Eingabe von DOSKEY ohne weitere Parameter aktivieren. Sollte DOS die Datei zu diesem externen Befehl nicht finden können, wird eine Fehlermeldung angezeigt. Dann müssen Sie die Datei gegebenenfalls suchen und mit vorangestellter Pfadangabe aufrufen. (Näheres dazu erfahren Sie weiter unten in diesem Kapitel.)

Mit den Tasten(kombinationen) aus Tabelle 2.4 kann die Befehlszeile bearbeitet werden.

Taste(nkombination) Wirkung

Taste	Wirkung
Einfg	Schaltet zwischen Einfüge- und Überschreibmodus um. Die Schreibmarke verändert dabei ihr Aussehen.
←	Bewegt die Schreibmarke ein Zeichen nach links, ohne Zeichen zu löschen.
→	Bewegt die Schreibmarke ein Zeichen nach rechts, ohne Zeichen zu löschen.
Strg + ←	Setzt die Schreibmarke an den Anfang des vorigen Wortes.
Strg + →	Setzt die Schreibmarke an den Anfang des folgenden Wortes.
Pos1	Setzt die Schreibmarke an den Zeilenanfang.
Ende	Setzt die Schreibmarke an das Zeilenende.
Esc	Löscht die angezeigte Zeile.
F1	Kopiert ein Zeichen der letzten Eingabe in die Befehlszeile.

Taste(nkombination) Wirkung

Taste	Wirkung
F2	Sucht in der letzten Eingabe nach dem angegebenen Zeichen und kopiert den Text, der sich davor befindet, in die aktuelle Befehlszeile.
F3	Kopiert den Rest der letzten Eingabe in die Befehlszeile.
F4	Löscht Zeichen der letzten Eingabe.
F5	Kopiert die aktuelle Zeile in den Zeilenspeicher.
F6	Setzt ein »Dateiendekennzeichen« an das Ende der aktuellen Befehlszeile. (Üblicherweise nur von Bedeutung, wenn direkt von der Befehlszeile aus Dateien erstellt werden.)

Tabelle 2.4: Übersicht der Tastenbefehle zur Bearbeitung der Befehlszeile nach dem Laden von DOSKEY

Weiterhin lassen sich nach dem Laden von DOSKEY Befehle, die bereits vor längerer Zeit eingegeben wurden, wieder in die Befehlszeile zurückholen. Die entsprechenden Tasten(kombinationen) finden Sie in Tabelle 2.5.

Taste(nkombination) Wirkung

Taste	Wirkung
↑	Zeigt den Befehl an, der vor dem aktuell angezeigten eingegeben wurde.
↓	Zeigt den Befehl an, der nach dem aktuell angezeigten eingegeben wurde.
Bild ↑	Zeigt den ältesten noch gespeicherten Befehl an.
Bild ↓	Zeigt die zuletzt eingegebene Befehlszeile an.
F7	Zeigt alle gespeicherten Befehlszeilen mit einer zugehörigen Kennnummer an.
Alt + F7	Löscht alle bisher gespeicherten Befehlszeilen.

2 DOS-Grundzüge

Taste(nkombination) Wirkung

F8	Durchsucht die gespeicherten Zeilen nach einem Befehl. Geben Sie den oder die ersten paar Buchstaben des gesuchten Befehls ein und drücken Sie F3. Der zuletzt eingegebene Befehl, der entsprechend beginnt, wird dann angezeigt. Beim wiederholten Drücken von F3 werden die gespeicherten Befehlszeilen der Reihe nach durchlaufen.
F9	Fragt nach der Kennnummer einer Befehlszeile.

Tabelle 2.5: Tasten(kombinationen), mit denen sich weiter zurückliegende Befehle nach dem Laden von DOSKEY reaktivieren lassen

Wie Sie sehen können, decken sich die elementaren unter DOSKEY verfügbaren Befehls mit denen, die auch ohne DOSKEY verfügbar sind. Hierzu gehören insbesondere F1 und F3 zum Wiederherstellen der letzten Eingabe.

Wenn Sie sich erst noch ein wenig mit diesen Tastenbefehlen vertraut machen wollen, können Sie kurze Texte in die Befehlszeile eingeben und diesen die vier Zeichen »REM « (mit einem abschließenden Leerzeichen) voranstellen. Da DOS diese Eingaben nicht auswertet, sondern als Kommentar behandelt, vermeiden Sie so die Gefahr der versehentlichen Ausführung von Befehlen und die Ausgabe von Fehlermeldungen der Art »Befehl oder Dateiname nicht gefunden«.

> Wenn bei Eingaben die Buchstaben Y und das Z vertauscht sind und auch sonst einige Tasten nicht die eigentlich erwarteten Zeichen auf dem Bildschirm produzieren, weist das lediglich darauf hin, dass die Tastaturbelegung nicht an die deutschen Verhältnisse angepasst wurde.

2.6 Die Arbeitsumgebung

Wenn Sie sich an einen Rechner begeben, an dem Sie arbeiten sollen (oder wollen), wissen Sie nicht, wie dieser eingerichtet wurde. Dann kann es hilfreich sein, wenn Sie erst einmal in Erfahrung bringen, unter welchem Betriebssystem bzw. welcher DOS-Version der Rechner arbeitet, ob die richtige (deutsche) Tastaturbelegung geladen ist, wo sich der Befehlsinterpreter befindet usw.

VER: Anzeige der DOS-Version

Die DOS-Version, mit der ein Rechner arbeitet, lässt sich mit dem internen Befehl VER ermitteln:

VER

VER steht abkürzend für *Version*. Daraufhin teilt Ihnen der Rechner entsprechend mit, unter welcher DOS-Version er arbeitet.

```
Caldera DR-DOS 7.02
Copyright (c) 1976, 1998 Caldera, Inc.  All rights reserved.
[DR-DOS] C:\>
```

Im Beispiel handelt es sich also um die DR-DOS-Version 7.02 der Firma Caldera, das in der Version 7.0 Novell DOS und in der Version 7.01 Open-DOS hieß.

KEYB: Tastaturbelegung

Der nächste Test gilt der Tastaturbelegung. Betätigen Sie die Taste [Z]. Wenn auch ein Z auf dem Bildschirm erscheint, ist alles in Ordnung. Wenn nicht, sollte die deutsche Tastaturbelegung geladen werden:

KEYB GR

Um ein »Y« zu erzeugen, müssen Sie bei der amerikanischen Tastaturbelegung ein »Z« eintippen. Anschließend sollte eine Meldung angezeigt werden, aus der sich schließen lässt, dass der Befehl ausgeführt wurde.

2 DOS-Grundzüge

Einige DOS-Versionen gehen hier aber nach dem Motto »Keine Meldung ist eine gute Meldung« vor, so dass gar keine Meldung angezeigt wird, wenn der Befehl ausgeführt wurde.

> Windows 2000/XP und Windows Me (im DOS-Fenster) laden die deutsche Tastaturbelegung mit systeminternen Routinen (die Einstellung erfolgt über die LÄNDEREINSTELLUNG in der SYSTEMSTEUERUNG), so dass die Eingabe von KEYB GR hier zu Fehlermeldungen führt. Wenn Windows Me in einer reinen Befehlszeilenversion gestartet wird, werden die Dateien aber benötigt. (Sie finden sie im Verzeichnis \WINDOWS\COMMAND\EBD.)

Überprüfen Sie anschließend durch Eingabe von ZÖÄ, ob die deutsche Tastaturbelegung wirklich geladen wurde. Sollte dies nicht der Fall sein, wurde mindestens eine der für d e deutsche Tastaturbelegung zuständigen Dateien (KEYB.COM und KEYBOARD.SYS) nicht gefunden. Dann müssen Sie diese Dateien suchen und dafür sorgen, dass sie erreichbar sind, bevor die deutsche Tastaturbelegung geladen werden kann. Wenn sich die beiden Dateien beispielsweise im Hauptverzeichnis auf einer Diskette im Laufwerk A: befinden, dann lässt sich die deutsche Tastaturbelegung mit dem folgenden Befehl laden:

A:KEYB GR

Da es sich bei einzelnen Buchstaben mit nachgestelltem Doppelpunkt unter DOS um Laufwerkkennbuchstaben handelt, weiß der Rechner durch das vorangestellte A:, dass er bei der Suche nach den Dateien für den auszuführenden Befehl auf das Laufwerk A: zugreifen soll. Der Rest des Befehls unterscheidet sich nicht von der zuvor vorgestellten Variante. (Den Doppelpunkt erzeugen Sie bei der amerikanischen Tastaturbelegung und deutscher Tastatur, wenn Sie ⇧ + ⌐ betätigen.)

> Die DR-DOS-Varianten kommen ohne die Datei KEYBOARD.SYS aus. Zudem wird hier die deutsche Tastaturbelegung für die heute üblichen erweiterten Tastaturen mit KEYB GR+ geladen. (KEYB GR funktioniert aber auch.)

SET: Umgebungsvariablen

Ein weiterer Befehl, der in diesem Zusammenhang ausgesprochen nützlich sein kann, heißt SET und bedeutet so viel wie »einstellen«. Mit dem Befehl SET können Sie beispielsweise in Erfahrung bringen, aus welcher Datei die nicht-residenten Teile des Befehlsinterpreters nachgeladen werden, wie dieser heißt und welche weiteren Einstellungen vorgenommen wurden. SET ist ein interner Befehl, für dessen Ausführung DOS auf keine weiteren Dateien angewiesen ist, so dass er immer zur Verfügung steht.

Wenn Sie SET ohne weitere Angaben eingeben, könnte die Antwort z.B. so aussehen:

```
COMSPEC=C:\COMMAND.COM
PROMPT=$P$G
TEMP=C:\TEMP
PATH=C:\DOS
DIRCMD=/P
```

> Wenn Sie den Befehl in einem DOS-Fenster unter Windows eingeben, werden zusätzlich noch die Werte einer Reihe Windows-spezifischer Umgebungsvariablen angezeigt.

COMSPEC: Die Position des Befehlsinterpreters

COMSPEC=C:\COMMAND.COM informiert darüber, wie der verwendete Befehlsinterpreter heißt (C:\COMMAND.COM), und wo er sich befindet. Im Beispiel weist C:\ darauf hin, dass der Befehlsinterpreter aus dem Hauptverzeichnis der Festplatte nachgeladen wird.

2 DOS-Grundzüge

PROMPT: Das Aussehen der Eingabeaufforderung

PROMPT=PG legt lediglich das Erscheinungsbild der Eingabeaufforderung (des *Systemprompts*) fest. Über PROMPT lässt sich die Eingabeaufforderung anpassen. Einige Beispiele finden Sie in Tabelle 2.6.

Eingabe	Ergebnis
PROMPT $P	C:\DOS
PROMPT $G	>
PROMPT PG	C:\DOS>
PROMPT=[DOS] PG	[DOS] C:\DOS>
PROMPT P_$G	C:\DOS >

Tabelle 2.6: Einige Beispiele für den Befehl PROMPT

Standardmäßig besteht das Prompt meist aus dem Kennbuchstaben des aktuellen Laufwerks, gefolgt von dem Zeichen »>«. Diese Einstellung erhalten Sie auch, wenn Sie den Befehl PROMPT ohne weitere Zusätze eingeben. Das $-Zeichen teilt DOS jeweils mit, dass ein Zeichen mit spezieller Bedeutung folgt, und dient lediglich der Einleitung. Die Bedeutung der weiteren in Tabelle 2.6 verwendeten Zeichen können Sie Tabelle 2.7 entnehmen:

Symbol	Anzeige
$D	Datum
$G	Das Zeichen »>«
$P	Das aktuelle Verzeichnis des Standardlaufwerks wird angezeigt.
$V	Die DOS-Version wird angezeigt.

Symbol	Anzeige
$_	Eine Folge aus Wagenrücklauf und Zeilenendeschaltung (geht zum Anfang der nächsten Zeile) wird ausgegeben.

Tabelle 2.7: Wichtige Parameter des Befehls PROMPT

TEMP: Verzeichnis für temporäre Dateien

SET TEMP=C:\TEMP legt fest, in welchem Verzeichnis DOS (temporäre) Dateien ablegt. Auf diese Umgebungsvariable greifen unter anderem die Befehle zum Kopieren von Disketten zurück. Seit MS-DOS 5 muss der Datenträger im aktuellen Verzeichnis bei gesetzter Umgebungsvariablen TEMP bei einer Reihe von Befehlen (z.B. TYPE) nicht mehr beschreibbar sein. Daher sollte SET TEMP immer angegeben werden und möglichst auf ein Festplattenverzeichnis verweisen.

DIRCMD: Voreinstellungen für DIR

Über die Umgebungsvariable DIRCMD lassen sich unter MS-DOS/PC DOS Vorgaben für den DIR-Befehl setzen, der den Inhalt von Datenträgern ausgibt. (Unter DR-DOS erfüllen spezielle Schalter des DIR-Befehls selbst diesen Zweck.)

Mit dem folgenden Befehl können Sie beispielsweise für die Einstellung im obigen Beispiel sorgen, bei der Verzeichnisse seitenweise auf dem Bildschirm ausgegeben werden:

SET DIRCMD=/P

2.7 Hilfe? Hilfe!

DOS glänzt nicht gerade durch Benutzerfreundlichkeit. Lange war direkt am Rechner gar keine Hilfestellung verfügbar. Seit MS-DOS-Version 5 lassen sich aber immerhin zu allen Befehlen, die über die Befehlszeile aufgerufen werden können, Hilfeinformationen anzeigen. Dazu müssen dem Befehl nur die beiden Zeichen /? nachgestellt werden. Um mehr über den eben vorgestellten Befehl SET zu erfahren, können Sie also SET /? eingeben (vgl. Abbildung 2.3). Diese Möglichkeit bieten alle neueren DOS-Varianten.

```
C:\>set /?
Setzt oder entfernt PC DOS-Umgebungsvariablen oder zeigt sie an.

SET [Variable=[Zeichenfolge]]

Variable       Der Name der Umgebungsvariable.
Zeichenfolge   Eine Zeichenfolge, die der Variablen zugewiesen werden soll.

Der Befehl SET ohne Parameter zeigt die derzeitigen Umgebungsvariablen an.

C:\>_
```

Abbildung 2.3: Informationen zum Befehl SET

Abgesehen von dieser Möglichkeit, sich Hilfestellungen anzeigen zu lassen, gibt es zwischen den verschiedenen DOS-Versionen teilweise erhebliche Unterschiede:

- Unter MS-DOS 6.x erhalten Sie bei Eingabe von FASTHELP einen Überblick über alle verfügbaren Befehle. Die Liste der verfügbaren Befehle kann dabei mehrere Bildschirmseiten umfassen. Bei Eingabe von HELP wird Ihnen eine Oberfläche mit ausführlichen Hilfeinformationen und Beispielen angezeigt. (Die Dateien dieser Hilfestellung heißen HELP.COM und HELP.HLP, wobei zur Anzeige der Informationen auf QBASIC.EXE zurückgegriffen wird.)
- Unter IBM DOS 6.x verschaffen Sie sich mit HELP einen Überblick über die Befehle.
- Unter PC DOS ab Version 7 erfahren Sie über den Befehl HELP, wie Sie welche Hilfestellungen aufrufen können. Die eigentlichen Informationen erhalten Sie bei Eingabe von VIEW CMDREF. Die dann angezeigte umfangreiche Befehlsreferenz enthält auch eine Menge Grundlageninformationen. (Die Namen der Dateien des Anzeigeprogramms lauten VIEW.* und die Befehlsreferenz selbst befindet sich in der Datei CMDREF.INF.)

▸ Die DR-DOS-Varianten enthalten das Programm DOSBOOK, das neben ausführlichen Informationen zu den Befehlen selbst auch Grundlagen erläutert.

Keines der erwähnten Programme fragt ab, unter welchem Betriebssystem es ausgeführt wird, so dass sie sich auch unabhängig von der jeweiligen Betriebssystemversion nutzen lassen. Die Hilfeinformationen zu MS-DOS 6.22 befinden sich z.B. im Verzeichnis \TOOLS\ OLDMSDOS auch auf den CD-ROMs von Windows 9x/Me und sollten darüber hinaus auch über das Internet erhältlich sein. Weiterhin befinden sich im Windows-Programmverzeichnis Textdateien (mit der Erweiterung .TXT) mit speziellen Informationen.

Abbildung 2.4: PC DOS ab Version 7 stellt über VIEW CMDREF umfangreiche Befehlsreferenzen zur Verfügung.

2 DOS-Grundzüge

Die Bedienung der Programme ähnelt der Benutzerführung in Windows-Dialogfenstern bzw. -Programmen. Die verschiedenen Optionen werden mit den Pfeiltasten und/oder `Tab` und `⇧`+`Tab` angesteuert und markiert und mit `↵` aufgerufen. Alle Programme unterstützen die Maus. Tabelle 2.8 enthält eine Übersicht über spezielle Tasten(kombinationen) im Programm HELP von MS-DOS.

Tasten(kombination)	Wirkung
`Alt`	Aktiviert/deaktiviert die Menüleiste.
`Alt`+`I`	Aktiviert die Seiten mit dem Index der Hilfeeinrichtung.
`Alt`+`Bild↓`	Blättert eine Seite weiter. So lassen sich die Informationen zu den Befehlen in alphabetischer Reihenfolge sichten.
`Alt`+`Bild↑`	Blättert in der Hilfeeinrichtung eine Seite zurück.
`Tab`	Vorwärts-Wechseln zwischen mehreren Spalten bzw. zwischen weiterführenden Querverweisen.
`⇧`+`Tab`	Rückwärts-Wechseln zwischen mehreren Spalten bzw. zwischen weiterführenden Querverweisen.
`↵`	Hilfe zu markierten Befehlen, Anmerkungen, Beispiele, Syntax aufrufen.

Tabelle 2.8: Wichtige Tastenkürzel für die Bedienung von HELP (MS-DOS)

Bei HELP (MS-DOS) und DOSBOOK (DR-DOS) können Sie auch direkt die Informationen über einen bestimmten Befehl ansteuern, wie z.B. für SET:

HELP SET
DOSBOOK SET

Unter PC DOS ist dies zwar nicht möglich, dafür steht aber eine recht ausgefeilte Suchfunktion zur Verfügung, so dass Sie nach dem Programmstart direkt nach dem gewünschten Befehl suchen können.

Innerhalb aller genannten Programme finden Sie neben Kurzbeschreibungen zur Funktion der Befehle die erlaubten Zusatzeingaben (Befehlszeilenschalter). Sie sehen also, dass Sie sich auf die vorgestellte Art und Weise über weitere Befehle oder Optionen informieren können, die in dieses Buch möglicherweise nicht aufgenommen wurden.

2.8 FORMAT: Diskette formatieren

Um eine fabrikneue Diskette für DOS vorzubereiten, muss sie *formatiert* werden. Dabei schreibt der Rechner Informationen auf die Diskette, die dem Betriebssystem dazu dienen, sich auf dem Datenträger zurechtzufinden. Dabei werden alle gegebenenfalls auf der Diskette vorhandenen Informationen überschrieben und damit zerstört.

> Sorgen Sie bei Disketten mit wichtigen Daten möglichst immer dafür, dass der Schreibschutz aktiviert ist (die Aussparung des Schreibschutzschiebers der Diskette geöffnet ist).

Durch zusätzliche Angaben lässt sich die Arbeitsweise des Dienstprogramms FORMAT steuern. Dies ist insbesondere dann wichtig, wenn Sie nicht nur mit den heute üblichen 3,5 Zoll großen 1,44-MB-Disketten oder sogar noch mit alten 5,25-Zoll-Disketten arbeiten.

> Sollten Sie tatsächlich noch alte 5,25-Disketten besitzen, lassen sich diese mit Hilfe von Freeware-Programmen aus dem Internet auch direkt auf 3,5-Zoll-Disketten umkopieren.

2 DOS-Grundzüge

> Das Format ist zwar nicht standardisiert, die so erstellten Disketten
> können aber von den 3,5-Zoll-Disketten gelesen werden. (Schreiben
> Sie möglichst keine Daten auf solche Disketten!)

Mit der Anweisung

FORMAT A:

bereiten Sie eine neue Diskette im Laufwerk A: zur Verwendung unter DOS vor. Wenn Sie den Befehl in dieser einfachen Form eingeben, versucht DOS, die Diskette mit der maximalen Kapazität des verwendeten Laufwerks zu formatieren. Bei Rechnern mit Laufwerken höherer Kapazität ist dies jedoch nicht immer erwünscht. Dann müssen zusätzliche Parameter dafür sorgen, dass die Disketten mit niedrigerer Kapazität formatiert werden. Die (seit MS-DOS 4.0 unterstützten) entsprechenden Anweisungen für 3,5-Zoll-Disketten lauten:

FORMAT A: /F:720

für eine 3,5-Zoll-Diskette, die auf 720 KB Kapazität formatiert werden soll.

FORMAT A: /F:1440

für eine 3,5-Zoll-Diskette, die auf 1,44 MB formatiert werden soll.

> Eine ausführliche Aufstellung der von FORMAT unterstützten Schalter
> finden Sie in der Befehlsreferenz.

Wenn der Befehl ausgeführt wird, gibt es – abgesehen davon, dass die zum externen Befehl gehörende Datei nicht gefunden wird – mehrere Möglichkeiten:

- Sie verfügen über ein Laufwerk, das die über /F: angegebene Kapazität nicht unterstützt. Dann erhalten Sie eine Fehlermeldung der Art »Parameter nicht kompatibel«. Geben Sie dann den Befehl erneut ein und korrigieren Sie die Zusatzangaben oder lassen Sie sie entfallen.

FORMAT: Diskette formatieren

- Im DOS-Fenster unter Windows kann es zur Fehlermeldung »Laufwerk A: wird gerade von einem anderen Prozess verwendet« kommen. Dann sperrt aktuell ein anderes Programm das Laufwerk mit der zu formatierenden Diskette. Beenden Sie dieses andere Programm und führen Sie den Befehl erneut aus.
- Es wird (nur) eine Meldung angezeigt, die zum Einlegen einer neuen Diskette auffordert.

Wenn die letzte Variante der Rückmeldungen angezeigt wird, legen Sie die zu formatierende Diskette ins Laufwerk ein und folgen der Aufforderung, ⏎ zu betätigen. Anschließend meldet DOS den Fortschritt beim Formatieren:

```
XY Prozent des Datenträgers formatiert
```

Sollten Sie danach noch Fehlermeldungen erhalten, lässt dies auf Defekte der verwendeten Diskette schließen. Ein Grund dafür könnte z.B. die falsche Kapazität des benutzten Datenträgers sein. Sie erhalten dann eine Meldung, dass Formatierfehler in der Spur 0 aufgetreten sind.

Nach Beendigung des Formatiervorgangs meldet der Rechner:

```
Formatieren beendet
Datenträgerbezeichnung (11 Zeichen, EINGABETASTE für keine)?
```

Hier können Sie der Diskette einen Namen geben, der Rückschlüsse auf den Inhalt ermöglichen sollte. Wenn kein Name vergeben werden soll, beantworten Sie diese Frage einfach mit ⏎. Danach meldet der Rechner, wie viel Speicherplatz auf der Diskette verfügbar ist.

```
1.457.664 Byte Speicherplatz auf dem Datenträger insgesamt
1.457.664 Byte auf dem Datenträger verfügbar
      512 Byte in jeder Zuordnungseinheit.
    2.847 Zuordnungseinheiten auf dem Datenträger verfügbar.
Seriennummer des Datenträgers: 0349-0BDE
```

Sollten hier zusätzlich so genannte *defekte Sektoren* gemeldet werden, versuchen Sie zunächst noch einmal, die Diskette zu formatieren. Oft sind kleine Verunreinigungen, wie z.B. Staub, der ins Laufwerk geraten ist, die

2 DOS-Grundzüge

Ursache dafür, dass beim Formatieren von Disketten defekte Bereiche gemeldet werden. Wenn der Fehler wieder auftritt, sollte die Diskette nicht weiter verwendet werden, da diese dann schadhaft sein dürfte. (Wenn der Fehler häufig auftritt, dürfte allerdings das Laufwerk selbst defekt sein.)

Abschließend fragt FORMAT, ob weitere Disketten formatiert werden sollen:

Eine weitere Diskette formatieren (J/N)?

Wenn Sie den Befehl FORMAT verwenden, sind DOS-Versionsunterschiede zu berücksichtigen. Teilweise wird, wenn Daten auf einer Diskette enthalten sind, eine Datei angelegt, mit der sich die Formatierung mit UNFORMAT rückgängig machen lässt.

FORMAT A: /F:720 /U

Der Schalter /U verhindert das Anlegen einer Datei für den Befehl UNFORMAT. /U wird nicht von allen DOS-Versionen unterstützt.

FORMAT A: /F:720 /Q

Wenn Sie nur die Verzeichnisstrukturen auf der Diskette neu schreiben und eine Schnellformatierung durchführen wollen, können Sie dazu den Schalter /Q (Quick) verwenden, bei dem der Datenträger ansonsten nicht weiter überprüft wird:

FORMAT A: /S

Diese Variante des FORMAT-Befehls mit dem Schalter /S sorgt dafür, dass nach der Formatierung die Systemdateien und der Befehlsinterpreter COMMAND.COM auf den Datenträger übertragen werden, so dass diese bootfähig wird. (/S wird von Windows 2000/XP nicht unterstützt.)

2.9 DISKCOPY: Disketten kopieren

Die Erstellung von Sicherungskopien ist neben der sorgsamen Behandlung der Speichermedien die wichtigste Schutzmaßnahme gegen einen möglichen Verlust wertvoller Daten. Eine der wichtigsten Maßnahmen ist daher das Erstellen von Sicherheitskopien von Disketten (insbesondere von Disketten mit Hardware-Einrichtungsprogrammen oder Einheitentreibern).

DISKCOPY

Für das Kopieren kompletter Disketten ist der DOS-Befehl DISKCOPY zuständig. DISKCOPY heißt nichts anderes als »Diskette kopieren«. Der entsprechende Befehl lautet:

A:DISKCOPY A: A:

> Beim Kopieren von Disketten versucht DOS zwischenzeitlich Daten auf die Festplatte zu schreiben. Mit SET TEMP=C:\TEMP kann die entsprechende Variable gesetzt werden. (Das Verzeichnis sollte natürlich existieren.) Wenn DOS keine temporären Daten schreiben kann, müssen Sie die Quell- und Zieldisketten beim Kopieren möglicherweise mehrfach austauschen.

Dann wird eine Meldung angezeigt, die Ihnen Gelegenheit gibt, die Diskette im Laufwerk zu wechseln:

Quelldiskette in Laufwerk A: einlegen
Eine beliebige Taste drücken, um fortzusetzen

Anschließend werden Sie darüber informiert, was der Rechner gerade macht:

Kopiert werden 80 Spuren mit 18 Sektoren je Spur, 2 Seite(n)
Lesen der Quelldiskette...

Während des Fortschritts des Befehls werden Sie (gegebenenfalls mehrfach) aufgefordert, die Quelldiskette gegen die Zieldiskette auszutauschen. Abschließend wird eine Datenträgernummer angezeigt und es wird gefragt, ob eine weitere Diskette kopiert werden soll:

Datenträgernummer: 16CB-0F20
Eine weitere Diskette kopieren (J/N)?

> Mit dem externen Programm DISKCOPY der DR-DOS-Varianten lassen sich auch Image-Dateien (Abzüge) von Disketten auf Festplatten erstellen und wieder auf Diskette schreiben. Mit DISKCOPY A: C:\IMAGE.IMG kopieren Sie so den Inhalt einer Diskette in die Datei IMAGE.IMG im Hauptverzeichnis der Festplatte. Mit DISKCOPY C:\IMAGE.IMG A: können Sie eben diese Datei auf eine andere Diskette schreiben. (Die mit DISKCOPY von DR-DOS erstellten Image-Dateien sind übrigens mit dem x86-Emulator Bochs kompatibel und das Programm enthält auch keine Abfrage der DOS-Version.) Die Originaldisketten von PC DOS (abgesehen von der ersten Diskette) müssen Sie mit dem Programm XDFCOPY kopieren, das wie DISKCOPY benutzt werden kann. Einzelheiten dazu finden Sie im Abschnitt *Setup-Programme* des Kapitels *Konfiguration und Batch-Dateien*.

2.10 Dateien und Verzeichnisse

In diesem Abschnitt werden wir uns mit Dateien befassen, die der Speicherung von Daten dienen. Der Begriff *Datei* ist ein Kunstwort, das durch Zusammenziehung der beiden Wörter *Daten* und *Kartei* entstanden ist. Dateien können Daten in jeder nur denkbaren Form enthalten. Dazu gehören sowohl Dienst- und Anwendungsprogramme als auch erfasste Daten, wie z.B. Kunden-/Adressdaten oder Texte bzw. allgemein ausgedrückt »Dokumente«.

Im englischen Sprachraum werden Dateien *Files* genannt. *Files* bedeutet sowohl Akte als auch (*Akten-*)Ordner. In *Akten/Ordnern* lassen sich beliebige Daten archivieren, sofern sie nur auf einem (abheftbaren) Datenträger (Papier, Pappe, Folie) erfasst werden. Dateien erhalten Namen, die die gleiche Funktion wie die Beschriftung auf Aktenordnern erfüllen: Ohne Etikett (Dateinamen) wäre es schwierig, bestimmte Informationen wiederzufinden. Bei Verwendung informativer, »sprechender« Dateinamen lassen sich Dateien und darin enthaltene Informationen viel leichter wiederfinden, als wenn nichts sagende Namen gewählt werden würden.

Zulässigkeit von Dateinamen

Leider macht uns DOS im Zusammenhang mit den Namen, die für Akten (Dateien) und Ordner (Unterverzeichnisse) vergeben werden können, das Leben nicht gerade leicht: Ein Dateiname darf nämlich insgesamt nur aus maximal *zwölf* Zeichen bestehen. Diese zwölf Zeichen verteilen sich folgendermaßen auf einen Dateinamen:

- Der eigentliche Dateiname (das Präfix) darf aus maximal acht,
- die Dateinamenerweiterung (das Suffix) aus einem Punkt und maximal drei weiteren Buchstaben bestehen.

Dabei können sowohl der trennende Punkt (sofern keine Dateinamenerweiterung existiert) als auch die Erweiterung ohne weiteres vollständig entfallen. Weitere Einschränkungen ergeben sich daraus, dass nicht alle Zeichen im Dateinamen oder im Zusatz verwendet werden dürfen. Nur die folgenden Buchstaben, Ziffern und Zeichen sind allgemein innerhalb von Dateinamen unter allen DOS-Versionen zulässig:

```
A-Z    0-9    $    &    #
 -      _    (    )
 '      !    %    ^
```

Die Eingabe darf sowohl in Groß- als auch in Kleinbuchstaben erfolgen. Kleinbuchstaben werden bei der Eingabe automatisch in Großbuchstaben umgewandelt und von DOS gleichwertig behandelt. Daher werden die beiden nachfolgenden Dateinamen beide unter dem Namen DATEINAM.ZUS gespeichert.

- DateiNam.Zus
- DATEINAM.ZUS

2 DOS-Grundzüge

Nicht verwenden dürfen Sie in Dateinamen neben dem Leerzeichen (das seit Windows 95 durchaus zulässig ist) die folgenden Zeichen, die für besondere Funktionen reserviert sind:

```
?   .   ,   ;   :   =
*   /   \   +   "   |
```

Der Doppelpunkt kennzeichnet die Laufwerksbezeichnung, der Punkt trennt im Dateinamen den Dateinamen von der Erweiterung.

> In den meisten aktuellen DOS-Versionen lassen sich auch beliebige Zeichen des erweiterten ASCII-Zeichensatzes verwenden. Wenn Sie für eine möglichst umfassende Kompatibilität der Daten sorgen wollen, sollten Sie darauf aber verzichten. Das ASCII-Zeichen mit der Ordnungsnummer 255 kann so z.B. innerhalb von Dateinamen einige Verwirrung stiften. Dabei handelt es sich um ein Leerzeichen, das von DOS aber nicht als solches behandelt wird. Ein weiteres Zeichen, das unter Windows in Dateinamen zulässig ist, das Sie aber möglichst nicht zu diesem Zweck verwenden sollten, ist das Semikolon (;). Dieses hat nämlich beim Joliet-Dateisystem, das auf Windows-Rechnern üblicherweise für CD-ROMs verwendet wird, eine besondere Bedeutung. Der Dateiname »;-).DOC« ist so z.B. zwar unter Windows zulässig, lässt sich aber für CD-ROMs nicht verwenden. Über die unzulässigen Zeichen unter Windows gibt Abbildung 2.5 Auskunft.

Abbildung 2.5: Windows führt beim Versuch, eine Datei umzubenennen, die unzulässigen Zeichen auf.

Bei den folgenden Beispielen handelt es sich um allgemein gültige Dateinamen:

```
FORMAT.COM    memo.doc    IO.SYS
4-7-97.TXT    JOB3.HEX    DATEI#1
33%-RATE.DAT  MSG.OVL     HILFE.DAT
READ!.ME
```

Obwohl das Präfix eigentlich maximal acht Zeichen lang sein darf, akzeptiert DOS auch längere Eingaben, schneidet diese aber nach dem achten Zeichen ab. Daher sind die Dateinamen DOKUMENT1.TXT und DOKUMENT2.TXT für DOS identisch. Aus beiden wird der Dateiname DOKUMENT.TXT. Das heißt, die erste der beiden Dateien könnte von der zweiten überschrieben und damit zerstört werden. Das Gleiche gilt für die beiden Dateinamen DOK.TXT1 und DOK.TXT2, die beide als DOK.TXT gespeichert werden.

> Achten Sie insbesondere darauf, dass die vorgegebene Maximallänge für Dateinamen nicht überschritten wird. Im Fehlerfall erfolgt auf der DOS-Ebene in der Regel keine Warnung!

Lange Dateinamen

Das Windows-Dateisystem (VFAT) unterstützt lange Dateinamen. Und im DOS-Fenster lassen sich seit Windows 95 lange Dateinamen auch auf DOS-Ebene vergeben. Wenn Sie sich dann aber das Verzeichnis unter reinem DOS anzeigen lassen, werden Sie beim letzten Beispiel mit den Dateinamen »DOK1~1.TXT« und »DOK1~2.TXT« konfrontiert. Aus Kompatibilitätsgründen setzt Windows die langen Dateinamen automatisch in Standard-8.3-Dateinamen von DOS um. Üblicherweise wird der so erzeugte Aliasname aus den ersten sechs Buchstaben des langen Dateinamens, einer Tilde (~) und einem numerischen Anhang gebildet. So werden z.B. aus den Dateinamen »Dokument1.doc« und »Dokument2.doc« die DOS-8.3-Dateinamen »DOKUME~1.DOC« und »DOKUME~2.DOC«. Ist in

2 DOS-Grundzüge

einem Ordner bereits ein gleich lautender Aliasname vorhanden, variiert Windows den numerischen Anhang so lange, bis ein eindeutiger Dateiname vorliegt.

Dieses Standardverhalten von Windows lässt sich aber auch ändern. Und ... Sie können sogar dafür sorgen, dass das Dateisystem von Windows 9x gar keine langen Dateinamen mehr verwendet. (Zu dieser Maßnahme sollten Sie allerdings nur dann greifen, wenn keine anderen Lösungen mehr helfen und Sie beispielsweise in einer Netzwerkumgebung arbeiten, in der die langen Dateinamen von Windows für Probleme sorgen.) Dafür ist (wie sollte es auch anders sein) ein Eintrag in der Registrierungsdatenbank von Windows zuständig:

HKEY_LOCAL_MACHINE\System\CurrentControlSet\Control\FileSystem\Win31FileSystem

Standardmäßig befindet sich hier der hexadezimale Wert 0. Wenn Sie dort stattdessen den hexadezimalen Wert 1 eintragen und Windows neu starten, wird wieder das alte Dateisystem von DOS bzw. Windows 3.1x verwendet.

> Die Registrierungsdatenbank von Windows lässt sich mit REGEDIT bearbeiten, das über das AUSFÜHREN-Dialogfenster gestartet werden kann. Bei Änderungen, wie der eben erläuterten, sollten Sie die Registrierungsdatenbank erst einmal sichern. Dazu können Sie unter Windows 9x/Me das Programm SCANREG verwenden, das sich auch auf DOS-Ebene nutzen lässt. Geben Sie in einem DOS-Fenster (oder an der DOS-Eingabeaufforderung) einfach SCANREG ein. (Natürlich können Sie unter Windows SCANREG auch über START|AUSFÜHREN aufrufen.) SCANREG fragt automatisch, ob eine Sicherung angelegt werden soll. (Je nach Windows-Version werden auch automatisch Sicherungen erstellt.) Diese wird dann im Ordner SYSBCKUP unter dem Windows-Ordner unter dem Dateinamen RB???.CAB fortlaufend nummeriert abgelegt (vgl. Abbildung 2.6).

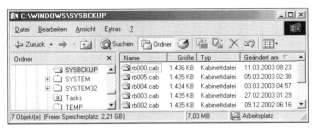

Abbildung 2.6: Sicherungen der Registrierungsdatenbank im Verzeichnis SYSBCKUP

Und auch das Verfahren, wie die Aliasnamen für die langen Dateinamen erzeugt werden, lässt sich über die Registrierungsdatenbank von Windows 9x/Me beeinflussen. Alternativ zum Verfahren, dass bei langen Dateinamen beginnend mit »~1« nummeriert wird, so dass praktisch nur noch sechs Zeichen des ursprünglichen Dateinamens erhalten bleiben, können Sie dafür sorgen, dass der Dateiname abgeschnitten wird. Dann werden z.B. aus den Dateinamen »Dokument1.doc« und »Dokument2.doc« aus dem obigen Beispiel die DOS-8.3-Dateinamen »DOKUMENT.DOC« und »DOKUME~1.DOC«. Für diese Einstellung ist der folgende Schlüssel innerhalb der Registrierungsdatenbank von Windows 9x/Me zuständig:

HKEY_LOCAL_MACHINE\System\CurrentControlSet\Control\FileSystem\NameNumericTail

Wenn Sie hier den hexadezimalen Wert des Schlüssels auf »0« setzen, werden die DOS-Aliasnamen aus den ersten acht Zeichen des langen Dateinamens gebildet. Im genannten Beispiel haben Sie damit allerdings zugegebenermaßen nicht besonders viel gewonnen.

> Wie die Aliasnamen erstellt werden, können Sie auch mit vielen der Programme zur Windows-Optimierung einstellen, ohne die Registrierungsdatenbank direkt bearbeiten zu müssen.

Leerzeichen in Dateinamen

Zu echten Kompatibilitätsproblemen zwischen DOS und Windows kann es kommen, wenn Sie Leerzeichen innerhalb langer Dateinamen verwenden. Auf DOS-Ebene werden Leerzeichen üblicherweise als Trennzeichen zwischen mehreren Parametern in der Befehlszeile behandelt. Wenn Sie unter DOS lange (oder auch kurze) Windows-Dateinamen ansprechen, die Leerzeichen enthalten, kann DOS mit diesen nichts anfangen. Wenn Sie die Dateinamen aber in Anführungszeichen einschließen, lässt sich mit ihnen durchaus arbeiten.

Um dies an einem Beispiel zu illustrieren, können Sie es z.B. im DOS-Fenster mit einer Datei zu tun haben, deren DOS-Dateiname »TEXT1.TXT« und deren Windows-Dateiname »text 1.txt« lautet:

```
TEXT1    TXT              3  11.03.03   9:57 text 1.txt
```

Nun funktionieren im DOS-Fenster diese beiden Befehle, die der Anzeige des Verzeichnisses dienen und weiter unten noch ausführlicher erläutert werden:

```
DIR TEXT1.TXT
DIR "TEXT 1.TXT"
```

Beide führen zu einer solchen Ausgabe:

```
 Datenträger in Laufwerk C: SAM30
 Seriennummer des Datenträgers: 08E6-105F
 Verzeichnis von C:\TEST
TEXT1    TXT              3  11.03.03   9:57 text 1.txt
        1 Datei(en)                      3 Bytes
        0 Verzeichnis(se)        4.371,34 MB frei
```

Und es funktioniert auch der folgende Befehl, mit dem die beiden Varianten des Dateinamens in Einklang gebracht werden können (auch der Befehl zum Umbenennen von Dateien wird später noch ausführlicher vorgestellt):

```
REN "TEXT 1.TXT" TEXT1.TXT
```

Dabei wird nur der Windows-Dateiname »text 1.txt« geändert. Der DOS-Aliasdateiname bleibt unberührt. Anschließend sieht der entsprechende Eintrag der Datei im DOS-Fenster dann so aus:

TEXT1   TXT   3 11.03.03   9:57 text1.txt

Unter DR-DOS lassen sich Dateinamen bereits seit Version 6.0 in Anführungszeichen einschließen, so dass (beim Arbeiten mit geeigneten Programmen, wie z.B. EDIT) DOS-Dateinamen Leerzeichen enthalten können! (Bei der Eingabe des Befehls DIR "TEXT 1.TXT" muss aber auch OpenDOS 7.01 noch passen. Es wird allerdings keine Fehlermeldung, sondern lediglich die komplette Liste der Dateinamen angezeigt.) Abbildung 2.7 zeigt dann, was Caldera DR-DOS 7.02 von dem Trick mit den Anführungszeichen hält.

```
[DR-DOS] B:\>ver

Caldera DR-DOS 7.02
Copyright (c) 1976, 1998 Caldera, Inc.  All rights reserved.

[DR-DOS] B:\>dir "text 1.txt"

 Volume in drive B does not have a label
 Directory of  B:\

TEXT 1   TXT              20 11.03.03 10:51
        1 File(s)              20 bytes
                       1.013.248 bytes free

[DR-DOS] B:\>
```

Abbildung 2.7: Der Trick mit Anführungs- und Leerzeichen unter Caldera DR-DOS 7.02

Ja, Caldera DR-DOS 7.02 unterstützt (abgesehen von den Dienstprogrammen DISKOPT, DELWATCH und CHKDSK) lange Dateinamen und beherrscht den Trick mit den Anführungszeichen so weit, dass auch die folgenden beiden Befehle problemlos funktionieren:

REN "TEXT 1.TXT" TEXT1.TXT
REN TEXT1.TXT "TEXT 1.TXT"

Im Unterschied dazu quittieren IBMs DOS-Versionen diese Art der Verwendung von Anführungszeichen ebenso wie die MS-DOS-Versionen vor Windows 95 mit der Fehlermeldung »Parameterformat nicht korrekt«.

> Vorsicht! Das Problem mit den Leerzeichen tritt nicht nur an der DOS-Befehlszeile auf. Auch Windows-Programmen lassen sich häufig Dateinamen übergeben, die dem Namen des aufzurufenden Programms nachgestellt werden. Wenn diese Leerzeichen enthalten, wird die entsprechende Datei nicht gefunden, was zu einiger Verwirrung führen kann. Auch dann müssen gegebenenfalls die langen Dateinamen in Anführungszeichen eingeschlossen werden.

Dateinamenerweiterungen

Dateinamenerweiterungen müssen nicht verwendet werden. Sie werden aber allgemein dazu benutzt, Dateitypen zu kennzeichnen. Die folgende Aufstellung enthält einen Überblick über einige gebräuchliche und häufig verwendete Dateinamenerweiterungen.

Erweiterung	Erklärung
.$$$	Temporäre Arbeitsdatei
.BAK	Sicherungsdatei (BAcKup)
.BAT	Datei für automatische Befehlsabarbeitung
.BIN	Binärdatei
.BMP	Windows BitMaP (Bildpunkt-orientierte Datei)
.CFG	Konfigurationsdatei
.COM	Ausführbare Datei unter MS-DOS, kleiner als 64 KB
.DLL	Dynamische Laufzeit-Bibliothek (z.B. von Windows verwendet)
.DOC	ASCII- oder Text-Datei (DOCument)

Erweiterung	Erklärung
.DRV	Geräte-Steuerprogramm (DRiVer)
.EPS	Encapsulated PostScript-Datei
.EXE	Ausführbare Datei
.GIF	Bildpunkt-orientierte Datei (Graphics Interchange Format)
.INI	Initialisierungsdatei (z.B. für die DOS-Shell oder Windows-Applikationen)
.JPG	Bildpunkt-orientierte Datei
.SIK	SIcherungsKopie
.SYD	Sicherungsdateien des Systemeditors (SYSEDIT) verschiedener Windows-Versionen
.SYS	System- bzw. Treiberdatei
.TIF	Bildpunkt-orientierte Datei (Tagged Image Format)
.TMP	Temporäre Arbeitsdatei
.TXT	Textdatei
.WMF	Windows MetaFile

Tabelle 2.9: Häufig verwendete Dateinamenerweiterungen

Vorangestellte Pfadangaben

Einem Dateinamen können Sie eine Laufwerksbezeichnung oder auch den oder die Namen von Verzeichnissen voranstellen. (Näheres zu Verzeichnissen erfahren Sie später.) Dies ist z.B. dann notwendig, wenn sich die aufzurufende Datei nicht im aktuellen Verzeichnis befindet, aber auch keine Pfadangaben gesetzt sind oder Dateien kopiert werden sollen. Um vom Festplattenlaufwerk C: aus die Datei DISKCOPY.COM auf dem Diskettenlaufwerk A: aufzurufen, können Sie Folgendes eingeben (diesmal mit Vor- und Nachnamen, was bei Programmen meist zu viel der Höflichkeit ist):

2 DOS-Grundzüge

```
A:DISKCOPY.COM
```

Sind die Dateien auf den Laufwerken in unterschiedlichen Verzeichnissen gespeichert, können Sie die Namen dieser Verzeichnisse nach der Laufwerksbezeichnung und vor dem Dateinamen mit eingeben. DOS sucht dann auf dem Laufwerk im angegebenen Pfad.

```
C:\DOS\DISKCOPY A: A:
```

Dieser Befehl sorgt dafür, dass die Datei DISKCOPY.COM (oder DISKCOPY.EXE) im Ordner \DOS der Festplatte C: gesucht wird. Da hier angenommen wurde, dass die Datei in einem Unterverzeichnis gespeichert ist, muss der Name des Unterverzeichnisses \DOS mit eingegeben werden.

Reservierte Dateinamen

Neben den Beschränkungen, die Sie bereits kennen gelernt haben, sollten Sie auch keine Namen verwenden, die für DOS reserviert sind. Über diese Namen wickelt DOS die Ein- und Ausgabe über Peripheriegeräte ab. Wenn Sie reservierte Dateinamen dennoch als Namen für Dateien verwenden, wird nicht Ihre Datei, sondern das entsprechende »Peripheriegerät« aufgerufen. Tabelle 2.11 enthält die von DOS reservierten Dateinamen.

Gerätename	Bedeutung
AUX	Asynchrone Schnittstelle (Hilfsausgang – Auxiliary)
CLOCK$	Einheitentreiber der Systemuhr
COM1	Erste serielle Schnittstelle (COMmunication)
COM2	Zweite serielle Schnittstelle
COM3	Dritte serielle Schnittstelle
COM4	Vierte serielle Schnittstelle
CON	Console (Bildschirm und Tastatur)
LPT1	Erste parallele Schnittstelle (Line PrinTer 1)

Gerätename	Bedeutung
LPT2	Zweite parallele Schnittstelle
LPT3	Dritte parallele Schnittstelle
NUL	Nicht vorhandener Ausgang (»schwarzes Loch«)
PRN	Drucker (PRiNter; identisch mit LPT1)

Tabelle 2.10: Reservierte Dateinamen

Der Hinweis, dass Sie reservierte Dateinamen nicht benutzen sollten, bezieht sich auch auf Namen wie NUL.BAT, COM2.COM usw. Allerdings ignoriert DOS die Namenerweiterungen in der Regel und schickt die Daten an das entsprechende Gerät.

Dennoch: Fehlermeldungen, die Sie von Programmen erhalten, wenn Sie reservierte Dateinamen wie z.B. NUL.BAT verwenden wollen, sind nicht immer sonderlich aussagekräftig. Ein praktisches Beispiel: *Die Kapazität dieses Datenträgers ist erschöpft oder die Datei ist schreibgeschützt* lässt nun wirklich nicht darauf schließen, dass Sie versucht haben, eine Datei unter einem reservierten Dateinamen zu speichern.

Joker, Platzhalter bzw. Wildcards

Die meisten Befehle beziehen sich auf einzelne Dateien. In vielen Fällen sollen sich Befehle aber auch auf »Dateigruppen«, also mehrere gleichartige Dateien mit ähnlichen Namen beziehen. Dann haben Sie einerseits die (zeitraubende) Möglichkeit, jede dieser gleichartigen Dateien einzeln anzusprechen, indem Sie den gleichen Befehl mehrmals eingeben. Oft können Sie aber auch mit nur einem einzigen Befehl alle gleich-

2 DOS-Grundzüge

artigen Dateien zusammenfassend ansprechen. Dafür geben Sie für die übereinstimmenden Teile der Namen Dateien oder Dateibezeichnungen ein. Für die restlichen, unterschiedlichen Teile der Dateinamen verwenden Sie spezielle Zeichen, die von DOS für diesen Zweck vorgesehen sind und die Dateinamen vervollständigen.

Die besonderen Zeichen, die die Funktion von *Platzhaltern* erfüllen, werden auch Joker oder Wildcard genannt. *Joker* sind das Fragezeichen (?) und der Stern (*). Wegen der besonderen Funktion dieser beiden Zeichen können diese *nicht* innerhalb der Namen von Dateien verwendet werden.

Das Fragezeichen kann jeweils für einen einzelnen Buchstaben im Dateinamen oder in der Namenerweiterung stehen. Es dürfen mehrere Fragezeichen in einem Dateinamen mit eingegeben werden. Beispielsweise könnten Sie sich alle (im aktuellen Ordner) gespeicherten Dateien anzeigen lassen, die bis auf das fünfte Zeichen des Dateinamens übereinstimmen, indem Sie beispielsweise Folgendes eingeben:

DIR MOD1?SCR.OVL

Als Ergebnis könnten die folgenden Dateien angezeigt werden:

MOD12SCR.OVL
MOD13SCR.OVL
MOD14SCR.OVL

Das Fragezeichen darf an jeder beliebigen Stelle des Namens und des Zusatzes benutzt werden und steht dann für ein beliebiges Zeichen, das an dieser Stelle im Dateinamen der verschiedenen Dateien auftritt. Im Gegensatz dazu kann das *Sternchen* (*) für mehrere verschiedene Zeichen benutzt werden. Er kann eine, mehrere, aber auch alle Zeichen des Dateinamens und des Zusatzes repräsentieren. Das Sternchen ersetzt dabei ab der Stelle, an der es im Befehl auftritt, alle in den verschiedenen Dateinamen enthaltenen Zeichen. Sie können sich z.B. alle Dateien mit der Dateinamenerweiterung .TXT anzeigen lassen:

DIR *.TXT

Wenn alle Dateien aufgelistet werden sollen, die mit dem Buchstaben T beginnen, kann dazu diese Anweisung eingesetzt werden:

DIR T*.*

Die speziellen Zeichen zur Zusammenfassung mehrerer Dateien werden meist in Verbindung mit den Befehlen COPY (Kopieren von Dateien), DIR (Verzeichnis anzeigen) und DEL (Dateinamen aus Verzeichnis entfernen) benutzt.

> Wenn Sie mit der Wiederherstellungskonsole unter Windows 2000/XP arbeiten müssen, werden Sie feststellen, dass dort Platzhalter nur spärlich unterstützt werden.

2.11 Befehle für die Arbeit mit Dateien

In den folgenden Abschnitten werden einige der wichtigsten dateibezogenen Befehle vorgestellt, mit denen Sie Dateien unter anderem umbenennen (REN), kopieren (COPY), löschen (DEL) und ausgeben (TYPE) können. Dabei wird auch der Befehl ausführlicher vorgestellt, mit dem sich der Inhalt von Verzeichnissen (Ordnern) anzeigen lässt (DIR), der bereits hier und da verwendet wurde.

Da es sich hierbei um Befehle handelt, mit denen Sie durchaus Schaden anrichten können, sollten Sie sich mit diesen besser anhand der Kopie einer Diskette (am besten einer Betriebssystemdiskette, mit der Sie Ihren Rechner starten können) vertraut machen. Wichtig dabei ist aber lediglich, dass diese Diskette eine Reihe unterschiedlicher Dateien enthält. Beispielsweise könnte es sich bei der so erstellten Diskette um die Startdiskette von Windows Me handeln (vgl. Abbildung 2.8).

2 DOS-Grundzüge

```
Datenträger in Laufwerk A: hat keine Bezeichnung
Seriennummer des Datenträgers: 2B07-82E1
Verzeichnis von A:\

ASPI2DOS.SYS  ASPI4DOS.SYS  ASPI8DOS.SYS  ASPI8U2.SYS   ASPICD.SYS
AUTOEXEC.BAT  BTCDROM.SYS   BTDOSM.SYS    CHECKSR.BAT   COMMAND.COM
CONFIG.SYS    COUNTRY.SYS   DISPLAY.SYS   EBD.CAB       EBDUNDO.EXE
EGA.CPI       EXTRACT.EXE   FDISK.EXE     FINDRAMD.EXE  FIXIT.BAT
FLASHPT.SYS   HIBINV.EXE    HIMEM.SYS     KEYB.COM      KEYBOARD.SYS
MODE.COM      OAKCDROM.SYS  RAMDRIVE.SYS  README.TXT    SETRAMD.BAT
       30 Datei(en)          1.107.082 Bytes
        0 Verzeichnis(se)      224.768 Bytes frei
```

Abbildung 2.8: Die Dateien auf der Startdiskette von Windows Me

Laufwerk wechseln

Wenn Sie unter DOS von einem Laufwerk zu einem anderen wechseln wollen, geben Sie dazu den Kernbuchstaben des entsprechenden Laufwerks gefolgt von einem Doppelpunkt ein. Zum Diskettenlaufwerk A: können Sie daher mit diesem Befehl wechseln:

A:

Das Festplattenlaufwerk, über das der Rechner üblicherweise gestartet wird, ist über C: erreichbar:

C:

Sofern ein CD-ROM-Laufwerk vorhanden ist, für das die Einheitentreiber und Hilfsprogramme installiert sind, finden Sie dieses normalerweise unter dem ersten freien Laufwerkbuchstaben, der von keinem Festplattenlaufwerk benutzt wird. Wenn nur ein Festplattenlaufwerk vorhanden ist, wäre das üblicherweise D:. Fehlermeldungen erhalten Sie bei der Eingabe des Befehls zum Wechseln von Laufwerken nur dann, wenn sich in dem entsprechenden Laufwerk kein Datenträger befindet (keine Diskette oder keine CD-ROM), wenn ein Datenträgerdefekt vorliegt oder wenn DOS mit dem von dem entsprechenden Datenträger verwendeten Dateisystem nichts anzufangen weiß.

Wenn Sie unter DOS mit der Eingabe von C: zum Festplattenlaufwerk wechseln wollen und eine Fehlermeldung erhalten, kann dies auf einen Defekt der Festplatte hinweisen. DOS kennt aber nur das so genannte FAT- bzw. FAT16-Dateisystem, mit dem sich normalerweise nur Datenträger mit maximal 2 GB Kapazität formatieren lassen. Die neueren MS-DOS-Versionen seit Windows 95 OSR2 kommen auch mit Laufwerken klar, die mit dem FAT32-Dateisystem formatiert worden sind. Mit Laufwerken, die das NTFS-Dateisystem verwenden (von Windows NT/2000/XP), weiß DOS im Normalfall nichts anzufangen. Prüfen Sie bei Fehlermeldungen immer, ob sich ein Datenträger im Laufwerk befindet und ob dieser ein Dateisystem verwendet, das DOS kennt. (Es könnten sich Daten auf dem Datenträger befinden!) Aufgrund von Programmfehlern sollten Sie auch scheinbar leeren Hauptverzeichnissen von Festplatten mit Misstrauen begegnen. (Es gibt Fälle, in denen DOS zwar ein leeres Verzeichnis anzeigt, in denen das Laufwerk aber alles andere als leer ist. Wenn dann Daten auf dieses Laufwerk geschrieben wird, dürfte das kaum ohne Datenverlust abgehen.)

DIR: Dateien in Verzeichnissen anzeigen

Mit dem internen Befehl DIR, der abkürzend für *Directory* (Verzeichnis) steht, können Sie sich unter DOS den Inhalt eines Verzeichnisses (Ordners) und damit die Namen der darin enthaltenen Dateien anzeigen lassen. Auf dem Monitor werden dabei unter Umständen nicht alle Dateien gleichzeitig angezeigt, da normalerweise nur 25 Zeilen und damit maximal 25 Dateien gleichzeitig angezeigt werden. Die übrigen Dateinamen rollen dann auf dem Bildschirm an Ihnen vorbei, ohne dass Ihnen genügend Zeit zum Lesen bleibt.

Wenn Sie DIR ohne weitere Parameter eingeben, werden die Dateien des aktuellen Verzeichnisses angezeigt. Abbildung 2.9 zeigt dies bei einer Windows-Me-Startdiskette.

2 DOS-Grundzüge

```
ASPI2DOS SYS         35.330  08.06.00  17:00
ASPI8DOS SYS         37.564  08.06.00  17:00
ASPI8U2  SYS         44.828  08.06.00  17:00
FLASHPT  SYS         64.425  08.06.00  17:00
EXTRACT  EXE         53.767  08.06.00  17:00
FDISK    EXE         67.116  08.06.00  17:00
COMMAND  COM         95.504  08.06.00  17:00
HIMEM    SYS         33.191  08.06.00  17:00
OAKCDROM SYS         41.302  08.06.00  17:00
EBDUNDO  EXE         29.843  08.06.00  17:00
CHECKSR  BAT          1.045  08.06.00  17:00
HIBINV   EXE          3.501  08.06.00  17:00
EBD      CAB        268.730  08.06.00  17:00
DISPLAY  SYS         17.175  08.06.00  17:00
COUNTRY  SYS         30.742  08.06.00  17:00
EGA      CPI         58.870  08.06.00  17:00
MODE     COM         29.783  08.06.00  17:00
KEYBOARD SYS         34.566  08.06.00  17:00
KEYB     COM         21.703  08.06.00  17:00
        30 Datei(en)          1.107.082 Bytes
         0 Verzeichnis(se)      224.768 Bytes frei

A:\>_
```

Abbildung 2.9: Das Inhaltsverzeichnis einer Windows-Me-Startdiskette

Alle Dateien (Files) werden zusammen mit ihrer Erweiterung (Suffix), mit der Anzahl der netto von ihnen belegten Bytes und mit Datum und Uhrzeit der letzten Änderung angezeigt. Wenn DOS nicht für Deutschland konfiguriert ist, wird die Uhrzeit im Inhaltsverzeichnis im 12-Stunden-Format angezeigt. Dabei steht gegebenenfalls a für vormittags und p für nachmittags. Wenn Sie den Befehl DIR in einem DOS-Fenster eingeben, werden ihnen rechts auch die langen Windows-Dateinamen angezeigt.

DIR A: /W

(Wide) Bei dieser Variante des Befehls wird wieder das Inhaltsverzeichnis der Diskette im Laufwerk A: (das diesmal mit im Befehl angegeben wird) angezeigt. Die Ausgabe entspricht der aus Abbildung 2.8, die Dateien werden allerdings normalerweise nicht alphabetisch sortiert. Weiterhin fehlen diesmal alle weiteren Angaben zu den Dateien, so dass die Ausgabe in etwa jener entspricht, die Sie im Windows-Explorer erhalten, wenn Sie ANSICHT|LISTE wählen.

DIR /P
Bei dieser Variante des DIR-Befehls wird jeweils eine Seite (*Page*) des Inhaltsverzeichnisses auf dem Bildschirm angezeigt. Danach wartet DOS auf einen Tastendruck. Der Benutzer kann so in Ruhe prüfen, ob sich die von ihm gesuchte Datei unter den jeweils angezeigten Dateien befindet.

DIR C:
Hier wird das Inhaltsverzeichnis des aktuellen Ordners auf dem Laufwerk C: (üblicherweise einer Festplatte) angezeigt. Wenn es sich dabei beispielsweise um das Verzeichnis handelt, in dem Windows installiert ist, wird die Liste der auf dem Bildschirm angezeigten Dateien nur so an Ihnen vorbeirauschen.

Und damit sind die allgemein verfügbaren Optionen des internen Befehls DIR bereits weitgehend erschöpft. Mit MS-DOS 5 wurde DIR stark erweitert, so dass die unter den verschiedenen DOS-Versionen verfügbaren Optionen recht unterschiedlich ausfallen. Nutzen Sie also gegebenenfalls die integrierte Hilfestellung, um sich über die konkret verfügbaren Optionen des DIR-Befehls zu informieren (vgl. Abbildung 2.10).

```
[Novell DOS] C:\>dir /?
DIR     Anzeige der Dateien in einem Verzeichnis.

Syntax: DIR /H
        DIR [ersatzspez] [/L:/Z:/W] [/P:/N] [/A:/D:/S] [/C:/R]

  /H           Anzeige dieses Hilfetexts
  ersatzspez   Anzuzeigende Dateien (Ersatzzeichen sind erlaubt)
  /A           Anzeige aller Dateien
  /C oder /R   Speichern d. anderen Schalter als Standard für Aufrufe
  /D           Anzeige d. Dateien ohne gesetztes Systemattribut (Standard)
  /L           Langformat. Beinhaltet Größe, Datum und Zeit (Standard)
  /Z           wie oben, jedoch werden Dateien in zwei Spalten dargestellt
  /N           Rücksetzen der seitenweisen Anzeige auf Standardwert
  /P           Pause am Ende einer vollen Seite. Standard: "keine Pause"
  /S           Anzeige der Dateien mit gesetztem Systemattribut
  /W           Breites Format. Anzeige nur der Datei- und Verzeichnisnamen
  nichts       Ohne Parameter: Anzeige aller Dateien unter Verwendung
               der aktuellen Standardschalter
Beispiel:
        DIR /C /W
```

Abbildung 2.10: Die Parameter des DIR-Befehls bei den DR-DOS-Varianten

Wie Sie Abbildung 2.10 entnehmen können, erlauben die DR-DOS-Versionen die Speicherung der Standardschalter. Unter den DOS-Versionen von Microsoft und IBM erfüllt die Umgebungsvariable DIRCMD einen ähnlichen Zweck. Wenn Sie z.B. SET DIRCMD=/OD eingeben oder in die Datei AUTOEXEC.BAT aufnehmen, werden nachfolgend vom DIR-Befehl standardmäßig immer die so angegebenen Parameter verwendet.

Spezielle MS-DOS/PC-DOS-Optionen

Im weiteren Verlauf sollen noch einige Optionen dargestellt werden, die seit MS-DOS 5 unter den DOS-Versionen von Microsoft und IBM verfügbar sind. Insbesondere der Befehlszeilenschalter /O (Sortierreihenfolge bzw. »Order«) ist recht hilfreich.

DIR /O:N

Diese Variante des DIR-Befehls zeigt Ihnen die Dateien im aktuellen Verzeichnis in alphabetischer Reihenfolge an. (Der Doppelpunkt nach dem O kann auch weggelassen werden.)

DIR /OD
DIR /O-D

Diese beiden Optionen betreffen die Sortierung der Dateien nach ihrem Datum. Häufig wollen Sie nur die zuletzt erstellten Dateien auf Diskette kopieren, können sich aber an deren Namen nicht mehr erinnern. Dann hilft die erste der beiden angegebenen Varianten weiter. Die neuen Dateien werden dabei zuletzt angezeigt. Die zweite angegebene Variante kehrt die Reihenfolge der Sortierung um, so dass die ältesten Dateien zuletzt angezeigt werden.

DIR /AH

Mit dieser Befehlsvariante werden alle Dateien mit dem Attribut (/A) »versteckt« (H – Hidden) im aktuellen Verzeichnis aufgelistet. (Dateiattribute werden weiter unten noch behandelt.)

    DIR /S GESUCHT.TXT

Mit dem letzten Beispiel in diesem Abschnitt werden – beginnend mit dem aktuellen Verzeichnis auf dem aktuellen Laufwerk – alle untergeordneten Verzeichnisse nach einer Datei mit dem Namen GESUCHT.TXT durchsucht.

Spezielle DR-DOS-Optionen (XDIR)

Sollten Sie sich angesichts der Abbildung 2.10 darüber wundern, dass die DR-DOS-Versionen hinsichtlich des DIR-Befehls doch vergleichsweise unkomfortabel sind, sollten Sie sich dort den externen Befehl XDIR ansehen. Dieser ist dem Unix-Dienstprogramm LS nachempfunden und zeigt Ihnen standardmäßig nicht nur *alle* Dateien unabhängig von ihren Dateiattributen (s.u.) an, sondern sortiert diese auch alphabetisch (vgl. Abbildung 2.11).

```
[Novell DOS] C:\>xdir
--a---             183   16.01.03   16:35     c:autoexec.bat
------          56.879   22.02.94    7:00     c:command.com
--a---             261   16.01.03   16:35     c:config.sys
rs--h-          28.039   22.02.94    7:00     c:ibmbio.com
rs--h-          29.684   22.02.94    7:00     c:ibmdos.com
INHALTSVERZEICHNIS       16.01.03   16:35     c:nwclient
INHALTSVERZEICHNIS       16.01.03   16:35     c:nwcntl
INHALTSVERZEICHNIS       16.01.03   16:35     c:nwdos
--a---           4.768   22.02.94    7:00     c:nwdos.386
rs--h-           4.516   22.02.94    7:00     c:security.bin
Anzahl Dateien: 7    Anzahl Bytes: 124.330   Freier Speicher: 19.955.712
```

Abbildung 2.11: Die Anzeige des XDIR-Befehls unter Novell DOS 7

> Ich habe in diesem Buch eine ganze Reihe von Abbildungen von Novell DOS 7 verwendet. Das liegt daran, dass spätere DR-DOS-Versionen nicht mehr in die deutsche Sprache übertragen wurden. Bei den Abbildungen habe ich daher bevorzugt auf die letzte deutschsprachige DR-DOS-Variante zurückgegriffen.

CLS: Bildschirm löschen

Wenn Sie vor der Eingabe eines neuen Befehls (oder nach der Ausführung einer Stapelverarbeitungsdatei) lieber einen leeren, aufgeräumten Bildschirm vor sich haben wollen, erreichen Sie diesen Zweck mit dem internen Befehl CLS, der keine Parameter kennt:

CLS

REN: Dateien umbenennen

Eine weitere häufige Aufgabenstellung ist das Umbenennen von Dateien. Der diesem Zweck dienende interne Befehl REN (Rename) wurde im Abschnitt *Leerzeichen in Dateinamen* bereits kurz vorgestellt.

REN *.COM *.MOC

Hier haben Sie es mit einem Befehl zu tun, der die im Abschnitt *Joker, Platzhalter bzw. Wildcards* vorgestellten Platzhalterzeichen verwendet. Nach der Ausführung des Befehls befinden sich auf der Diskette im Laufwerk A: keine Dateien mit der Erweiterung .COM mehr. (Versteckte Dateien werden dabei aber gegebenenfalls nicht umbenannt!)

Wenn Sie den Rechner von Diskette aus gestartet haben, sollten Sie aber dafür sorgen, dass der Befehlsinterpreter bzw. die Datei COMMAND.COM gleich wieder ihren ursprünglichen Namen erhält:

REN COMMAND.MOC COMMAND.COM

Nun können Sie ja einmal versuchen, eine der Dateien mit der Namenerweiterung .MOC aufzurufen, indem Sie deren Dateinamen eingeben. Da DOS anhand der Namenerweiterung darüber entscheidet, ob es sich um einen ausführbaren Befehl handelt, wird die Datei nicht mehr ausgeführt.

Mit REN lassen sich erst seit MS-DOS 7 (Windows 95) auch Verzeichnisse (Ordner) umbenennen. Seit MS-DOS 6 (und damit auch in den entsprechenden DOS-Versionen von IBM) lässt sich diese Aufgabe aber mit dem externen Befehl MOVE bewältigen, der eigentlich dem Verschieben von Dateien dient. (Wenn Dateien auf einem Laufwerk »verschoben« werden sollen, werden diese nicht physisch bewegt, sondern – zumindest von cleveren Programmen – eigentlich einfach nur umbenannt!) Die DR-DOS-Varianten kennen darüber hinaus den externen Befehl RENDIR, mit dem Verzeichnisse umbenannt werden können.

Bildschirminhalte drucken

Wenn Sie über einen Drucker verfügen, können Sie die Ausgaben von DOS-Befehlen (z.B. Ausgaben des DIR-Befehls) auch auf den Drucker umleiten und damit ausgeben lassen:

DIR > PRN

In dieser Variante wird hinter dem Umleitungszeichen »>« der symbolische Dateiname PRN des Druckers verwendet, so dass die Ausgaben des Befehls vor dem >-Zeichen vom Bildschirm auf den Drucker umgeleitet werden. Zu den Zeiten der Matrixdrucker fand die Ausgabe nach jeder Zeile statt. Bei den heutigen Ganzseitendruckern (Tintenstrahler und Laserdrucker) werden Seiten erst ausgegeben, wenn diese voll sind. So lange dies nicht der Fall ist, müssen Sie den Druck der Seite manuell auslösen, wenn er ansonsten erst nach einigen Minuten (wenn überhaupt) erfolgt. (Sehen Sie im Druckerhandbuch nach, wie Sie dazu beim eingesetzten Drucker konkret vorgehen müssen.)

DIR /S *.DOC > PRN

Da es sich bei dem symbolischen Namen PRN um einen Dateinamen handelt, kann an seiner Stelle auch ein beliebiger anderer Dateiname verwendet und die Ausgabe in eine Datei umgeleitet werden. Denken Sie dabei daran, dass gegebenenfalls vorhandene Dateien überschrieben werden könnten. In Verbindung mit dem Umleitungszeichen und Platzhalterzeichen können Sie mit dem DIR-Befehl z.B. alle Unterverzeichnisse nach Dateien mit der Namenerweiterung .DOC durchsuchen lassen und deren Namen auf einem Drucker oder in eine Datei ausgeben lassen. (Beachten Sie dabei, dass der Befehl Dateien mit bestimmten Attributen nicht erfasst, so dass mit dieser Befehlsvariante z.B. versteckte Dateien oder Systemdateien nicht gefunden werden.)

> Den aktuellen Bildschirminhalt können Sie mit Hilfe der Taste [Druck] auf einem Drucker ausgeben. Sollte sich der Bildschirm im Grafikmodus befinden, funktioniert diese Art der Ausgabe nur, wenn das Hilfsprogramm GRAPHICS geladen ist und der angeschlossene Drucker mit einem der unterstützten Modelle kompatibel ist.

TYPE: Dateiinhalte anzeigen

Wenn Sie sich den Inhalt einer Datei nur anzeigen lassen und diese nicht bearbeiten wollen, können Sie dazu den internen Befehl TYPE verwenden. Dies ist naturgemäß nur bei Textdateien wie CONFIG.SYS und AUTOEXEC.BAT sinnvoll.

TYPE AUTOEXEC.BAT

TYPE AUTOEXEC.BAT > PRN

Bei der ersten Variante des Befehls wird der Inhalt der Datei AUTOEXEC.BAT auf dem Bildschirm, bei der zweiten auf einem gegebenenfalls angeschlossenen Drucker ausgegeben. (Das Umleitungszeichen »>« wird im Abschnitt *Bildschirminhalte drucken* vorgestellt.)

Da TYPE ein interner Befehl ist, eignet er sich insbesondere zum Anzeigen kurzer Textdateien. TYPE kennt in den DOS-Versionen von Microsoft und IBM keine Schalter, die dafür sorgen, dass die Ausgabe seitenweise erfolgt, und auch Platzhalterzeichen werden nicht unterstützt. In den DR-DOS-Varianten steht der Schalter /P zur Verfügung, so dass hier die seitenweise Ausgabe problemlos ist: TYPE AUTOEXEC.BAT /P erfüllt diese Aufgabe.

Bei den DOS-Versionen von Microsoft und IBM sind Sie beim TYPE-Befehl auf die Hilfestellung des externen Programms MORE und den Einsatz des Filterzeichens »|« angewiesen, so dass der entsprechende Befehl TYPE AUTOEXEC.BAT | MORE lautet. Dabei muss aber nicht nur das Programm MORE.COM vorhanden und auffindbar sein. Bei umfangreicheren Dateien werden temporäre Dateien geschrieben, so dass TYPE bei schreibgeschützten Datenträgern unter Umständen zu Fehlermeldungen führt.

> Fehlermeldungen, die beim Versuch des Anlegens von Zwischendateien erzeugt werden, lassen sich oft vermeiden, wenn der Umgebungsvariablen TEMP der Name eines Verzeichnisses auf der Festplatte zugewiesen wird, wie beispielsweise mit SET TEMP=C:\TEMP.

Alternativ zum TYPE-Befehl können Sie auch eine Variante des COPY-Befehls einsetzen, der eigentlich dem Kopieren von Dateien dient. CON ist der symbolische Dateiname für die Tastatur und den Bildschirm (Console), der sich ähnlich wie PRN einsetzen lässt. Der Befehl COPY AUTOEXEC.* CON zeigt so z.B. alle Dateien mit beliebiger Namenserweiterung und dem Präfix AUTOEXEC auf dem Bildschirm an.

Wenn Sie diese Variante des COPY-Befehls verwenden, können Sie den Befehl TYPE letztlich komplett aus Ihrem Repertoire streichen. Allerdings bleiben Sie beim COPY-Befehl bei der seitenweisen Ausgabe auf die Unterstützung des Programms MORE angewiesen:

COPY AUTOEXEC.* CON | MORE

Befehlsverkettungen

Wie Ihnen bereits aufgefallen sein dürfte, lassen sich unter DOS Befehle teilweise verketten und Ein-/Ausgaben umleiten. Einige Beispiele (DIR > PRN, TYPE AUTOEXEC.BAT | MORE und COPY AUTOEXEC.* CON | MORE) haben Sie bereits in den letzten Abschnitten kennen gelernt. Quelle von Eingaben oder Ziel von Ausgaben können dabei neben Dateien auch jene Geräte sein, die über reservierte Dateinamen verfügen (vgl. *Reservierte Dateinamen*).

Letztlich gibt es drei externe Programme, die sich besonders für Befehlsverkettungen eignen, da sie das Filtern von Daten ermöglichen: FIND, SORT und das bereits vorgestellte MORE, das die seitenweise Ausgabe von Daten auf dem Bildschirm auch dann ermöglicht, wenn der entsprechende Befehl dies eigentlich nicht vorsieht.

```
DIR | SORT /+9 | MORE
```

SORT liest Daten und gibt sie dann sortiert wieder aus. Dieser Befehl sorgt so dafür, dass das mit DIR angezeigte Verzeichnis vom SORT-Befehl ab dem neunten Zeichen (der Namenerweiterung) sortiert und (weil dann auch noch MORE folgt) seitenweise auf dem Bildschirm ausgegeben wird.

```
DIR | SORT /+9 > SORTIERT.TXT
DIR | SORT /+9 /R > SORTIERT.TXT
```

Sie benötigen die Dateinamen des aktuellen Verzeichnisses nach der Namenerweiterung (ab der neunten Spalte) sortiert in einer Textdatei? Kein Problem, denn genau das bewirkt der erste der beiden Befehle. Die Liste der in der Datei SORTIERT.TXT abgelegten Dateinamen kann dann bei Bedarf mit einem einfachen Editor bearbeitet werden. Und wenn die Reihenfolge der Sortierung umgekehrt werden soll, fügen Sie – wie im zweiten Befehl – einfach den Schalter /R hinzu.

```
DIR | FIND ".02 " | SORT /+9 > SORTIERT.TXT
```

Damit werden alle Dateien des Jahres 2002 (beachten Sie den Punkt und das Leerzeichen innerhalb des von Anführungsstrichen umgebenen Suchbegriffs) fein säuberlich sortiert in der Datei SORTIERT.TXT gespeichert.

```
TYPE AUTOEXEC.BAT | SORT
SORT < AUTOEXEC.BAT
```

Wenn Sie z.B. die Datei AUTOEXEC.BAT lieber sortiert lesen wollen, weil Sie darin z.B. einen bestimmten Befehl suchen, dann können Sie das mit einem der beiden zuletzt vorgestellten Befehle erledigen, die letztlich gleichwertig sind.

```
FIND "MSCDEX" /I < AUTOEXEC.BAT
```

Sie wollen sich nicht die Mühe machen, eine Datei (im Beispiel dient die Datei AUTOEXEC.BAT als Eingabe für den Befehl FIND) mühsam manuell nach einer bestimmten Zeichenfolge (hier »MSCDEX«) zu durchsuchen? Dann können Sie den vorgestellten Befehl verwenden. Nun wird nur noch der Absatz oder die Zeile angezeigt, die die gewünschte Zeichenfolge enthält. Vergessen Sie dabei aber nicht die Angabe des Schalters /I (Ignore case), der dafür sorgt, dass unterschiedliche Schreibweisen (Groß-/Kleinschreibung) bei der Suche keine Rolle spielen.

DEL: Dateien löschen

Als Nächstes wenden wir uns dem Befehl zum Löschen von Dateien zu. Diesem Zweck dient der interne Befehl DEL (Delete – löschen), der auch die vorgestellten Platzhalterzeichen unterstützt.

```
DEL *.CAB
```

Dieser Befehl löscht alle Dateien mit der Erweiterung .CAB und würde damit auf der Startdiskette von Windows 9x/Me auch die Datei EBD.CAB löschen (Emergency Boot Disk – Kabinettdatei der Notfall-Startdiskette), die jene Dateien enthält, die auf ein Laufwerk im Arbeitsspeicher übertragen werden.

```
DEL *.BA?
```

Dieser Befehl löscht alle Dateien, bei denen in der Namenerweiterung die ersten beiden Zeichen »BA« lauten. Auf der Startdiskette von Windows 9x/Me wird damit die Datei AUTOEXEC.BAT gelöscht.

Einzelne Dateien können Sie löschen, wenn Sie deren vollständigen Dateinamen angeben. Wenn Sie beim DEL-Befehl Namen geschützter Dateien eingeben, werden diese *nicht* gelöscht. Dies gelingt erst, wenn Sie die Dateiattribute dieser Dateien entsprechend ändern (vgl. *ATTRIB: Dateiattribute ändern*).

2 DOS-Grundzüge

> Gehen Sie beim Löschen von Dateien vorsichtig vor! Wenn Sie den Schalter /P (Prompted) zusammen mit DEL einsetzen, werden Sie vor dem Löschen der Dateien einzeln um Bestätigung gebeten, so dass sich auch die Variante »alle Dateien mit den entsprechenden Namen außer ...« des DEL-Befehls verwirklichen lässt. Der Schalter /P des DEL-Befehls wird übrigens von allen DOS-Varianten (seit MS-DOS 5) unterstützt.

An dieser Stelle sollten ein paar Hinweise auf die in einigen DOS-Versionen verfügbaren Befehle zur Wiederherstellung gelöschter Dateien auch nicht fehlen. Dazu muss erst einmal festgestellt werden, dass der DEL-Befehl die Dateien eigentlich nicht wirklich vom Datenträger löscht, sondern lediglich den Verzeichniseintrag der gelöschten Dateien entsprechend kennzeichnet. (Das erste Byte des Dateinamens lautet dann E5h.) Nur dieses muss daher üblicherweise bei der Wiederherstellung der Datei auf DOS-Ebene angegeben werden. Nur so ist es möglich, dass Dateien überhaupt »wiederherstellbar« sind, ohne diese speziell zwischenspeichern zu müssen. (Unter Windows werden gelöschte Dateien in den Papierkorb verschoben, bei dem es sich um versteckte Ordner mit dem Namen »RECYCLED« handelt.)

Auf dieser Basis greifen nun spezielle Werkzeuge wie die Norton Utilities oder PC Tools ein. Der Hilfsprogrammsammlung PC Tools wurden auch die Programme im Lieferumfang einiger MS-DOS-Versionen (UNDELETE und UNFORMAT) entlehnt.

> DR-DOS und seine Varianten (Novell DOS/OpenDOS) enthalten den externen Befehl XDEL, mit dem z.B. komplette Festplattenlaufwerke beim Löschen nach bestimmten Dateien durchsucht werden können. Zudem können XDEL Dateilisten (die in entsprechenden Dateien zusammengestellt werden) zum Löschen übergeben werden.

ATTRIB: Dateiattribute ändern

Nachdem bereits an einigen Stellen auf die Bedeutung von Dateiattributen hingewiesen wurde, soll nun auch der Befehl vorgestellt werden, mit dem diese geändert werden können. Diesem Zweck dient der externe Befehl ATTRIB.

> Die Datei ATTRIB.EXE befindet sich bei Windows 9x/Me in der Datei EBD.CAB (auf der Startdiskette bzw. im Unterverzeichnis WINDOWS\COMMAND\EBD). Diese Datei können Sie mit Hilfe des Programms EXTRACT.EXE oder dem Befehl EXTRACT EBD.CAB ATTRIB.EXE aus der Kabinettdatei extrahieren.

```
A            ASPI8DOS.SYS    A:\ASPI8DOS.SYS
A            ASPI8U2.SYS     A:\ASPI8U2.SYS
A            FLASHPT.SYS     A:\FLASHPT.SYS
A            EXTRACT.EXE     A:\EXTRACT.EXE
A            FDISK.EXE       A:\FDISK.EXE
A            COMMAND.COM     A:\COMMAND.COM
A            HIMEM.SYS       A:\HIMEM.SYS
A            OAKCDROM.SYS    A:\OAKCDROM.SYS
A            EBDUNDO.EXE     A:\EBDUNDO.EXE
A            CHECKSR.BAT     A:\CHECKSR.BAT
A            HIBINV.EXE      A:\HIBINV.EXE
A            EBD.CAB         A:\EBD.CAB
A            DISPLAY.SYS     A:\DISPLAY.SYS
A            COUNTRY.SYS     A:\COUNTRY.SYS
A            EGA.CPI         A:\EGA.CPI
A            MODE.COM        A:\MODE.COM
A            KEYBOARD.SYS    A:\KEYBOARD.SYS
A            KEYB.COM        A:\KEYB.COM
A    SHR     MSDOS.SYS       A:\MSDOS.SYS
A    SHR     EBD.SYS         A:\EBD.SYS
A            ATTRIB.EXE      A:\ATTRIB.EXE

A:\>_
```

Abbildung 2.12: ATTRIB zeigt die Attribute der Dateien auf der Startdiskette von Windows Me an.

2 DOS-Grundzüge

Wenn Sie den Befehl ATTRIB ohne weitere Parameter angeben, werden die Namen aller Dateien zusammen mit ihren Dateiattributen im aktuellen Verzeichnis aufgelistet (vgl. Abbildung 2.12).

Wenn Sie noch einmal die Ausgabe des Befehls XDIR in Abbildung 2.11 betrachten, sieht diese doch recht ähnlich aus, oder? Allerdings verzichtet ATTRIB auf Angaben zu Größe und Datum der Dateien. Die Bedeutung der einzelnen Bits des Attribut-Bytes können Sie der folgenden Aufstellung entnehmen. Einige Bits des Attribut-Bytes werden von DOS nicht verwendet. (Diese »erweiterten Attribute« werden aber von Betriebssystemen wie Windows NT/2000/XP genutzt.)

```
- - - - - - - - >> Attribut - Byte << - - - - - - - - -
--A-----  Archiv-Bit      (Datei wurde normal geschrieben)
---D----  Directory-Bit   (Datei ist Verzeichnis)
----V---  Volume-Bit      (Datei ist Plattenname)
-----S--  System-Bit      (Datei ist Systemdatei)
------H-  Hidden-Bit      (Versteckte Datei)
-------R  Read-only-Bit   (Datei kann nicht verändert werden)
```

Dateien, bei denen das Read-Only-Bit R (nur-lesbar) gesetzt ist, lassen sich nicht löschen. Ähnliches gilt auch, wenn das System-Bit S bei einer Datei gesetzt ist. Dateien, bei denen *nur* das Hidden-Bit H gesetzt ist, werden hingegen lediglich bei normaler Verwendung des DIR-Befehls nicht mit im Verzeichnis aufgeführt.

Wenn Sie nun beispielsweise die Datei MSDOS.SYS (oder eine andere Datei mit gleichzeitig gesetzten S-H-R-Attribut-Bits) auf der Startdiskette löschen wollen, kann es zu einer Reihe scheinbar seltsamer Fehlermeldungen kommen. Sehen Sie sich dazu das folgende Listing an.

```
A:\>attrib msdos.sys
  A  SHR      MSDOS.SYS     A:\MSDOS.SYS

A:\>attrib -r msdos.sys
Versteckte Datei A:\MSDOS.SYS wird nicht zurückgesetzt
```

```
A:\>del msdos.sys
Datei nicht gefunden

A:\>attrib -s -h -r msdos.sys

A:\>attrib msdos.sys
  A           MSDOS.SYS      A:\MSDOS.SYS
```

Listing 2.1: Dialogfenster zum Einsatz des Befehls ATTRIB am Beispiel der Datei MSDOS.SYS

Bei der Datei MSDOS.SYS sind die Attribute A, S, H und R gesetzt. Wenn Sie nun nur ein einzelnes Attribut ändern wollen, sorgen die anderen Attribute dafür, dass der Befehl fehlschlägt. Das Löschen der Datei gelingt auch wegen des gesetzten H-Bits nicht. Erst wenn die gesetzten Attribute S, H und R gemeinsam zurückgesetzt werden, hat der ATTRIB-Befehl Erfolg. Dass in diesem Fall keine Meldung eine gute Meldung ist, zeigt der letzte der ATTRIB-Befehle in der Liste. Und ... nun könn(t)en Sie die Datei MSDOS.SYS auch mit dem Befehl DEL löschen.

> Mit ATTRIB lassen sich bei verschiedenen neueren DOS-Varianten auch die Attribute von Verzeichnissen ändern!

COPY: Dateien kopieren

Beim Kopieren von Dateien müssen Sie angeben, welche Quelldatei (woher?) auf welches Ziellaufwerk (wohin?) kopiert werden soll. Dabei können Sie die Datei auch umbenennen oder ein Duplikat auf dem gleichen Laufwerk unter anderem Namen erstellen. Für das Kopieren von Dateien ist zunächst einmal der interne Befehl COPY zuständig.

```
COPY AUTOEXEC.BAT AUTOEXEC.SIK
```

Mit diesem Befehl können Sie eine Sicherheitskopie der Datei AUTO-EXEC.BAT auf der Diskette im Laufwerk A: unter dem Namen AUTO-EXEC.SIK erstellen.

COPY C:\AUTOEXEC.BAT A:

COPY C:\CONFIG.SYS A:

Mit diesen beiden Befehlen werden die DOS-Konfigurationsdateien aus dem Hauptverzeichnis der Festplatte auf eine Diskette kopiert. Dabei steht der »Backslash« für das Hauptverzeichnis der Festplatte. Wenn Sie bei der Angabe für das Ziel des Kopiervorgangs hinter der Laufwerkkennung A: (oder einer Pfadangabe) keinen neuen Dateinamen angeben, wird eine gleichnamige Kopie der Datei am Zielort erzeugt. Sollte eine entsprechende Datei bereits existieren, fragt COPY teilweise (z.B. ab MS-DOS 6.2) nach, ob diese überschrieben werden soll.

Der Befehl COPY unterstützt üblicherweise Platzhalterzeichen, so dass Sie ohne weiteres auch alle Dateien eines Verzeichnisses mit einem einzigen Befehl kopieren können.

Bevor der Kopiervorgang ausgeführt wird, prüft DOS, ob die eingegebenen Dateinamen sinnvoll sind. Beispielsweise können keine identischen Dateibezeichnungen (inklusive Laufwerk- und/oder Pfadangabe) für Quell- und Zieldatei eingegeben werden.

COPY *.HTM GESAMT.TXT

Geben Sie als Quelle mehrere Dateien, als Ziel aber nur eine Datei an, fügt DOS alle Quelldateien zu einer einzigen neuen Zieldatei zusammen. Diese Befehlsvariante ist allerdings meist nur bei Textdateien (wie z.B. HTML-Dateien) sinnvoll. Im Beispiel werden alle Dateien mit der Erweiterung .HTM in die Datei GESAMT.TXT kopiert. Bei dieser Form des COPY-Befehls sollten Sie dafür sorgen, dass der erste angegebene Dateiname (im Beispiel *.HTM) den zweiten (im Beispiel GESAMT.TXT) nicht mit erfasst. Ansonsten würde beispielsweise innerhalb der Anweisung COPY *.HTM GESAMT.HTM irgendwann die Anweisung COPY GESAMT.HTM GESAMT.HTM ausgeführt werden. Hier wird das Kopieren einer Datei auf sich selbst nicht verhindert. Stattdessen erhalten Sie die Meldung »Inhalt der Zieldatei vor dem Kopieren zerstört«. Die Originale der Texte bleiben dabei natürlich erhalten, so dass diese Art von Fehlermeldung zwar unangenehm ist, aber keine weiteren nachteiligen Folgen hat. Berücksichtigen Sie daher beim entsprechenden Einsatz von COPY diese Situation und benennen Sie die Zieldatei bei Bedarf anschließend um.

> *Vorsicht!* Wenn Sie als Namen für die Zieldatei einen bereits vorhandenen Namen wählen, überschreibt die Kopie bis MS-DOS 6.0 ohne Warnung die alte Datei. Verlassen Sie sich auch bei anderen DOS-Versionen nicht darauf, dass vor dem Überschreiben vorhandener Dateien um Bestätigung gebeten wird!

Sollten Ihnen die Möglichkeiten des internen Befehls COPY nicht ausreichen, steht in allen in diesem Buch erfassten DOS-Versionen zusätzlich der Befehl XCOPY zur Verfügung, mit dem auch komplette Verzeichnisbäume kopiert werden können.

2.12 Befehle für die Arbeit mit Verzeichnissen

Verzeichnisse (directories, unter Windows »Ordner«) wurden bereits häufiger erwähnt. Nun ist es an der Zeit, die in diesem Zusammenhang wichtigsten Befehle eingehender vorzustellen. Das ursprüngliche DOS kannte überhaupt keine Verzeichnisse und wusste nur mit Disketten umzugehen. Festplatten und Verzeichnisse werden ab MS-DOS 2.x unterstützt. Mit den diesbezüglichen Erweiterungen der Befehlsformate und den entsprechenden zusätzlichen Befehlen befassen sich die folgenden Abschnitte.

Die bisherigen Beispiele bezogen sich vorwiegend auf das so genannte *Hauptverzeichnis* von Festplatten oder Disketten bzw. auf das jeweils aktuelle Verzeichnis. Das Hauptverzeichnis wird englisch Root (Wurzel) genannt. (Unix- und Linux-Anwendern dürfte dieser Begriff vertraut sein.) Und diese Bezeichnung für die Verzeichnisstruktur ist auch durchaus zutreffend, da sich die Verzeichnisstruktur mit einem Baum vergleichen lässt, nur dass sich die Wurzel in der üblichen Darstellungsweise nicht unten, sondern oben befindet.

Auf größeren Festplatten lassen sich Unmengen von Dateien speichern. Werden diese in einem einzigen Verzeichnis abgelegt, geht nicht nur die Übersicht schnell verloren, sondern es besteht auch die Gefahr, dass Dateien eines Programms durch gleichnamige Dateien eines anderen Programms überschrieben werden. Schnell kämen dann zum Durcheinander nicht mehr lauffähige Programme hinzu. Daher ist es enorm wichtig, dass man auf Datenträgern für Ordnung sorgt und Verzeichnisbäume entsprechend strukturiert. Die meisten Anwendungsprogramme enthalten Installationsprogramme, die automatisch die erforderlichen Verzeichnisse anlegen, und nehmen dem Anwender damit eine Menge Verwaltungsarbeit ab. Dennoch lässt sich immer wieder beobachten, dass im Laufe der Zeit viele Dateien in Verzeichnissen landen, in denen sie eigentlich nichts zu suchen haben. Und das gilt nicht nur für vergleichsweise unerfahrene PC-Anwender, sondern auch für »alte Hasen«! Natürlich erfordert es einen gewissen Aufwand, Verzeichnisstrukturen richtig zu organisieren. Aber die Mühe lohnt sich. Dateien lassen sich leichter finden, so dass effizienter gearbeitet werden kann.

Gut organisierte Festplatten lassen sich meist bereits durch einen kurzen Blick in das Hauptverzeichnis erkennen. Unter DOS sollten hier neben dem Befehlsinterpreter `COMMAND.COM`, den Konfigurations- und Startdateien (`CONFIG.SYS` und `AUTOEXEC.BAT`) allenfalls noch die eine oder andere Datei eines Einheitentreibers zu finden sein. (Die Dateien von Einheitentreibern verfügen meist über die Dateinamenerweiterungen `.SYS`, `.BIN` oder `.386`) Da aber auch die Einheitentreiber üblicherweise mit vorangestelltem *Pfad* aufgerufen werden können, sollten auch deren Dateien möglichst in entsprechenden Unterverzeichnissen gespeichert werden.

```
[Novell DOS] C:\>dir

 Speichermedium in Laufwerk C ist NOVDOS7
 Inhaltsverzeichnis von C:\

NWDOS        <DIR>     16.01.03 16:35
NWCLIENT     <DIR>     16.01.03 16:35
CONFIG   SYS       261 16.01.03 16:35
AUTOEXEC BAT       183 16.01.03 16:35
COMMAND  COM     56879 22.02.94  7:00
NWDOS    386      4768 22.02.94  7:00
       6 Datei(en)   19955712 Bytes frei
```

Listing 2.2: Die (normal sichtbaren) Dateien im Hauptverzeichnis einer Festplatte nach der Einrichtung von DOS

Abgesehen von verschiedenen Unterverzeichnissen und den verborgenen Systemdateien (IO.SYS und MSDOS.SYS oder auch IBMBIO.COM und IBMDOS.COM) befinden sich hier im Hauptverzeichnis in Listing 2.2 noch die Dateien AUTOEXEC.BAT und CONFIG.SYS, der Befehlsinterpreter COMMAND.COM und die Datei NWDOS.386. Um es deutlich zu sagen: Mehr Dateien als unbedingt nötig haben im Hauptverzeichnis einer Festplatte nichts zu suchen! Und wenn nicht einige Programme erwarten würden, dass sich der Befehlsinterpreter (COMMAND.COM) im Hauptverzeichnis des Startlaufwerks befindet, könnte man selbst diesen gefahrlos in ein Unterverzeichnis verschieben.

Und auch die Startdateien (meist mit der Erweiterung .BAT), die von manchen DOS-Programmen im Hauptverzeichnis abgelegt werden, können nach geringfügigen Änderungen in Unterverzeichnissen oder im Verzeichnis der Betriebssystemdateien abgelegt werden.

Für die Verwaltung der Verzeichnisstruktur sind im Wesentlichen die drei Befehle MD (Verzeichnis erstellen – Make Directory), CD (Verzeichnis wechseln – Change Directory) und RD (Verzeichnis entfernen – Remove Directory) zuständig.

2 DOS-Grundzüge

MD: Verzeichnis anlegen

Das vielleicht wichtigste Zeichen in diesem Zusammenhang ist der *Backslash*, der nach hinten gekippte (umgekehrte) Schrägstrich. Er markiert die verschiedenen Ebenen innerhalb eines Verzeichnisbaums bzw.– wenn er ohne weitere Angaben am Beginn einer Pfadangabe steht – das Wurzel- bzw. Hauptverzeichnis.

MD (Make Directory) legt ein leeres Verzeichnis an. Mit MD \NWDOS wird beispielsweise auf dem aktuellen Laufwerk das Verzeichnis \NWDOS unterhalb des Hauptverzeichnisses angelegt (vgl. Verzeichnisbaum in Abbildung 2.13).

CD: Verzeichnis wechseln

Um in dieses Verzeichnis zu wechseln, verwenden Sie den Befehl CD \NWDOS. Den Inhalt des Ordners können Sie sich dann, wie gehabt, mit DIR anzeigen lassen.

Häufig lassen sich Verzeichnisstrukturen direkt als Verwaltungsmittel einsetzen. Nehmen Sie z.B. an, Sie müssten die unterschiedlichsten Dokumente von Kunden auf der Festplatte ablegen. Dann könnten Sie ein Verzeichnis KUNDEN anlegen, unterhalb dessen sich Verzeichnisse für die verschiedenen Anfangsbuchstaben der Namen der Kunden, dann Verzeichnisse, die den Namen der Kunden selbst (oder Kundennummern) entsprechen etc. (Die Beschränkung der Dateinamen auf maximal acht Zeichen unter DOS ist dabei allerdings nicht gerade hilfreich.)

DIR /AD bzw. XDIR +D: Nur Verzeichnisse anzeigen

Durch Eingabe von DIR *. lassen sich Verzeichniseinträge ohne Namenerweiterung anzeigen. Dabei handelt es sich vorwiegend um Verzeichnisnamen, da für diese in der Regel keine Namenerweiterungen verwendet werden, obwohl dies durchaus möglich ist. Sollen ausschließlich Verzeichnisse angezeigt werden, lässt sich unter den DOS-Versionen von Microsoft und IBM die Option DIR /AD verwenden. Bei den DR-DOS-

Varianten müssen Sie zu diesem Zweck auf den externen Befehl XDIR +D zurückgreifen.

Wenn Sie sich mit DIR /AD oder XDIR +D den Inhalt eines anderen Verzeichnisses als des Hauptverzeichnisses anzeigen lassen, dann könnte die Ausgabe so aussehen:

```
[Novell DOS] C:>xdir \NWDOS +D
INHALTSVERZEICHNIS  16.01.03  16:35  c:.
INHALTSVERZEICHNIS  16.01.03  16:35  c:..
INHALTSVERZEICHNIS  16.01.03  16:35  c:TMP
Anzahl Dateien: 0    Anzahl Bytes: 0
Freier Speicher: 19.955.712
```

Diese Ausgabe enthält ein paar scheinbar merkwürdige Angaben. Obwohl es in diesem Verzeichnis nur ein einziges Unterverzeichnis (C:\NWDOS\TMP) gibt, finden Sie hier zwei weitere Einträge! Der erste dieser beiden Einträge heißt ».«. Dabei handelt es sich um nichts anderes als das aktuelle Verzeichnis selbst, das auch als solches ansprechbar ist. So können Sie z.B. durch Eingabe von DEL . anstelle von DEL *.* alle Dateien im aktuellen Verzeichnis löschen! Der zweite Eintrag heißt »..«. Auch hier handelt es sich um ein Verzeichnis. »..« repräsentiert jeweils das übergeordnete Verzeichnis, in unserem Fall das Hauptverzeichnis. Auch dieses können Sie z.B. durch Eingabe von DIR .. unter diesem Namen ansprechen. Wenn Sie diesen Befehl von einem Unterverzeichnis der ersten Ebene aus eingeben, können Sie sich davon überzeugen, dass der Inhalt des Hauptverzeichnisses angezeigt wird.

> Tipp! Seit DOS 3.3 akzeptieren alle DOS-Versionen und (fast) alle Befehle die Punktschreibweisen. Aber Vorsicht: DEL .. funktioniert z.B. auch! Die neueren MS-DOS-Versionen (von Windows 9x) treiben das Spiel mit den Punkten noch weiter und akzeptieren auch »...« sowie »....«.

Entsprechend können Sie mit der Anweisung CD .. auch jeweils in das übergeordnete Verzeichnis wechseln. Neben ».« und »..« ist noch der Backslash von besonderer Bedeutung. Er dient, ähnlich wie ».« und »..«, wenn er für sich allein oder am *Anfang* einer Pfadangabe steht, als Kürzel für das Hauptverzeichnis eines Datenträgers. Mit CD \ können Sie so in das Hauptverzeichnis des aktuellen Laufwerks wechseln.

Darüber hinaus dient der Backslash zur Trennung von Verzeichnisnamen in Angaben zusammengesetzter Pfade. C:\WINDOWS\COMMAND\EBD lautet so z.B. unter Windows 9x/Me üblicherweise der Name des Verzeichnisses, in dem sich die Dateien der Notfalldiskette (EBD – Emergency Boot Disk) befinden.

TREE: Verzeichnisstruktur anzeigen

Mit dem externen Befehl TREE können Sie sich sämtliche Verzeichnisse einer Diskette oder einer Festplatte, bzw. deren hierarchische Struktur, in übersichtlicher Form anzeigen lassen. Geben Sie den Zusatz /F ein, werden außerdem sämtliche Dateien des jeweiligen Verzeichnisses mit angezeigt.

Leider wurde der Befehl TREE nach MS-DOS 6.22 wieder aus der MS-DOS-Befehlsliste gestrichen. In den neueren PC DOS-Versionen und auch in den DR-DOS-Varianten ist er aber weiterhin vorhanden.

Wollen Sie sich ausgehend vom Hauptverzeichnis (\) die hierarchische Struktur des Festplattenlaufwerks C: in grafischer Form anzeigen lassen, geben Sie dazu Folgendes ein:

```
TREE C:\         (MS-DOS/PC DOS)
TREE C:\ /G      (DR-DOS)
```

Befehle für die Arbeit mit Verzeichnissen

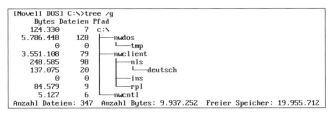

Abbildung 2.13: Die grafische Anzeige des Verzeichnisbaums mit TREE (unter den DR-DOS-Varianten; MS-DOS und PC DOS zeigen nur die grafische Darstellung des Baums ohne die zusätzlichen statistischen Angaben an.)

RD: Verzeichnis löschen

Mit RD (Remove Directory) lassen sich *leere* Verzeichnisse löschen. Sollten sich im zu löschenden Verzeichnis noch Dateien befinden, müssen diese vorher entfernt werden. Die Dateien, die sich in einem Verzeichnis befinden, lassen sich recht schnell löschen, wenn man einfach den Namen eines Verzeichnisses hinter dem DEL-Befehl angibt:

DEL C:\NWDOS\TMP

Dieser Befehl löscht, egal aus welchem Verzeichnis heraus Sie diesen Befehl auch aufrufen, alle Dateien, die sich im Ordner TMP befinden. Das Verzeichnis selbst wird dabei nicht entfernt! (Beachten Sie dabei auch die dem Verzeichnisnamen vorangestellte Laufwerkbezeichnung.) Die Bedeutung dieses Befehls ist identisch mit der von DEL   C:\NWDOS\TMP*.*.

Anschließend können Sie das leere Verzeichnis mit diesem Befehl löschen:

RD C:\NWDOS\TMP

2 DOS-Grundzüge

> Wenn mit RD ein Verzeichnis nicht entfernt werden kann, kommen insbesondere zwei Gründe in Betracht. Entweder befinden sich darunter noch weitere Verzeichnisse oder es existieren versteckte oder schreibgeschützte Dateien im Ordner. Dann können Sie entweder den Verzeichnisbaum abklappern (mit DEL, RD und gegebenenfalls ATTRIB) oder aber DELTREE verwenden.

DELTREE: Verzeichnisbäume löschen

Seit MS-DOS 6 gibt es den Befehl DELTREE, der das Entfernen ganzer Verzeichnisbäume gestattet. Anstatt die Befehle DEL und RD (wiederholt) einzusetzen, können Sie den Vorgang mit DELTREE folgendermaßen abkürzen:

DELTREE C:\NWCLIENT

Das war's auch schon! DELTREE sollte aber auf jeden Fall mit Umsicht verwendet werden, da er keinerlei Rücksicht nimmt und auch versteckte und schreibgeschützte Dateien ohne Rücksicht auf Verluste löscht.

> Das Löschen des Verzeichnisbaums von z.B. Windows 9x/Me mit DELTREE zerstört zwar die Windows-Installation, schlägt aber irgendwann fehl. Das liegt aber nicht etwa daran, dass DELTREE versagt, sondern daran, dass die Befehlszeile aufgrund der Vielzahl der Unterverzeichnisse irgendwann zu lang wird. Wenn diese Aktion mit DOS durchgeführt werden soll, müssen Sie letztlich doch mit CD in untergeordnete Verzeichnisse wechseln und gegebenenfalls die Attribute versteckter Verzeichnisse ändern (mit ATTRIB).

Unter älteren DR-DOS-Varianten können Sie zu diesem Zweck den Befehl XDEL in der folgenden Form verwenden:

XDEL C:\NWCLIENT /S /D /R

Dabei werden Dateien in Unterverzeichnissen (/S), nur-lesbare Dateien (/R) und leere Verzeichnisse (/D) gelöscht. (Seit DR-DOS 7.02 existiert eine Datei namens DELTREE.BAT, die den Befehl DELTREE in den entsprechenden XDEL-Befehl übersetzen soll.)

MOVE: Dateien/Verzeichnisse verschieben bzw. umbenennen

Statt Dateien zu kopieren, können diese auch gleich verschoben werden. Wenn sich sowohl die Quelle als auch das Ziel der Verschiebeaktion auf demselben logischen Laufwerk befinden, werden die Dateien (bzw. das Verzeichnis) einfach nur umbenannt. Wenn sich Quelle und Ziel der Verschiebeaktion hingegen auf verschiedenen logischen Laufwerken befinden, müssen die Daten erst auf das Ziellaufwerk übertragen und anschließend auf dem Quelllaufwerk gelöscht werden. Für das »Verschieben« von Dateien ist der externe Befehl MOVE zuständig, der seit MS-DOS 6.0 verfügbar ist und auch in den berücksichtigten DR-DOS-Varianten (ab 6.0) vorhanden ist.

> Tipp! Den Umstand, dass es sich beim Verschieben von Dateien eigentlich nur um ein Umbenennen handelt, können Sie in vielerlei Hinsicht nutzen. Wenn Sie beispielsweise mit umfangreichen Dateien (z.B. Musik- oder Videodateien) arbeiten, sollten sich die von den Programmen temporär angelegten Dateien möglichst auf demselben logischen Laufwerk wie die endgültigen Dateien befinden. Vielfach werden die teilweise riesigen temporär angelegten Dateien dann nicht über Minuten hinweg kopiert, sondern können binnen Bruchteilen von Sekunden umbenannt werden!

Im einfachen Fall können Sie den Befehl MOVE wie COPY (bzw. XCOPY) oder REN einsetzen. Mit ihm lassen sich komplette Verzeichnisse verschieben (bzw. umbenennen) oder auch einzelne Dateien von einem Verzeichnis in ein anderes kopieren. Und auch das Umbenennen von Dateien innerhalb eines Verzeichnisses ist mit MOVE problemlos möglich, so dass die beiden Befehle REN AUTOEXEC.BAT AUTOEXEC.BAK und MOVE AUTOEXEC.BAT AUTOEXEC.BAK letztlich gleichbedeutend sind.

Wollen Sie ein Verzeichnis verschieben bzw. umbenennen, geben Sie einfach hinter MOVE den ursprünglichen und den gewünschten neuen Namen des Verzeichnisses an.

MOVE C:\ALTVERZ C:\NEUVERZ

> DR-DOS und seine Varianten kennen neben MOVE den externen Befehl RENDIR, mit dem Verzeichnisse umbenannt werden können. (Seit MS-DOS 7 können dort mit REN nicht nur Dateien, sondern auch Verzeichnisse umbenannt werden.)

MOVE C:\DOS*.COM C:\DOS*.EXE C:\COMEXE

Mit dieser Variante des MOVE-Befehls kopieren Sie mehrere Dateitypen in ein gemeinsames Zielverzeichnis (im Beispiel C:\COMEXE). Im Beispiel werden die Dateitypen .COM und .EXE aus dem Verzeichnis C:\DOS in das gemeinsame Zielverzeichnis C:\COMEXE kopiert. Dabei müssen erst die Dateitypen (gegebenenfalls inklusive Pfad- und Laufwerkangabe und getrennt durch Leerzeichen) aufgeführt werden. Die letzte Angabe wird dann als Zielverzeichnis aufgefasst.

2.13 PATH: Zugriffspfade auf Programme

Auf Dauer ist es recht umständlich und lästig, den Dateinamen der externen Befehle jeweils deren Pfadangaben voranstellen zu müssen. Dies ist aber auch gar nicht notwendig, denn schließlich gibt es den Befehl PATH. Dieser sorgt dafür, dass DOS, auch ohne dass jeweils die kompletten Dateibezeichnungen (inklusive der Namen der Verzeichnisse und des

PATH: Zugriffspfade auf Programme

Laufwerks) eingegeben werden müssen, in bestimmten Verzeichnissen nach Programmen sucht.

SET PATH=C:\WINDOWS;C:\WINDOWS\COMMAND

Mit diesem Befehl in der Datei AUTOEXEC.BAT von Windows 9x/Me wird dafür gesorgt, dass DOS Programme nicht nur im aktuellen Verzeichnis (dort wird immer gesucht), sondern auch in den Unterverzeichnissen C:\WINDOWS und C:\WINDOWS\COMMAND suchen. Es können also mehrere Verzeichnisse angegeben werden, die jeweils durch ein Semikolon voneinander getrennt werden müssen. SET kann auch weggelassen werden, so dass der folgende Befehl die gleiche Wirkung hat:

PATH=C:\WINDOWS;C:\WINDOWS\COMMAND

Mit gesetztem Zugriffspfad können Sie jederzeit Programme in den im Zugriffspfad enthaltenen Verzeichnissen aufrufen, ohne wissen zu müssen, wo sich diese konkret befinden.

Um sich über den aktuell gesetzten Zugriffspfad zu informieren, geben Sie PATH ohne Parameter ein.

Wenn bereits ein Zugriffspfad gesetzt ist und Sie diesem das eine oder andere Verzeichnis hinzufügen wollen, dann können Sie dazu diese Variante verwenden:

PATH=%PATH%;C:\TOOLS;C:\TREIBER

Da es sich bei PATH um eine Umgebungsvariable handelt, kann deren Wert abgerufen werden. Dazu klammern Sie den Namen der Umgebungsvariablen PATH mit dem Zeichen »%« ein. Die bisher gesetzten Werte werden dadurch in den neuen Wert übernommen und mit den nachfolgenden Angaben erweitert, so dass bei Fortführung des ersten Beispiels und Eingabe von PATH ohne Parameter Folgendes angezeigt wird:

PATH=C:\WINDOWS;C:\WINDOWS\COMMAND;C:\TOOLS;C:\TREIBER

DOS sucht Programme anschließend nicht nur im aktuellen Verzeichnis und in C:\WINDOWS und C:\WINDOWS\COMMAND, sondern auch in den Verzeichnissen C:\TOOLS und C:\TREIBER. Da Zugriffspfade bzw. Suchwege für Programme und Daten nur selten verändert werden, sollten entsprechende Befehle in die Startdatei AUTOEXEC.BAT aufgenommen werden.

> Über Zugriffspfade lassen sich Programme (und Dateien) suchen und ausführen. Beim Löschen von Dateien muss immer der komplette Pfad mit angegeben werden, wenn sich die zu löschenden Dateien nicht im aktuellen Verzeichnis befinden.

3 Mitgelieferte Hilfsprogramme

Im Lieferumfang der neueren DOS-Versionen befinden sich neben den Dateien zu den externen DOS-Befehlen meist noch eine Reihe weiterer Dienstprogramme, die oft nicht von den jeweiligen DOS-Entwicklern selbst, sondern von Drittanbietern stammen. Darüber hinaus liegen verschiedenen DOS-Versionen einige der nachfolgend im Überblick vorgestellten Hilfsprogramme auch in Versionen für Windows 3.x bei. Dazu zählen z.B. MWUNDEL (Windows-Version von UNDELETE), MWAV (Windows-Version von Microsoft Anti-Virus), MWAVTSR (sorgt dafür, dass VSAFE-Meldungen unter Windows auf dem Bildschirm angezeigt werden können), WINBACK (Windows-Version von MSBACKUP, zu der die beiden Dateien DSVXD.386 und VFINTD.386 gehören) und SMARTMON (Informationen zu SMARTDRV). Da sich die Windows-Programmversionen vorwiegend hinsichtlich ihrer Benutzeroberfläche, nicht jedoch hinsichtlich ihrer Funktionen von ihren DOS-Gegenstücken unterscheiden, werden diese im Rahmen dieses Buches nicht weiter vorgestellt.

Oft besitzen die mitgelieferten Hilfsprogramme recht komfortable, menügesteuerte Oberflächen und lassen sich ähnlich wie Windows-Programme bedienen. Angesichts dessen, dass diese Programme dann aber meist nur einige wenige, spezielle und klar definierte Aufgaben zu erfüllen haben, erübrigt sich deren ausführliche Vorstellung. Wenn Sie wissen, welchem Zweck die Hilfsprogramme dienen, dann sollten Sie sich unter den meist nicht allzu zahlreichen Optionen zurechtfinden. Sofern sich die in diesem Kapitel angesprochenen Programme auch über die Befehlszeile bedienen lassen, finden Sie entsprechende Informationen im Kapitel 6 *Alphabetische Befehlsreferenz*.

3 Mitgelieferte Hilfsprogramme

Zu einigen der mit den verschiedenen DOS-Versionen ausgelieferten Hilfsprogrammen sind allerdings ein paar weitergehende Erläuterungen angebracht. Dies gilt insbesondere dann, wenn diese Programme aus mehreren Dateien bestehen, die nur im Zusammenspiel sinnvoll eingesetzt werden, oder wenn zusätzliche Besonderheiten zu berücksichtigen sind. Auf diese Hilfsprogramme werde ich in diesem Kapitel ein wenig ausführlicher eingehen.

3.1 Datensicherung

Die erste Kategorie, in die die mit den verschiedenen DOS-Versionen ausgelieferten Hilfsprogramme eingeordnet werden können, ist die der Datensicherung. DOS enthält zwar bereits seit Urzeiten die Programme BACKUP und RESTORE, mit denen sich auch (für DOS-Verhältnisse) größere Datenbestände sichern lassen, aber komfortabel kann man diese Programme mit Sicherheit nicht gerade nennen. Und auch die beiden Befehle XCOPY und REPLACE, die in den meisten DOS-Versionen enthalten sind, eignen sich nur bedingt für umfangreichere oder regelmäßige Datensicherungen. (BACKUP, RESTORE, XCOPY und REPLACE werden in der Befehlsreferenz ausführlicher dargestellt.)

Dieser Umstand trug sicherlich mit dazu bei, dass vorhandene Datenbestände häufig nicht oder nur selten gesichert wurden. Daher wurden den neueren DOS-Versionen komfortablere Programme beigelegt, die speziell die Aufgabe der Datensicherung erleichtern sollten. Dazu zählen *Microsoft Backup* (MS-DOS 6.x), *Central Point Backup* (PC DOS ab 6.1) oder auch das Programm *Fastback Express* (nur Novell DOS 7).

Generell leiden nahezu alle (und selbst die Programme BACKUP und RESTORE) unter einer Schwäche, die darin besteht, dass die mit den jeweiligen Programmen erstellten Datensicherungen meist nur mit dem Programm zurückgesichert werden können, mit denen sie auch erstellt wurden. Und dabei sind teilweise nicht einmal die verschiedenen Versionen derselben Programme untereinander kompatibel.

Eine weitere Schwäche von MSBACKUP (Microsoft Backup) und FBX (Fastback Express) besteht darin, dass sie sich nur zum Erstellen von Sicherheitskopien auf Disketten eignen. Hier haben die DOS-Versionen von IBM (seit 6.1) einen gewissen Vorteil, denn immerhin eignet sich das eigenständige Programm CPBACKUP (Central Point Backup) auch zum Erstellen von Datensicherungen auf Bandlaufwerken, auch wenn hier mit QIC 40/80- oder Irwin-Streamern vorwiegend alte Lösungen angeboten werden.

Alle drei genannten Programme werden üblicherweise über komfortable Benutzeroberflächen bedient. Alle müssen zunächst konfiguriert werden und bieten hinsichtlich der Sicherungsverfahren ähnliche Alternativen. Neben der Vollsicherung stehen zumindest die differenzielle Sicherung (es werden alle Daten gesichert, die sich seit der letzten Vollsicherung geändert haben oder neu hinzugekommen sind) und die inkrementelle Sicherung (Zuwachssicherung, es werden alle Daten gesichert, die sich seit der letzten Vollsicherung oder der letzten inkrementellen Sicherung geändert haben oder neu hinzugekommen sind) zur Auswahl.

Die zu sichernden Dateien und Verzeichnisse werden dann über die menügesteuerte Oberfläche ausgewählt bzw. markiert. Darüber hinaus können Sie die Liste der zu sichernden Dateien und Verzeichnisse sichern und laden, so dass die Auswahl nicht jeweils neu vorgenommen werden muss. Zudem lassen sich die Programme mit Hilfe dieser gesicherten Dateiauswahllisten von der Befehlszeile aus aufrufen oder auch zeitgesteuert automatisch ausführen. (Bei PC DOS z.B. über das mitgelieferte Hilfsprogramm CPSCHED.) Und natürlich lassen sich die mit diesen Programmen gesicherten Daten auch wieder entsprechend zurücksichern. Die Befehlszeilenoptionen von MSBACKUP und CPBACKUP finden Sie in der Befehlsreferenz; auf eine weitere Darstellung von FBX habe ich verzichtet, da es nur einer einzigen DOS-Version (Novell DOS 7) beilag.

Wenn Sie nun sagen, dass diese Möglichkeiten selbst angesichts der vergleichsweise geringen Laufwerkkapazitäten von 2 GB unter Standard-DOS alles andere als komfortabel sind, kann ich Ihnen kaum widersprechen. Und Programme, mit denen sich Daten auf CD-R oder CD-RW brennen lassen, sind für DOS und Windows 3.x kaum (wenn überhaupt) erhältlich. Gerüchten zufolge soll es allerdings ein entsprechendes Programm geben, das nur SCSI-Brenner unterstützt. (Aber das gilt auch für die ersten Brenner-Programme, die für Windows 3.x erhältlich waren.)

Auf ein paar Möglichkeiten will ich aber doch noch kurz hinweisen. Erstens können Sie auf Rechnern, auf denen mehrere Betriebssysteme installiert sind, für Zwecke der Datensicherung ein kleines logisches Laufwerk einrichten, auf dem die zu sichernden Daten zwischengespeichert werden können, um sie dann mit einem anderen Betriebssystem zu sichern, das ebenfalls Zugriff auf dieses Laufwerk hat. Zweitens können Sie Windows NT oder auch Windows 9x parallel auf demselben logischen Laufwerk installieren (Minimalinstallation) und die Daten mit entsprechenden Programmen sichern. (Die Parallelinstallation auf demselben Laufwerk wird ab Windows 98SE nicht mehr – zumindest nicht ohne weitere Eingriffe – unterstützt und verbietet sich aufgrund des Umfangs von Windows 2000/XP ohnehin, da diese auf einem Laufwerk mit FAT32-Dateisystem installiert werden müssen.) Bei der dritten Alternative können Sie die Dateien erst auf Disketten sichern, dann Image-Dateien erstellen (z.B. mit der DR-DOS-Version von DISKCOPY) und diese schließlich mit einem anderen Betriebssystem auf CD-R sichern. Und die letzte Alternative der Datensicherung besteht in der Nutzung von Programmen zur Übertragung der Daten über eine serielle oder parallele Schnittstelle (FILELINK oder INTERLNK) oder ein Modem.

3.2 Datenwiederherstellung

In diese Kategorie fallen Programme, mit deren Unterstützung versehentlich gelöschte Daten wiederhergestellt werden können. Auch hier findet man mit UNFORMAT, UNDELETE und MIRROR wieder Programme von Central Point, während im Lieferumfang der DR-DOS-Varianten Programme wie DELWATCH, DELPURGE, UNDELETE und UNFORMAT enthalten sind. Besonders erwähnenswert in diesem Zusammenhang ist der Umstand, dass es sich einzig bei UNDELETE in den DOS-Versionen von IBM um ein menügesteuertes Programm im Vollbildmodus handelt (aus der Programmsammlung PC Tools 8.0).

3.3 Antivirenprogramme

Microsoft Antivirus (MSAV) und VSAFE (MS-DOS 6.x) stammen wieder von der Software-Schmiede Central Point Software, die mittlerweile von Symantec übernommen wurde. IBM schickt bei seinen DOS-Versionen mit *IBM Antivirus* (IBMAV) ein eigenes Programm ins Rennen. Mit den DR-DOS-Varianten wird kein entsprechendes Programm ausgeliefert, wenn man einmal von der Ausnahme Search & Destroy und Novell DOS 7 absieht. Zwar waren die genannten Programme im Lieferumfang der verschiedenen DOS-Versionen enthalten, aber naturgemäß leiden sie alle unter der Schwäche, dass sie mittlerweile durchweg derart veraltet sind, dass sich ihr Einsatz kaum noch lohnt. Wenn Sie also unter DOS auf die Suche nach Viren gehen wollen, dann sollten Sie die MSAV, IBMAV, Search & Destroy oder auch VSAFE besser nicht einsetzen, sondern auf aktuelle Angebote aus dem Internet zurückgreifen.

Insbesondere soll in diesem Zusammenhang auf zwei Programme hingewiesen werden, deren DOS-Versionen über das Internet kostenlos erhältlich sind. Das erste heißt F-Prot Antivirus für DOS und wird von Frisk Software International (http://www.f-prot.com) seit Anfang der 90er Jahre angeboten und seither laufend aktualisiert. Es erkennt Bootsektorviren, Datei- oder Programmviren, Makroviren (z.B. in Word- oder Excel-Dokumenten), Trojaner und andere verdächtige und möglicherweise destruktive Programme. F-Prot Antivirus für DOS ist ein so genannter heuristischer Virenscanner, der auch neue und verdächtige Dateien sowie komprimierte Dateien (z.B. Zip-Archive) durchsuchen kann. Zu den Systemanforderungen zählen zurzeit DOS ab Version 3.3, mindestens ein 80386-Prozessor und 4 MB Arbeitsspeicher.

Ein weiteres empfehlenswertes DOS-Antivirenprogramm ist F-Secure Anti-Virus (http://www.f-secure.com), das ebenfalls kostenlos im Internet erhältlich ist.

3.4 Festplattenwartung

Auch hier gibt es wieder unterschiedliche Lösungen in den verschiedenen DOS-Versionen. Die Ursprünge des Programms DEFRAG aus dem Lieferumfang von MS-DOS/PC DOS ab 6.0 liegen bei den Norton Utilities, die ebenfalls von Symantec übernommen wurden. Im Lieferumfang der DR-DOS-Varianten ist DISKOPT enthalten. Diese Programme organisieren Dateien auf Datenträgern so um, dass sie zusammenhängend gespeichert sind, so dass der Schreib-/Lese-Kopf der Laufwerke weniger häufig neu positioniert werden muss und der Zugriff auf die Daten schneller erfolgen kann. Darüber hinaus enthält MS-DOS ab 6.2 das Programm SCANDISK, das dort CHKDSK ablöst, über einen erweiterten Befehlsumfang verfügt und die logische und physische Beschaffenheit von Datenträgern untersuchen und gegebenenfalls aufgespürte Fehler korrigieren kann.

> Achtung! Sie dürfen die alten DOS-Dienstprogramme CHKDSK, SCANDISK und DEFRAG (DISKOPT unter DR-DOS) *niemals* für Laufwerke einsetzen, auf denen lange Dateinamen (z.B. von Windows 9x/Me, Windows NT/2000/XP oder OS/2) verwendet werden! Die alten DOS-Varianten dieser Dienstprogramme wissen mit den langen Dateinamen nichts anzufangen und zerstören diese! Greifen Sie also auf Dienstprogramme zurück, die sich speziell für die jeweilige Betriebssystemplattform eignen.

3.5 Datenträgerkomprimierung

MS-DOS enthält hier *DoubleSpace* bzw. *DriveSpace*, mit DR-DOS 6.0 und PC DOS wird *SuperStor* ausgeliefert, in DR-DOS ab 7.0 wurde *Stacker 3.1* integriert und zum Lieferumfang von PC DOS 7.0 gehört schließlich *Stacker 4.0*. Im Unterschied zu DR-DOS wurde Stacker in PC DOS aber nicht wirklich integriert, sondern liegt als eigenständiges Programm bei.

All diese Programme wurden ursprünglich zu einer Zeit entwickelt, als Festplattenkapazität eigentlich ständig knapp war, um Daten auf Festplatten zu komprimieren, und können die verfügbare Festplattenkapazität etwa verdoppeln. DoubleSpace wurde von Microsoft aufgrund der Verwendung patentierter Algorithmen erst aus der amerikanischen MS-DOS-Version 6.21 entfernt, dann aber mit MS-DOS 6.22 unter dem Namen DriveSpace wiederbelebt und blieb auch den Anwendern von Windows 9x/Me erhalten.

Festplattenkomprimierungsprogramme machen sich den Sachverhalt zunutze, dass jede Datei mit mindestens einem Byte Umfang eine Organisationseinheit (ein Cluster) und damit einige KB auf der Festplatte belegt. DOS kann auf die Daten nur über die Nummer des entsprechenden Clusters direkt zugreifen. Die zu speichernden Dateien werden daher so zusammenkopiert, dass die einzelnen Cluster immer gefüllt sind. Zu diesem Zweck wird eine große Datei angelegt und verwaltet, so dass sich die Kompressionsprogramme gewissermaßen zwischen das Betriebssystem und die Festplatte schalten. Daraus, dass die einzelnen Cluster (bei kleineren Dateien) im statistischen Mittel etwa zur Hälfte gefüllt sind, resultiert der für Kompressionsprogramme typische Verdoppelungseffekt der Festplattenkapazität. Dieser Vorteil wird jedoch mit einigem Verwaltungsaufwand und Platz im Arbeitsspeicher erkauft.

Hinzu kommen möglicherweise Kompatibilitätsprobleme. Etliche Programme (z.B. Einheitentreiber) dürfen nicht komprimiert vorliegen, weshalb Ausnahmelisten solcher Programme geführt werden. Zudem kann insbesondere der (intensive) Einsatz speicherresidenter Programme die Stabilität des Rechnersystems und damit die Datensicherheit gefährden.

Aufgrund der möglichen Kompatibilitätsprobleme und der Kapazität heutiger Festplatten empfiehlt sich der Einsatz von Programmen wie SuperStor, Stacker oder DriveSpace/DoubleSpace nur dann, wenn sich keine anderen Alternativen nutzen lassen. Zudem lassen sich viele Daten (z.B. Bilddateien) heute auch auf andere Weise (z.B. durch die Wahl eines bereits stark komprimierten Dateiformats) derart komprimieren, dass sie beim Einsatz von Festplatten-Kompressionsprogrammen kaum weniger Speicherplatz belegen. (Bereits stark komprimierte Formate lassen sich kaum weiter komprimieren.) Zudem können viele Daten mit anderen Verfahren (z.B. die so genannten Zip-Dateien) komprimiert werden, ohne dazu komprimierte Laufwerke einrichten zu müssen.

DriveSpace (und damit auch das mit identischem Befehlsumfang ausgestattete DoubleSpace) wird in der alphabetischen Befehlsreferenz behandelt. Für die Befehle der in DR-DOS 7.0x integrierten Stacker-Version 3.1 gilt dasselbe. Das eigenständige Stacker 4.0 wird im folgenden Abschnitt kurz im Überblick behandelt.

STACKER 4.0

Stacker 4.0 ist in eigenen komprimierten Archivdateien (STAC1, STAC2 und STAC3) auf PC-DOS-Disketten enthalten, so dass es im Prinzip auch unabhängig von PC DOS benutzt werden könnte. (Beachten Sie die Lizenzbedingungen.) Es verfügt über ein eigenständiges SETUP-Programm, mit dem es installiert und konfiguriert wird.

Aufgrund des Leistungsumfangs von Stacker 4.0 würde eine eingehende Behandlung der Optionen den Rahmen dieses Buches sprengen. In Tabelle 3.1 werden aber die Befehle kurz im Überblick dargestellt, die beim Einsatz von Stacker 4.0 zusätzlich zur Verfügung stehen.

Datenträgerkomprimierung

Befehl	Funktion
CHECK	Überprüft ein komprimiertes Stacker-Laufwerk, erstellt einen Statusbericht und kann zum Korrigieren festgestellter Fehler verwendet werden.
CONFIG	Erstellt Zeilen mit Stacker-Befehlen in den Systemkonfigurationsdateien.
CREATE	Erstellt ein leeres Stacker-Laufwerk aus dem verfügbaren Plattenspeicherplatz.
DCONVERT	Konvertiert einen mit DoubleSpace oder SuperStor/DS komprimierten Datenträger in ein Stacker-Laufwerk.
DPMS	Stellt den Stacker-Treiber in den Erweiterungsspeicher.
HCONVERT	Aktualisiert ein Stacker-Laufwerk, das mit einer früheren Stacker-Version erstellt und bei der Stacker-Installation nicht angehängt war, oder einen austauschbaren Stacker-Datenträger mit einer früheren Stacker-Version.
PASSWD	Setzt ein Schreib- oder Lesekennwort für Stacker-Laufwerke.
REMOVDRV	Löscht die STACVOL-Datei und alle darin enthaltenen Daten vom angegebenen Stacker-Laufwerk.
REPAIR	Repariert Stacker-Laufwerke.
REPORT	Gibt statistische Informationen für Stacker-Laufwerke aus.
RESIZE	Ändert die Größe eines Stacker-Laufwerks.
SCREATE.SYS	Komprimiert RAM-Laufwerke. Muss in der Datei CONFIG.SYS geladen werden.

3 Mitgelieferte Hilfsprogramme

Befehl	Funktion
SDEFRAG	Führt zur Defragmentierung oder erneuten Komprimierung eines Stacker-Laufwerks den Stacker Optimizer aus.
SDIR	Zeigt das Komprimierungsverhältnis für eine Reihe von Dateien und Verzeichnissen an.
SETUP	Installiert Stacker und dessen Hilfsprogramme.
SGROUP	Erstellt eine Windows-Programmgruppe.
SSETUP	Bereitet die Stacker-Software für die Benutzung vor.
STAC	Bietet Zugriff auf die Stacker-Toolbox, über die die Stacker-Hilfsprogramme für DOS zur Verfügung stehen.
STACHIGH.SYS	Lädt Stacker oberhalb des konventionellen Speichers. Muss in der Datei CONFIG.SYS geladen werden.
STACKER	Hängt Stacker-Laufwerke an oder ab und zeigt die Stacker-Laufwerkzuordnung an.
STACWIN	Greift unter Windows auf das Dienstprogramm Stacker zu.
SYSINFO	Ruft Information zum Computer ab und zeigt diese an.
TUNER	Zeigt die Online-Schnittstelle des Programms TUNER an, mit dem die Komprimierungsgeschwindigkeit für das System gewählt werden kann.
UNCOMP	Dekomprimiert alle Daten, die in einem Stacker-Laufwerk gespeichert sind, und speichert sie wieder auf dem ursprünglichen, unkomprimierten Laufwerk.

Tabelle 3.1: Die Befehle von Stacker 4.0 im Überblick

3.6 Datenaustausch

In diesem Bereich enthalten MS-DOS und PC DOS Interlink (das aus INTERSRV und INTERLNK besteht), während die DR-DOS-Varianten LINKFILE ins Rennen schicken. Mit diesen Programmen lassen sich zwei Rechner über Nullmodemkabel oder parallele Kabel miteinander verbinden, so dass der Datenaustausch (und einiges mehr) zwischen den beiden gekoppelten Rechnern möglich wird.

Dabei ist FILELINK deutlich komfortabler, da es nicht nur vollständig menügesteuert bedient werden kann, sondern sich darüber hinaus (über die Option DUPLIZIEREN) auch über eine serielle Schnittstelle selbst zur Gegenstation kopieren und dort starten kann und zudem keine weitere Treiberinstallation in der CONFIG.SYS voraussetzt. Dabei müssen Sie dann lediglich die Aktionen auf dem zweiten Rechner ausführen, zu denen Sie aufgefordert werden, und darauf achten, dass auf beiden Rechnern dieselbe Übertragungsgeschwindigkeit eingestellt sein *muss*.

Hardware-Fallstricke

Die Verbindung zweier Rechner mit LINKFILE oder FILELINK lässt sich über die serielle oder die parallele Schnittstelle herstellen. Die Verbindung über die serielle Schnittstelle erfolgt dabei mit einem so genannten Nullmodem-Kabel, einem seriellen Kabel, bei dem einige Adern gekreuzt sind. Da diese Nullmodem-Kabel auch heute noch im einschlägigen Fachhandel ohne größere Probleme erhältlich sein sollten, was beim bidirektionalen parallelen Verbindungskabel nicht unbedingt der Fall war oder ist, wurde die Verbindung meist über die serielle Schnittstelle hergestellt. Die Verbindung über diese vorgefertigten Nullmodem-Kabel bereitet normalerweise keinerlei Probleme. (Sie sollten das Kabel aber kennzeichnen, um es nicht mit einem normalen seriellen Kabel zu verwechseln.)

Wenn Sie über ein wenig handwerkliches Geschick verfügen, können Sie die benötigten Kabel auch selbst anfertigen. Die dazu benötigten Informationen finden Sie in den Tabellen 3.2 bzw. 3.3.

3 Mitgelieferte Hilfsprogramme

9-polig zu 9-polig	9-polig zu 25-polig	25-polig zu 25-polig	Funktion
5--5	5--7	7--7	Masse
3--2	3--3	2--3	Empfangsdaten
2--3	2--2	3--2	Sendedaten
7--8	7--5	4--5	Sendebereitschaft
8--7	8--4	5--4	Sendeanforderung
6--4	6--20	6--20	Datenendgerät bereit
4--6	4--6	20--6	Übermittlungseinheit bereit

Tabelle 3.2: Pinbelegung der verschiedenen Nullmodemkabel

Pins	Funktion	Pins	Funktion
1--1	Masse		
2--15	Daten aus	10--5	Daten ein
3--13	Daten aus	11--6	Daten ein
4--12	Daten aus	12--4	Daten ein
5--10	Daten aus	13--3	Daten ein
6--11	Daten aus	15--2	Daten ein

Tabelle 3.3: Pinbelegung bidirektionales Parallelkabel

Wenn die Programme INTERLNK oder FILELINK laufen, können Sie die Laufwerke der Gegenstation (des Servers) vom Client aus so ansprechen, als ob sie lokal zur Verfügung stünden. Lediglich die Geschwindigkeit ist geringer. Denken Sie dabei aber daran, dass die meisten Programme speziell installiert werden müssen, so dass Sie (nicht nur aus Geschwindigkeitsgründen) nur mit wenigen (meist kleinen) auf der Gegenstation gespeicherten Programmen vom Client aus wirklich arbeiten können. Für den Austausch von Daten oder die Arbeit mit Textdateien reicht die Arbeitsgeschwindigkeit der Verbindung aber durchaus aus.

> Bevor InterLink oder LINKFILE zum Lieferumfang der verscheidenen DOS-Versionen gehörte, gab es ein Programm namens LapLink, das diese Zwecke erfüllt hat. Das Programm ist zwar auch heute noch verfügbar, hat aber in den aktuellen Versionen mit dem Kapitel DOS abgeschlossen. Für das Programm PowerCopy trifft dies jedoch nicht zu. Dieses unterstützt momentan neben DOS (ab Vs. 6.2) alle gängigen Windows-Versionen bis hin zu Windows Me und XP. (Im Lieferumfang ist das für die schnelle Datenübertragung über die parallele Schnittstelle erforderliche Kabel enthalten.)

Interlink-Einrichtung

Bei den Microsoft-Programmen INTERLNK und INTERSRV ist ein wenig mehr Handarbeit erforderlich, um zwei Rechner miteinander zu verbinden, so dass ich darauf kurz eingehen werde. Dabei gehe ich von einer Verbindung z.B. zwischen einem Laptop und einem Desktop-Rechner über die zweite serielle Schnittstelle mit einem Nullmodem-Kabel aus.

Auf *beiden* Rechnern muss der Einheitentreiber INTERLNK.EXE über eine DEVICE-Zeile in der CONFIG.SYS installiert werden. Da dieses Steuerprogramm einigen Speicherplatz beansprucht, sollten Sie gegebenenfalls entsprechende Multikonfigurationsdateien erstellen oder die Programme DEVLOAD (DR-DOS 7.03) bzw. DYNALOAD (PC DOS ab 7.0) nutzen. Die entsprechende Zeile in der CONFIG.SYS lautet dann:

```
DEVICE=C:\DOS\INTERLNK.EXE /COM2
```

Wird beim Einsatz von Interlink der Drucker nicht benötigt, können Sie auch die folgende Anweisung verwenden, um ein wenig Arbeitsspeicher zu sparen:

```
DEVICE=C:\DOS\INTERLNK.EXE /COM2 /NOPRINTER
```

3 Mitgelieferte Hilfsprogramme

Lediglich die zu benutzende Schnittstelle und gegebenenfalls der Verzeichnispfad müssen bei Bedarf geändert werden, wenn diese grundlegende Konfiguration ausreicht. Führen Sie entsprechende Änderungen auf beiden Rechnern durch, und starten Sie diese dann neu. Anschließend wird die Verbindung zwischen den beiden Rechnern aufgebaut.

Nun kommt die Unterscheidung zwischen Server- und Client-Rechner ins Spiel. Der Server ist der Rechner, auf dessen Laufwerke (und Drucker) von einem anderen Rechner aus zugegriffen werden soll, der also Ressourcen zur Verfügung stellt. Auf dem Server muss das Programm INTERSVR gestartet werden. Der Client (der Kunde) nimmt die Dienste des Servers in Anspruch. Auf dem Client muss das Programm INTERLNK gestartet werden.

Für das Starten des Servers soll eine kleine Batch-Datei mit den benötigten Voreinstellungen und Befehlszeilenparametern erstellt werden. Im Beispiel gehe ich davon aus, dass der Server über die Festplattenlaufwerke C: und D: verfügt und dass der Client auch auf beide zugreifen können soll. (Der Zugriff auf Diskettenlaufwerke kann z.B. sinnvoll sein, wenn ein Diskettenformat in ein anderes umkopiert werden soll.) Um bereitzustellende Druckerschnittstellen kümmert sich INTERSVR selbstständig. Daher reicht eine Datei folgenden Inhalts, die als SERVER.BAT im Suchpfad (z.B. im Verzeichnis C:\DOS) auf dem Server-Rechner abgelegt wird, völlig aus:

```
@ECHO OFF
INTERSVR C: D: /X=A: /X=B:
```

Wenn Sie jetzt SERVER.BAT aufrufen, werden Ihnen die vorgenommenen Einstellungen angezeigt. Wenn Sie den angezeigten Bildschirm verlassen, trennen Sie damit gleichzeitig die Verbindung zum Client-Rechner.

Auf dem Client-Rechner können Sie nun INTERLNK eingeben. Daraufhin wird Ihnen mitgeteilt, unter welchen Laufwerkbuchstaben und Bezeichnungen Sie die Laufwerke und Druckerschnittstellen des Servers ansprechen können.

3.7 Benutzeroberflächen

Die DOS-Shell wurde zeitweise mit den MS-DOS-Versionen 4.0 bis 6.0 ausgeliefert und war weiterhin auf einer kostenlosen Zusatzdiskette erhältlich. Im Unterschied dazu blieb die DOS-Shell im Lieferumfang von PC DOS (ab Version 6.1) enthalten. Und auch DR-DOS folgte diesem Trend zeitweise und lieferte in den Versionen 5.0 und 6.0 die grafische Benutzeroberfläche (ViewMax) mit. Zudem enthält DR-DOS seit Version 7.0 einen Task-Manager (TaskMax), mit dem auch unter DOS quasi gleichzeitig mit mehreren Anwendungen gearbeitet werden kann.

Da es sich bei den Benutzeroberflächen um so etwas wie ein »Mini-Windows« handelt, wird die DOS-Shell seit dem Siegeszug von Windows mit den DOS-Versionen von Microsoft nicht mehr ausgeliefert. Wenn man ohnehin mit Windows arbeitet, erübrigt sich der Einsatz dieser Benutzeroberflächen ohnehin weitgehend. Außerdem gab es im Shareware-Bereich und von Drittanbietern Programme wie den Norton Commander, die PC Shell oder den Volkov Commander, die zwar oft weniger hübsch anzusehen, dafür aber meist deutlich leistungsfähiger waren.

Da ich an dieser Stelle davon ausgehe, dass Sie darüber hinaus mit der Bedienung menügesteuerter Programme wie dem Windows-Explorer vertraut sind, werde ich auch auf die DOS-Shell und ViewMax nicht ausführlicher eingehen. Einige Hinweise finden Sie allerdings in der alphabetischen Befehlsreferenz.

3.8 Dekompressionsprogramme

Da die jüngeren DOS-Versionen durchweg auf Disketten komprimiert ausgeliefert wurden, enthalten sie spezielle Hilfsprogramme zum Dekomprimieren der Dateien. Die Namen dieser Programme lauten EXPAND (MS-DOS/PC DOS 6.x), EXTRACT (MS-DOS ab 7.0), UNPACK2 (PC DOS ab 7.0) und PNUNPACK (DR-DOS ab 7.0). Mit diesen Programmen, die gar nicht oder nur schlecht dokumentiert sind, lassen sich bei Bedarf

3 Mitgelieferte Hilfsprogramme

einzelne Dateien aus den komprimierten Archiven extrahieren. Diese Programme befinden sich üblicherweise auf der ersten Diskette und die Dateinamen können Sie, falls dies erforderlich ist, aus einer Textdatei entnehmen, die im Falle von MS-DOS 6.x z.B. PACKING.LST heißt.

Weiterhin müssen dazu die Hilfsprogramme XDF und XDFCOPY aus dem Lieferumfang von PC DOS ab 7.0 gezählt werden, die dafür benötigt werden, um die Disketten lesen und kopieren zu können.

Zu allen in diesem Abschnitt erwähnten Programmen finden Sie weitere Erläuterungen im Befehlsverzeichnis.

3.9 Weitere Programme

In diese Kategorie ordne ich jene Programme ein, die lediglich speziellen Aufgabenstellungen dienen. Ein Beispiel wäre das Programm *MSD* (*Microsoft Diagnostics*), das zwar den MS-DOS-Versionen 6.x und auch einigen Windows-Versionen beiliegt, das aber eigentlich nur dem Zweck diente, bei Bedarf Informationen für den Microsoft-Kundendienst bereitzustellen. Immerhin können Sie sich mit MSD einen Überblick über die meisten der für DOS relevanten Geräte verschaffen.

Weiterhin ist an dieser Stelle NetWare Lite bzw. Personal NetWare zu erwähnen, mit dem Rechner unter DR-DOS über ein Netzwerk verbunden werden können und das im Anhang B kurz behandelt wird.

Und schließlich werden mit PC DOS noch einige zusätzliche Hilfsprogramme ausgeliefert. Dazu zählen die Programmiersprache REXX (über die Sie in diesem Buch nichts erfahren werden), das im Leistungsumfang eingeschränkte PenDOS, mit dem DOS über Maus oder Grafiktablett bedient werden kann, und die PCMCIA-Unterstützung (PC-Card-Unterstützung) der Firma Phoenix. Über die beiden letztgenannten Programme erfahren Sie ein wenig mehr im Kapitel 5 *DOS-Versionen im Überblick*.

4 Konfiguration und Batch-Dateien

Damit der Rechner optimal arbeiten kann, muss dessen Hardware konfiguriert werden. Dabei wird das Betriebssystems speziell an unterschiedliche Peripheriegeräte und Rechnerausstattungen (z.B. Arbeitsspeicher, Tastatur, CD-ROM-/DVD-Laufwerk, Maus und Drucker) und die Wünsche und Bedürfnisse des Anwenders angepasst. Wie aufwändig die Konfiguration des Betriebssystems ausfällt, hängt dabei wesentlich davon ab, ob das Betriebssystem auf Festplatte oder Diskette eingerichtet wird und welche Betriebssystemversion eingesetzt wird.

Unter DOS sorgen zwei Dateien für die notwendige Rechneranpassung. Meist reichen bereits wenige Anweisungen aus, um alle notwendigen Anpassungen vorzunehmen. Nach dem Einschalten sucht der Rechner auf dem (über das BIOS-Setup) voreingestellten Laufwerk nach den Startdateien eines Betriebssystems und lädt sie, sofern dies möglich ist. Handelt es sich um DOS, wird dann nach dem Laden der Systemdateien nach der Datei CONFIG.SYS gesucht, die für die Anpassung von DOS zuständig ist.

> Bei modernen Rechnern können Sie über das BIOS-Einrichtungsprogramm festlegen, in welcher Reihenfolge der Rechner bei seinem Start die verschiedenen Datenträger absucht. So kann er beispielsweise zunächst auf einer CD-ROM nach einem startfähigen Betriebssystem suchen. (Windows 2000/XP wird z.B. auf startfähiger CD-ROM ausgeliefert.)

4 Konfiguration und Batch-Dateien

Die Datei CONFIG.SYS muss sich im Hauptinhaltsverzeichnis des Datenträgers befinden, von dem aus der Rechner gestartet wird. Nur dort wird sie von DOS gesucht und gefunden. Ist diese Datei nicht vorhanden, werden interne Vorgaben verwendet (die je nach eingesetzter DOS-Version unterschiedlich ausfallen können). Anschließend wird der Befehlsinterpreter geladen. Dabei handelt es sich normalerweise um die Datei COMMAND.COM. Hat bis hierhin alles geklappt, sucht DOS nach einer Datei namens AUTOEXEC.BAT (von *auto-execute* – »selbst ausführen«). Sofern diese vorhanden ist, werden die darin enthaltenen DOS-Befehle der Reihe nach abgearbeitet. Die Anweisungen in dieser Datei werden also bei jedem Start des Rechners ausgeführt.

Die beiden Dateien CONFIG.SYS und AUTOEXEC.BAT dienen ausschließlich dem Zweck, Anpassungen von DOS vorzunehmen. Während die CONFIG.SYS der Anpassung an länderspezifische Besonderheiten und der Installation zusätzlicher Geräte dient, enthält die AUTOEXEC.BAT Anweisungen, die nicht direkt das Betriebssystem betreffen. Die hier enthaltenen Befehle sollen lediglich bei jedem Einschalten des Rechners ausgeführt werden.

Für die praktische Arbeit bietet sich darüber hinaus der Einsatz von Stapelverarbeitungs-Dateien (Batch-Dateien) an, die Ihnen ebenfalls viel Tipparbeit ersparen und bestimmte Abläufe automatisieren können. Auch auf diese werde ich in diesem Kapitel kurz eingehen.

4.1 Setup-Programme

Bestand die Installation von DOS (nach der Einrichtung der Festplatte mit FDISK und FORMAT) im Prinzip im Wesentlichen daraus, die Systemdateien (entweder beim Formatieren mit FORMAT /S oder nachträglich mit dem Befehl SYS) auf einen Datenträger zu übertragen und anschließend die übrigen benötigten Dateien zu kopieren, wird Ihnen mittlerweile diese Aufgabe bei vielen DOS-Versionen von mehr oder weniger umfangreichen Einrichtungsprogrammen abgenommen. Dabei erledigen diese Einrichtungs- bzw. Setup-Programme auch (zumindest teilweise) die Anpassung bzw. Konfiguration des Rechners. Oft befinden sich dann in den DOS-Konfigurationsdateien CONFIG.SYS und AUTOEXEC.BAT nur die elementarsten Anpassungen.

MS-DOS

Wenn Sie MS-DOS 5.0 mit dem Befehl SETUP /F auf einem Diskettensatz einrichten, dann stehen nur die Optionen aus Abbildung 4.1 zur Anpassung zur Verfügung. Damit werden die Konfigurationsdateien aus Listing 4.1 erstellt (die Befehle werden weiter unten erläutert):

```
CONFIG.SYS:
  DEVICE=A:\SETVER.EXE
  DEVICE=A:\HIMEM.SYS
  DOS=HIGH
  COUNTRY=049,437,COUNTRY.SYS
  DEVICE=A:\DISPLAY.SYS CON=(EGA,,1)
  FILES=10

AUTOEXEC.BAT:
  @ECHO OFF
  PROMPT $p$g
  MODE CON CODEPAGE PREPARE=((437) A:\EGA.CPI)
  MODE CON CODEPAGE SELECT=437
  KEYB GR,,A:\KEYBOARD.SYS
```

Listing 4.1: Die mit dem Befehl SETUP /F von MS-DOS 5.0 erzeugten Konfigurationsdateien bei der Installation auf Disketten

4 Konfiguration und Batch-Dateien

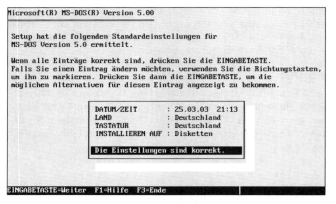

Abbildung 4.1: Die Einstellungen des SETUP-Programms bei der Installation von MS-DOS 5.0 auf einem Diskettensatz

Ansonsten haben Sie bei der Einrichtung von MS-DOS auch bei den Versionen 6.x kaum weitere Optionen. Mit SETUP /F erstellen Sie MS-DOS-Startdisketten und mit SETUP /G können Sie die Erstellung von Deinstallationsdisketten verhindern. (Wenn Sie mit dem x86-Emulator Bochs arbeiten, werden Sie diese Option begrüßen.) Die Anpassung an die deutschen Gepflogenheiten wird bei MS-DOS 6.x vorgegeben, so dass Sie nur noch bestimmen können, ob und welche zusätzlichen Dienstprogramme (DOS/Windows 3.x) mit auf Festplatte kopiert werden.

Außer der Übertragung der Dateien auf andere Datenträger und dem Entpacken der komprimierten Dateien verfügt das SETUP-Programm von MS-DOS über keine weitere wesentliche Funktion. (Für die im Lieferumfang von Windows enthaltenen abgespeckten MS-DOS-Versionen gibt es naturgemäß kein SETUP-Programm mehr.)

> Die Dateien auf den MS-DOS-Installationsdisketten sind einzeln
> komprimiert. Die korrekten Dateinamen finden Sie in der Datei
> PACKING.LST und mit dem Programm EXPAND.EXE können Sie die
> komprimierten Dateien manuell entpacken.

DOS-Versionen von IBM

Das SETUP-Programm der DOS-Versionen von IBM folgt im Prinzip der Microsoft-Version, wenn man einmal davon absieht, dass sich die Befehlszeilenoptionen des SETUP-Programms von IBM ein wenig von denen bei Microsoft unterscheiden. Innerhalb des SETUP-Programms stehen dann bei den neueren PC DOS-Versionen zudem einige zusätzliche Optionen und andere Dienstprogramme zur Auswahl (vgl. Abbildung 4.2).

Abbildung 4.2: Spezielle Optionen im SETUP-Programm von PC DOS

4 Konfiguration und Batch-Dateien

Auf eine Besonderheit der neueren DOS-Versionen von IBM muss jedoch noch hingewiesen werden. Bis zur Version PC DOS 6.3 waren die Dateien wie bei MS-DOS einzeln gepackt und konnten mit EXPAND dekomprimiert werden. Seit PC DOS 7.0 werden die Disketten (außer der ersten) aber im XDF-Format (EXtended Density Format von Ametron Technologies) ausgeliefert, das von IBM erstmals bei OS/2 3.0 (Warp) verwendet wurde. Die Formatierung dieser Disketten gestattet es, 1,88 MB auf den herkömmlichen 3,5-Zoll-HD-Disketten mit 2 MB Bruttokapazität zu speichern. Dabei wird lediglich der auf der Diskette verfügbare Platz besser genutzt. Da die äußeren Spuren einer Diskette länger als die inneren sind, können außen mehr Sektoren als innen angelegt werden, um so für die höhere Kapazität zu sorgen. Spezielle Datenkompressionsverfahren werden dabei nicht eingesetzt.

XDF-Disketten lassen sich nicht mit DISKCOPY kopieren und können mit den ansonsten üblichen DOS-Befehlen auch nicht ohne weiteres gelesen werden. Entsprechend befindet sich im Lieferumfang dieser PC-DOS-Versionen ein kleines Progrämmchen (XDF.COM), nach dessen Aufruf und mit dessen Unterstützung Disketten im XDF-Format gelesen werden können, sowie das Programm XDFCOPY, mit dem XDF-Disketten kopiert werden können.

> Wenn das Treiberprogramm XDF nicht geladen ist und Sie sich das Inhaltsverzeichnis einer solchen XDF-Diskette mit dem Befehl DIR anzeigen lassen, dann befindet sich darauf üblicherweise nur eine einzige kleine Datei, die den Namen README.XDF trägt. Dennoch wird (richtigerweise) angezeigt, dass auf der Diskette kein Platz mehr frei ist. Weiterhin bereitet das XDF-Format beim Einsatz von x86-Emulatoren wie Bochs ebenfalls erhebliche Probleme, so dass viel Handarbeit angesagt ist.

DR-DOS-Varianten

Bei DR-DOS und seinen Varianten OpenDOS und Novell DOS erfüllt das SETUP-Programm weit mehr Aufgaben als bei den DOS-Versionen von Microsoft und IBM. Bereits unter DR-DOS 6.0 diente das SETUP-Programm nicht nur dem Kopieren und Entpacken der Dateien, sondern ließ sich auch nach der Installation von DR-DOS auf der Festplatte noch aufrufen. Dann wurden die vorhandenen Eintragungen in den Konfigurationsdateien geladen und ausgewertet und so vom SETUP-Programm übernommen. Auf diese Weise ermöglicht das SETUP-Programm eine recht komfortable, menügeführte Einstellung der meisten Konfigurationsparameter. Neben mehreren Eingangsoptionen, bei denen Sie hinsichtlich der Auslastung des Speichers die Wahl zwischen »Leistung« und »Funktionalität« hatten, ließen sich die meisten Funktionsbereiche menügesteuert aktivieren und konfigurieren. Den Versionen 7.0x wurde dann eine modernere Oberfläche mit übersichtlicherer Gestaltung der verschiedenen Optionen spendiert (vgl. Abbildung 4.3).

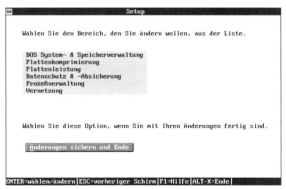

Abbildung 4.3: Menügesteuerte Konfiguration von DR-DOS 7.0x mit dem SETUP-Programm

4 Konfiguration und Batch-Dateien

Dabei verstecken sich die meisten der Einstellungen, um die es in diesem Kapitel geht und die keine Zusatzfunktionen betreffen, hinter der Option DOS SYSTEM- & SPEICHERVERWALTUNG (DOS SYSTEM & MEMORY MANAGEMENT). Hier finden Sie beinahe alle DOS-spezifischen Einstellungen, die weiter unten in diesem Kapitel noch vorgestellt werden, so dass Sie diese für DR-DOS und seine Varianten auch weitgehend menügesteuert durchführen können. Lediglich Einträge, die sich auf Einheitentreiber von Drittanbietern beziehen oder auf diese angewiesen sind, bleiben dabei naturgemäß außen vor. Dazu zählt z.B. das Laden der Unterstützung für CD-ROM-/DVD-Laufwerke und SCSI-Geräte.

4.2 Speicherarten

Bevor wir uns mit den Startdateien CONFIG.SYS und AUTOEXEC.BAT selbst befassen, sollen zunächst einmal die verschiedenen Speicherarten des PC vorgestellt werden. Dabei verwende ich vorwiegend die englischen Bezeichnungen, weil die deutschen Begriffe zeitweise mit widersprüchlicher Bedeutung verwendet wurden und leicht zu Missverständnissen führen können.

Konventioneller Arbeitsspeicher

Zunächst einmal stehen maximal 640 KB konventioneller Speicher zur Verfügung. Dabei handelt es sich um den Speicherbereich von 0 bis 640 KB. Diese Grenze wurde beim Design des Original-PC festgelegt, da sich daran die Bereiche für den Grafikspeicher und BIOS-Erweiterungen anschließen und der Original-PC insgesamt nur einen Adressraum von 1 MB verwalten kann.

In den konventionellen Speicher werden unter DOS zunächst die Dateien MSDOS.SYS und IO.SYS (bzw. IBMDOS.COM und IBMIO.COM) sowie der Befehlsinterpreter COMMAND.COM geladen. Weiterhin werden hier Gerätetreiber (Steuerprogramme) und Puffer für die Zwischenspeicherung von Daten bereitgestellt. Dabei besteht die Datei COMMAND.COM aus zwei

Teilen: einem, der ständig im Arbeitsspeicher verbleibt, und einem, der bei Bedarf aus dem Arbeitsspeicher ausgelagert wird, um später wieder von einem Datenträger aus nachgeladen zu werden. Lediglich der verbleibende Rest des konventionellen Speichers steht DOS-Anwendungsprogrammen dann noch zur Verfügung. (Neuere DOS-Versionen versuchen, Teile der Datei COMMAND.COM und auch die übrigen Verwaltungsstrukturen in höhere Speicherbereiche zu verlagern, um so den notorischen Speichermangel unter DOS ein wenig zu verringern.)

> Unter MS-DOS tragen die Systemdateien üblicherweise die Namen MSDOS.SYS, IO.SYS und ggf. DBLSPACE.BIN bzw. DRVSPACE.BIN, während PC DOS und auch DR-DOS die Dateinamen IBMDOS.SYS und IBMIO.SYS verwenden. Beim Dual-Boot von Windows 9x kommen dann noch MSDOS.DOS und IO.DOS hinzu, die beim Starten von DOS umbenannt werden. (Wenn DOS gestartet wurde, lauten die Namen der Startdateien für Windows MSDOS.W40 bzw. IO.W40.)

Gut verwaltete Rechner verfügen so unter DOS typischerweise über ca. 590 KB freien konventionellen Arbeitsspeicher, solange keine speicherresidenten Programme (z.B. Antiviren-Programme) geladen sind. (Beim Einsatz von Treibern für SCSI-Geräte werden Sie diese Traumgrenze allerdings auch bei sauberster Konfiguration wohl kaum erreichen.)

Da DOS-Programme von der ursprünglichen Konzeption des Betriebssystems her nur 640 KB RAM nutzen können, haben DOS-Programme häufig mit Speichermangel zu kämpfen. Direkt adressieren kann DOS maximal 1 MB RAM, verwalten kann es maximal 64 MB RAM. (Windows 3.x kann diesen Wert mit seinen Auslagerungsdateien ein wenig steigern.)

> Bei weniger als 560 KB freiem konventionellem Arbeitsspeicher
> kommt es unter Windows 3.x häufiger zu Problemen. Dann können
> bestimmte DLLs nicht nachgeladen werden, so dass sich einige Programme
> nicht mehr starten lassen. Wenn Sie unter DOS Programme
> wie Windows 3.x (insbesondere mit Netzwerkfunktionen) oder andere
> umfangreiche Anwendungen benutzen, sollten aber auch dort
> möglichst mindestens 24 bis 32 MB RAM zur Verfügung stehen.

UMA (Upper Memory Area)

Die Upper Memory Area (UMA) schließt direkt an den konventionellen Speicher an. Sie umfasst insgesamt 384 KB und damit den Bereich von 640 bis 1024 KB (1 MB). Ursprünglich wurde dieser Speicherbereich für interne Verwaltungszwecke (Rechner-BIOS, Grafikspeicher und BIOS-Erweiterungen) reserviert. Jedoch wird dafür meist nicht der gesamte reservierte Bereich benötigt, so dass die unbenutzten Bereiche der UMA mit speziellen Programmen zur Verfügung gestellt werden können. Treiber, speicherresidente Programme usw. können dann in UMBs (Upper Memory Blocks) »hochgeladen« werden, was für eine Entlastung des konventionellen Arbeitsspeichers sorgt.

Extended Memory Specification (XMS)

Rechner mit Prozessoren ab dem 80286 können XMS (Extended Memory Specification – Erweiterter Speicher) verwalten. XMS beginnt oberhalb der 1-MB-Grenze und kann sich bis an das Ende des Prozessor-Adressraums erstrecken. XMS ermöglicht es, mit einigen Tricks bei der Adressierung im Real Mode mit »realen« Adressen auf Programme im Upper Memory und in den ersten 64 KB oberhalb von 1 MB zuzugreifen. Diesen ersten 64 KB des Extended Memory kommt eine spezielle Bedeutung zu. Deshalb hat dieser Speicherbereich auch einen eigenen Namen: HMA (High Memory Area). Durch spezielle Tricks (Freischalten der A20-Leitung der CPU) kann die HMA von Prozessoren ab dem 80286 auch im 8088-kompatiblen so genannten Real Mode des Prozessors adressiert werden, da dadurch Fehlermeldungen beim Überschreiten der 1-MB-Grenze bei Adressangaben wie z.B. FFFF:FFFF im Real-Modus verhindert werden.

Die Schnittstelle zu der spezifischen Hardware der PCs (ab dem 80286) übernimmt der Einheitentreiber HIMEM.SYS, der bei neueren DOS-Versionen generell und automatisch in den Speicher geladen wird. Dieser so genannte *Extended Memory Manager* (XMM) stellt die erforderlichen Routinen bereit, überwacht den Zugriff auf den Erweiterungsspeicher und ermöglicht es, dass Teile von DOS in die HMA geladen werden können.

DOS lässt seit Version 5 direkte Zugriffe auf das Extended Memory nur noch durch die Hintertür zu. Damit sollte erreicht werden, dass alle Zugriffe auf Extended Memory über HIMEM.SYS abgewickelt werden. Alte Programme, die mit eigenen Verfahren auf Extended Memory zugreifen, können unter neueren DOS-Versionen bei Verwendung von HIMEM.SYS Probleme bereiten.

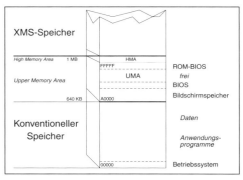

Abbildung 4.4: Speicherarten

Expanded Memory (EMS)

Die letzte zu behandelnde Speicherart ist EMS (Expanded Memory). EMS ist heute nahezu bedeutungslos geworden. Es bot bereits auf Rechnern mit 8088/8086-Prozessoren eine Möglichkeit, mehr Speicher zur Verfügung zu stellen. Rechner, die mit einem Prozessor ab dem 80386 ausgestattet sind, können EMS nachbilden. EMS wird mit Hilfe eines Expanded Memory Managers (zum Beispiel entsprechender Befehlszeilen-Schalter des Programms EMM386.EXE) genutzt. Dieser sorgt dafür, dass jeweils vier 16 KB große Bereiche (Seiten bzw. Frames) des Expansionsspeichers zum richtigen Zeitpunkt in den Adressen des UMBs zwischen 640 KB und 1 MB eingeblendet werden, so dass für DOS insgesamt jeweils 64 KB zusätzlicher Arbeitsspeicher zugänglich sind. EMS-Speicher ist – bedingt durch die verwendeten Umschaltmethoden – vergleichsweise langsam und wurde vom flexibleren und schnelleren XMS-Speicher abgelöst. Lediglich im Spielebereich konnte sich EMS etwas länger behaupten.

> Bei Spielen müssen Sie entweder wissen oder aber ausprobieren, ob diese mit EMS (Expansionsspeicher) oder XMS (Erweiterungsspeicher) arbeiten (vgl. unten). Wenn Sie die falsche Speicherart zur Verfügung stellen, kann es ohne weiteres passieren, dass sich die Programme ohne Fehlermeldung aufhängen oder dass der Rechner neu gestartet wird.

4.3 DOS-Editoren

Im Rahmen der Konfiguration des Rechners unter DOS stehen Sie vor der Aufgabe, Änderungen an den Dateien CONFIG.SYS, AUTOEXEC.BAT oder auch an eigenen Batchdateien vornehmen zu müssen. Seit MS-DOS 5 steht mit EDIT ein komfortabler Ganzseiteneditor mit Menüsteuerung zur Verfügung. Dabei sollten Sie möglichst die Version dieses Editors benutzen, die im Lieferumfang von Windows 9x/Me enthalten ist, da die älteren Versionen auf den QBasic-Interpreter (die Datei QBASIC.EXE) zurückgreifen, der ca. 200 KB groß ist. Dazu kommt dann gegebenenfalls noch die Hilfedatei (EDIT.HLP) mit noch einmal ca. 20 KB, so dass der komplette Editor recht groß ist. Die neueren Versionen aus dem Windows-Lieferumfang sind nicht nur deutlich kleiner, sondern lassen auch die gleichzeitige Bearbeitung mehrerer Dateien zu.

Da die Bedienung von EDIT weitgehend der von Windows-Programmen entspricht, brauche ich an dieser Stelle darauf nicht ausführlich einzugehen, sondern kann mich auf einige kurze Hinweise beschränken.

Der Editor der DR-DOS-Varianten hieß früher EDITOR, seit Novell DOS 7 aber ebenfalls EDIT. Die Optionen sind vergleichbar mit dem Microsoft-Editor, allerdings arbeitet der DR-DOS-Editor bei der Markierung von Textblöcken mit Hilfe der Tastatur mit dem (vielen Programmierern geläufigen) Standard der DOS-Textverarbeitung WordStar (vgl. Tabelle 4.1), während das Microsoft-Programm beim Markieren von Blöcken auf das übliche Verfahren mit der Umschalttaste zurückgreift. Den DOS-Versionen von IBM liegt schließlich der (etwas gewöhnungsbedürftige) Editor E bei.

Strg + T	Wort rechts vom Cursor löschen
Strg + Y	Zeile löschen
Strg + K + B	Blockanfang markieren (Block)
Strg + K + K	Blockende markieren (blocK)
Strg + K + H	Blockmarkierungen verstecken (Hide)
Strg + K + C	Markierten Block an Cursorposition kopieren (Copy)
Strg + K + V	Markierten Block an Cursorposition verschieben (moVe)
Strg + K + Y	Markierten Block löschen
Strg + K + W	Markierten Block in Datei schreiben (Write)
Strg + K + R	Datei einlesen und an Cursorposition einfügen (Read)

4 Konfiguration und Batch-Dateien

Strg + K + S	Datei speichern (Save)
Strg + K + X	Bearbeitete Datei speichern und Edit(or) beenden (eXit)
Strg + K + D	Datei speichern und neue Datei zur Bearbeitung öffnen
Strg + K + Q	Änderungen verwerfen und Edit(or) beenden

Tabelle 4.1: Wichtige WordStar-kompatible Tastenkombinationen

Bei den Dateien CONFIG.SYS und AUTOEXEC.BAT handelt es sich um reine ASCII-Textdateien. Daher lassen sie sich nicht nur mit den DOS-Editoren EDIT, sondern auch von anderen Texteditoren bearbeiten. Das Editierprogramm muss aber Texte ohne Sonder- und Formatierungszeichen als ASCII-Textdatei speichern können. (Dazu müssen Sie z.B. beim Speichern die Dateiformate *Nur-Text* bzw. *8-Bit-ASCII* wählen.) Da Windows-Editoren (z.B. Notepad) aber standardmäßig mit ANSI-Zeichencodierung arbeiten, müssen Sie bei deren Einsatz sicherheitshalber darauf achten, dass Sie keine Sonderzeichen, wie z.B. die deutschen Umlaute und das »ß« verwenden. Diese Zeichen werden im ANSI-Zeichensatz anders als im ASCII-Zeichensatz codiert und können daher Probleme verursachen.

> Ich verwende fast nur noch EDIT.EXE von den Windows-9x/Me-CDs. Diese Version ist mit allen getesteten DOS-Versionen (IBM DOS/PC DOS, DR-DOS/Novell DOS/OpenDOS, MS-DOS und FreeDOS) kompatibel. Darüber hinaus lief er – im Unterschied zu einigen anderen getesteten Editoren – problemlos auf den unter Bochs eingerichteten virtuellen Maschinen.

Bei Modifikationen von CONFIG.SYS sollten Sie beachten, dass diese Datei auf Festplatten und startfähigen Disketten meist bereits vorhanden ist. Häufig enthält sie auch bereits den einen oder anderen Befehl mit speziellen Anpassungen. Daher sollten Sie nie eine neue CONFIG.SYS erstellen, ohne vorher einen Blick in die bereits vorhandene Datei geworfen zu haben.

Sollten in der CONFIG.SYS (deren Inhalt können Sie sich notfalls mit dem internen Befehl TYPE CONFIG.SYS auf dem Bildschirm anzeigen lassen) bereits Befehle der Art DEVICE=XYZ (z.B. für Bandlaufwerke oder SCSI-Komponenten) enthalten sein, entfernen Sie die entsprechenden Zeilen nur dann, wenn Sie wirklich wissen, was diese bedeuten. Manchmal funktioniert der Rechner nur mit diesen Anweisungen so, wie er funktionieren soll. Daher empfiehlt sich eine vorsichtige Vorgehensweise. Einerseits können Sie vor der Bearbeitung der Dateien Sicherheitskopien erstellen, aber das ist oft doch recht umständlich. Andererseits können Sie bei Änderungen an den Konfigurationsdateien Befehle, statt sie zu löschen, in Kommentare umwandeln und vor vorgenommenen Änderungen erläuternde Kommentare einfügen.

Weiterhin sollten Sie bestehende Konfigurationsdateien möglichst nicht löschen oder einfach überschreiben. Viel besser ist es, die Datei mit EDIT zu laden und erst einmal eingehend zu studieren.

4.4 Lösungen für CONFIG.SYS

Wenn die Datei CONFIG.SYS keine Einträge enthält bzw. im Hauptverzeichnis des Startdatenträgers nicht vorhanden ist, benutzt DOS interne Standardvorgaben. Dazu gehört z.B. die Verwendung der amerikanischen Tastaturbelegung (QWERTY-Tastatur). Bei dieser Tastaturbelegung sind die Zeichen Z und Y vertauscht, die deutschen Umlaute lassen sich nicht direkt eingeben und die Satzzeichen befinden sich an anderen Positionen.

Eine typische CONFIG.SYS, aus der ein paar nicht unbedingt notwendige Zeilen entfernt wurden und die die wichtigsten Befehle enthält, könnte beispielsweise so aussehen:

4 Konfiguration und Batch-Dateien

```
DEVICE=C:\DOS\HIMEM.SYS /TESTMEM:OFF
DOS=HIGH,UMB
FILES=30
BUFFERS=10
COUNTRY=49,850,C:\DOS\COUNTRY.SYS
SHELL=C:\DOS\COMMAND.COM C:\DOS\ /p
LASTDRIVE=Z
DEVICEHIGH=C:\TOOLS\OAKCDROM.SYS /D:MSCD0001
```

Listing 4.2: Ein einfaches Beispiel für die Datei CONFIG.SYS (MS-DOS/PC DOS)

Oft ist es aus Gründen der Speicherknappheit notwendig, unter DOS alle nicht unbedingt erforderlichen Anweisungen aus der CONFIG.SYS zu entfernen. Dies gilt insbesondere für DOS-Spiele und Datenbank- und CAD-Programme. Je mehr Anweisungen die CONFIG.SYS enthält, desto mehr Arbeitsspeicher wird belegt, der dann hinterher möglicherweise fehlt. Beschränken Sie sich daher in der CONFIG.SYS möglichst auf das absolut Notwendige, und klammern Sie alles andere aus.

Die einzelnen Anweisungen werden nachfolgend noch vorgestellt. Die obige Datei gehört zu einer auf der Festplatte C: im Verzeichnis \DOS installierten MS-DOS-Version. Das Beispiel geht davon aus, dass sich neben allen benötigten Dateien und Treibern auch der Befehlsinterpreter COMMAND.COM im Verzeichnis C:\DOS befindet.

> Sollten Sie schon beim Starten des Rechners Fehlermeldungen erhalten, sind diese üblicherweise entweder auf Geräteschäden, die falsche Installation von Erweiterungskarten, den nicht ordnungsgemäßen Anschluss der Tastatur oder Fehler in den Dateien CONFIG.SYS oder AUTOEXEC.BAT zurückzuführen.

(Wenn die Grafikkarte nicht korrekt installiert ist, hören Sie nur mehrere Piepser.) Meistens erhalten Sie Fehlermeldungen, wenn die CONFIG.SYS oder die AUTOEXEC.BAT nicht ausführbare Befehle enthalten. Aus den Fehlermeldungen (z.B.: »Fehler in CONFIG.SYS Zeile 4« oder »Unzulässiger Befehl oder Dateiname«) können Sie dann entsprechende Rückschlüsse ziehen. Sollten also beim Start des Rechners Probleme auftreten, prüfen Sie zunächst diese beiden Dateien.

DEVICE/DEVICEHIGH: Treiber installieren

Mit DEVICE lassen sich Geräte- bzw. Einheitentreiber installieren. Dazu muss hinter DEVICE= der Name der Datei angegeben werden, die den Treiber enthält. Beim Starten lädt DOS dann den angegebenen Einheitentreiber. Die Installation von Gerätetreibern kann normalerweise nur über die CONFIG.SYS, also während des Rechnerstarts, erfolgen.

PC DOS ab Version 7 enthält einen Befehl namens DYNALOAD, mit dem Einheitentreiber auch erst nach dem Rechnerstart nachträglich geladen werden können, ohne dass dazu die Datei CONFIG.SYS geändert und der Rechner neu gestartet werden müsste. Da DYNALOAD (zumindest in den mir vorliegenden Versionen) keine Prüfung der DOS-Version durchführt, kann dieser Befehl auch unter anderen DOS-Versionen benutzt werden.

Mit den beiden folgenden Befehlen lassen sich Einheitentreiber in der CONFIG.SYS laden:

DEVICE=Datei [Zusatzeingaben]
DEVICEHIGH=Datei [Zusatzeingaben]

Dabei bezeichnet *Datei* den Namen der Datei, die den entsprechenden Treiber enthält. Dieser darf Laufwerk- und Pfadangaben enthalten. *Zu-*

4 Konfiguration und Batch-Dateien

satzeingaben sind gegebenenfalls erforderliche und treiberspezifische zusätzliche Angaben.

Wenn statt DEVICE die Anweisung DEVICEHIGH verwendet wird, *versucht* DOS, den entsprechenden Treiber in UMBs zu laden. Wenn der Speicher dort knapp ist, können Sie selektiv DEVICE oder DEVICEHIGH verwenden. In jedem Fall führt DEVICEHIGH aber *nicht* zu Fehlermeldungen, wenn Einheitentreiber *nicht* hochgeladen werden können. Sie können also eigentlich immer DEVICEHIGH angeben, ohne sich darum zu kümmern, ob genügend Platz in den UMBs verfügbar ist. Wenn der Platz nicht ausreicht, wird aus »DEVICEHIGH« automatisch »DEVICE«.

Damit DEVICEHIGH überhaupt seine Wirkung entfalten kann, muss sich in der CONFIG.SYS zusätzlich die Anweisung

DOS=HIGH,UMB

befinden. Darüber hinaus *muss* der weiter unten beschriebene Einheitentreiber EMM386.EXE (dabei steht »MM« für »Memory Manager« bzw. »Speicherverwaltungsprogramm«) geladen werden.

> Bei den neueren DR-DOS-Varianten funktionieren die Anweisungen DEVICE, DEVICEHIGH usw. auch, da sie aus Kompatibilitätsgründen übernommen wurden. Zudem gibt es aber auch die bereits in älteren Versionen vorhandenen Anweisungen, die mit »HI« beginnen, wie z.B. HIDEVICE.

Mit der wohl häufigsten Variante des DEVICEHIGH-Befehls werden Einheitentreiber für CD-ROM-Laufwerke geladen:

DEVICEHIGH=C:\TOOLS\OAKCDROM.SYS /D:MSCD0001

OAKCDROM.SYS ist dabei ein generischer Einheitentreiber, der sich für fast alle CD-ROM-/DVD-Laufwerke eignet und der sich im Lieferumfang von Windows 98/Me befindet. Hinter dem Schalter /D (device) wird der Gerätename angegeben. Dieser muss mit dem Gerätenamen übereinstimmen, der beim Befehl MSCDEX (oder NWCDEX) angegeben wird. MSCDEX steht für »Microsoft CD-ROM Extensions« und muss aufgerufen werden, um die in dieser Datei enthaltenen Erweiterungen zu laden. Erst nach dem Aufruf von MSCDEX (oder NWCDEX) lässt sich das CD-ROM-/DVD-Laufwerk unter einem Laufwerkbuchstaben ansprechen und nutzen. MSCDEX (oder NWCDEX) kann entweder über die Befehlszeile oder (besser) innerhalb der Datei AUTOEXEC.BAT aufgerufen werden. Der entsprechende Eintrag in der Datei AUTOEXEC.BAT könnte dann z.B. so aussehen:

```
C:\TOOLS\MSCDEX.EXE /D:MSCD0001 /L:R
```

Dabei wird mit dem Schalter /L dem CD-ROM-Laufwerk der Kennbuchstabe R: zugeordnet, den ich meist für CD-ROM-/DVD-Laufwerke einsetze, um diesen einheitlich einen festen Buchstaben zuzuordnen.

HIMEM.SYS: UMBs nutzen

Der Einheitentreiber HIMEM.SYS stellt auf Rechnern, die mindestens mit einem 80286-Prozessor (unter den DR-DOS-Varianten nur auf Rechnern mit 80286-Prozessor) ausgestattet sind, zusätzlichen Arbeitsspeicher (in der HMA bzw. High Memory Area) zur Verfügung und verwaltet die Verwendung des auf diesen Rechnern möglicherweise vorhandenen Speichers über 1 MB.

Der folgende Eintrag sollte daher bei modernen Rechnern unter DOS immer in der CONFIG.SYS enthalten sein.

```
DEVICE=C:\DOS\HIMEM.SYS
```

Der Aufruf von HIMEM.SYS sollte generell möglichst ganz am Anfang der CONFIG.SYS stehen. Lediglich gerätespezifische Treiber (z.B. für SCSI-Adapter oder Festplatten) sollten vorher geladen werden. Wenn HIMEM.SYS in der CONFIG.SYS installiert worden ist, kann DOS Teile des Kommandointerpreters COMMAND.COM in den von HIMEM zur Verfügung gestellten Speicherbereich hochladen und so für mehr freien konventionellen Arbeitsspeicher sorgen. Hierfür muss jedoch zusätzlich die folgende Anweisung mit in die CONFIG.SYS aufgenommen werden:

```
DOS=HIGH
```

4 Konfiguration und Batch-Dateien

Bei dieser Anweisung können Sie auch gleich diese Form wählen:
DOS=HIGH,UMB

Wenn nämlich keine Blöcke im oberen Speicherbereich (Upper Memory Blocks – UMBs) zur Verfügung gestellt werden können, bleibt der entsprechende Teil der Anweisung einfach wirkungslos, ohne dass eine Fehlermeldung ausgegeben wird.

Der Schalter /TESTMEM:OFF (nicht unter DR-DOS verwendbar), der im Beispiel in Listing 4.2 enthalten ist, sorgt dafür, dass die ein wenig Zeit kostenden Tests des Arbeitsspeichers durch HIMEM.SYS nicht durchgeführt werden. (Wenn diese Prüfung ein paar Mal erfolgt ist, kann darauf außer bei Problemen, bei denen Fehler des Arbeitsspeichers die Ursache sein könnten, verzichtet werden.)

> Bei den DR-DOS-Varianten wird HIMEM.SYS nur für die Verwaltung des Arbeitsspeichers auf 80286-Rechnern benutzt. Alle erforderlichen Funktionen sind unter DR-DOS ansonsten in EMM386.EXE integriert worden, so dass sich hier üblicherweise eine Zeile der Form DEVICE=C:\DRDOS\EMM386.EXE DPMI=OFF FRAME=NONE am Anfang der CONFIG.SYS befindet. In dieser Anweisung wird die Schnittstelle zum geschützten Modus von DOS (DPMI – DOS Protected Mode Interface) deaktiviert und es wird kein Seitenrahmen (Frame) eingerichtet. Seit MS-DOS 8.0 (Windows Me) wird HIMEM.SYS generell automatisch geladen, so dass diese Anweisung dann eigentlich überflüssig ist.

FILES: Maximale Anzahl geöffneter Dateien

Mit FILES=xx wird die Höchstanzahl der Dateien festgelegt, die Anwendungsprogramme gleichzeitig öffnen können (xx darf zwischen 1 und 99 liegen). Öffnen Programme Dateien, können sie auf diese zugreifen. Dürfte nur jeweils eine Datei geöffnet sein, müsste ein Programm jede geöffnete Datei zunächst schließen, bevor es eine andere öffnen könnte.

Das kostet Zeit, so dass es empfehlenswert ist, mehr als die standardmäßige Maximalzahl einzutragen.

> FILES=30 sollte für die meisten DOS-Anwendungen ausreichen. Bei der Arbeit mit Datenbankprogrammen, Windows 3.x oder Netzwerkanwendungen empfiehlt sich aber meist mindestens die Angabe von FILES=50.

BUFFERS: Puffer einrichten

Mit BUFFERS=xx wird die Anzahl von Puffern festgelegt, die DOS nach dem Starten des Rechners im Speicher anlegt (xx muss zwischen 1 und 99 liegen). *Buffer* (*Puffer*) sind Zwischenspeicher, die dazu verwendet werden, Daten, die auf eine Diskette geschrieben werden sollen, kurzzeitig zwischenzuspeichern. Ohne die Verwendung zusätzlicher Puffer würde DOS bei jedem Zugriff auf einen Datenträger nur jeweils 512 Byte schreiben oder lesen.

Bei einer zu niedrig gewählten Anzahl von Puffern verringert sich daher, bedingt durch die häufigen Zugriffe auf Dateien, die Arbeitsgeschwindigkeit Ihres Rechners unter Umständen ganz erheblich.

Durch die Verwendung zusätzlicher Puffer lässt sich die Häufigkeit der Schreib-/Lese-Zugriffe auf Disketten oder Drucker auf ein vertretbares Maß reduzieren. (Das Einlesen von 5 KB in einen Puffer im Arbeitsspeicher »auf einen Rutsch« geht schließlich wesentlich schneller vonstatten als das zehnmalige Einlesen eines halben Kilobytes.)

> Es gibt Programme, die bei zu geringer Pufferzahl ganz den Dienst versagen oder mit wenig aussagekräftigen Fehlermeldungen die Arbeit einstellen. (BUFFERS=15 dürfte bei Verwendung von Cache-Programmen wie SMARTDRV eine gute Empfehlung sein.) Da jeder Puffer 528 Bytes im Arbeitsspeicher belegt, sollte die Anzahl der Puffer auch nicht zu hoch gewählt werden.

COUNTRY: Ländereinstellung

Die Konfigurationsdatei sollte zumindest die Anweisung

COUNTRY=49,,C:\DOS\COUNTRY.SYS

enthalten. Damit teilen Sie dem Rechner mit, dass er in Deutschland arbeitet. Mit COUNTRY können Sie landesspezifische DOS-Eigenschaften umschalten. Dazu gehören Datumformat (Monat-Tag-Jahr oder Tag-Monat-Jahr), Uhrzeit und Währungszeichen.

Obwohl in der COUNTRY-Anweisung zusätzliche Angaben gemacht werden können, genügt es vollauf, sie in der obigen Form einzugeben. Dabei entspricht die Landeskennziffer (im Beispiel 49) der internationalen Telefonvorwahl für das entsprechende Land von den USA aus. Für die Bundesrepublik Deutschland ist dies 049.

Achten Sie darauf, dass Sie beide Kommas eingeben. Zwischen diesen kann die Nummer einer Zeichensatztabelle angegeben werden, die den landesspezifischen Zeichensatz unterstützt. Für die deutschen Belange können hier die Zeichensatztabellen 437 oder 850 (wie in Listing 4.2) eingetragen werden. Da es sich bei der Tabelle mit der Kennziffer 850 um die Voreinstellung handelt, kann diese Angabe auch entfallen. (Daher die zwei direkt aufeinander folgenden Kommas im letzten Beispiel.)

Daran schließt sich der Name der Datei an, aus der die entsprechenden Informationen geladen werden sollen. Im Allgemeinen wird dies die Datei COUNTRY.SYS sein. Der Dateiname darf dabei wie im Beispiel Laufwerkbezeichnung und Pfadangaben enthalten.

> DOS-Versionen vor 3.3 unterstützen keine Zeichensatztabellen, so dass diese Zeile in der CONFIG.SYS dann einfach nur COUNTRY=49 lautet.

SHELL: Befehlsinterpreter festlegen

Mit SHELL können Sie angeben, wo sich der zu ladende Befehlsinterpreter befindet und wie dieser heißt:

SHELL=C:\DOS\COMMAND.COM C:\DOS\ /P

Da DOS standardmäßig den Befehlsinterpreter COMMAND.COM lädt und diesen im Hauptverzeichnis des Startdatenträgers sucht, kann diese Anweisung auch entfallen, wenn sich die Datei COMMAND.COM tatsächlich dort befindet. Wenn keine besonderen Zusatzangaben gemacht werden, kostet diese Anweisung aber auch keinen Speicherplatz, so dass Sie sie nicht aus der CONFIG.SYS entfernen müssen.

LASTDRIVE: Letzter Laufwerkbuchstabe

Mit LASTDRIVE teilen Sie DOS mit, welcher Laufwerkbuchstabe als letzter akzeptiert wird. Zwar setzt DOS diesen Wert auch automatisch entsprechend den tatsächlich vorhandenen Laufwerken hoch und stellt dabei vorgabemäßig einen zusätzlichen freien Buchstaben zur Verfügung, aber wenn Sie dem Beispiel unter der Überschrift *Device* folgen und dem CD-ROM-/DVD-Laufwerk einen Buchstaben fest zuordnen wollen, dann müssten Sie die Eintragung

LASTDRIVE=R

in die Datei CONFIG.SYS aufnehmen.

EMM386.EXE: XMS/EMS verwalten

EMM386.EXE (vor MS-DOS 5.0 »EMM386.SYS«) erfüllt eine ganze Reihe von Aufgaben. Zunächst einmal kann sie auf Rechnern ab dem 386er-Prozessor Extended Memory (XMS) in Expanded Memory (EMS) umwandeln. Gleichzeitig stellt sie Möglichkeiten zur Nutzung des »Speicherbereichs zwischen den Adaptern« (UMB – Upper Memory Blocks) auf diesen Rechnern zur Verfügung. Dies ist der Speicherbereich zwischen 640 und 1024 KB, der vom BIOS, den Festplattenadaptern und den Bildschirmkarten genutzt wird, der aber meist etliche Lücken aufweist, die anderen

4 Konfiguration und Batch-Dateien

Programmen verfügbar gemacht werden können. Ähnlich wie bei HIMEM.SYS muss die Anweisung DOS=UMB in die CONFIG.SYS aufgenommen werden, um den Bereich zwischen den Adaptern tatsächlich zu nutzen.

> Wie bereits im Abschnitt *HIMEM.SYS* erwähnt, ist EMM386.EXE unter den DR-DOS-Varianten eigenständig und unabhängig von HIMEM.SYS.

Eine Beispiel-CONFIG.SYS kann dann folgendermaßen aussehen:

```
DEVICE=C:\DOS\HIMEM.SYS /TESTMEM:OFF
DEVICE=C:\DOS\EMM386.EXE NOEMS
DOS=HIGH,UMB
COUNTRY=49,,C:\DOS\COUNTRY.SYS
FILES=40
BUFFERS=10
LASTDRIVE=R
SHELL=C:\COMMAND.COM C:\ /E:512 /P
DEVICEHIGH=C:\TOOLS\OAKCDROM.SYS /D:MSCD0001
```

Listing 4.3: CONFIG.SYS für einen 386er-Rechner (MS-DOS/PC DOS)

In diesem Beispiel wird zunächst einmal HIMEM.SYS geladen. EMM386.EXE lässt sich unter MS-DOS nur installieren, wenn HIMEM.SYS zuvor geladen worden ist! Der Schalter NOEMS sorgt dafür, dass EMM386 kein EMS, sondern lediglich die Bereiche zwischen den Adaptern für DOS zur Verfügung stellt.

Zu guter Letzt lässt sich EMM386.EXE auch von der DOS-Befehlszeile aus aufrufen. Dann werden Informationen darüber angezeigt, ob EMM386 installiert ist, in welchem Modus es arbeitet und wie viel Speicher verfügbar ist.

Weitere Anweisungen

Zwei Anweisungen, die zwar häufig in der CONFIG.SYS enthalten, aber nur selten wirklich benötigt werden, sind:

```
DEVICE=C:\DOS\SETVER.EXE
DEVICE=C:\DOS\DISPLAY.SYS CON=(,,1)
```

Mit SETVER lassen sich DOS-Programmen andere DOS-Versionsnummern vorgaukeln. Da man diese Möglichkeit nur im Notfall nutzen sollte, kann man auf die Installation von SETVER.EXE meist auch verzichten. DISPLAY.SYS unterstützt das Wechseln von Codeseiten (Zeichenumsetztabellen) für Bildschirme. Da Sie wahrscheinlich aber gar nicht die Absicht haben, Codeseiten zu wechseln, können Sie auch auf diesen Befehl in der Regel verzichten. (Einzelheiten zu SETVER und DISPLAY.SYS finden Sie im alphabetischen Befehlsverzeichnis.)

Eine CONFIG.SYS für DR-DOS

Abschließend soll noch ein kurzes Beispiel für die Datei CONFIG.SYS von DR-DOS vorgestellt werden. Dabei habe ich bereits ein paar Anweisungen herausgenommen, die entweder üblicherweise nicht benötigt werden (SETVER, FCBS) oder die vom SETUP-Programm zwar eingefügt werden, aber überflüssig sind, weil sie ohnehin nur den Voreinstellungen entsprechen.

```
DEVICE=C:\DRDOS\EMM386.EXE DPMI=OFF FRAME=NONE
DEVICE=C:\DRDOS\DPMS.EXE
DOS=HIGH,UMB
COUNTRY=49,,C:\DRDOS\COUNTRY.SYS
FILES=20
BUFFERS=15
LASTDRIVE=R
SHELL=C:\COMMAND.COM C:\ /E:512 /P
HISTORY=ON,512,ON
```

Listing 4.4: Ein Beispiel für die CONFIG.SYS unter DR-DOS

Auf die Unterschiede hinsichtlich HIMEM.SYS und EMM386.EXE habe ich in den gleichnamigen Abschnitten bereits hingewiesen. Wenn Sie ansonsten das Listing 4.4 mit dem Listing 4.3 vergleichen, bleiben nur zwei weitere Abweichungen übrig. DPMS.EXE stellt Dienste zur Verfügung, mit deren Hilfe bestimmte Programme Daten in den XMS-Speicher auslagern können, so dass der konventionelle Arbeitsspeicher ein wenig entlastet wird. HISTORY richtet einen Zwischenspeicher für die eingegebenen Befehle ein, so dass diese später wieder abgerufen werden können. Die Funktion der Anweisung HISTORY entspricht dabei weitgehend der des externen Befehls DOSKEY unter MS-DOS (der dort entsprechend in die Datei AUTOEXEC.BAT aufgenommen werden sollte).

Beide Anweisungen können daher auch weggelassen werden, ohne dass dadurch die Funktionsfähigkeit des Rechners gravierend beeinträchtigt werden würde.

> Den externen Befehl DOSKEY gibt es auch unter DR-DOS. Hier erfüllt er allerdings nicht die Funktion der Einrichtung eines Zwischenspeichers für Befehlseingaben, sondern dient lediglich der Arbeit mit so genannten Makros, mit denen sich z.B. kurze Aliasnamen für häufig verwendete Befehle einrichten lassen. Unter MS-DOS/PC DOS übernimmt DOSKEY die Funktion der DR-DOS-Anweisung HISTORY (dort in der CONFIG.SYS) als auch die von DOSKEY (die Verwendbarkeit von Makros bzw. Aliasnamen).

4.5 AUTOEXEC.BAT

Während die Angaben in der CONFIG.SYS bis zum nächsten Systemstart üblicherweise dauerhaft sind und daher ohne Neustart des Rechners nicht geändert werden können, lassen sich die in der Datei AUTOEXEC.BAT vorgenommenen Einstellungen prinzipiell nachträglich ändern. Dies liegt daran, dass die Datei CONFIG.SYS direkt modifizierend ins Betriebssystem eingreift, während in der AUTOEXEC.BAT lediglich beliebig viele Programme bzw. Befehle der Reihe nach aufgerufen werden. Mittlerweile sind diese Grenzen allerdings fließend geworden, da einige Einheitentreiber z.B. auch mit dem Befehl INSTALL in der Datei CONFIG.SYS geladen werden können. Zudem ist es mit den Befehlen DYNALOAD (aus den DOS-Versionen von IBM) und DEVLOAD (DR-DOS 7.03) auch möglich, Einheitentreiber nachträglich zu laden.

In die Datei AUTOEXEC.BAT können Sie also beliebige DOS-Befehle aufnehmen, die jeweils beim Systemstart ausgeführt werden sollen.

Ein Beispiel für die AUTOEXEC.BAT

Zunächst ein einfaches Beispiel für die Startdatei AUTOEXEC.BAT von DOS, in der einige Befehle enthalten sind, die sich in fast jeder AUTOEXEC.BAT auf Festplatten befinden.

```
@ECHO OFF
C:\DOS\SMARTDRV.EXE /X 1024
PATH C:\DOS;C:\TOOLS;C:\DOS\BATCH
PROMPT $P$_$G
SET TEMP=C:\TEMP
SET DIRCMD=/P
LH C:\DOS\KEYB GR
LH C:\DOS\MOUSE
DOSKEY
CLS
```

Listing 4.5: Ein einfaches Beispiel für die AUTOEXEC.BAT

ECHO OFF: Bildschirmausgabe unterdrücken

ECHO OFF bewirkt lediglich, dass die Bildschirmausgaben der nachfolgenden Befehle unterdrückt werden. Durch das vorangestellte AT-Zeichen (@), das vor dem Siegeszug des Internets »Klammeraffe« genannt wurde, wird der Befehl ECHO OFF selbst ebenfalls nicht auf dem Bildschirm angezeigt.

SMARTDRV.EXE: Datenträger-Cache einrichten

SMARTDRV legt einen Cache (einen Zwischenspeicher für Festplattenoperationen) an. Das ist besonders dann nützlich, wenn Programme seltener benötigte Teile, die nicht mehr in den Arbeitsspeicher passen, von der Festplatte nachladen (Overlay-Dateien) oder wenn auf bestimmte Daten häufig zugegriffen wird (Datenbanken etc.). Da das Lesen der Daten aus dem Speicher deutlich schneller als der Zugriff auf Festplatten oder andere Speichermedien ist, lässt sich durch einen solchen Cache die Rechnerleistung oft deutlich steigern. Beim Einsatz von Cache-Speicher besteht allerdings das Risiko, dass bei Stromausfällen oder dem unbeabsichtigten Abschalten des Rechners Daten verloren gehen, bevor sie auf Festplatte geschrieben werden konnten. Daher sollten Schreibzugriffe möglichst immer sofort ausgeführt und nicht über SMARTDRV abgewickelt werden.

Beim Aufruf von SMARTDRV lassen sich eine Anfangs- und eine Mindestgröße für den Cache in KB angeben:

```
C:\DOS\SMARTDRV.EXE /X 1024 128
```

Der Schalter /X sorgt dafür, dass die Schreibpufferung für alle Laufwerke abgeschaltet wird. Wird er nicht verwendet, puffert SMARTDRV auch Schreibvorgänge.

> Mit DR-DOS wird seit Version 7 das Programm NWCACHE ausgeliefert, das denselben Zweck wie SMARTDRV erfüllt. Ein typischer Befehl, mit dem dieses Programm aktiviert wird, lautet: NWCACHE 7670 1024 /LEND=ON /DELAY=OFF. Dabei werden die maximale und die minimale Cache-Größe festgelegt, Schreibvorgänge werden sofort ausgeführt bzw. nicht verzögert (/DELAY=OFF) und der eigentlich für die Pufferung reservierte Speicher kann an andere Programme »ausgeliehen« werden (/LEND=ON). Über /X legen Sie bei NWCACHE übrigens feste Adressen im Arbeitsspeicher für die Puffer fest!

Sollten Sie noch das alte DR-DOS 6.0 benutzen, befindet sich in dessen Lieferumfang das Programm PC-Kwik, das dort die Aufgaben von SMARTDRV bzw. NWCACHE übernimmt und sich mit dem Befehl SUPER-PCK aktivieren lässt.

PATH: Zugriffspfade festlegen

PATH setzt im Beispiel Zugriffspfade auf die folgenden Verzeichnisse:

- auf ein Verzeichnis, das die Dienstprogramme des Betriebssystems enthält (C:\DOS)
- auf ein Verzeichnis auf dem Festplattenlaufwerk C:, das zusätzliche Dienstprogramme, die nicht zu DOS gehören, enthält (C:\TOOLS)
- auf ein dem Verzeichnis C:\DOS untergeordnetes Verzeichnis, das Batch-Dateien enthält

Die einzelnen Pfadangaben müssen dabei durch Semikolons voneinander getrennt sein. Achten Sie auch darauf, dass die Pfadangabe hinter PATH keine Leerzeichen enthalten darf.

PROMPT: Eingabeaufforderung anpassen

PROMPT sorgt in der Variante im Beispiel dafür, dass neben dem Laufwerkbuchstaben das aktuelle Verzeichnis bei DOS-Meldungen mit ausgegeben wird. Eine Anweisung der Form PROMPT P_$G sollte sich immer in der AUTOEXEC.BAT befinden, da diese dafür sorgt, dass die Eingabeaufforderung ein wenig aussagekräftiger ausfällt.

SET: Werte von Umgebungsvariablen setzen

SET TEMP=C:\ erstellt die Umgebungsvariable TEMP, in der ein Verzeichnisname gespeichert wird, den DOS (und gegebenenfalls Windows 3.x) zum Ablegen temporärer Zwischendateien benutzt. Der Variablen TEMP sollten Sie immer einen Wert zuweisen, da ansonsten Befehle versuchen, ihre Zwischendateien im aktuellen Verzeichnis abzulegen, was dann z.B. bei schreibgeschützten Disketten zu Fehlermeldungen führt.

SET DIRCMD=/P dient in erster Linie der Arbeitserleichterung. Anstatt jedes Mal über die Kommandozeile DIR /P einzugeben, können Sie die Umgebungsvariable DIRCMD dazu verwenden, bevorzugte Optionen des DIR-Befehls voreinzustellen.

DR-DOS kennt zwar die Umgebungsvariable DIRCMD nicht, dafür lassen sich dort Standardvorgaben des DIR-Befehls mit den Schaltern /C bzw. /R des DIR-Befehls selbst dauerhaft speichern, so dass Sie einen entsprechenden Befehl in die AUTOEXEC.BAT aufnehmen können.

DIR /C /2

Wenn Sie diese Zeile in die AUTOEXEC.BAT aufnehmen, zeigt DIR die Daten standardmäßig zweispaltig an.

> Denken Sie daran, dass es beim Befehl DIR zwischen DR-DOS und MS-DOS/PC DOS die wohl umfangreichsten Unterschiede gibt und dass es unter DR-DOS neben DIR noch XDIR gibt.

SET NWDOSCFG=C:\NWDOS
SET OPENDOSCFG=C:\OPENDOS
SET DRDOSCFG=C:\DRDOS

Unter den verschiedenen DR-DOS-Varianten enthält die Datei AUTO-EXEC.BAT üblicherweise noch eine der obigen Anweisungen, mit denen der Wert einer Variablen gesetzt wird, die angibt, in welchem Verzeichnis sich zusätzliche Konfigurationsdateien für DOS, den Task-Manager und das SETUP-Programm befinden (NWDOS.INI/OPENDOS.INI/ DRDOS.INI, TASKMGR.INI und SETUP.INI).

KEYB: Nationale Tastaturbelegung laden

Die Anpassung der Tastaturbelegung an die deutschen Verhältnisse erfolgt üblicherweise über die AUTOEXEC.BAT und eine Zeile der Form:

LH C:\DOS\KEYB GR

KEYB GR steht dabei abkürzend für KEYBoard (Tastatur) GeRman. Der Befehl sorgt dafür, dass von der voreingestellten amerikanischen auf die deutsche Tastaturbelegung umgeschaltet wird. Ohne diese Anpassung erzeugen Sie anstelle des Zeichens »Ö« einen Doppelpunkt, anstelle des Zeichens »ö« ein Semikolon, anstelle des Zeichens »-« den Backslash und anstelle des Zeichens »_« ein Fragezeichen. (Die übrigen benötigten wichtigen Zeichen können Sie bei Bedarf über den numerischen Tastenblock eingeben.)

Das vorangestellte LH (LOADHIGH) sorgt dafür, dass versucht wird, den konventionellen Arbeitsspeicher durch Hochladen von KEYB zu entlasten.

> Der oben vorgestellte Befehl funktioniert auch unter den DR-DOS-Varianten. Da diese aber ausdrücklich zwischen den heute üblichen erweiterten Tastaturen (mindestens 102 Tasten) und traditionellen Standardtastaturen unterscheiden (84 Tasten), wird der Befehl dort üblicherweise mit dem GR+ angegeben und lautet dann: LH C:\DOS\KEYB GR+.

MOUSE: Maustreiber laden

Das im letzten Abschnitt vorgestellte Verfahren wird im Beispiel auch für den Maustreiber eingesetzt, der meist über eine der folgenden Zeilen in der AUTOEXEC.BAT geladen wird:

```
LH C:\DOS\MOUSE.COM
LH C:\DRDOS\DRMOUSE.COM
```

Die Treiberdateien für die Maus befinden sich nur selten im Lieferumfang von DOS selbst. Erst mit DR-DOS 7.03 wird beispielsweise DRMOUSE ausgeliefert. Da Sie aber beim Kauf einer Maus meist eine Diskette mit entsprechenden Treiberdateien (und Testprogrammen) erhalten, können Sie die obigen Zeilen bei Bedarf anpassen und den Dateinamen des zu Ihrer Maus passenden Treiberprogramms verwenden.

> Ältere Maustreiber lassen sich häufig nicht hochladen, so dass möglichst aktuelle Treiber verwendet werden sollten. Sollen spezielle Fähigkeiten der Maus genutzt werden, *muss* der jeweils mit der Maus gelieferte DOS-Treiber verwendet werden. Weiterhin verfügen etliche DOS-Programme über integrierte Maustreiber, so dass die Maus auch dann funktioniert, wenn kein separater Maustreiber installiert worden ist.

DOSKEY: Erweiterter Befehlszeileneditor

DOSKEY installiert das speicherresidente Programm, das erweiterte Möglichkeiten zur Bearbeitung der Kommandozeile zur Verfügung stellt. (Im Abschnitt *Eine CONFIG.SYS für DR-DOS* finden Sie dazu einige wichtige weitere Hinweise.)

CLS: Bildschirm löschen

CLS löscht am Ende der Batch-Datei den Bildschirm, um gegebenenfalls angezeigte Meldungen zu löschen.

Die aufgeführten Befehle reichen als Inhalt der AUTOEXEC.BAT für die meisten Anwendungen aus. Sollten Sie Sonderwünsche haben oder direkt nach Start des Rechners ein Programm laden wollen, können Sie entsprechende Eintragungen ergänzen. Achten Sie noch darauf, dass Zugriffspfade *vor* anderen Programmaufrufen gesetzt werden. Dann können Sie die Befehle auch ohne die vorangestellten Namen der Verzeichnisse aufrufen. (Das ist zwar etwas einfacher, kostet aber ein klein wenig mehr Zeit.)

4.6 Startdateien für DOS-Spiele

Wenn Sie ältere DOS-Spiele benutzen wollen, haben Sie es möglicherweise mit besonderen Problemen zu tun. Einerseits kann Windows der Übeltäter sein, andererseits unterscheidet sich die Hardware der modernen Soundkarten, die für PCI-Steckplätze konzipiert oder in die Hauptplatine integriert sind, doch recht deutlich von der den alten Spielen bekannten Modellen. Wirklich kompatibel ist daher oft nur ein alter Rechner mit ISA-Steckplätzen und entsprechender ISA-Soundkarte. Mit ein wenig Aufwand können Sie die alten DOS-Spiele dann aber häufig doch noch nutzen, ohne dass Sie sich mit der Tonausgabe über den piepsenden Lautsprecher zufrieden geben müssen.

Hauptplatinen liegen heute üblicherweise CD-ROMs mit Programmen und Treibern bei. Wenn Sie diese installieren, werden normalerweise auch die Dateien für die DOS-Unterstützung der integrierten Soundkarte in ein eigenes Verzeichnis auf die Festplatte kopiert, das z.B. VIAUDIO heißen könnte. Ähnliches gilt häufig auch bei Soundkarten. Teilweise sind die DOS-Steuerprogramme zwar nicht mehr separat erhältlich, werden aber bei der Installation unter aktuellen Windows-Versionen (mehr oder weniger unbemerkt) mit in ein eigenes Verzeichnis auf die Festplatte übertragen und dort ausgepackt. So befinden sich die DOS-Programme für die SoundBlaster-Karte (der Firma Creative Technologies) meines momentanen Arbeitsrechners z.B. recht gut versteckt im Ordner C:\PROGRAMME\CREATIVE\CTSND\DOSDRV. Kopieren Sie sich also diese Dateien am besten auf separate Disketten, so dass Sie sie bei Bedarf griffbereit haben.

In den entsprechenden Verzeichnissen finden Sie dann auch Installationsprogramme oder Textdateien, die Ihnen (allerdings oft nur auf Englisch) weitere Hinweise zur Aktivierung der Soundkarte (gegebenenfalls im BIOS-Setup) und zum Einsatz der mitgelieferten Hilfsprogramme geben. Oft wird in derartigen Textdateien (bei der SoundBlaster-Karte z.B. in der Datei WAVESETS.TXT) auch das Erstellen angepasster Startdisketten beschrieben. Darüber hinaus lassen sich die dort enthaltenen Beispiele für die Dateien CONFIG.SYS und AUTOEXEC.BAT und weitere Konfigurationsdateien (z.B. bei SoundBlaster-Karten die Datei SNDSCAPE.INI mit Hardware-Einstellungen) in eigenständige Dateien kopieren und anpassen.

4.7 Batch-Dateien

Batch-Dateien (»Stapelverarbeitungsdateien«) enthalten Befehle, die der Reihe nach vom Betriebssystem abgearbeitet werden. Prinzipiell entsprechen die einzelnen Zeilen jeweils einem einzelnen Befehl der DOS-Befehlszeile. Batch-Dateien sind reine Textdateien und können mit den meisten Textverarbeitungsprogrammen oder EDIT, EDITOR oder E, den DOS-eigenen Editoren, bearbeitet werden. Sie müssen als Namenerweiterung .BAT erhalten. Nur dann lassen sie sich von der Kommandozeile aus aufrufen. Letztlich stellen Batch-Dateien, über die Sie Befehlsfolgen automatisch abarbeiten lassen können, ohne jeden einzelnen Befehl eingeben zu müssen, nichts anderes als Sammlungen von immer wieder benötigten Anweisungen dar.

Programmaufruf über Batch-Dateien

Der Aufruf von Programmen stellt neben der AUTOEXEC.BAT das hauptsächliche Einsatzgebiet von Batch-Dateien dar. Wenn kein entsprechender Zugriffspfad gesetzt ist, müssen beim Aufruf von Programmen entweder mehrere Schritte ausgeführt oder das Programm mit vorangestellter Positionsangabe aufgerufen werden. Setzt man aber für viele Programme Zugriffspfade, kann es leicht (und nicht nur wegen Namenskollisionen) zu Problemen kommen. Besser ist es dann, kurze Batch-Dateien zu erstellen und diese in einem eigenen Verzeichnis oder im DOS-Verzeichnis abzulegen.

> Ich verwende für Dienstprogramme und Dateien, die nicht direkt zum Lieferumfang von DOS zählen, meist ein Verzeichnis namens TOOLS, in dem ich auch diese einfachen Batch-Dateien ablege und das ich in den Zugriffspfad aufnehme.

Die folgende Datei stellt ein Beispiel für den Aufruf des DOS-Textverarbeitungsprogramms Word dar:

```
@ECHO OFF
C:\WORD\WORD %1
```

Listing 4.6: Batchdatei für den Start des DOS-Textverarbeitungsprogramms Word

Abgesehen vom ersten Befehl, der lediglich Bildschirmausgaben unterdrückt, enthält diese Batch-Datei nur eine einzige Anweisung, über die Word mit vollständiger Pfadangabe aufgerufen wird. Durch Angabe des Parameters %1 wird ein beim Aufruf der Batch-Datei übergebener Parameter an die aufgerufene Textverarbeitung weitergeleitet, so dass direkt der Name einer Textdatei angegeben werden kann, die dann unmittelbar beim Word-Programmstart geladen wird. Wird die Batch-Datei WORD.BAT genannt, würde der Aufruf WORD C:\AUTOEXEC.BAT also das Textverarbeitungsprogramm selbst (im Verzeichnis C:\WORD) aufrufen und dabei die Datei AUTOEXEC.BAT im Hauptverzeichnis der Festplatte C: laden.

Etliche Programme arbeiten nur dann korrekt, wenn sie aus ihrem eigenen Programmverzeichnis heraus aufgerufen werden. Dann muss die entsprechende Batch-Datei Befehle zum Laufwerk- und Verzeichniswechsel enthalten. Und schon lässt sich die Batch-Datei wieder irgendwo im Zugriffspfad ablegen und jederzeit aufrufen. Listing 4.7 enthält ein entsprechendes Beispiel für ein Programm mit einem Postleitzahlenverzeichnis. Da ich die Batch-Datei ebenfalls im Verzeichnis C:\TOOLS abgelegt habe, habe ich die Programmdatei in PLZ_.EXE umbenannt, um möglichen Problemen vorzubeugen.

```
@ECHO OFF
C:
CD \TOOLS
PLZ_ %1
CD \
```

Listing 4.7: Etwas komplizierterer Aufruf eines DTP-Programms mit Hilfsprogrammen

> Wenn Sie Batch-Dateien modifizieren und in Unterverzeichnisse verschieben, die von Installationsprogrammen erstellt und im Hauptverzeichnis des Laufwerks C: abgelegt werden, müssen Sie darauf achten, dass Sie abgesehen von Verzeichnis- und Laufwerkeintragungen keine weiteren Veränderungen vornehmen. Ansonsten ist nicht mehr gewährleistet, dass die Programme ordnungsgemäß funktionieren.

CD-ROM-Unterstützung nachträglich laden

Seit DR-DOS 7.03 oder PC DOS 7.0 lassen sich Gerätetreiber auch ohne Neustart des Rechners noch installieren. Wenn Sie z.B. Arbeitsspeicher sparen wollen, können Sie so die Unterstützung für das CD-ROM-/DVD-Laufwerk nur bei Bedarf nachladen. Eine solche Batch-Datei können Sie dann CDROM.BAT nennen und im DOS-Verzeichnis ablegen (vgl. Listings 4.8 und 4.9). Die beiden Beispiele gehen davon aus, dass die jeweiligen DOS-Versionen in ihren jeweiligen Standardverzeichnissen eingerichtet wurden und dass neben den Bordmitteln (NWCDEX bzw. MSCDEX) der generische Einheitentreiber OAKCDROM.SYS verwendet wird, der ebenfalls im DOS-Verzeichnis abgelegt wurde.

```
@ECHO OFF
C:\DRDOS\DEVLOAD C:\DRDOS\OAKCDROM.SYS /D:MSCD0001
C:\DRDOS\NWCDEX /D:MSCD0001
```

Listing 4.8: Nachträgliches Laden der CD-ROM-Unterstützung (ab DR-DOS 7.03)

```
@ECHO OFF
C:\PCDOS\DYNALOAD C:\PCDOS\OAKCDROM.SYS /D:MSCD0001
C:\PCDOS\MSCDEX /D:MSCD0001
```

Listing 4.9: Nachträgliches Laden der CD-ROM-Unterstützung (ab PC DOS 7.0)

DOS-Befehle nachbilden

Eine weitere häufig genutzte Möglichkeit im Zusammenhang mit Batch-Dateien ist die Nachbildung von Befehlen aus anderen DOS-Versionen oder die Vereinfachung häufiger anfallender Aufgaben. Wenn Sie einen Blick in das Verzeichnis der neueren DR-DOS-Varianten (z.B. DELTREE.BAT) oder in das Inhaltsverzeichnis der Startdisketten von Windows 9x/Me werfen, finden Sie dort einige Batch-Dateien, die Sie bei Interesse eingehender untersuchen können.

Wenn Sie bestimmte Befehle einer DOS-Version häufig nutzen oder Befehle unter anderem Namen kennen und sich beim Einsatz anderer DOS-Versionen nicht umgewöhnen wollen, dann sollten Sie auch zu diesem Zweck Batch-Dateien anlegen. Das Vorgehen entspricht dabei dem, das im Abschnitt *Programmaufruf über Batch-Dateien* bereits erläutert wurde. Auf diese Weise können Sie dann weitgehend dafür sorgen, dass Ihnen die gewohnten Befehle wieder in der gewohnten Form zur Verfügung stehen. Listing 4.10 enthält ein einfaches Beispiel, das dafür sorgt, dass der Befehl DEVLOAD auch unter PC DOS in der gewohnten Form zur Verfügung steht.

```
@ECHO OFF
C:\PCDOS\DYNALOAD %1 %2 %3 %4
```

Listing 4.10: DEVLOAD.BAT (ab PC DOS 7.0)

PATH-Anweisung modifizieren

Ein leidiges Problem im Zusammenhang mit MS-DOS und größeren Festplatten stellt die PATH-Anweisung dar, die auf maximal 127 Zeichen beschränkt ist. Mehr Zeichen werden von DOS in einer solchen Anweisung nicht akzeptiert. Schlimmer noch: Es lassen sich innerhalb von Batch-Dateien sehr wohl mehr Zeichen eintragen, jedoch wird alles, was nach dem 127sten Zeichen folgt, ignoriert.

4 Konfiguration und Batch-Dateien

Eine einfache Möglichkeit, die in diesem Zusammenhang ein wenig Linderung verspricht, soll hier kurz vorgestellt werden. Statt den kompletten Pfad in der AUTOEXEC.BAT anzugeben, werden Startdateien zu ausgewählten Programmen erstellt, die erst bei Bedarf den entsprechenden Zugriffspfad setzen.

Nehmen wir an, dass Sie hin und wieder mit dem guten alten Turbo Pascal für DOS arbeiten. (Im »Borland Community Museum« steht übrigens im Internet unter http://community.borland.com/museum/ die eine oder andere »geschichtliche« C++- oder Turbo-Pascal-Version kostenlos zum Download bereit.) Üblicherweise werden die Dateien verschiedener Projekte in unterschiedlichen Verzeichnissen abgelegt. Der Compiler selbst wird dann über den gesetzten Zugriffspfad aufgerufen. Für solche Fälle können Sie z.B. Batch-Dateien erstellen, die Zugriffspfade bei Bedarf einrichten, den alten Zugriffspfad sichern und nach beendigter Arbeit bzw. nach dem Verlassen des aufgerufenen Programms den alten Zustand wieder herstellen (vgl. Listing 4.11).

```
@ECHO OFF
CLS
IF NOT EXIST E:\TP\TURBO.EXE GOTO FEHLER
SET OLDPATH=%PATH%
PATH=E:\TP;%PATH%
E:\TP\TURBO
PATH=%OLDPATH%
SET OLDPATH=
GOTO ENDE
:FEHLER
ECHO Programm nicht gefunden!!
:ENDE
```

Listing 4.11: Setzen und Wiederherstellen des Zugriffspfades in einer Batch-Datei

Zunächst einmal wird in den ersten beiden Zeilen die Bildschirmausgabe unterdrückt. In der dritten Zeile wird dann überprüft, ob das aufzurufende Programm TURBO.EXE im Verzeichnis \TP auf dem Laufwerk E: existiert. Wenn dies nicht der Fall ist, wird zur Marke FEHLER gesprungen und die dort aufgeführte Fehlermeldung ausgegeben. (Diese wird bei erfolgreicher Ausführung mit Hilfe der Anweisung GOTO ENDE übersprungen.)

Danach wird der gegenwärtig eingestellte Zugriffspfad an eine Hilfsvariable namens HELP übergeben, um ihn später wiederherstellen zu können (SET HELP=%PATH%).

PATH=F:\TP;%PATH% verlängert den vorhandenen Pfad. Dieser darf insgesamt ebenfalls nicht mehr als 127 Zeichen (inkl. PATH=) umfassen. (Aus diesem Grunde sollte auch der Name der Hilfsvariablen möglichst kurz gehalten werden und nicht mehr als vier Zeichen umfassen.)

Danach wird die Datei TURBO.EXE unter Angabe des vollständigen Zugriffspfades aufgerufen. Dies hat den Vorteil, dass Sie der Batchdatei den Namen TURBO.BAT geben können, ohne Probleme zu bekommen.

Die letzten noch zu erklärenden Anweisungen

PATH=%HELP%
SET HELP=

stellen nach dem Beenden von Turbo Pascal den ursprünglichen Zustand wieder her. Der alte Pfad wird wieder durch die in der Umgebungsvariablen HELP zwischengespeicherten Daten ersetzt, und diese wird dann gelöscht.

Setzen Sie ähnliche Startdateien für mehrere Programme ein, kann dies zu einer wesentlichen Verkürzung der in der AUTOEXEC.BAT aufgeführten PATH-Anweisung führen.

> Bei reger Verwendung von Umgebungsvariablen sollte auch genügend Platz für sie verfügbar sein. Dazu kann der Aufruf des Kommandointerpreters, der sich im Beispiel im Verzeichnis C:\DOS befindet, in der Datei CONFIG.SYS mit Hilfe des Parameters /E modifizieren:
> SHELL=C:\DOS\COMMAND.COM C:\DOS\ /P /E:1024

4 Konfiguration und Batch-Dateien

Auf weitere Ausführungen zu Batch-Dateien, die in eine Richtung gehen, wie Sie sie vielleicht aus Batch-Datei-Wettbewerben kennen mögen, soll an dieser Stelle verzichtet werden. Mit den vorgestellten Möglichkeiten erzielen Sie bei geringem Aufwand einen Effekt, der für die meisten Anwendungen völlig ausreicht.

4.8 Multikonfigurationsbefehle

In diesem Abschnitt soll an einem Beispiel gezeigt werden, wie sich verschiedene Startkonfigurationen in den Dateien CONFIG.SYS und AUTOEXEC.BAT unterbringen lassen. Diese Möglichkeit steht unter MS-DOS und PC DOS ab Version 6.0 zur Verfügung. Zunächst einmal das Beispiel für die Datei CONFIG.SYS:

```
[Menu]
MENUITEM=NORMAL, Extended/Expanded Memory
MENUITEM=WFW, Windows für Workgroups
MENUITEM=CDROM, Soundkarte/CD-ROM

[Common]
DEVICE=C:\DOS\HIMEM.SYS
DEVICE=C:\DOS\EMM386.EXE 1024
DOS=HIGH,UMB
FILES=99
BUFFERS=40
STACKS=9,256
FCBS=16,8
LASTDRIVE=Z
SHELL=C:\DOS\COMMAND.COM C:\DOS\ /P /E:512
COUNTRY=49,C:\DOS\COUNTRY.SYS

[NORMAL]
```

```
[WFW]
DEVICE=C:\WIN3\IFSHLP.SYS

[CDROM]
DEVICE=C:\DOS\OAKCDROM.SYS /D:MSCD0001
```

Listing 4.12: Multikonfigurationsbefehle in der CONFIG.SYS

Das obige Beispiel eignet sich für Windows für Workgroups 3.11. Für Windows für Workgroups 3.1 enthält der Abschnitt [WFW] die folgenden Zeilen, wobei in der letzten Zeile die für die jeweilige Netzwerkkarte spezifische Treiberdatei geladen werden muss:

```
[WFW]
DEVICE=C:\WIN3\PROTMAN.DOS /I:D:\WINW
DEVICE=C:\WIN3\WORKGRP.SYS
DEVICE=C:\WIN3\NE2000.DOS
```

Im Beispiel haben wir es mit einem Rechner zu tun, auf dem zwar Windows für Workgroups installiert ist, auf dem aber die entsprechenden Einheitentreiber nicht immer geladen werden sollen. Darüber hinaus enthält die Datei eine dritte Auswahlmöglichkeit, bei der Einheitentreiber für ein CD-ROM-Laufwerk und eine Soundkarte aktiviert werden.

Im Abschnitt [Menu] wird das beim Starten von DOS anzuzeigende Menü definiert. MENUITEM legt jeweils nach dem Gleichheitszeichen die Blocknamen für die verschiedenen Alternativen fest. Diese Namen werden später in der CONFIG.SYS und der AUTOEXEC.BAT benötigt. Hinter den Namen werden, abgetrennt durch ein Komma, die Texte aufgeführt, die beim DOS-Start auf dem Bildschirm angezeigt werden sollen.

Der nächste Abschnitt wird mit [Common] eingeleitet und enthält Optionen, die für alle Konfigurationen gemeinsam gelten sollen. Auf die Bedeutung der einzelnen Eintragungen soll hier nicht noch einmal eingegangen werden.

4 Konfiguration und Batch-Dateien

Darauf folgen die Abschnitte [NORMAL], [WFW] und [CDROM], in denen die Treiber für Windows für Workgroups bzw. das CD-ROM-Laufwerk und die Soundkarte installiert werden. Wie Sie sehen, enthält der Abschnitt [NORMAL] nur allgemeine Einstellungen.

Die zu dieser CONFIG.SYS passende AUTOEXEC.BAT hat folgendes Aussehen:

```
@ECHO OFF
SET TEMP=C:\TEMP
SET SNDSCAPE=C:\SB
SET BLASTER=A220 I5 D1 T2
PROMPT $P$_$G

C:\DOS\SMARTDRV.EXE /X 1024 128
LH=C:\DOS\KEYB.COM GR,C:\DOS\KEYBOARD.SYS
LH C:\DOS\DOSKEY
GOTO %CONFIG%

:NORMAL
REM Pfad setzen
PATH C:\DOS;C:\TOOLS
REM Folgende Teile überspringen und zum Ende
GOTO ENDE

:WFW
REM Gemeinsame Dateinutzung aktivieren
C:\DOS\SHARE.EXE
REM Netzwerk initialisieren
C:\WIN3\NET START
REM Windows für Workgroups-Pfad setzen
PATH C:\DOS;C:\WIN3;C:\TOOLS
REM Folgende Teile überspringen und zum Ende
GOTO ENDE
```

```
:CDROM
REM Pfad setzen
PATH C:\DOS;C:\TOOLS
REM CD-ROM-Erweiterung laden
C:\DOS\MSCDEX.EXE /S /d:MSCD0001
REM Maustreiber laden
LH=C:\DOS\MOUSE.COM
REM SoundBlaster-Karte initialisieren
C:\SB\APINIT.COM
GOTO ENDE

:ENDE
CLS
```

Listing 4.13: Die AUTOEXEC.BAT einer Multikonfiguration

Auch hier finden Sie zunächst die allgemein gültigen Einstellungen. Zunächst werden unter anderem SMARTDRV und DOSKEY installiert sowie einige Umgebungsvariablen gesetzt. Der allgemeine Teil wird durch

GOTO %CONFIG%

abgeschlossen. Unter diesem Namen wird eine Umgebungsvariable eingerichtet, die jeweils den Namen der beim Systemstart gewählten Option aufnimmt und dafür sorgt, dass zum entsprechenden Block gesprungen wird. Von diesem Sachverhalt können Sie sich durch Eingabe des Befehls SET in der DOS-Befehlszeile überzeugen.

Dementsprechend finden Sie Sprungmarken, die jeweils durch einen Doppelpunkt eingeleitet werden und ansonsten den Namen der in der CONFIG.SYS über MENUITEM festgelegten Namen entsprechen. Jeder der Blöcke wird durch GOTO ENDE abgeschlossen, womit dafür gesorgt wird, dass die Anweisungen der anderen Optionsblöcke nicht ausgeführt werden.

Einzelne Anweisungen habe ich dabei in REM-Kommentarzeilen erläutert.

Abgeschlossen wird die AUTOEXEC.BAT dann durch die ENDE-Ansprungmarke, nach der der Bildschirm gelöscht wird. Hier könnten Sie noch weitere Anweisungen anhängen, die in jedem Fall ausgeführt werden sollen.

Sollen Speicherplatz fressende Einheitentreiber nur von Fall zu Fall benötigt werden, können Sie das Beispiel an Ihre Belange anpassen und erweitern oder alternativ den bereits weiter oben erläuterten Befehl DEVLOAD bzw. DYNALOAD und Batch-Dateien einsetzen.

Weitere Multikonfigurationsbefehle

Neben dem Befehl MENUITEM stehen zur Gestaltung des Startmenüs in der CONFIG.SYS einige weitere Befehle zur Verfügung (vgl. Tabelle 4.2). Neben diesen Befehlen können Sie NUMLOCK verwenden, um die Taste [Num] zu aktivieren oder zu deaktivieren. SWITCHES /N bietet weiterhin die Möglichkeit, die Tasten [F5] und [F8] zu deaktivieren, mit denen sich ansonsten die Befehle der Konfigurationsmenüs umgehen oder schrittweise ausführen lassen. Die einzelnen Anweisungen in der CONFIG.SYS werden nicht unbedingt in der Reihenfolge abgearbeitet, in der sie in der Datei enthalten sind. DEVICE-Zeilen werden so z.B. generell vor INSTALL-Zeilen verarbeitet. Die Zeile mit dem Befehl DOS= wird ebenfalls vorrangig behandelt.

Befehl	Funktion
MENUCOLOR	Legt Schrift- und Hintergrundfarben der Menüs fest.
MENUDEFAULT	Bestimmt die voreingestellte Antwort und eine Zeitspanne, nach der diese automatisch aktiviert wird.
SUBMENU	Gestattet es, Untermenüs innerhalb der Startmenüs anzulegen.
INCLUDE	Bezieht einen Konfigurationsblock in einen anderen ein.

Tabelle 4.2: Multikonfigurationsbefehle von MS-DOS/PC DOS

> Durch Betätigung von [F8] beim DOS-Start lässt sich ab MS-DOS 6.2 auch die AUTOEXEC.BAT schrittweise abarbeiten. (Gegebenenfalls rufen Sie damit ein Menü auf, in dem Sie sich dann für die Option *Einzelbestätigung* entscheiden müssen.)

Menüs mit Batch-Dateien

Sollten Ihnen die Möglichkeiten innerhalb der CONFIG.SYS zur Menügestaltung nicht ausreichen, können Sie seit MS-DOS/PC DOS 6.0 auch mit CHOICE Menüsysteme über Batch-Dateien erstellen. So lassen sich z.B. aus der AUTOEXEC.BAT heraus weitere Batch-Dateien aufrufen, die wiederum Menüsysteme enthalten. Ein Beispiel für ein einfaches Menü mit zwei Optionen und entsprechenden Programmaufrufen finden Sie z.B. in Listing 4.14.

```
@ECHO OFF
CLS
ECHO Textverarbeitungen
ECHO.
ECHO 1 WordPerfect
ECHO 2 Word
ECHO.
CHOICE /C:12 /N Welche Textverarbeitung wollen Sie benutzen?
IF ERRORLEVEL 1 IF NOT ERRORLEVEL 2 GOTO WP
IF ERRORLEVEL 2 IF NOT ERRORLEVEL 3 GOTO WORD
GOTO FEHLER
:WP
CD \WP
WP
GOTO OK
```

```
:WORD
CD \WORD
WORD
GOTO OK

:FEHLER
ECHO Irgendetwas ist schief gelaufen

:OK
```

Listing 4.14: Schema für ein Menüsystem über Batch-Dateien

Diese Batch-Datei enthält wenig Besonderes. Lediglich die ERRORLEVEL-Zeilen sind neu. Die erste Zeile prüft, ob der von CHOICE zurückgegebene ERRORLEVEL-Wert *gleich* 1 ist, der zweite, ob er *gleich* 2 ist.

> Wenn Sie Batch-Dateien für ähnliche Zwecke nutzen wollen, sollten Sie sich die Befehle CALL, CHOICE, FOR, GOTO und IF näher ansehen.

4.9 Optimierung der Speichernutzung

Lange Zeit gab es gar keine Hilfsmittel, mit deren Unterstützung sich die Nutzung des Speichers unter DOS optimieren ließ. Als dann Programme wie MEM und MEMMAKER (MS-DOS) oder das von Central Point stammende RAMBoost (PC DOS) in den Lieferumfang von DOS aufgenommen wurden, füllten schnell Artikel die Zeitschriften, in denen darauf hingewiesen wurde, dass man doch lediglich die Treiber in der Reihenfolge ihrer Größe im Arbeitsspeicher laden muss, wenn man für eine effiziente Nutzung des Arbeitsspeichers sorgen will.

Zwar lässt sich von der Dateigröße der Einheitentreiber nicht unbedingt zuverlässig auf den von ihnen letztlich benötigten Arbeitsspeicher schließen, aber meist bestehen doch gewisse Zusammenhänge. Sieht man sich also die Größe der Dateien an und lädt die entsprechenden Treiber in der Reihenfolge der Dateigröße, hat man oft bereits tatsächlich die Speichernutzung optimiert. Mit dem externen Befehl MEM lässt sich ermitteln, wie viel Arbeitsspeicher Programme tatsächlich belegen. Wenn man dann gegebenenfalls noch ein paar Korrekturen vornimmt, gibt es für MEMMAKER & Co. kaum noch etwas zu optimieren.

Unsinnige Eintragungen können MEMMAKER & Co. auch nicht eliminieren. Hier müssen Sie schon selbst über das notwendige Wissen verfügen, so dass Sie entscheiden können, welche Eintragungen notwendig und welche überflüssig sind. Denn selbstverständlich können die Programme nicht entscheiden, welche Zeilen zusätzlich benötigt werden oder welche Zeilen überflüssig sind. Sie optimieren eben nur das, was bereits vorhanden ist.

4.10 PIF-Dateien und Co.

Wenn Sie DOS-Programme so einrichten, dass sie von Windows aus aufgerufen werden, legt Windows für diese Programme so genannte PIF-Dateien (Program Information File – Programminformationsdatei) an. Die entsprechenden Einstellungen können Sie dann vornehmen, wenn Sie das Symbol des DOS-Programms mit der rechten Maustaste aktivieren und im Kontextmenü EIGENSCHAFTEN wählen. Sieht man einmal von den Windows-spezifischen Einstellungen ab, befinden sich die wesentlichen Einstellungen in den Registern PROGRAMM und SPEICHER.

Das Register Programm

Im Register PROGRAMM können Sie angeben, wie die Befehlszeile für den Programmaufruf lauten soll und welches Verzeichnis als Arbeitsverzeichnis verwendet werden soll. (Hier legen Sie gewissermaßen das aktive Verzeichnis fest.) Zudem können Sie eine Batch-Datei angeben, die beim Aufruf des Programms ausgeführt werden soll, sowie eine Tastenkombination definieren, mit der sich das Programm direkt aufrufen lässt. Relativ häufig wird dann die Option NACH BEENDEN SCHLIESSEN bzw. BEI BEENDEN SCHLIESSEN benötigt. Hier können Sie dafür sorgen, dass Fenster nicht automatisch geschlossen werden, ohne dass Sie angezeigte Texte lesen können oder sich einen Mausklick ersparen, wenn es beim Beenden des Programms nichts zu lesen gibt.

Der Schalter ERWEITERT hat es dann in sich. Unter Windows 9x/Me können Sie anschließend nur dafür sorgen, dass bestimmten Programmen verheimlicht wird, dass sie eigentlich unter Windows laufen, dafür sorgen, dass die Programme im MS-DOS-Modus gestartet werden, und die Dateien CONFIG.SYS und AUTOEXEC.BAT bearbeiten. (Und das ist, wenn Sie diese Zeilen lesen, für Sie wahrscheinlich wirklich nichts Berauschendes mehr.)

Unter Windows 2000/XP öffnet sich aber ein kleines Dialogfenster, in dem Sie für jedes DOS-Programm eigene Konfigurationsdateien festlegen können. Standardmäßig werden dabei die beiden Dateien AUTOEXEC.NT und CONFIG.NT verwendet, die sich im Ordner SYSTEM32 unterhalb des Windows-Systemordners (%SystemRoot%) befinden. Mit dem Wissen aus diesem Kapitel können Sie nun speziell für das jeweilige Programm komplett eigenständige Konfigurationsdateien erstellen. (Legen Sie diese möglichst im Verzeichnis des Programms selbst ab und vergeben Sie aussagekräftige Namen.)

Das Register Speicher

Auch die Optionen im Register SPEICHER sollten Ihnen größtenteils bekannt vorkommen, wenn Sie dieses Kapitel aufmerksam gelesen haben. Je nach Anforderungen des Programms können Sie hier festlegen, wie viel konventioneller Speicher, wie viel EMS-Speicher und wie viel XMS-Speicher zur Verfügung gestellt werden sollen und ob dabei die HMA genutzt werden soll. Zudem können Sie den Arbeitsspeicher des Windows-Systems vor versehentlichen Änderungen durch das DOS-Programm schützen und bei Bedarf den Platz für Umgebungsvariablen ändern. (Die Einstellung für den Umgebungsspeicher sollten Sie aber auf

AUTOMATISCH stehen lassen.) Arbeitsspeicher für DPMI (DOS Protected Mode Interface) ist eine weitere Variante, die von einigen Programmen genutzt wird, um auf erweiterten Speicher zuzugreifen.

> EMM386.EXE von DR-DOS lässt sich so konfigurieren, dass es die DPMI-Schnittstelle einrichtet, die dort von der integrierten Multitasking-Software genutzt wird. Mit Hilfe des Zusatzprogramms DPMS.EXE werden Dienste eingerichtet, die von Netzwerkdiensten, Stacker und dem Festplatten-Cache NWCACHE genutzt werden. Mit dem Hilfsprogramm DPMI.EXE lässt sich die DPMI-Schnittstelle vorübergehend aktivieren bzw. deaktivieren. Allerdings empfiehlt sich keines der genannten Programme zum Einsatz unter Windows, da dieses selbst entsprechende oder alternative Funktionen bereitstellt, die deutlich leistungsfähiger sind!

5 DOS-Versionen im Überblick

Dieser Abschnitt gibt Ihnen einen Überblick über die verschiedenen in diesem Buch erfassten DOS-Versionen, deren Befehle und Unterschiede. Dabei finden Sie zunächst einige allgemeine aufgabenorientierte Befehlsübersichten und daran anschließend ein paar Anmerkungen zu den verschiedenen DOS-Versionen mit für diese spezifischen Informationen.

5.1 MS-DOS-Versionen im Überblick

Die Ursprungsversionen von DOS waren dem Betriebssystem CP/M noch sehr ähnlich. Sie unterstützten anfangs nur einseitige Disketten. Mit MS-DOS 1.25 (PC-DOS 1.1) wurde im Juni 1982 das zweiseitige Diskettenformat (320 KB) eingeführt. Festplatten für PCs waren damals noch nicht erhältlich. Erst die DOS-Version 2.0 (März 1983) unterstützte die damaligen 10- und 20-MB-Festplatten und hierarchische Verzeichnisstrukturen. Mit MS-DOS 2.0 wurde auch das Konzept der installierbaren Einheitentreiber und damit der Datei CONFIG.SYS in MS-DOS integriert. Schließlich unterstützte DOS 2.0 auch das 360-KB-Diskettenformat. DOS 2.x war lange wegen seines geringen Speicherbedarfs verbreitet und wurde oft erst durch DOS 3.3 oder DOS 5 ersetzt.

MS-DOS 3.x

Neu an MS-DOS 3.05 war die Unterstützung von 1,2-MB-Disketten. Mit MS-DOS 3.1 kamen einfache Netzwerkfunktionen hinzu. 3,5-Zoll-Disketten mit 720 KB Kapazität werden ab MS-DOS 3.2 und 3,5-Zoll-1,44-MB-Disketten ab MS-DOS 3.3 (April 1987) unterstützt. Bis Version 3.3 konnte MS-DOS nur Festplatten mit maximal 32 MB Speicherkapazität verwalten. Die Unterstützung internationaler Zeichensätze wurde verbessert und die vielen verschiedenen Tastaturtreiber wurden durch den einzelnen Befehl KEYB (und KEYBOARD.SYS) abgelöst.

MS-DOS 4.0x

MS-DOS 4.01 überwand die 32-MB-Grenze bei der Festplattenkapazität (erweiterte Partitionen konnten bis zu 256 MB groß sein). Zusätzlich ließ sich mit den LIM/EMS-Standards die 640-KB-Speichergrenze überwinden. Seither lassen sich Teile von DOS in den Erweiterungsspeicher laden, der sich (ab dem 386-Prozessor) mit Hilfe spezieller Einheitentreiber (damals EMM386.SYS) als EMS-Speicher nach LIM nutzen ließ. Die letzte wesentliche Neuerung war die DOS-Shell, die aus heutiger Sicht aber kaum mehr als eine Art »Einstiegsdroge« für Windows gewesen ist.

MS-DOS 5

Die wesentlichen Neuerungen von MS-DOS 5 (Juli 1991) betrafen die effizientere Arbeitsspeicherverwaltung und einige zusätzliche Hilfsprogramme. Durch Auslagerung des DOS-Kerns in die HMA (*High Memory Area*) und von Einheitentreibern in UMBs (*Upper Memory Blocks*) konnten Anwendungsprogramme bis zu 621 KB konventionellen Arbeitsspeicher nutzen. Es werden logische Laufwerke mit bis zu 2 GB Kapazität und das 2,88-MB-Format bei 3,5-Zoll-Disketten unterstützt. Deutlich komfortabler wurde die Konfiguration von DOS durch den nun im Lieferumfang enthaltenen Ganzseiteneditor EDIT. Schließlich lassen sich seit MS-DOS 5.0 mit dem Befehlszeilenschalter /? zu allen Befehlen Hilfsinformationen abrufen.

MS-DOS 6.0

Damit kommen wir zu MS-DOS 6.0, das in erster Linie im Zeichen zusätzlicher Dienstprogramme für die tägliche Arbeit mit DOS steht. Neben einigen kleineren Überarbeitungen der Speicherverwaltungsprogramme EMM386 und SMARTDRV wurde mit HELP eine Online-Hilfe ausgeliefert, die neben Funktionsbeschreibungen auch weiterführende Hinweise und Beispiele enthielt. Neu hinzugekommen sind die Befehle MOVE (Dateien verschieben/Verzeichnisse umbenennen), DELTREE (Verzeichnisbäume löschen) und CHOICE (Abfragen innerhalb von Batch-Dateien). Gleichzeitig wurden die Multikonfigurationsbefehle integriert und mit MEM-MAKER können Konfigurationsdateien auf Rechnern (ab 80386-Prozessor) automatisiert optimiert werden.

Die übrigen Änderungen betreffen zusätzliche Dienstprogramme. Mit DEFRAG ließen sich Datenträger neu organisieren (defragmentieren) und mit MSBACKUP (für DOS) und MWBACKUP (für Windows) ließen sich Daten einigermaßen komfortabel sichern. (BACKUP wurde dabei aus dem Lieferumfang von MS-DOS entfernt.) Mit DoubleSpace ließen sich Datenträger komprimieren, so dass sich die Kapazität der damals zwischenzeitlich eigentlich ständig zu kleinen Festplatten in etwa verdoppeln ließ. Weiterhin wurden die Programme MSAV (DOS), MWAV (Windows) und VSAFE von Central Point lizenziert, so dass MS-DOS auch Programme zur Erkennung und Bekämpfung von Viren enthielt. Schließlich konnten zwei Rechner mit INTERLINK über die serielle oder parallele Schnittstelle miteinander verbunden werden, so dass z.B. relativ problemlos Daten mit einem tragbaren Rechner ausgetauscht werden konnten. Microsoft Diagnostics (MSD), das Diagnose- und Testprogramm, vervollständigte den Lieferumfang.

MS-DOS 6.2x

MS-DOS 6.2 (Oktober 1993) hatte dann abgesehen von einigen Detailverbesserungen kaum Neues zu bieten. So entfiel bei DISKCOPY z.B. endlich der lästige mehrfache Diskettenwechsel, SMARTDRV konnte auch Zugriffe auf CD-ROM-Laufwerke puffern und die beiden Konfigurationsdateien (CONFIG.SYS und AUTOEXEC.BAT) ließen sich nun interaktiv zeilenweise ausführen. (Dies gilt auch für Batch-Dateien, die sich zu Testzwecken durch einen speziellen Aufruf des Befehlsinterpreters – COMMAND.COM /Y – schrittweise ausführen lassen.) Ansonsten wurde lediglich das Programm SCANDISK zur Erkennung und Bereinigung von Fehlern auf Datenträgern in den Lieferumfang von MS-DOS aufgenommen und die DOS-Shell aus dem Lieferumfang entfernt.

Im März 1994 wurde in den USA MS-DOS 6.21 ausgeliefert, das in Deutschland nie erschien. Dabei handelt es sich einfach um ein MS-DOS 6.2 ohne DoubleSpace, das aufgrund eines verlorenen Rechtsstreits mit der Firma Stac Electronics aus dem Lieferumfang von MS-DOS entfernt wurde. Im Juni 1994 feierte DoubleSpace mit MS-DOS 6.22 als DriveSpace Wiederauferstehung.

MS-DOS 7.x/8.0 (Windows 9x/Me)

1995 wurden Gerüchte um die MS-DOS-Version 7.0 laut. Es gab sogar Vorabversionen, die den Redaktionen von PC-Magazinen vorlagen. Allerdings gelangte MS-DOS 7.0 nie in den Handel. Lediglich eine massiv im Befehlsumfang eingeschränkte Variante fand letztlich Einzug in Windows 95. Die DOS-Version, die Windows 98 zugrunde liegt, meldet sich intern als Version 7.1 und bei der DOS-Version aus dem Lieferumfang von Windows Me handelt es sich schließlich um MS-DOS 8.0. Die seither stattgefundenen Änderungen betreffen im Wesentlichen lediglich die mit Windows 95 OSR2 hinzugekommene Unterstützung des FAT32-Dateisystems und das in den DOS-Kern integrierte HIMEM.SYS.

5.2 Befehlsübersicht MS-DOS/PCDOS

An dieser Stelle sollen Ihnen Übersichten einen Überblick über die Befehle von MS-DOS/PC DOS geben. Aufgrund der Ähnlichkeit zwischen MS-DOS und den DOS-Versionen von IBM finden Sie in dieser Übersicht alle Befehle der MS-DOS- und PC-DOS-Versionen bis Version 6.x. Hinweise und Übersichten über Besonderheiten von PC DOS und die Befehle der DR-DOS-Varianten finden Sie weiter unten in diesem Kapitel.

Befehlsübersicht MS-DOS/PCDOS

Die folgende Übersicht dient der schnellen Kurzinformation. Neben dem Namen des Befehls und der Art (extern/intern) finden Sie jeweils eine kurze Erläuterung.

Befehl	(MS-DOS) Funktion
ANSI.SYS	(MS-DOS) Ergänzt den für die Standardein-/-ausgabe zuständigen Treiber um die ANSI-Escape-Sequenzen.
APPEND	Ermöglicht Programmen das Öffnen von Datendateien in den angegebenen Verzeichnissen, als ob sie im aktuellen Verzeichnis wären.
ASSIGN	(Bis 5.0) Datenträgerzugriffe eines Programms von einem Laufwerk auf ein anderes umleiten.
ATTRIB	Anzeigen/Ändern von Dateiattributen.
BACKUP	(Bis 5.0, PC DOS wieder ab 7.0) Dateien eines Datenträgers auf einem anderen sichern.
BREAK	Schaltet die erweiterte Prüfung auf Eingabe von [Strg]+[C] bzw. [Strg]+[Untbr] ein bzw. aus.
BUFFERS	Größe des Zwischenspeichers für Disketten/Plattenzugriffe festlegen.
CALL	Ruft ein Stapelverarbeitungsprogramm von einem anderen aus auf.
CD/CHDIR	Wechselt das aktuelle Verzeichnis oder zeigt dessen Namen an.
CHCP	Wechselt die aktuelle Zeichensatztabelle oder zeigt deren Nummer an.
CHKDSK	Überprüft einen Datenträger und zeigt einen Statusbericht an.
CHOICE	Erlaubt verschiedene Auswahlmöglichkeiten innerhalb von Batch-Dateien.

5 DOS-Versionen im Überblick

Befehl	(MS-DOS) Funktion
CLS	Bildschirm löschen.
COMMAND	Startet den Befehlsinterpreter.
COMP	(MS-DOS nur bis 5.0) Vergleicht den Inhalt von Dateien oder Dateigruppen.
COPY	Kopiert eine oder mehrere Dateien.
COUNTRY	Anpassung an länderspezifische Eigenschaften.
CPBACKUP	(PC DOS ab 6.1) Central Point Backup erstellt Sicherungskopien von Dateien.
CPBDIR	(PC DOS ab 6.1) Erstellt einen Bericht über CPBACKUP-Sicherungsverzeichnisse.
CPSCHED	(PC DOS ab 7.0) Steuert die regelmäßige, nicht überwachte Ausführung von Programmen (Central Point Scheduler).
CTTY	Wechselt das Ein-/Ausgabegerät für die Steuerung des Systems.
DATAMON	(PC DOS ab 7.0) Schutz gegen Datenverlust auf dem Computer (Data Monitor).
DATE	Wechselt das eingestellte Datum oder zeigt es an.
DBLSPACE	(MS-DOS 6.0/6.2) Programm zur Kapazitätserhöhung von Festplatten mittels Datenkompression.
DEBUG	Werkzeug zum Testen und Editieren von Programmen.
DEFRAG	Reorganisiert (defragmentiert) Dateien auf Datenträgern.
DEL/ERASE	Löscht eine oder mehrere Dateien.
DELOLDOS	(MS-DOS) Löscht die Sicherungskopie der vorher installierten DOS-Betriebssystemversion, wenn MS-DOS mit SETUP eingerichtet wurde (und anschließend sich selbst)

Befehl	(MS-DOS) Funktion
DELTREE	Löscht ein Verzeichnis mit allen Unterverzeichnissen und Dateien.
DEVICE	Steuerprogramme für Peripheriegeräte installieren.
DEVICEHIGH	Steuerprogramme für Peripheriegeräte im hohen Speicherbereich installieren.
DIR	Listet Dateien und Verzeichnisse auf.
DISKCOMP	Vergleicht den Inhalt zweier Disketten.
DISKCOPY	Kopiert Disketten.
DOSKEY	Erweiterter Befehlszeileneditor und Erstellung von Makros.
DOSSHELL	(MS-DOS nur 4.0 bis 6.0) Startet die Benutzeroberfläche DOS-Shell.
DRIVPARM	Ändert die Arbeitsparameter eines Geräts (z.B. eines Diskettenlaufwerks).
DRVLOCK	(PC DOS ab 6.1) Laufwerk wird gesperrt, so dass kein Datenträger entnommen werden kann.
DRVSPACE	(MS-DOS ab 6.22) Programm zur Kapazitätserhöhung von Festplatten mittels Datenkompression.
E	(PC DOS ab 6.1) Startet den Editor von PC DOS/IBM DOS.
ECHO	Zeigt Meldungen an oder schaltet die Befehlsanzeige ein/aus (ON/OFF).
EDIT	(MS-DOS ab 5.0) Startet den MS-DOS-Editor.
EDLIN	(Bis DOS 5.0) Zeilenorientierter Texteditor.
EJECT	(PC DOS ab 6.1) Gibt Datenträger im Laufwerk frei.
EMM386	Aktiviert oder deaktiviert EMM386-Unterstützung.

5 DOS-Versionen im Überblick

Befehl	(MS-DOS) Funktion
EXE2BIN	Dienstprogramm zur Umwandlung von EXE-Dateien in das Binärformat.
EXIT	Beendet den Befehlsinterpreter COMMAND.COM.
EXPAND	(Bis DOS 6.x) Expandiert eine oder mehrere komprimierte Dateien.
FASTHELP	(MS-DOS 6.x) Zeigt Kurzhilfe zu DOS-Befehlen an.
FASTOPEN	Verkürzt die zum Öffnen häufig verwendeter Dateien und Verzeichnisse nötige Zeit.
FC	Vergleicht zwei Dateien oder zwei Dateigruppen.
FCBS	Zahl der Dateien bestimmen, die über FCBs (File Control Blocks) geöffnet werden.
FDISK	Konfiguriert eine Festplatte für die Verwendung unter DOS.
FILES	Zahl der maximal gleichzeitig offenen Dateien festlegen.
FIND	Sucht in einer oder mehreren Dateien nach einer Zeichenfolge.
FOR	Wiederholt einen Befehl für Dateien oder Dateigruppen.
FORMAT	Formatiert einen Datenträger für die Verwendung unter DOS.
GOTO	Setzt die Ausführung einer Batch-Datei an einer Marke fort.
GRAFTABL	(Bis 5.0) Lädt zusätzliche Zeichen (ä, ö, ü, ß) für die Grafikmodi.
GRAPHICS	Lädt ein Programm zum Drucken grafischer Bildschirminhalte.
HELP	Zeigt Hilfe für DOS-Befehle an.

Befehl	(MS-DOS) Funktion
IBMAVD	(PC DOS ab 6.1) IBM-Antivirus sucht und entfernt Viren im System.
IBMAVSP	(PC DOS ab 6.1) Interaktives Programm zur Behebung von Schäden, die durch Viren verursacht wurden.
IF	Verarbeitet Ausdrücke mit Bedingungen in Batch-Dateien.
INCLUDE	(Ab 6.0) Bezieht den Inhalt eines Konfigurationsblocks in einen anderen mit ein.
INSTALL	Installieren speicherresidenter Programme.
INSTALLHIGH	Installieren speicherresidenter Programme im hohen Speicherbereich.
INTERLNK	Verbindet zwei Rechner über die serielle oder parallele Schnittstelle.
INTERSVR	Stellt Funktionen für die Übertragung von Dateien über die serielle oder parallele Schnittstelle zur Verfügung.
JOIN	(MS-DOS nur bis 5.0) Weist einem Unterverzeichnis Laufwerkbezeichner zu.
KEYB	(Ab 3.3) Programm zum Laden einer Tastaturbelegung.
LABEL	Erstellt, ändert oder löscht die Bezeichnung eines Datenträgers.
LASTDRIVE	Kennbuchstaben des letzten gültigen Laufwerks festlegen.
LFNFOR	(MS-DOS ab 7.0) Aktiviert bzw. deaktiviert die Unterstützung langer Dateinamen in FOR-Schleifen.
LH/LOADHIGH	(Ab 5.0) Lädt ein Programm in die UMA.
LOADFIX	(Ab 5.0) Lädt ein Programm oberhalb der ersten 64 KB Speicher und führt es aus.

5 DOS-Versionen im Überblick

Befehl	(MS-DOS) Funktion
LOCK	(MS-DOS ab 7.0) Sperrt ein Laufwerk und aktiviert so den direkten Datenträgerzugriff durch Anwendungen.
MD/MKDIR	Erstellt ein Verzeichnis.
MEM	(Ab 4.0) Zeigt die Größe des belegten und noch freien Arbeitsspeichers an.
MEMMAKER	(MS-DOS 6.x) Programm zum Optimieren der Startdateien.
MENUCOLOR	(Ab 6.0) Legt die Farben für das Multikonfigurationsmenü fest.
MENUDEFAULT	(Ab 6.0) Legt die Vorgabe-Menüauswahl fest, die automatisch aktiviert wird.
MENUITEM	(Ab 6.0) Legt bis zu neun Menüpunkte in Multikonfigurationsdateien fest.
MIRROR	(Nur 5.0) Zeichnet zusätzliche Informationen über Datenträger/Dateien auf (z.B. für die Wiederherstellung gelöschter Dateien). MIRROR wurde mit DOS 6.0 in den Befehl UNDELETE integriert.
MODE	Konfiguriert Geräte im System.
MORE	Zeigt Daten seitenweise auf dem Bildschirm an.
MOUNT	(PC DOS 6.x) Zuordnen eines Laufwerkbuchstabens zu einem SuperStor-Laufwerk.
MOUSE	Programm, das die Mausunterstützung aktiviert.
MOVE	(Ab 6.0) Dateien und Verzeichnisse verschieben bzw. umbenennen.
MSAV	(MS-DOS 6.x) Programm zur Erkennung und Beseitigung von Viren.

Befehl	(MS-DOS) Funktion
MSBACKUP	(MS-DOS 6.x) Programm zur Sicherung und Rücksicherung von Datenbeständen der Festplatte.
MSCDEX	(Ab 6.0) (Microsoft CD-ROM Extension) Unterstützung für CD-ROM-Laufwerke.
MSD	(MS-DOS 6.x) Diagnoseprogramm zur Feststellung der Hardware-Ausstattung.
MWAV	(MS-DOS 6.x) Windows-Programm zur Erkennung und Beseitigung von Viren.
MWBACKUP	(MS-DOS 6.x) Windows-Programm zur Sicherung und Rücksicherung von Datenbeständen der Festplatte.
MWUNDEL	(MS-DOS 6.x) Windows-Programm zur Wiederherstellung versehentlich gelöschter Dateien.
NLSFUNC	Lädt Funktionen für die länderspezifische Unterstützung.
NUMLOCK	(MS-DOS) Gibt an, ob [Num] ein- oder ausgeschaltet sein soll.
PATH	Legt den Suchpfad für ausführbare Dateien fest oder zeigt diesen an.
PAUSE	Unterbricht die Ausführung von Batch-Dateien.
POWER	(Ab 6.0) Die Leistungsaufnahme des Rechners wird verringert.
PRINT	Druckt Textdateien im Hintergrund aus.
PROMPT	Modifiziert die DOS-Eingabeaufforderung.
QBASIC	(MS-DOS) Startet den QBasic-Interpreter.
QCONFIG	(PC DOS) Hilfe für den IBM-Support bei der Ermittlung technischer Daten eines Rechners.
RAMBOOST	(PC DOS ab 6.1) Siehe RAMSETUP.

5 DOS-Versionen im Überblick

Befehl	(MS-DOS) Funktion
RAMSETUP	(PC DOS ab 6.1) Installiert RAMBOOST zur Optimierung des Arbeitsspeichers.
RD/RMDIR	Entfernt (löscht) ein leeres Verzeichnis.
RECOVER	(MS-DOS bis 5.0/PC DOS bis 6.3) Stellt von einem beschädigten Datenträger lesbare Daten wieder her.
REM	Leitet Kommentare in Batch-Dateien oder in der CONFIG.SYS ein.
REN/RENAME	Benennt eine oder mehrere Dateien um (ab MS-DOS 7 auch Verzeichnisse).
REPLACE	Ersetzt bzw. fügt Dateien auf einem Ziellaufwerk hinzu.
RESTORE	Stellt mit dem Programm BACKUP gesicherte Daten wieder her.
RTOOL	(PC DOS 6.x) Integritätsprüfung komprimierter SuperStor-Laufwerke (CVF-Dateien).
SCANDISK	(MS-DOS ab 6.2) Fehler auf komprimierten und unkomprimierten Datenträgern erkennen und beseitigen (Achtung! Zerstört lange Dateinamen).
SCHEDULE	(PC DOS 6.x) Steuert die regelmäßige, nicht überwachte Ausführung von Programmen.
SET	DOS-Umgebungsvariablen setzen/anzeigen/löschen.
SETVER	Setzt die Versionsnummer, die DOS an ein Programm meldet.
SHARE	Installiert gemeinsamen Dateizugriff und Dateisperrung.
SHELL	Befehlsinterpreter festlegen bzw. dessen Parameter anpassen.
SHIFT	Verändert die Position von Variablen in Batch-Dateien.

Befehl	(MS-DOS) Funktion
SMARTDRV	Cache-Programm zur Beschleunigung von Festplattenzugriffen.
SMARTMON	(MS-DOS 6.x) Windows-Programm zur Überwachung der Auslastung des SMARTDRV-Caches.
SORT	Daten sortiert ausgeben.
SSTOR	(PC DOS 6.x) Dienstprogramm zum Erstellen, Anhängen und Löschen komprimierter Laufwerke (SuperStor).
SSUNCOMP	(PC DOS 6.x) Dekomprimieren eines komprimierten SuperStor-Laufwerks.
SSUTIL	(PC DOS 6.x) Dienstprogramm zum Verwalten komprimierter SuperStor-Laufwerke.
STACKS	(MS-DOS) Unterstützt die dynamische Verwaltung von Hardware-Interrupts.
SUBMENU	(Ab 6.0) Definition von Untermenüs innerhalb von Multikonfigurationsdateien.
SUBST	Weist einem Pfad eine Laufwerksbezeichnung zu.
SWITCHES	Setzt spezielle Optionen innerhalb der CONFIG.SYS (z.B. Abschalten der Umgehungsmöglichkeiten von Multikonfigurationsdateien).
SYS	Kopiert Systemdateien und Befehlsinterpreter auf einen Datenträger.
TIME	Systemzeit anzeigen und ändern.
TREE	(MS-DOS nur bis 6.22) Verzeichnisstruktur grafisch anzeigen.
TYPE	Zeigt den Inhalt einer Textdatei an.
UDEOFF	(PC DOS 6.x) Entfernt UDEON aus dem Arbeitsspeicher (SuperStor).

5 DOS-Versionen im Überblick

Befehl	(MS-DOS) Funktion
UDEON	(PC DOS 6.x) Universal Data Exchange (UDE) ermöglicht die Verwendung komprimierter Platten auf verschiedenen Systemen (SuperStor).
UNDELETE	Stellt gelöschte Dateien wieder her.
UNFORMAT	Stellt einen Datenträger wieder her, der durch einen FORMAT-Befehl gelöscht oder durch einen RECOVER-Befehl umstrukturiert wurde.
UNLOCK	(MS-DOS ab 7.0) Hebt die Sperrung eines Laufwerks auf und deaktiviert so den direkten Datenträgerzugriff durch Anwendungen.
UNMOUNT	(PC DOS 6.x) Aufheben der Zuordnung eines DOS-Laufwerkbuchstabens für SuperStor/DS-Platte.
VER	Zeigt die Versionsnummer der verwendeten DOS-Version an.
VERIFY	Legt fest, ob DOS überwachen soll, dass Dateien korrekt auf Datenträger geschrieben werden.
VOL	(MS-DOS) Namen und Seriennummer eines Datenträgers anzeigen.
VSAFE	(MS-DOS 6.x) Speicherresidenter Viren-Wächter.
XCOPY	Kopiert Dateien und Verzeichnisstrukturen (außer verdeckten Dateien und Systemdateien).

Befehle für Verzeichnisse und Zugriffspfade

Dieser Abschnitt soll Ihnen einen kurzen Überblick über die wichtigsten Befehle im Zusammenhang mit Verzeichnissen und Zugriffspfaden geben.

Befehl	Funktion
CD	Verzeichnis wechseln oder dessen Namen anzeigen.
DIR	Dateien in Verzeichnissen anzeigen.
MD	Verzeichnis anlegen.
PATH	Suchpfad für ausführbare DOS-Dateien setzen oder anzeigen.
RD	Verzeichnis löschen.
SET	Systemvariablen setzen/anzeigen.
TREE	Verzeichnisstruktur eines Datenträgers auflisten.

Datenträgerorientierte Befehle

Dieser Abschnitt soll Ihnen einen kurzen Überblick über die wichtigsten Befehle im Umgang mit Datenträgern geben.

Befehl	Funktion
CHKDSK	Datenträger auf Fehler überprüfen.
DISKCOPY	Komplette Disketten kopieren.
FORMAT	Datenträger für MS-DOS vorbereiten.
LABEL	Diskettennamen vergeben oder ändern.
VOL	Namen des Datenträgers anzeigen.

Verschiedene häufig verwendete Befehle

Dieser Abschnitt soll Ihnen einen kurzen Überblick über einige der wichtigsten bzw. am häufigsten verwendeten Befehle mit unterschiedlichen Funktionen geben.

Befehl	Funktion
CLS	Bildschirm löschen.
DATE	Datum eingeben/ändern.
EXIT	Zusätzlich gestarteten Befehlsinterpreter verlassen und zum vorherigen Programm zurückkehren.
KEYB	Tastaturbelegung laden.
MEM	Speicherbelegung anzeigen.
MODE	Betriebsart des Druckers/Bildschirms festlegen.
PROMPT	Eingabeaufforderung (Prompt) ändern.
SET	DOS-Umgebungsvariablen setzen/anzeigen/löschen.
SORT	Daten sortiert ausgeben.
SUBST	Verzeichnisnamen durch einen Laufwerkbezeichner ersetzen.
TIME	Systemzeit festlegen oder ändern.
VER	DOS-Versionsnummer anzeigen.

Befehle der CONFIG.SYS

Die folgende Tabelle enthält eine Kurzübersicht über Anweisungen, die in der Datei CONFIG.SYS unter MS-DOS/PC DOS zulässig sind. Seit Novell DOS 7 (DR-DOS 7.0) lassen sich die hier aufgeführten Befehle auch durchweg unter DR-DOS-verwenden. Darüber hinaus wurden in der Tabelle einige der verbleibenden Unterschiede zwischen MS-DOS/PC DOS und DR-DOS-berücksichtigt.

Befehlsübersicht MS-DOS/PCDOS

Befehl	Funktion
?	Sorgt dafür, dass DOS um Bestätigung bittet, bevor ein Befehl ausgeführt wird. Das Fragezeichen muss unter MS-DOS/PC DOS direkt vor das Gleichheitszeichen (=) gestellt werden. (Kann nur bei bestimmten CONFIG.SYS-Befehlen verwendet werden.) Unter DR-DOS muss das Fragezeichen am Zeilenanfang stehen.
BREAK	Schaltet erweiterte Prüfung auf Eingabe von [Strg]+[C] bzw. [Strg]+[Untbr] ein bzw. aus.
BUFFERS	Anzahl der Puffer einstellen.
COUNTRY	Definition der Länderkennziffer.
DEVICE	Installiert Einheitentreiber.
DEVICEHIGH	Installiert Einheitentreiber in UMBs.
DOS	Gibt UMBs und HMA zur Benutzung durch DOS frei.
DRIVPARM	Einrichtung eines logischen Laufwerks.
DOSDATA	(PC DOS 7.0) Gibt an, ob DOSDATA die Systemtabellen in den konventionellen Arbeitsspeicher oder in die HMA lädt.
FCBS	Anzahl der Dateien festlegen, die über Dateisteuerblöcke geöffnet werden können.
FILES	Anzahl der maximal offenen Dateien festlegen.
HISTORY	(DR-DOS) Einrichtung eines Puffers für eingegebene Befehle.
INCLUDE	(Multikonfiguration, MS-DOS/PC DOS ab 6.0) Weist DOS an, sowohl die Befehle in einem anderen Konfigurationsblock als auch die im aktuellen Block auszuführen.
INSTALL	Installiert residente Programme in der CONFIG.SYS.

Befehl	Funktion
INSTALLHIGH	Installiert residente Programme in der CONFIG.SYS in UMBs.
LASTDRIVE	Maximale Anzahl logischer Laufwerke festlegen.
MENUCOLOR	(Multikonfiguration, MS-DOS/PC DOS ab 6.0) Setzt die Text- und Hintergrundfarben des Menüs.
MENUDEFAULT	(Multikonfiguration, MS-DOS/PC DOS ab 6.0) Gibt den Standardmenüpunkt an.
MENUITEM	(Multikonfiguration, MS-DOS/PC DOS ab 6.0) Definiert einen Menüpunkt (Menütext und zugeordneter Block).
NUMLOCK	Schaltet [Num] beim DOS-Start ein oder aus.
REM	Kommentarzeilen in der CONFIG.SYS (ab DOS 4.0).
SHELL	Installiert einen Befehlsinterpreter.
STACKS	Gibt an, wie viel Arbeitsspeicher für die Verarbeitung von Interrupts reserviert werden soll.
SUBMENU	(Multikonfiguration, MS-DOS/PC DOS ab 6.0) Gibt einen Menüpunkt an, bei dessen Auswahl ein weiteres Menü angezeigt wird. Der Befehl definiert einen weiteren Block, der die Auswahlmöglichkeiten des Untermenüs enthält.
SWITCHES	(MS-DOS/PC DOS ab 4.0) Voreingestelltes Geräteverhalten ändern; unterdrückt z.B. die Startmeldung beim Laden von DOS.

Befehle für Batch-Dateien

Alle Befehle, die an der DOS-Eingabeaufforderung verwendet werden können, lassen sich auch in Batch-Dateien einsetzen. Es gibt aber einige DOS-Befehle, die speziell für Batch-Dateien entwickelt wurden. Diese Befehle werden nachfolgend kurz beschrieben.

Befehl	Funktion
@	Dieses Zeichen verhindert, dass der Befehlsaufruf angezeigt wird, wenn es vor einem Befehl in der Batch-Datei steht.
CALL	Führt eine zweite Batch-Datei aus und kehrt anschließend in die erste zurück.
CHOICE	Fordert zur Auswahl aus mehreren Möglichkeiten auf und wertet Eingaben aus.
ECHO	Zeigt Meldungen an oder schaltet die ECHO-Funktion ein oder aus.
FOR	Führt einen Befehl für Gruppen von Dateien oder Verzeichnissen aus.
GOTO	Springt an eine Marke in einer Batch-Datei und setzt dort die Verarbeitung fort.
IF	Führt einen Befehl in Abhängigkeit von einer Bedingung aus.
PAUSE	Stoppt die Verarbeitung der Batch-Datei; nach Drücken einer Taste wird die Verarbeitung fortgesetzt.
REM	Kennzeichnet Kommentare in Batch-Dateien.
SHIFT	Ändert die Position von Befehlszeilenparametern.

Befehle für Zeichensatztabellen

Die folgenden Befehle werden speziell für das Umschalten von Zeichensatztabellen benötigt und sollten bei Bedarf in die Dateien CONFIG.SYS und AUTOEXEC.BAT aufgenommen werden.

Befehl	Funktion
DISPLAY.SYS	(CONFIG.SYS) Bereitet DOS für die Anzeige von Zeichensatztabellen auf dem Bildschirm vor. Ermöglicht die Anzeige von landesspezifischen Zeichensätzen auf EGA- oder VGA-Bildschirmen.
KEYB	(AUTOEXEC.BAT) Lädt die Tastaturunterstützung für eine bestimmte Sprache.
NLSFUNC	(AUTOEXEC.BAT) Lädt landesspezifische Einstellungen zur Unterstützung nationaler Zeichensätze (National Language Support – NLS).
MODE	(AUTOEXEC.BAT) Bereitet Zeichensatztabellen für Einheiten vor, die in der Datei CONFIG.SYS definiert sind, und wählt Zeichensatztabellen aus.
CHCP	Wählt die Zeichensatztabelle aus, die DOS verwendet, und wählt diese Zeichensatztabelle für so viele Einheiten wie möglich aus. Dafür ist NLSFUNC erforderlich.
COUNTRY	(CONFIG.SYS) Lädt landesspezifische Informationen aus COUNTRY.SYS.

5.3 PC DOS/IBM DOS

Die meisten der von IBM veröffentlichten PC-DOS-Versionen unterscheiden sich im Befehlssatz nur unwesentlich von MS-DOS. Seit PC DOS 6.1 stammen einige der mitgelieferten Dienstprogramme aber von anderen Herstellern, so dass sie etwas andere Leistungsmerkmale aufweisen und (zumindest teilweise) andere Namen tragen als ihre Entsprechungen unter MS-DOS.

PC DOS 6.1/IBM DOS 6.3

In den PC DOS/IBM DOS-Versionen 6.1 bzw. 6.3 stammt das Datensicherungsprogramm CPBACKUP von Central Point Software. Das Anti-Viren-

Programm (IBMAVD/IBMAVSD) ist eine Eigenentwicklung, die DOS-Shell ist bei den DOS-Versionen von IBM weiterhin im normalen Lieferumfang enthalten und SuperStor ist für die Datenträgerkomprimierung zuständig.

Darüber hinaus kann optional das Hilfsprogramm PenDOS installiert werden. Dann lassen sich Eingaben mit der Maus oder einem Grafiktablett vornehmen. Allerdings erkennt die mitgelieferte Version lediglich Zahlen und Symbole. Eine vollständige Version, die auch Buchstaben, Satzzeichen und Symbole erkennt, müssen Sie separat bei IBM bestellen. (PenDOS lässt sich nachträglich mit SETUP /E installieren.)

Weiter ist im Lieferumfang von PC DOS 6.x die PCMCIA-Unterstützung von Phoenix enthalten. Dazu gehören die folgenden Dateien und Programme: PCFORMAT (SRAM-Formatierungsprogramm für Laufwerke A: und B:), PCMATA.SYS (FAT-Blockeinheitentreiber), PCMCS (Card Services 2.0), PCMFDD (FAT-Diskettenemulation), PCMINFO (DOS-Informationsdienstprogramm), PCMMTD (Memory Technology Driver), PCMSCD (Super Client Driver), PCMVCD.386 (Windows-VxD-Treiber für Telefax- oder Modemkarten) und WPCMINFO.CPL (Windows-Informationsdienstprogramm).

PC-DOS 7.0/PC DOS 2000

Da es sich bei PC DOS 2000 lediglich um eine im DOS-Kern geänderte Version von PC DOS 7.0 handelt, ist PC DOS 2000 letztlich nichts anderes als die Revision 1 von PC DOS 7.0, so dass diese beiden Versionen aus Anwendersicht weitestgehend gleichwertig sind. PC DOS 7 weist einige neue Funktionen, Änderungen und Erweiterungen zu vorherigen Versionen von PC DOS auf:

- Das Programm FILEUP vergleicht Dateien auf zwei verschiedenen Computern und erleichtert die Synchronisierung der Daten zweier Rechner.
- Mit dem PC DOS Viewer (VIEW) können Online-Handbücher angezeigt und durchsucht werden. Mit PC DOS werden drei Online-Handbücher geliefert: ein Referenzhandbuch (CMDREF.INF), ein REXX-Referenzhandbuch (DOSREXX.INF) und ein Handbuch mit den häufigsten DOS-Fehlermeldungen (DOSERROR.INF).

5 DOS-Versionen im Überblick

- PC DOS unterstützt mit dem Programm DOSDOCK so genannte »Docking Stations«. Die Andockstation und der tragbare Rechner müssen Plug&Play-fähig sein, damit An- und Abdockoperationen möglich sind.
- Die PCMCIA-Unterstützung von Phoenix wurde durch eine neuere Version ersetzt. Systeme mit PC-Karten (PCMCIA-Karten) werden durch PCM+ und die Befehle CNFIGNAM, PCM, PCMDINST, PCMFDISK, PCMRMAN, PCMSETUP und PCMWIN unterstützt.
- Der neue PC-DOS-Befehl DYNALOAD kann verwendet werden, um Einheitentreiber zu laden, ohne dass die Datei CONFIG.SYS geändert und das System neu gestartet werden muss.
- Weiterhin neu sind die Befehle ACALC, BROWSE, CRC, DDPOPUP, DOSDATA, REXX, UNPACK2, XDF und XDFCOPY. Darüber hinaus ist der Befehl BACKUP aus den DOS-Versionen bis 5.0 wieder in PC DOS enthalten.
- SuperStor wurde durch die Stacker 4.0 ersetzt. Die Namen der Stacker-Programme und Einheitentreiber lauten: CHECK, CONFIG, CREATE, DCONVERT, DPMS, HCONVERT, PASSWD, REMOVDRV, REPAIR, REPORT, RESIZE, SCREATE.SYS, SDEFRAG, SDIR, SGROUP, SSETUP, STAC, STACHIGH.SYS, STACKER, STACWIN, SYSINFO, TUNER und UNCOMP. Darüber hinaus befindet sich das SETUP-Programm von Stacker mit im Lieferumfang.

Die folgenden Befehle und Einheitentreiber werden nicht mehr mit PC DOS 7 geliefert:

- SuperStor wurde durch Stacker 4.0 ersetzt. Damit fallen die folgenden Befehle und Einheitentreiber weg: DBLSPACE.SYS, MOUNT, RTOOL, SSTOR, SSUNCOMP, SSUTIL, UDEOFF, UDEON und UNMOUNT.
- Einige selten benutzte oder nicht mehr erforderliche Befehle wurden aus PC DOS 7.0 entfernt. Davon betroffen sind die Befehle bzw. Dateien 4201.CPI, 4208.CPI, COMP, EDLIN, EPS.CPI, EXEBIN, EXPAND, FASTOPEN, GRAPHICS, GRAPHICS.PRO, MEUTOINI, PPDS.CPI, PRINTER.CPI und RECOVER.

5.4 DR-DOS-Versionen

DR DOS (Digital Research Disk Operating System) wurde ursprünglich von Digital Research entwickelt und sollte MS-DOS ernsthaft Konkurrenz machen. Dazu war es notwendig, ein zu MS-DOS weitgehend kompatibles Betriebssystem zu entwickeln, das darüber hinaus Merkmale aufweisen sollte, die es für Kunden attraktiver als MS-DOS machen sollten.

DR DOS 3.41 bis 6.0

Die erste in Deutschland verfügbare DR-DOS-Version 3.41 litt darunter, dass sie nicht vollständig mit MS-DOS kompatibel war, so dass etliche Programme unter DR-DOS nicht verwendet werden konnten. Die Anfangsschwierigkeiten wurden aber schnell beseitigt. Die Folgeversion DR-DOS 5.0 arbeitete bereits wesentlich zuverlässiger und mit DR-DOS 6.0 gab es, abgesehen von wenigen Ausnahmen, kaum noch Kompatibilitätsprobleme. Anschließend fand das leistungsfähige DR-DOS schnell eine gewisse Verbreitung. So ließen sich beispielsweise bereits unter DR-DOS 6.0 (das kurz nach MS-DOS 5.0 erschien) Multikonfigurationsdateien erstellen und Festplatten mit SuperStor komprimieren. Die entsprechenden DR-DOS-Befehle weichen jedoch von den erst später eingeführten MS-DOS-Befehlen ab. (Was niemanden ernsthaft verwundern dürfte.) Gleiches galt im Zusammenhang mit dem Hochladen von Einheitentreibern, dem Entlöschen von Dateien, der Festplattenkompression und der Datenübertragung über die seriellen/parallelen Schnittstellen (FILELINK versus INTERLNK).

Die Standardbefehle der MS-DOS-Versionen bis 3.3 stehen auch unter DR-DOS zur Verfügung. Darüber hinaus unterscheiden sich die Leistungsmerkmale dieser beiden DOS-Varianten in diesen Bereichen kaum. Etliche der unter DR-DOS meist bereits früher verfügbaren zusätzlichen Merkmale und Befehle tragen jedoch andere Namen. Dadurch entwickelten sich die beiden DOS-Varianten ein wenig auseinander.

Mit dem Erscheinen von Windows 3.1 wandelte sich die Situation drastisch. Windows 3.1 gehörte nämlich zu den »ganz wenigen« Ausnahmen, die mit DR-DOS 6.0 nicht so recht zusammenarbeiten wollten und erhebliche Probleme bereiteten – keineswegs zufällig, wie sich später herausstellte. Viele Anwender wollten aber Windows 3.1 einsetzen und mussten DR-DOS daher den Rücken kehren. Daran konnte auch das bereits kurz nach dem Erscheinen von Windows 3.1 von Digital Research herausgegebene Business Update nur wenig ändern.

Die Befehle von DR-DOS 6.0 im Überblick

@	ASSIGN	ATTRIB	BACKUP
BREAK	CD/CHDIR	CHCP	CHKDSK
CLS	COMMAND	COMP	COPY
CTTY	CURSOR	DATE	DEL/ERASE
DELPURGE	DELQ	DELWATCH	DIR
DISKCOMP	DISKCOMP	DISKMAP	DISKOPT
EDITOR	ERAQ	EXE2BIN	EXIT
FASTOPEN	FC	FDISK	FILELINK
FIND	FORMAT	GRAFTABL	GRAPHICS
HILOAD	JOIN	KEYB	LABEL
LOCK	MEM	MEMMAX	MD/MKDIR
MODE	MORE	MOVE	NLSFUNC
PASSWORD	PATH	PRINT	PROMPT
RD/RMDIR	RECOVER	REN/RENAME	RENDIR
REPLACE	RESTORE	SCRIPT	SET
SETUP	SHARE	SID	SORT
SSTOR	SUBST	SUPERPCK	SYS
TASKMAX	TIME	TOUCH	TREE
TYPE	UNDELETE	UNFORMAT	UNINSTAL
VER	VERIFY	VOL	XCOPY
XDEL	XDIR		

Installierbare Einheitentreiber unter DR-DOS 6.0

ANSI.SYS	DEVSWAP.COM	DISPLAY.SYS	DRIVER.SYS
EMM386.SYS	EMMXMA.SYS	HIDOS.SYS	PRINTER.SYS
SSTORDRV.SYS	VDISK.SYS		

DR-DOS 7.0x

Die Nachfolgeversion von DR-DOS 6.0 erschien Anfang 1994 und hieß Novell DOS 7. Mit ihr gehörten die meisten der kleineren Unterschiede zwischen DR-DOS und MS-DOS wieder der Vergangenheit an. Selbst in den Dateien AUTOEXEC.BAT und CONFIG.SYS können weitestgehend identische Befehle verwendet werden, sofern keine Multikonfigurationen erstellt werden. Zusätzlich bietet Novell DOS aber einige Spezialitäten, zu denen Multitasking, Netzwerkfunktionen (Personal NetWare ist integriert) sowie ein menügesteuertes SETUP-Programm gehören. Die mitgelieferten zusätzlichen Dienstprogramme (Datensicherung, Virenschutz und Datenkomprimierung) stammen von Fifth Generations Systems und Stac Electronics (SuperStor wurde durch Stacker 3.1 ersetzt).

Überraschend verkündete Novell dann Ende 1994, dass es Novell DOS nicht mehr weiterentwickeln würde. Ein paar Jahre später übernahm die Firma Caldera dann die Rechte an Novell DOS und veröffentlichte in den Jahren 1997/1998 Caldera OpenDOS 7.01 und Caldera DR-DOS 7.02. Damit ist die bewegte Geschichte von DR-DOS aber noch nicht am Ende, denn es ging dann in den Besitz der Firma Devicelogics über, die Anfang 1999 DR-DOS 7.03 veröffentlichte, das wie die Caldera-Vorgängerversionen für Privatanwender kostenlos über das Internet zur Verfügung gestellt wurde.

Zwar wurde DR-DOS seither noch hier und da im Kern aktualisiert, aber bei diesen Versionen (7.04 und 7.05) handelt es sich bis heute lediglich noch um herstellerspezifische Varianten, die für ganz spezielle Aufgabenstellungen angepasst wurden und daher *nicht* für allgemeine oder andere Zwecke genutzt werden sollten. (Die Version 7.04 soll eine Reihe von Fehlern enthalten und 7.05 soll sich nicht für die Installation auf Festplatten eignen.)

Die Versionen 7.0 bis 7.03 unterscheiden sich hinsichtlich ihres Befehlsumfangs und ihrer Funktionen nur in Details (z.B. hinsichtlich der Unterstützung langer Windows-Dateinamen). Ansonsten hat sich wenig geändert, so dass z.B. das Programm Stacker zur Datenkomprimierung in den neueren Varianten noch in derselben Version 3.1 wie in Novell DOS 7 enthalten ist. Und auch an Personal NetWare hat sich im Laufe der Jahre nichts mehr geändert.

Die Befehle von DR-DOS 7.0x im Überblick

Die folgende Tabelle soll Ihnen einen Kurzüberblick über die Befehle der DR-DOS-Versionen 7.0 bis 7.03 geben.

?	@	:marke	APPEND
ASSIGN	ATTRIB	BACKUP	BREAK
BUFFERS	CALL	CD/CHDIR	CHAIN
CHCP	CHKDSK	CHOICE	CLS
COMMAND	COMP	COPY	COUNTRY
CPOS	CTTY	CURSOR	DATE
DEBUG	DEL	DELPURGE	DELQ
DELWATCH	DEVICE	DEVICEHIGH	DIR
DISKCOMP	DISKCOPY	DISKMAP	DISKOPT
DOS	DOSBOOK	DOSKEY	DPMI
DRIVPARM	ECHO	EDIT	EMM386
ERAQ	ERASE/ERA	ERASE/ERA	EXE2BIN
EXIT	FASTOPEN	FC	FCBS
FDISK	FILELINK	FILES	FIND

FOR	FORMAT	GOSUB	GOTO
GRAFTABL	GRAPHICS	HELP	HIDEVICE
HIDOS	HIINSTALL	HILOAD	HISTORY
IF/IF NOT	INSTALL	INSTALLHIGH	JOIN
KEYB	LABEL	LASTDRIVE	LH/LOADHIGH
LOCK	MD/MKDIR	MEM	MEMMAX
MODE	MORE	MOVE	NETWARS
NLSFUNC	NWCACHE	NWCDEX	PASSWORD
PATH	PAUSE	PNUNPACK	PRINT
PROMPT	RECOVER	REM	REN/RENAME
RENDIR	REPLACE	RESTORE	RETURN
RD/RMDIR	SCRIPT	SERNO	SET
SETUP	SETVER	SHARE	SHELL
SHIFT	SORT	STACKS	SUBST
SWITCH	SYS	TASKMGR	TIME
TIMEOUT	TOUCH	TREE	TYPE
UNDELETE	UNFORMAT	UNINSTAL	UNSECURE
UPATCH	VER	VERIFY	VOL
XCOPY	XDEL	XDIR	

- Mit Version 7.02 sind die externen Befehle LOADER (Bootprogramm zur Unterstützung und den wahlweisen Start mehrerer Betriebssysteme) und LOADFIX (Laden problematischer Programme oberhalb der ersten 64 KB in den konventionellen Arbeitsspeicher) neu hinzugekommen.
- Mit Version 7.03 ist neben DEVLOAD (Laden von Einheitentreibern) der Maustreiber DRMOUSE neu hinzugekommen.
- Das Datensicherungsprogramm Fastback Express (FBX) befindet sich nur im Lieferumfang von Novell DOS 7.

5 DOS-Versionen im Überblick

- Die Antivirus-Software Search & Destroy von Fifth Generation befindet sich ebenfalls nur im Lieferumfang von Novell DOS 7. Dabei handelt es sich um SDSCAN (Virenscanner) und SDRES (speicherresidenter Monitor) sowie gegebenenfalls die Windows-Version dieses Programms.

Installierbare Einheitentreiber unter DR-DOS 7.0x

ANSI.SYS	COUNTRY.SYS	DBLBUF.SYS	DISPLAY.SYS
DPMS.EXE	DRIVER.SYS	EMM386.EXE	EMMXMA.SYS
HIMEM.SYS	PRINTER.SYS	VDISK.SYS	

Stacker-Befehle

Den DR-DOS-Versionen 7.0x liegt das Programm Stacker in der Version 3.1 bei. Setzen Sie dieses *nie* für Windows 9x-Laufwerke ein! Wenn Sie Stacker-Laufwerke einrichten wollen, können Sie dies mit Hilfe des SETUP-Programms von DR-DOS machen. Ansonsten lassen sich die in der folgenden Tabelle aufgeführten speziellen Stacker-Befehle über die Befehlszeile nutzen.

Befehl	Funktion
CREATE	Erzeugen eines Stacker-Laufwerks (insbesondere auf Disketten).
DCONVERT	DoubleSpace-Laufwerke in Stacker-Laufwerke umwandeln.
STACKER	Stacker-Informationen anzeigen oder Stacker-Laufwerke (z.B. auf Disketten) anmelden.
PREVIEW	Vorschau auf die mit Stacker mögliche Komprimierung.
SCONVERT	SuperStor-Laufwerke in Stacker-Laufwerke umwandeln.
SDEFRAG	Stacker-Laufwerke defragmentieren.
UNSTACK	Entfernt Dateien von einem komprimierten Laufwerk und legt sie auf unkomprimierte Laufwerke.

5.5 DOS-Emulationen unter Windows 2000/XP

Damit komme ich zu der letzten DOS-Variante, die sich heute noch verbreitet im Einsatz befindet, nämlich den DOS-Emulationen unter Windows 2000/XP. Die meisten der hier verfügbaren Befehle finden Sie auch in der alphabetischen Befehlsreferenz wieder. Zu allen Befehlen erhalten Sie weitere Hilfestellung, wenn Sie diese mit dem Parameter /? aufrufen bzw. wenn Sie HELP befehl eingeben.

Wenn Sie Windows 2000/XP im Modus »nur Eingabeaufforderung« starten, stehen Ihnen nahezu alle der aus den MS-DOS-Versionen 6.x bekannten Befehle zur Verfügung. Sogar einige der aus diesen Versionen entfernten Befehle sind hier wieder anzutreffen. Neu hinzugekommen sind darüber hinaus ein paar Befehle, die z.B. die Zuordnung von Dateierweiterungen (ASSOC und FTYPE) oder das NTFS-Dateisystems betreffen (CONVERT und COMPACT).

In der Wiederherstellungskonsole stehen Ihnen im Unterschied zur Eingabeaufforderung nur Befehle zur Verfügung, die für die Reparatur beschädigter Dateien, die Behebung von Startfehlern oder die Einrichtung des Systems nützlich sein können. Darüber hinaus ist zu beachten, dass viele dieser Befehle nur über einen eingeschränkten Gültigkeitsbereich verfügen (viele Verzeichnisse sind nicht zugänglich) und meist keine Platzhalter (? und *) unterstützen. Allerdings können Sie die erforderlichen Befehle in einer Textdatei zusammenstellen und diese mit dem Befehl BATCH ausführen.

Die folgende Tabelle enthält die Befehle, die an der *Eingabeaufforderung* (E) und/oder (gegebenenfalls mit eingeschränktem Funktionsumfang) der *Wiederherstellungskonsole* (W) zur Verfügung stehen.

5 DOS-Versionen im Überblick

Befehl	Funktion
ASSOC	(E) Zeigt die Zuordnungen der Dateierweiterungen an oder ändert sie.
AT	(E) Plant die Ausführung von Befehlen und Programmen auf einem Computer.
ATTRIB	(E/W) Zeigt Dateiattribute an oder ändert sie.
BATCH	(W) Führt die in einer Textdatei angegebenen Befehle aus.
BOOTCFG	(W) Durchsucht alle Festplatten nach Windows-Installationen und ermöglicht das Hinzufügen von Installationen zur Datei BOOT.INI.
BREAK	(E) Schaltet (zusätzliche) Überwachung für [Strg]+[C] ein (ON) oder aus (OFF).
CACLS	(E) Zeigt die Zugriffskontrolllisten (ACL) der Dateien an oder ändert sie.
CALL	(E) Ruft ein Stapelverarbeitungsprogramm von einem anderen aus auf.
CD/CHDIR	(E/W) Wechselt das aktuelle Verzeichnis oder zeigt dessen Namen an.
CHCP	(E) Wechselt die aktuelle Codeseite oder zeigt deren Nummer an.
CHKDSK	(E/W) Überprüft einen Datenträger und zeigt einen Statusbericht an.
CLS	(E/W) Löscht den Bildschirminhalt.
CMD	(E) Startet eine neue Instanz des Windows-2000/XP-Befehlsinterpreters.
COLOR	(E) Legt die Standardfarben für den Konsolenhinter- und -vordergrund fest.

Befehl	Funktion
COMP	(E) Vergleicht den Inhalt zweier Dateien oder zweier Sätze von Dateien.
COMPACT	(E) Zeigt die Komprimierung der Dateien auf NTFS-Partitionen an oder ändert sie.
CONVERT	(E) Konvertiert FAT-Datenträger in NTFS. Das aktuelle Laufwerk kann nicht konvertiert werden.
COPY	(E/W) Kopiert eine oder mehrere Dateien an eine andere Position.
DATE	(E) Wechselt das eingestellte Datum oder zeigt es an.
DEL	(E/W) Löscht eine (oder mehrere) Dateien.
DELETE	(W) Löscht eine Datei.
DIR	(E/W) Listet die Dateien und Unterverzeichnisse eines Verzeichnisses auf.
DISABLE	(W) Deaktiviert einen Windows-Systemdienst.
DISKCOMP	(E) Vergleicht den Inhalt zweier Disketten.
DISKCOPY	(E) Kopiert den Inhalt einer Diskette auf eine andere Diskette.
DISKPART	(W) Verwaltung der Partitionen auf der Festplatte.
DOSKEY	(E) Bearbeitet Befehlseingaben, ruft Befehle zurück und erstellt Makros.
ECHO	(E) Zeigt Meldungen an oder schaltet die Befehlsanzeige ein/aus (ON/OFF).
ENABLE	(W) Aktiviert einen Windows-Systemdienst.
ENDLOCAL	(E) Beendet die Begrenzung des Gültigkeitsbereiches von Änderungen.
ERASE	(E) Löscht eine oder mehrere Dateien.

5 DOS-Versionen im Überblick

Befehl	Funktion
EXIT	(E) Beendet den Befehlsinterpreter CMD.
EXIT	(W) Beendet die Wiederherstellungskonsole und startet den Rechner neu.
EXPAND	(W) Expandiert eine oder mehrere Dateien.
FC	(E) Vergleicht zwei Dateien oder zwei Sätze von Dateien.
FIND	(E) Sucht in einer oder mehreren Dateien nach einer Zeichenfolge.
FINDSTR	(E) Sucht nach Zeichenketten in Dateien.
FIXBOOT	(W) Schreibt einen neuen Startsektor in die Systempartition.
FOR	(E) Führt einen Befehl für jede Datei eines Satzes von Dateien aus.
FORMAT	(E/W) Formatiert einen Datenträger.
FTYPE	(E) Zeigt die Dateitypen an, die bei den Dateierweiterungszuordnungen verwendet werden, oder ändert sie.
GOTO	(E) Setzt die Ausführung eines Stapelverarbeitungsprogramms an einer Marke fort.
GRAFTABL	(E) Ermöglicht Windows 2000, im Grafikmodus einen erweiterten Zeichensatz anzuzeigen.
HELP	(E/W) Zeigt Hilfe zu Befehlen an.
IF	(E) Verarbeitet Ausdrücke mit Bedingungen in einem Stapelverarbeitungsprogramm.
LABEL	(E) Erstellt, ändert oder löscht die Bezeichnung eines Datenträgers.
LISTSVC	(W) Listet alle verfügbaren Dienste und Treiber des Rechners auf.

Befehl	Funktion
LOGON	(W) Anmeldung an einer Windows-Installation.
MAP	(W) Zeigt die beim Einsatz der Wiederherstellungskonsole gültigen Laufwerkzuordnungen an.
MD/MKDIR	(E/W) Erstellt ein Verzeichnis.
MODE	(E) Konfiguriert Geräte im System.
MORE	(E) Zeigt Daten seitenweise auf dem Bildschirm an.
MORE	(W) Zeigt den Inhalt einer Textdatei an.
MOVE	(E) Verschiebt eine oder mehrere Dateien.
NET	(W) Stellt die Verbindung zu einem Server her oder trennt sie.
PATH	(E) Legt den Suchpfad für ausführbare Dateien fest oder zeigt diesen an.
PAUSE	(E) Hält die Ausführung einer Stapelverarbeitungsdatei an.
POPD	(E) Wechselt zu dem Verzeichnis, das mit PUSHD gespeichert wurde.
PRINT	(E) Druckt Textdateien während der Verwendung anderer MS-DOS-Befehle.
PROMPT	(E) Modifiziert die Windows-2000-Eingabeaufforderung.
PUSHD	(E) Speichert den Namen eines angegebenen Verzeichnisses, so dass mit POPD *ein Mal* schnell wieder dorthin zurückgekehrt werden kann.
RD/RMDIR	(E/W) Entfernt (löscht) ein Verzeichnis.
RECOVER	(E) Stellt von einem beschädigten Datenträger lesbare Daten wieder her.
REM	(E) Leitet Kommentare in einer Stapelverarbeitungsdatei oder in der Datei CONFIG.SYS ein.

5 DOS-Versionen im Überblick

Befehl	Funktion
REN/RENAME	(E/W) Benennt eine (oder mehrere) Dateien um.
REPLACE	(E) Ersetzt Dateien.
SET	(E) Setzt oder entfernt Windows-2000-Umgebungsvariablen oder zeigt sie an.
SETLOCAL	(E) Startet die Begrenzung des Gültigkeitsbereiches von Änderungen.
SHIFT	(E) Verändert die Position ersetzbarer Parameter in einem Stapelverarbeitungsprogramm.
SORT	(E) Gibt Eingabe sortiert auf Bildschirm, Datei oder anderem Gerät aus.
START	(E) Startet ein eigenes Fenster, um das Programm auszuführen.
SUBST	(E) Weist einem Pfad eine Laufwerksbezeichnung zu.
SYSTEMROOT	(W) Legt das aktuelle Verzeichnis mit »systemroot« fest.
TIME	(E) Stellt die Systemzeit ein oder zeigt sie an.
TREE	(E) Zeigt die Verzeichnisstruktur eines Laufwerks oder Pfads grafisch an.
TYPE	(E/W) Zeigt den Inhalt einer Textdatei an.
VER	(E) Zeigt die Nummer der verwendeten Windows-2000-Version an.
VERIFY	(E) Legt fest, ob MS-DOS überwachen soll, dass Dateien korrekt auf Datenträger geschrieben werden.
VOL	(E) Zeigt die Bezeichnung und Seriennummer eines Datenträgers an.
XCOPY	(E) Kopiert Dateien und Verzeichnisstrukturen.

6 Alphabetisches Befehlsverzeichnis

In diesem Kapitel finden Sie Erläuterungen zu alphabetisch sortierten DOS-Befehlen. Allgemein gilt, dass Sie die aufgeführten externen Befehle auch mit vorangestelltem Suchpfad aufrufen können. Aus Gründen der Übersichtlichkeit werden diese zusätzlichen Eingaben nicht jeweils mit aufgeführt.

Ab der DOS-Version 3.0 können Sie damit alle externen Befehle in der Form

C:\DOS\FORMAT A: /S

aufrufen, wobei der vorangestellte Suchpfad C:\DOS dem Rechner mitteilt, in welchem (Unter-)Verzeichnis der aufzurufende Befehl FORMAT zu suchen ist.

Die Befehle werden einheitlich mit folgendem Aufbau erklärt:

- In den Überschriften der jeweiligen Befehle finden Sie deren Namen und ggf. alternative Schreibweisen. Direkt darunter wird neben der Art des Befehls (extern/intern) auf Besonderheiten hingewiesen, wie z.B. in welchen DOS-Versionen die Befehle enthalten sind und ob es sich um Konfigurationsbefehle oder Ähnliches handelt. Da die Namen bei den verschiedenen DR-DOS-Varianten (DR-DOS, Novell DOS, OpenDOS bzw. DR-DOS und IBM DOS bzw. PC DOS) und IBMs DOS-Varianten (PC DOS/IBM DOS) wechseln, stehen »DR-DOS« bzw. »PC DOS« stellvertretend für alle Versionen dieser DOS-Varianten. Da es sich bei PC DOS 2000 lediglich um eine neuere Revision von PC DOS 7.0 handelt, wird diese Version nicht separat aufgeführt. Wird nur »DOS« angegeben, steht dies für *alle* erfassten DOS-Varianten.
- Daran schließt sich ein Abschnitt an, in dem der Einsatz und die Wirkungsweise des jeweiligen Befehls beschrieben werden.

6 Alphabetisches Befehlsverzeichnis

- Danach folgt das Befehlsformat, d.h. die allgemeine Schreibweise mit den möglichen zusätzlichen Parametern (Schaltern, englisch: Switches oder Qualifier), die unter *Parameter* ausführlicher erläutert werden.
- Gegebenenfalls werden die Erläuterungen noch durch besondere oder zusätzliche *Hinweise* ergänzt.
- Bei den meisten Befehlen finden Sie dann noch einige kommentierte Beispiele.

Dazu noch ein Hinweis: Je nach verwendeter DOS-Version unterscheiden sich die verfügbaren Parameter und deren Wirkungsweise zum Teil recht erheblich. Vorwiegend orientiert sich die Referenz in diesem Kapitel dabei an den jüngeren Versionen von MS-DOS (von 6.x bis zu dem in Windows Me und auf der Startdiskette von Windows XP enthaltenen MS-DOS 8.0). Sofern die Befehle in anderen DOS-Versionen erheblich abweichen, wird aber auf diese Unterschiede hingewiesen.

Weiterhin können Sie seit MS-DOS 5 jeden Befehl mit dem Schalter /? aufrufen, um sich Kurzinformationen über den betreffenden Befehl auf dem Bildschirm anzeigen zu lassen. Hier erhalten Sie jeweils Informationen zu den wichtigsten Optionen und der Funktionsweise des Befehls. Über entsprechende Funktionen verfügen auch die anderen DOS-Versionen. Die Schalter /? und /H werden in der Befehlsreferenz ebenfalls nicht bei den Befehlen aufgeführt.

> Unter DR-DOS und seinen Varianten (Novell DOS bzw. Caldera Open-DOS) funktioniert der Schalter /? üblicherweise ebenfalls, auch wenn im Hilfetext der Befehle selbst angegeben wird, dass die Hilfeinformationen über den Schalter /H angezeigt werden.

Naturgemäß lassen sich die Hilfetexte nur zu ausführbaren Befehlen abrufen. Das heißt, Sie erhalten über /? Hilfetexte zu *internen* und *externen* Befehlen. Mit /? lassen sich aber keine Hilfetexte für Einheitentreiber abrufen, die nicht in Form von EXE-Dateien vorliegen (wie dies z.B. bei

EMM386.EXE der Fall ist), und die reinen Konfigurationsbefehle von DOS (z.B. FILES, COUNTRY und BUFFERS).

> Einige Befehle lassen sich unter verschiedenen Namen aufrufen. So sind z.B. die Befehle DEL und ERASE (und unter DR-DOS auch dessen Kurzform ERA) identisch. Werfen Sie, falls Sie einen Befehl nicht finden, einen Blick in den Index.

;
Intern, CONFIG.SYS

Der Befehl ; wird nur in der Datei CONFIG.SYS verwendet. Er gibt an, dass es sich bei der Zeile um einen Kommentar handelt und diese Zeile nicht ausgeführt werden soll. Das Semikolon muss am Anfang der Zeile stehen.

Syntax

;[zeile]

Parameter

zeile   Beliebige Zeile in der CONFIG.SYS, die nicht verarbeitet werden soll.

?
Intern, CONFIG.SYS

Das Fragezeichen (?) kann mit bestimmten CONFIG.SYS-Befehlen verwendet werden. Es gibt an, dass die Verarbeitung angehalten und der Benutzer aufgefordert werden soll, zu bestätigen, dass der aktuelle Befehl ausgeführt werden soll.

Syntax (MS-DOS/PC DOS)
[befehl]?=...

Syntax (DR-DOS)
?["bemerk"]befdr

Parameter

befehl	Einer der Befehle BREAK, BUFFERS, DEVICE, DEVICEHIGH, DOS, FCBS, FILES, INSTALL, LASTDRIVE, SWITCHES und STACKS.
bemerk	Beliebige Bemerkung. Die Anführungszeichen im Befehlsformat müssen eingegeben werden.
befdr	Beliebiger zulässiger Befehl.

@

Intern

Der Befehl ATSIGN (@) wird in Batch-Dateien verwendet. Er wird vor Befehle gestellt und verhindert, dass diese angezeigt werden.

Syntax
@zeile

Parameter

zeile   Beliebige ausführbare Zeile in einer Batch-Datei.

Hinweis
- Unter DR-DOS lassen sich bei den meisten Befehlen anstelle von Dateibezeichnungen auch »Dateilisten« angeben. Dabei handelt es sich um eine Datei, in der die Namen der von einem Befehl zu erfassenden Dateien aufgeführt werden. Dann müssen Sie das Zeichen @ der Dateibezeichnung voranstellen.

ACALC
Extern, PC DOS ab 7.0

Mit ACALC kann der Wert eines mathematischen Ausdrucks berechnet werden.

Syntax
ACALC [/tformat]ausdruck

Parameter

/tformat	Legt das Ausgabeformat fest. *format* kann die Werte D (Dezimal), B (Binär), O (Oktal), X (Hexadezimal) oder A (Alle: dezimal, binär, oktal und hexadezimal) annehmen. Die Vorgabe ist D.
ausdruck	Ein gültiger numerischer Ausdruck.

Hinweise

- Bei Zahlen mit vorangestelltem b, o oder x wird davon ausgegangen, dass es sich um entsprechende binäre, oktale bzw. hexadezimale Werte handelt. Für Dezimalzahlen gibt es kein Präfix.
- Ein Dezimalwert (d) kann eine reelle Zahl mit maximal 19 signifikanten Stellen sein. Binäre, oktale und hexadezimale Zahlen können im Wertebereich -2.147.483.648 bis 2.147.483.647 liegen.
- Gültige arithmetische Operatoren sind (in der Reihenfolge ihrer Priorität): »()« (Klammern), »*« (Multiplikation), »/« (Division), »%« (Modulo, Rest von x dividiert durch y), »+« (Addition) und »-« (Subtraktion).
- Gültige bitweise Operatoren sind: »&« (Bitweises UND), »:« (Bitweises ODER), »^« (Bitweises Exklusiv-ODER), »{« (Linksschieben) und »}« (Rechtsschieben).
- Gültige allgemeine mathematische Funktionen sind: »ABS(x)« (Absolutwert von x), »EXP(x)« (Exponentialfunktion von x (e hoch x)), »FACT(x)« (Fakultät von x)), »LOG(x)« (Natürlicher Logarithmus von x), »LOG10(x)« (Logarithmus von x zur Basis 10), »MAX(x;y)« (der

> größere der beiden Werte x und y), »MIN(x;y)« (der kleinere der beiden Werte x und y), »PI()« (3,14159265359), »POW(x;y)« (x hoch y) und »SQRT(x)« (Quadratwurzel von x).
> - Gültige trigonometrische Funktionen sind: »COS(x)« (Kosinus des Winkels x in Radiant), »SIN(x)« (Sinus des Winkels x in Radiant) und »TAN(x)« (Tangens des Winkels x in Radiant).

ACCDATE

Konfiguration, ab MS-DOS 7.0

Dieser Befehl gibt für jede Festplatte an, ob das Datum des letzten Zugriffs auf die Dateien aufgezeichnet werden soll. Das Datum des letzten Zugriffs wird für alle Laufwerke deaktiviert, d.h. nicht gespeichert, wenn der Computer im abgesicherten Modus gestartet wird. Für Disketten wird es standardmäßig nicht gespeichert.

Syntax
ACCDATE=lw1+|- [lw2+|-]...

Parameter

lw1, lw2...	Gibt den Laufwerkbuchstaben an.
+|-	Geben Sie ein Pluszeichen (+) an, wenn das Datum des letzten Zugriffs für die Dateien auf dem Laufwerk gespeichert werden soll. Geben Sie ein Minuszeichen (-) ein, wenn dieses Datum nicht aufgezeichnet werden soll.

ANSI.SYS

Einheitentreiber, Konfiguration

Das *American National Standards Institute* (ANSI) hat eine Reihe von Steuerbefehlen für Bildschirmausgabe und Tastaturanpassung festgelegt. Eine ANSI-Escape-Sequenz ist eine Folge von ASCII-Zeichen. Die ersten zwei sind das Escape-Zeichen (ESC, ASCII-Code 27 bzw. 1Bh) sowie die geöffnete eckige Klammer (5Bh). Das oder die auf die Escape- und Klammernzeichen folgende(n) Zeichen stellt/stellen einen alphanumerischen Code dar, der eine Tastatur- oder Anzeigefunktion steuert. Groß- und Kleinbuchstaben haben in ANSI-Escape-Sequenzen unterschiedliche Bedeutungen, so dass z.B. »A« und »a« völlig unterschiedliche Auswirkungen haben.

Manche Programme nutzen das Steuerprogramm ANSI.SYS, um Tasten anders zu belegen oder Grafikzeichen auf dem Bildschirm abzubilden. ANSI.SYS ergänzt den für die Standard-Ein-/Ausgabe zuständigen Treiber um die ANSI-Escape-Sequenzen. Durch die ANSI-Sequenzen wurde die Bildschirmausgabe für Programmierer systemunabhängig. Daher gab es viele DOS-Programme, für die ANSI.SYS geladen werden musste (vorwiegend Branchenlösungen).

Wenn Sie DOS-Programme starten, die den ANSI.SYS-Treiber voraussetzen, ohne diesen zuvor geladen zu haben, erkennen Sie dies daran, dass eine Menge »Müll« auf dem Bildschirm ausgegeben wird, in dem am Anfang neuer Zeilen häufig ein nach rechts weisender Pfeil und eine öffnende eckige Klammer auftaucht.

Syntax
DEVICE=[d:][Pfad]ANSI.SYS /X /K /L /R

Parameter

d:Pfad	Angabe des Laufwerks und des Pfads, über den auf den ANSI.SYS-Treiber zugegriffen werden kann.
/K	Verhindert die Benutzung der Funktionen einer angeschlossenen erweiterten Tastatur. Diese Maßnahme soll für eine bessere Kompatibilität sorgen. Diese Option entspricht dem Befehl SWITCHES=/K.

/L	(Nicht von allen Versionen unterstützt) Verhindert, dass eine mit Hilfe des MODE-Befehls festgelegte Zeilenanzahl von Anwendungsprogrammen auf den Standard von 25 Zeilen zurückgesetzt werden kann.
/R	Passt den Bildlauf an, um die Lesbarkeit zu verbessern, wenn ANSI.SYS für Bildschirmleseprogramme verwendet wird.
/X	Bei erweiterten Tastaturen werden die Pfeiltasten im nummerischen Ziffernblock und im Cursorblock als identisch betrachtet. Die Option /X gestattet die getrennte Abfrage und Belegung dieser Tasten.

Hinweise
- Da ANSI.SYS einige KB im Hauptspeicher belegt, sollte es nur dann verwendet werden, wenn es wirklich benötigt wird, zumal ANSI.SYS den Rechner ein wenig verlangsamt.
- Grafikkarten lagen oft erweiterte Versionen von ANSI.SYS bei, die mehr Zeilen/Spalten als üblich unterstützt haben. Diese heißen dann z.B. EANSI.SYS.
- Sollten Sie ANSI.SYS einsetzen und eine Aufstellung der ANSI-Escape-Sequenzen benötigen, finden Sie diese in den Online-Hilfen der verschiedenen DOS-Versionen.

Beispiel
DEVICE=C:\DOS\ANSI.SYS

Installiert das ANSI-Gerätesteuerprogramm, das sich im Verzeichnis \DOS auf der Festplatte C: befindet.

APPEND
Extern, ab DOS 3.2

Standardmäßig durchsucht DOS bei Eingabe eines Befehls nur das jeweils aktuelle Verzeichnis nach Datendateien. Werden diese hier nicht gefunden, erhalten Sie die Fehlermeldung »Befehl oder Dateiname nicht gefunden«. Bei Verwendung von PATH können Sie Programmdateien (Dateien mit den Namenerweiterungen .EXE, .COM und .BAT), die sich in den über PATH spezifizierten Verzeichnissen befinden, von jedem Laufwerk oder Verzeichnis aufrufen und starten. Mit APPEND lassen sich auch Suchpfade für Datendateien setzen, so dass diese ebenso wie die Datendateien des aktuellen Verzeichnisses geöffnet werden können. APPEND ergänzt den PATH-Befehl und kann ihn ab DOS 3.3 auch vollständig ersetzen.

Syntax

APPEND [d:Pfad] [;[...]] [/PATH:ON|OFF] [/E[:ON|OFF]] [/X[:ON|OFF]]

Parameter

d:Pfad	Angabe des Suchpfads. Das Laufwerk sollte mit angegeben werden. Sie können mehrere Suchpfade angeben, wenn Sie diese mit Semikolons voneinander trennen. (Achtung: Keine Leerzeichen vor oder hinter dem Semikolon verwenden!)
/PATH	Legt fest, ob die mit APPEND angegebenen Pfade auch durchsucht werden sollen, wenn zusammen mit der gesuchten Daten- oder Programmdatei bereits ein vollständiger Pfad angegeben wurde. Dies kann dann dazu führen, dass der angegebene vollständige Dateiname (inklusive Laufwerk/Pfad) mit dem tatsächlichen nicht übereinstimmt. Die Voreinstellung ist /PATH:ON.
/E	Der beim Aufruf von APPEND angegebene Pfad wird in die Umgebungsvariable APPEND übertragen. Diese Variable lässt sich mit SET ändern und von Programmen abfragen. Unter DR-DOS müssen Sie entweder /E:ON oder /E:OFF (Standard) angeben.

/X   Die Suche auf dem über APPEND angegebenen Pfad erfolgt
           sowohl für Datendateien als auch für Programmdateien. Die
           Angabe von /X entspricht /X:ON. Wenn /X nicht angegeben
           wird, wird die Vorgabe /X:OFF verwendet, bei der die hinzu-
           gefügten Verzeichnisse nur nach zu öffnenden Datendateien
           durchsucht werden.

Hinweise

- APPEND ; sorgt dafür, dass alle Suchpfade gelöscht werden.
- APPEND ohne Parameter zeigt die Liste der hinzugefügten Verzeich-
  nisse ohne Angabe der aktiven Optionen an.
- Die Schalter /E und /X können nur beim ersten Aufruf von APPEND
  verwendet werden.
- Achten Sie bei der Angabe des Suchpfads darauf, dass darin *keine*
  Leerzeichen verwendet werden dürfen.
- Der Zugriff auf Datendateien über den APPEND-Suchpfad führt
  häufig zu Problemen, wenn diese nicht nur gelesen, sondern auch
  geschrieben werden sollen.
- Die Gesamtlänge des APPEND-Befehls darf 128 Zeichen nicht überschreiten.

Beispiele

APPEND C:\TEXT;C:\DATEN

Angabe eines Suchpfads für die Verzeichnisse \TEXT und \DATEN.

APPEND /E /X

Diese Variante ist nur beim ersten Aufruf von APPEND zulässig. Sie sorgt dafür, dass bei folgenden Aufrufen von APPEND der zuletzt gesetzte Suchweg in der Umgebungsvariablen APPEND abgelegt wird und dass der Suchpfad auch für Programmdateien (*.BAT, *.EXE und *.COM) gilt.

APPEND C:\TEXT;C:\DATEN /PATH:OFF

Angabe eines Suchpfads für die Verzeichnisse \TEXT und \DATEN. Wenn vollständige Dateinamen angegeben werden, wird nicht auf dem angegebenen Pfad gesucht, um Dateinamenskonflikte zu vermeiden.

ASSIGN

Extern; MS-DOS bis 5.0, DR-DOS, PC DOS/IBM DOS

Mit ASSIGN können Sie dafür sorgen, dass Befehle, die standardmäßig auf ein bestimmtes Laufwerk zugreifen, auf ein anderes zuzugreifen. DOS verwendet dann das angegebene anstelle des eigentlich vom Programm angesprochenen Laufwerks. (Gegebenenfalls müssen Sie mit LASTDRIVE Laufwerkbuchstaben zur Verfügung stellen.)

Dieser Befehl ist recht nützlich, wenn Programme an sich nur mit den Diskettenlaufwerken A: und B: zusammenarbeiten. Dann lassen sie sich dennoch von Festplatte aus betreiben. Das entsprechende Programm »meint« dann, obwohl es eigentlich von der Festplatte aus läuft, mit einem Diskettenlaufwerk zu arbeiten.

In einem Befehl lassen sich auch mehrere Laufwerke gleichzeitig umbenennen. Der Doppelpunkt nach den Laufwerkbezeichnungen entfällt bei der Verwendung von ASSIGN. Die einzelnen Laufwerkpaare können sowohl durch mindestens ein Leerzeichen als auch durch Komma oder Semikolon getrennt werden.

Wenn Sie ASSIGN ohne weitere Zusätze eingeben, werden alle Umleitungen gelöscht.

Syntax
ASSIGN [d1=d2 [...]] /S

6 Alphabetisches Befehlsverzeichnis

Parameter

d1	Das Laufwerk, das das Programm unbedingt verwenden will (z.B. A:). Der Doppelpunkt braucht hinter dem Laufwerkbuchstaben nicht angegeben zu werden, ist aber zulässig.
d2	Das Laufwerk, das tatsächlich angesprochen werden soll und das vom Programm angeforderte Laufwerk ersetzt.
...	Weitere Umbenennungen
/S	Listet die aktuell gültigen Laufwerkzuweisungen auf.

Hinweise

- Da Daten beschädigt werden könnten, sollte ASSIGN nur mit größter Vorsicht und nur dann eingesetzt werden, wenn dies für ein bestimmtes Programm unbedingt erforderlich ist. Verwenden Sie die folgenden Befehle nicht, wenn ASSIGN wirksam ist: BACKUP, DISKCOMP, DISKCOPY, FORMAT, JOIN, LABEL, PRINT, RESTORE und SUBST. Einige DOS-Versionen ignorieren Laufwerkumleitungen bei den Befehlen DISKCOPY und DISKCOMP ohnehin.
- Wenn einem Laufwerk eine andere Bezeichnung zugewiesen wird, wird eine gegebenenfalls vorhandene Zuweisung gelöscht.
- Sie können den SUBST-Befehl anstelle von ASSIGN verwenden. Beispielsweise sind die beiden Anweisungen ASSIGN A=C und SUBST A: C:\ gleichbedeutend.

Beispiele

ASSIGN A=B

Zugriffe auf das Laufwerk A: werden auf das Laufwerk B: umgeleitet, in dem sich z.B. die Installationsdiskette eines einzurichtenden Programms befinden kann.

ASSIGN

ASSIGN ohne Parameter hebt alle Umleitungen auf.

ASSIGN A=A

Zugriffe auf das Laufwerk A: finden wieder wie gewohnt statt.

ATTRIB
Extern

DOS speichert neben dem Namen, dem Umfang und einigen weiteren Angaben zu einer Datei auch ein so genanntes Attributbyte ab. In diesem Byte ist u.a. vermerkt, ob es sich bei dem zugehörigen Namen um ein Verzeichnis, eine versteckte Datei oder eine Systemdatei handelt. Mit ATTRIB lassen sich Datei-Attribute anzeigen und ändern.

Das Archivbit kann von BACKUP und XCOPY genutzt werden, so dass lediglich geänderte (modifizierte) Dateien gezielt in eine Datensicherung aufgenommen oder von dieser ausgeschlossen werden können.

Syntax

ATTRIB [+R|-R] [+A|-A] [+H|-H] [+S|-S] Datei [/S]

Parameter

Datei	Name der zu bearbeitenden Datei(en), gegebenenfalls inkl. Laufwerk- und Pfadangabe. Platzhalterzeichen sind zulässig.
+A	Setzt das Archiv-Bit.
-A	Löscht das Archiv-Bit.
+H	Versteckt die Datei(gruppe).
-H	Löscht das Hidden-Bit der Datei.
+R	Setzt das Nur-Lese-Bit (Read-only).
-R	Löscht das Nur-Lese-Bit.
+S	Setzt das System-Bit.
-S	Löscht das System-Bit.
/P	(DR-DOS) Pause nach Anzeige einer Bildschirmseite.
/S	Der Befehl bezieht sich auch auf untergeordnete Verzeichnisse.

Hinweise

- Teilweise lassen sich Attribute nur dann zurücksetzen, wenn in einem einzigen Befehl alle Optionen erfasst werden (z.B. ATTRIB -R -S -H *.SYS).
- Nicht alle Programme können Dateien nutzen, die nur lesbar (Readonly) sind. Daher sollten Sie bei der Vergabe des Nur-Lesen-Attributs vorsichtig vorgehen und gegebenenfalls überprüfen, ob das entsprechende Programm, zu der eine als Nur-Lesen gekennzeichnete Datei gehört, anschließend noch funktionsfähig ist.
- Häufig werden Parameter direkt in ausführbaren Programmen gespeichert. Derartige Programme sind, wenn deren Attribute geändert werden, oft nicht mehr funktionsfähig. (Teilweise erscheinen abenteuerliche Fehlermeldungen.)
- Einige Programme ignorieren ein gesetztes Nur-Lesen-Attribut bzw. setzen es zurück.
- Seit MS-DOS 6.0 lassen sich mit ATTRIB auch Attribute von Verzeichnissen ändern.

Beispiele

ATTRIB +R *.exe

Alle Dateien mit dem Namenerweiterung .EXE werden mit dem Readonly-Attribut versehen und somit gegen versehentliches Löschen oder Überschreiben geschützt.

ATTRIB +R *.* /S

Alle Dateien des aktuellen Verzeichnisses und der untergeordneten Verzeichnisse werden geschützt.

ATTRIB +A *.txt

Das Archivbit der (Text-)Dateien mit der Erweiterung .TXT wird gesetzt, so dass diese bei der nächsten Datensicherung mit BACKUP oder XCOPY /M wieder erfasst werden.

BACKUP

Extern, MS-DOS bis 5.0; PC DOS bis 5.0 und ab 7.0, DR-DOS

Mit BACKUP können von einer oder mehreren Dateien Sicherungskopien erstellt werden. Dabei spielt es (im Unterschied zum einfachen Kopieren) keine Rolle, ob die Dateien auf einer einzelnen Zieldiskette Platz finden oder nicht. BACKUP »zerschneidet« nämlich notfalls Dateien und verteilt diese auf mehrere Disketten. BACKUP fordert, wenn eine Diskette voll ist, selbstständig weitere (Leer-)Disketten an. Die mit BACKUP erstellten Kopien müssen mit RESTORE zurück übertragen werden. Ohne Eingabe des Zusatzes /A werden auf der Sicherungsdiskette immer alle vorhandenen Daten gelöscht.

Syntax

BACKUP Dateibez [d:] [/Z]

Parameter

Dateibez	Name der zu sichernden Quelldateien (darf die Platzhalter * und ? enthalten)
d:	Name des Ziellaufwerks

/Z steht für eine beliebige zulässige Kombination der nachfolgenden Zusatzeingaben.

/A	Fügt neue Dateien zur Sicherung hinzu, ohne die alten zu löschen (Append).
/D:Datum	Sichert nur die an oder nach dem angegebenen Datum geänderten Dateien (Date).
/F[:Größe]	Formatiert automatisch, optional mit Angabe der Kapazität der zu formatierenden Diskette (Format). Mögliche Angaben für Größe finden Sie beim Befehl FORMAT.

/L[:Datei]	Anlegen einer Protokolldatei mit einer Liste der gesicherten Dateien. Optional kann der Name der Protokolldatei mit Laufwerk und Pfad angegeben werden (Logfile). Wird /L ohne Eingabe eines Dateinamens verwendet, legt BACKUP eine Datei namens BACKUP.LOG an.
/M	Sichert nur veränderte Dateien (Modified). Dabei wertet BACKUP das Archivbit aus und löscht dieses (vgl. ATTRIB).
/S	Untergeordnete Verzeichnisse werden in die Sicherung einbezogen (Subdirectories).
/T:Zeit	Nur die nach der angegebenen Uhrzeit geänderten Dateien werden gesichert (Time).

Hinweise

- Wenn Sie BACKUP unter den MS-DOS-/PC-DOS-Versionen 6.x weiter verwenden wollen, muss SETVER in der CONFIG.SYS geladen werden.
- Die BACKUP- und RESTORE-Versionen verschiedener DOS-Versionen sind nicht unbedingt untereinander kompatibel. Sollten Schwierigkeiten bei der Rücksicherung von Daten auftreten, sollten Sie das RESTORE-Gegenstück der DOS-Version benutzen, mit der die Datensicherung erstellt wurde. (Notieren Sie die Backup-Version auf der Diskette.)
- Da die Reihenfolge der Disketten bei der Datensicherung mit BACKUP auch bei der Rücksicherung mit RESTORE eingehalten werden muss, sollten auch diese Angabe auf den Disketten nicht fehlen.

Beispiele

BACKUP C: A:

Sichert alle Dateien des aktuellen Verzeichnisses auf Laufwerk C: auf Disketten im Laufwerk A:.

BACKUP C:\TEXT*.TXT A: /A

Sichert alle Dateien mit der Dateinamenerweiterung .TXT, die sich im Verzeichnis C:\TEXT befinden, auf Disketten im Laufwerk A:, ohne dabei gegebenenfalls bereits vorhandene, gesicherte Daten zu überschreiben.

BACKUP C:\ A: /S /D:1.12.2002

Dadurch werden sämtliche Dateien in allen Unterverzeichnissen (/S) gesichert, die am oder nach dem 1. Dezember 2002 auf die Festplatte geschrieben wurden. Mit dem Schalter /D werden nur die Dateien ausgewählt, die am oder nach dem angegebenen Datum erstellt bzw. geändert wurden.

BACKUP C:\ A: /S /F:720

Sichert das komplette Festplattenlaufwerk C: auf Disketten im Laufwerk A:, die erforderlichenfalls auf 720 KB formatiert werden.

BREAK

Intern, Konfiguration

BREAK aktiviert bzw. deaktiviert die erweiterte Überwachung auf Eingabe von [Strg]+[C] bzw. [Strg]+[Untbr]. Normalerweise können Sie laufende Programme (meist mit einer gewissen Verzögerung) durch gleichzeitiges Drücken dieser Tastenkombinationen abbrechen. DOS prüft normalerweise nur beim Lesen der Tastatur oder Ausgaben auf Bildschirm oder Drucker, ob eine dieser Tastenkombinationen gedrückt wurde. Mit den Befehlen BREAK ON bzw. BREAK OFF lässt sich die Reaktion des Rechners bei entsprechenden Eingaben ändern. Wenn BREAK ON gesetzt wird, werden Tastatureingaben z.B. auch bei Zugriffen auf Datenträger ausgewertet.

Syntax

Befehlszeile oder Batch-Datei:
BREAK [ON|OFF]
CONFIG.SYS:
BREAK=[ON|OFF]

Hinweise

- Sie können den Befehl mit leicht unterschiedlicher Syntax sowohl in der Konfigurationsdatei als auch von der Befehlszeile bzw. von Batch-Dateien aus verwenden.
- Auch bei Eingabe von BREAK ON können Sie Programme, die sich in Endlosschleifen befinden und sich nicht der Standard-Ein-/Ausgabe bedienen, *nicht* durch Drücken von [Strg]+[C] bzw. [Strg]+[Untbr] abbrechen.
- Wenn Sie BREAK ohne Parameter eingeben, erhalten Sie eine Meldung, die Sie über die aktuelle Einstellung informiert.

BUFFERS/BUFFERSHIGH
Intern, Konfiguration

Die Datenspeicherung auf Disketten- oder Festplattenlaufwerken geschieht in Blöcken von 512 Byte. Die Übertragung kann erheblich beschleunigt werden, wenn mehrere dieser Blöcke zwischengespeichert und dann »in einem« verschoben werden.

BUFFERS bestimmt die Zahl der für diesen Zweck reservierten Puffer. Jeder Puffer vermindert den verfügbaren Arbeitsspeicher um 528 Byte. (Darin sind 16 Byte für Verwaltungszwecke enthalten.) Mit BUFFERSHIGH laden Sie die Puffer in den oberen Speicherbereich.

Syntax
BUFFERS=n[,m]
BUFFERSHIGH=n[,m]

Parameter

n	Anzahl der Datenträgerpuffer (Standard: 30, 1 bis 99)
m	Anzahl der Sektoren, die während eines Ein-/Ausgabevorgangs bearbeitet werden können: Standardwert ist 0, möglich sind 8.

Hinweise

- Der Standardwert für Puffer bei Rechnern mit Festplatten liegt bei 15. Viele größere Anwendungsprogramme verlangen höhere Werte, um zufrieden stellend arbeiten zu können. Jeder Puffer belegt aber ein halbes KB Arbeitsspeicher, der möglicherweise fehlen könnte.
- Bei der Arbeit mit Cache-Programmen für Festplatten reichen auch niedrigere Werte wie z.B. BUFFERS=10. Vgl. SMARTDRV, NWCACHE.
- Sofern DOS in die HMA geladen wurde, wird automatisch BUFFERS-HIGH verwendet, so dass die Puffer – sofern genügend Speicherplatz vorhanden ist – dort angelegt werden.

Beispiel

BUFFERS=20

Richtet einen 10 KB großen Puffer im Arbeitsspeicher ein.

CALL

Intern, MS-DOS/PC DOS ab 3.3

In frühen DOS-Versionen (bis 3.2) konnten Sie (über interne Befehle) lediglich am Ende einer Batch-Datei andere Batch-Dateien aufrufen. Ein Rücksprung aus der aufgerufenen Stapelverarbeitungsdatei zurück in die aufrufende Datei war nur durch einen erneuten Aufruf des Befehlsinterpreters COMMAND.COM mit dem Befehlszeilenschalter /C möglich. Mit CALL lassen sich Batch-Dateien verschachteln. Die auf CALL folgenden Anweisungen in der aufrufenden Batch-Datei werden dann auch abgearbeitet.

Syntax

CALL Datei

Parameter

Datei   Name der aufzurufenden Batch-Datei. Diese kann Laufwerk- und Pfadangaben sowie weitere zusätzliche Parameter enthalten.

Hinweise

- Achten Sie darauf, dass sich Ihre Batch-Dateien nicht endlos gegenseitig aufrufen.
- Zeichen für die Dateiumleitung (>, >>, <) und die Befehlsverkettung (|) dürfen in Verbindung mit CALL nicht verwendet werden.
- DR-DOS stellt mit CHAIN einen Befehl mit ähnlicher Funktion bereit.

Beispiele

Datei *TEST.BAT*:

```
@ECHO OFF
CALL Version
CALL inhalt
ECHO Ende TEST.BAT
```

Datei *VERSION.BAT*:

```
@ECHO OFF
ECHO Sie arbeiten mit:
ver
ECHO Ende VERSION.BAT!
PAUSE
```

Datei *INHALT.BAT*:

```
@ECHO OFF
DIR /P
ECHO Ende INHALT.BAT
PAUSE
```

Diese drei kleinen Batch-Dateien sollen die Funktion des Befehls CALL verdeutlichen.

CD/CHDIR
Intern

Mit CD bzw. CHDIR (Change Directory) können Sie das aktuelle Verzeichnis wechseln. Ohne zusätzliche Eingaben zeigt CD den Namen des aktuellen

Verzeichnisses auf dem Bildschirm an. DOS sucht, wenn keine Zugriffspfade eingerichtet sind, nur im aktuellen Verzeichnis nach Befehlsdateien. Dann muss sich die entsprechende Datei im aktuellen Verzeichnis befinden, um ausgeführt werden zu können. Um dann auf diese Datei zugreifen zu können, muss entweder ein Zugriffspfad auf das jeweilige Verzeichnis gesetzt oder der Befehl mit vorangestelltem Verzeichnis aufgerufen werden (dies ist seit DOS 3.0 möglich).

Syntax
CD [[d:]Pfad]

Parameter

d:	Laufwerk, auf dem das aktuelle Verzeichnis gewechselt werden soll.
Pfad	Angabe des Weges, über den das Verzeichnis, in das gewechselt werden soll, erreichbar ist.

Hinweise
- Für jedes Laufwerk gilt ein spezifisches aktuelles Verzeichnis.
- Der Befehl CD .. führt bei Eingabe im Hauptverzeichnis zu einer Fehlermeldung, da DOS dann nicht eine Verzeichnisebene höher gehen kann.

Beispiele
CD TEXT

Wenn dieser Befehl vom Hauptverzeichnis der Festplatte C: eingegeben wird, wechseln Sie damit in das Unterverzeichnis TEXT. Damit wird TEXT zum aktuellen Verzeichnis.

CD \TEXT\PCTEXT

Wechsel aus dem aktuellen Verzeichnis in das Verzeichnis \TEXT\PCTEXT auf dem aktuellen Laufwerk. Durch den Backslash am Anfang der Pfadangabe geschieht dies unabhängig vom aktuellen Verzeichnis.

CD C:\TEXT\WORD

Aktiviert auf der Festplatte C: das Verzeichnis \TEXT\WORD. Dieser Befehl kann auch von einem anderen Laufwerk aus eingegeben werden.

CD \

Aktiviert das Hauptverzeichnis des aktuellen Laufwerks.

CD A:\

Aktiviert das Hauptverzeichnis auf Laufwerk A:.

CHAIN

Konfiguration, DR-DOS

Mit CHAIN kann die Steuerung während der Verarbeitung von CONFIG.SYS an eine andere Konfigurationsdatei übergeben werden. Sofern diese Datei existiert, wird die aktuelle CONFIG.SYS nicht weiter verarbeitet. Stattdessen werden die Befehle in der angegebenen Datei ausgeführt. Existiert die angegebene Datei nicht, wird die ursprüngliche Datei CONFIG.SYS weiter ausgeführt. In Verbindung mit dem Befehl ? lassen sich so CONFIG.SYS-Befehle in Gruppen zusammenfassen und bedingt ausführen.

Syntax

CHAIN=Dateibez

Hinweis

- Wenn CHAIN verwendet wird, muss in allen DEVICE-/DEVICEHIGH-Zeilen der vollständige Dateiname (inklusive Pfad und Laufwerk) angegeben werden.

Beispiel

CHAIN = A:\CONFIG.SYS

Mit diesem Befehl werden die Anweisungen aus der Datei namens CONFIG.SYS im Diskettenlaufwerk A: ausgeführt, sofern diese existiert. So kann eine Diskette quasi als Schlüssel zum System dienen.

CHCP
Intern, DOS ab 3.3

Mit CHCP (CHange Code Page) lassen sich Zeichensatztabellen laden bzw. wechseln. Damit kann die Ansteuerung eines Druckers, der Tastatur, des Bildschirms oder eines anderen Gerätes an nationale Eigenarten angepasst werden. Damit mit CHCP Zeichensatztabellen gewechselt werden können, muss zuvor NLSFUNC (National Language Support FUNCtions) geladen worden sein. Weiterhin muss die auszuwählende Zeichensatztabelle mit MODE PREPARE vorbereitet werden und der Befehl COUNTRY muss in der Datei CONFIG.SYS enthalten sein. Zudem müssen bei Bedarf weitere DEVICE-Anweisungen in die Datei CONFIG.SYS aufgenommen werden, um die DISPLAY.SYS oder PRINTER.SYS zu laden.

Syntax
CHCP [cp]

Parameter

cp   Nummer der gewünschten Zeichensatztabelle (Codepage)

Zur Verfügung stehen unter anderem die folgenden Zeichensatztabellen:

Zeichensatztabelle	Land
437	USA-ASCII (auch für Deutschland, Italien, Frankreich usw.)
850	multinational (Latein I)
852	Slawisch (Latein II)
860	Portugal
863	Kanada (französisch)
865	Norwegen

Beispiele
CHCP
Gibt die Nummer der aktuell aktiven Zeichensatztabelle aus.
CHCP 437
Lädt die Zeichensatztabelle 437 (z.B. für die deutsche Tastatur). Für deutsche Belange empfiehlt sich die Tabelle 850; jedoch lässt sich auch die multinationale Tabelle 437 verwenden.

CHKDSK
Extern

CHKDSK (CHecK DiSK) überprüft Datenträger auf Belegungsfehler. Dies betrifft aber lediglich Fehler in der Dateizuordnungstabelle (FAT – File Allocation Table). Gefundene Fehler werden angezeigt. CHKDSK korrigiert gefundene Fehler nur, wenn der Schalter /F verwendet wird. Weiterhin erstellt CHKDSK einen Bericht, in dem der freie Speicherplatz, der belegte Speicherplatz, die Anzahl der Dateien und festgestellte Fehler aufgeführt werden. Wenn Sie CHKDSK mit Dateinamen aufrufen, wird geprüft, ob die angegebenen Dateien in zusammenhängenden Blöcken auf dem Datenträger gespeichert sind.

CHKDSK sucht nach Dateifragmenten, die »verloren gingen« oder »durcheinander gerieten«, so dass deren Zugehörigkeit nicht feststellbar ist. Dann meldet CHKDSK »verlorene Blöcke« und fragt, ob diese in Dateien umgewandelt werden sollen. Werden die Fragmente in Dateien umgewandelt, erhalten diese Namen mit der Erweiterung .CHK.

Achtung! Das Programm CHKDSK aus dem Lieferumfang der DOS-Versionen darf nicht für Windows-Laufwerke mit langen Dateinamen eingesetzt werden. (CHKDSK aus dem Lieferumfang von Windows 2000/XP allerdings schon.)

Syntax
CHKDSK [d:] [Datei] [/F] [/V] [/B] [/D] [/S] [/WP]

Parameter

d:	Buchstabe des zu prüfenden Laufwerks
Datei	Name der zu prüfenden Datei(en). Wird ein Dateiname angegeben, zeigt CHKDSK die Anzahl nicht-fortlaufender Bereiche an, die von der (den) Datei(en) belegt werden.
/B	(DR-DOS 7.x) Führt CHKDSK im Modus für Batch-Dateien aus.
/D	(DR-DOS 7.x) Zeigt detaillierte Informationen für Stacker-Laufwerke an.
/F	Korrigiert gefundene Fehler.
/S	(DR-DOS 7.x) Prüft die Oberfläche von Stacker-Laufwerken.
/V	Zeigt den Namen sowie nähere Informationen zu den jeweils überprüften Dateien und über die angetroffenen Diskettenfehler auf dem Bildschirm an. (Auch die Namen der versteckten Dateien werden aufgeführt.)
/WP	(DR-DOS 7.x) Prüft (und repariert) schreibgeschützte Stacker-Laufwerke.

Hinweise
- Da CHKDSK lediglich die Dateizuordnungstabelle (das Dateiverzeichnis) überprüft, können Fehler innerhalb von Dateien nicht aufgespürt werden.
- CHKDSK kann nicht für Laufwerke verwendet werden, die mit den Befehlen ASSIGN, SUBST oder JOIN umgeleitet wurden oder die in einem Netzwerk freigegeben sind.

Beispiele
CHKDSK

CHKDSK überprüft den aktuellen Datenträger. Findet das Programm Fehler, fragt es, ob die verlorenen bzw. nicht zuzuordnenden Dateifragmente in

Dateien namens FILEnnnn.CHK umgesetzt werden sollen. Dabei ist nnnn eine vierstellige Zahl. Da der Zusatz /F jedoch nicht angegeben wurde, findet *keine* Korrektur der Fehler statt.
CHKDSK /F
CHKDSK überprüft den aktuellen Datenträger und behebt nach Rückfrage gefundene Fehler.
CHKDSK TESTDAT.EI
Wird mit CHKDSK eine Dateispezifikation angegeben, überprüft das Programm die entsprechende Datei(gruppe) auf Fragmentierung. Fragmentierte Dateien sind in nicht zusammenhängenden Bereichen über die Festplatte/Diskette verteilt und vermindern die Geschwindigkeit beim Datenzugriff.

CHOICE
Extern, MS-DOS/PC DOS ab 6.0

CHOICE können Sie in Stapelverarbeitungsdateien verwenden, um Benutzereingaben abzufragen. Mit CHOICE können Sie eine Eingabeaufforderung auf dem Bildschirm anzeigen lassen und eine Unterbrechung der ablaufenden Stapelverarbeitungsdatei erzwingen. Dem Benutzer wird gleichzeitig die Möglichkeit gegeben, bestimmte festgelegte Tasten zu betätigen. Die Benutzereingaben werden dem Stapelverarbeitungsprogramm als ERRORLEVEL-Parameter übergeben und können von ihm ausgewertet werden; damit lassen sich Abläufe innerhalb von Batch-Dateien interaktiv gestalten.

Syntax
CHOICE [/C[:]Tasten] [/N] [/S] [/T[:]c,nn] [Text]

Parameter

Text	Der anzuzeigende Text. Anführungszeichen sind nur erforderlich, wenn der Text ein Optionszeichen (\) vor der Eingabeaufforderung enthält. Ohne Angabe eines Textes zeigt CHOICE nur eine Eingabeaufforderung an.
/C[:]Tasten	Angabe der Tasten, die als Eingabe zulässig sind. Diese Tasten werden, in eckigen Klammern ([]) und durch Kommas voneinander getrennt, zusammen mit der Abfrage auf dem Bildschirm angezeigt. Wenn Sie /C nicht angeben, lässt CHOICE standardmäßig J und N als Antwort zu. Der Doppelpunkt (:) vor der Angabe der zulässigen Tasten kann entfallen.
/N	Bewirkt, dass CHOICE nur den Text der Eingabeaufforderung – ohne Angabe der zulässigen Tasten – anzeigt. Die in der CHOICE-Anweisung angegebenen Tasten gelten jedoch weiterhin.
/S	Groß- und Kleinschreibung wird bei Benutzereingaben berücksichtigt. Ohne /S werden Groß- und Kleinbuchstaben gleichwertig behandelt.
/T[:]c,nn	Bewirkt, dass CHOICE eine bestimmte Anzahl von Sekunden wartet, bevor eine festgelegte Taste auch ohne Benutzereingabe als Antwort angenommen wird. Der Doppelpunkt (:) kann weggelassen werden. Über c legen Sie das Zeichen fest, das nach nn Sekunden als Benutzerantwort angenommen wird. Das Zeichen muss zu denen gehören, die über /C festgelegt wurden. Über nn legen Sie die Länge der Wartezeit in Sekunden ein. Zulässige Werte liegen zwischen 0 und 99. Beim Wert 0 wird die Batch-Datei sofort mit der angenommenen Standardantwort fortgesetzt.

6 Alphabetisches Befehlsverzeichnis

Hinweise

- Die erste als zulässig aufgeführte Eingabe gibt 1 als ERRORLEVEL zurück, die zweite 2, die dritte 3 usw. Drückt der Benutzer eine Taste, die nicht in der Liste der zulässigen Tasten aufgeführt wurde, ertönt ein Piepton.
- Wenn CHOICE eine Fehlerbedingung entdeckt, gibt es den ERRORLEVEL-Wert 255 zurück. Wenn der Benutzer Strg+Untbr drückt, gibt CHOICE den Wert 0 als ERRORLEVEL zurück.
- Innerhalb des von CHOICE auszugebenden Textes können Sie die Zeichen <, >, / und | nicht verwenden.
- [J,N]? wird standardmäßig an den von CHOICE auszugebenden Text angehängt.

Beispiele

CHOICE /C:JN

Wertet die beiden Tasten J und N als zulässige Eingabe und zeigt den Text »[J,N]?« auf dem Bildschirm an.

CHOICE /C:JN Diskette formatieren

Gibt die Meldung »Diskette formatieren [J,N]?« auf dem Bildschirm aus.

CHOICE /N Ja, Nein oder Weiter?

Die ausgewerteten Tasten werden nicht auf dem Bildschirm angezeigt, so dass nur den Text »Ja, Nein oder Weiter?« angezeigt wird.

CLS
CHOICE /TJ,10 /N Windows starten (J,n)?
IF ERRORLEVEL 1 IF NOT ERRORLEVEL 2 WIN

Mit dieser Anweisungsfolge können Sie in der AUTOEXEC.BAT fragen, ob der Benutzer des Rechners Windows starten will. Erfolgt keine Eingabe, wird Windows nach 10 Sekunden automatisch gestartet. Zusätzlich werden durch /N die zulässigen Tasten nicht angezeigt. Dadurch kann eine Antwortvorgabe ausgegeben werden, in der die voreingestellte Eingabe durch Großschreibung hervorgehoben wird. Die ERRORLEVEL-Zeile prüft, ob ERRORLEVEL gleich 1 ist.

CLS
Intern

Der interne Befehl CLS (CLear Screen) löscht den Bildschirm. Anschließend wird die DOS-Eingabeaufforderung (das Prompt) angezeigt.

Syntax
CLS

Hinweis
- Bei einigen alten Rechnern funktioniert CLS nur, wenn ANSI.SYS in der Konfigurationsdatei CONFIG.SYS geladen wird.

COMMAND
Extern

Mit COMMAND können Sie den DOS-Befehlsinterpreter aufrufen. Zugleich können Sie diesen damit ein zweites Mal laden. Damit können laufende Programme zwischenzeitlich verlassen werden, um Befehle auf der Befehlsebene einzugeben. Wenn Sie den Befehlsinterpreter (mit der Anweisung EXIT) wieder beenden, kehren Sie in das Programm zurück, von dem aus die Kopie des Befehlsinterpreters aufgerufen wurde.

Syntax
COMMAND [Treiber] [/Z]
SHELL=[Pfad]COMMAND.COM [COM-Pfad] [Treiber] [/Z]

Parameter

Treiber   Hier können Sie ein Gerät festlegen, über das der Befehlsinterpreter Ein-/Ausgaben empfängt bzw. sendet, und einen entsprechenden Gerätetreiber installieren. Die Voreinstellung für die Ein-/Ausgabe ist CON (CONsole: Bildschirmausgabe und Tastatureingabe). Dem Dateinamen des zu installierenden Gerätetreibers dürfen Laufwerk- und Pfadangaben vorangestellt werden.

Pfad	Laufwerk und Verzeichnisname der Datei COMMAND.COM, wenn sich diese nicht im Hauptverzeichnis befindet.
COM-Pfad	Der hier angegebene Pfad wird in die Umgebungsvariable COMSPEC übertragen, die speichert, wo sich die Datei COMMAND.COM befindet. Diese Angabe entspricht einem Befehl der Form SET COMPEC=C:\DOS\COMMAND.COM in der AUTOEXEC.BAT.

/Z steht für eine beliebige zulässige Kombination der nachfolgend erläuterten Zusatzeingaben.

/CBef	Dieser Schalter veranlasst COMMAND.COM, den Befehl Bef auszuführen und anschließend direkt in das aufrufende Programm zurückzukehren. /C können beliebige Befehle nachgestellt werden bzw. kann beliebige externe Programme aufrufen. Der Schalter /C muss der letzte in der Befehlszeile sein.
/D	Schaltet die Startabfragen nach Datum und Uhrzeit ab, wenn keine AUTOEXEC.BAT auf der Startdiskette vorliegt. (Dieser Parameter hat nur in Verbindung mit /P Sinn.)
/E:Größe	Mit diesem Schalter können Sie die Größe des Speicherplatzes festlegen, den DOS für Variablen reserviert (Environment). Die im Environment (der »Umgebung« von DOS) abgelegten Variablen sind für Programme zugänglich und können mit dem SET-Befehl angezeigt werden. (Die Größenangabe erfolgt seit DOS 3.3 in Byte. Zulässige Werte liegen zwischen 160 und 32768.) Vorher musste die Anzahl so genannter Paragraphen angegeben werden. (Da ein Paragraph 16 Byte entspricht, lagen die zulässigen Werte zwischen 10 und 2048.)

/F	(MS-DOS/PC DOS) Beeinflusst das Verhalten des Befehlsinterpreters bei schweren Fehlern. (Normalerweise wird dann die Meldung »Abbruch, Wiederholen, Uebergehen?« angezeigt.) Geben Sie /F an, ist beim Auftreten schwerer Fehler keine Reaktion des Benutzers notwendig. Das System fährt fort, als wäre U(ebergehen) gewählt worden. (Bzw. Ignorieren. Dieser Schalter ist ab DOS 3.0 verfügbar.) Dieses Vorgehen ist oft recht sinnvoll, da es eine Reihe von Vorgängen beschleunigt (z.B., wenn Sie ein Laufwerk ansprechen und sich darin keine Diskette befindet).
/msg	(MS-DOS/PC DOS) Lädt die Fehlermeldungen des Befehlsinterpreters in den Hauptspeicher, so dass sie ohne Diskettenzugriffe jederzeit zur Verfügung stehen. Dieser Schalter darf nur in Verbindung mit /P verwendet werden.
/Mx	(DR-DOS) Sorgt dafür, dass der Befehlsinterpreter in einen bestimmten Speicherbereich geladen wird. x kann dabei die Werte L (konventioneller Speicher), H (HMA) oder U (UMA) annehmen. Standard ist /ML.
/P[:Datei]	Lädt den Befehlsinterpreter resident, so dass EXIT nicht mehr zum Befehlsinterpreter der übergeordneten Ebene zurückkehrt. Der so geladene Befehlsinterpreter belegt dauerhaft Speicher, der nicht mehr freigegeben werden kann. Gleichzeitig wird die Datei AUTOEXEC.BAT ausgeführt, sofern diese vorhanden ist. Soll der Befehlsinterpreter permanent geladen werden, ohne dass AUTOEXEC.BAT erneut ausgeführt wird, geben Sie zusätzlich /D an. (Unter DR-DOS lässt sich nach /P der Name einer anderen Batch-Datei angeben.)
/Y	(MS-DOS ab 6.2) /Y lässt sich nur in Verbindung mit /C verwenden, wenn dort der Name einer Batch-Datei angegeben wird. Dann bewirkt /Y, dass diese Datei schrittweise ausgeführt wird.

Hinweise
- Die häufigste Verwendung findet der Aufruf des Befehlsinterpreters dann, wenn von Anwendungen aus einzelne DOS-Befehle eingegeben werden können. Durch das Laden des Befehlsinterpreters, d.h. die Eingabe von COMMAND als Befehl, lässt sich dann vorübergehend auf Betriebssystemebene arbeiten und mit EXIT wieder in das Programm zurückkehren. Zudem lassen sich Aufrufe dieser Form in Programmiersprachen verwenden, um DOS-Befehle auszuführen.
- Wird /C zusammen mit /P verwendet, wird /P ignoriert.
- Über SHELL können Sie beliebige Befehlsinterpreter installieren. Der wohl beliebteste Ersatz-Befehlszeileninterpreter trägt den Namen 4DOS.

Beispiele
COMMAND /C DIR

Mit diesem Befehl können Sie einen weiteren Befehlsinterpreter aufrufen, der das Inhaltsverzeichnis des aktuellen Ordners anzeigt. Nach Ausführung des Befehls wird der Befehlsinterpreter wieder aus dem Speicher entfernt.

SHELL = C:\COMMAND.COM /P /E:512

Diese Form des Aufrufs von COMMAND.COM finden Sie häufig in der Konfigurationsdatei CONFIG.SYS. Damit wird festgelegt, welcher Befehlsinterpreter der maßgebende ist (SHELL = C:\DOS\COMMAND.COM), nämlich der, der sich im Verzeichnis C:\ befindet und den Namen COMMAND.COM trägt. Gleichzeitig wird der Befehl COMMAND /P /E:512 ausgeführt, mit dem der Befehlsinterpreter resident geladen wird (den zuerst geladenen Befehlsinterpreter können Sie ohnehin nicht mit EXIT verlassen). Zusätzlich wird das Environment auf 512 Byte vergrößert.

COMMENT
Konfiguration, undokumentiert, MS-DOS

Mit COMMENT können Sie innerhalb der CONFIG.SYS eine Zeichenkette festlegen, die Kommentarzeilen einleitet.

Syntax
COMMENT=Zeichenkette

Parameter

Zeichenkette Eine frei definierbare Buchstabenfolge, die Zeilen, an deren Anfang sie auftritt, als Kommentarzeilen kennzeichnet.

Hinweis
- Üblicherweise können Sie in der CONFIG.SYS einfach ein Semikolon (;) an den Zeilenanfang setzen, wenn diese wie ein Kommentar behandelt werden soll. (Schlimmstenfalls könnte dann beim Start eine Fehlermeldung angezeigt werden.)

Beispiel
COMMENT=DEV

Sorgt dafür, dass sämtliche Zeilen innerhalb der CONFIG.SYS, die durch DEV eingeleitet werden, als Kommentar angesehen werden. Faktisch führt dies zu einer Deaktivierung aller DEVICE- und DEVICEHIGH-Zeilen!

COMP
Extern, MS-DOS bis 5.0, PC DOS, DR-DOS, siehe auch FC

COMP vergleicht zwei Dateien oder Dateigruppen zeichenweise miteinander und meldet Abweichungen. Die zu vergleichenden Dateien können dabei auf verschiedenen Laufwerken und in verschiedenen Verzeichnissen gespeichert sein.

Syntax

COMP [Datei1] [Datei2] [/A] [/C] [/D] [/L] [/M=m] [/N=n] [/P]

Parameter

Datei1	Erste zu vergleichende Datei(gruppe), ggf. mit Pfadangabe
Datei2	Zweite zu vergleichende Datei(gruppe), ggf. mit Pfadangabe
/A	Zeigt Unterschiede im ASCII-Format an (Standard ist das hexadezimale Format). Die voneinander abweichenden Zeichen werden ausgegeben.
/C	(Case insensitive) Vergleicht ohne Berücksichtigung von Groß-/Kleinschreibung.
/D	Zeigt die Unterschiede im dezimalen Format an. Es wird der dezimale ASCII-Code angezeigt (Standard ist das hexadezimale Format).
/L	Zeigt die Zeilennummern der Abweichungen an.
/M=m	(DR-DOS) Beendet den Vergleich, nach m Abweichungen. Wird /M nicht angegeben, werden maximal 10 Abweichungen angegeben. Mit /M=0 werden alle Abweichungen ausgegeben.
/N=n	Vergleicht nur die ersten n Zeilen der Dateien.
/P	(DR-DOS) Pause nach jeder Bildschirmseite.

Hinweise

- Da COMP (außer unter DR-DOS) maximal zehn Unterschiede erfassen kann und bei unterschiedlicher Dateigröße erst gar nicht mit dem Vergleichen anfängt, eignet sich COMP eigentlich nur zur Prüfung von Kopien. Verwenden Sie daher für »echte« Vergleiche den Befehl FC.
- Wird der Schalter /C verwendet, wird die unterschiedliche Groß-/Kleinschreibung nur im Rahmen des Standard-ASCII-Zeichensatzes ignoriert. ä und Ä, ö und Ö usw. bleiben weiterhin unterschiedliche Zeichen.

- Wird der Name der zweiten Datei(gruppe) nicht eingegeben, werden nur Dateien mit dem Namen der ersten Datei(gruppe) verglichen. (In diesem Fall muss sich eine der zu vergleichenden Dateien in einem anderen Verzeichnis oder auf einem anderen Laufwerk befinden.)

Beispiele

COMP TEXT.TXT TEXT.SIK

Vergleicht den Inhalt der Dateien TEXT.TXT und TEXT.SIK. Wenn diese identisch sind, gibt das Programm eine entsprechende Meldung aus. Andernfalls zeigt COMP die Position der Abweichungen und die jeweiligen Werte an (standardmäßig in Hexadezimalform).

COMP C:\PROGRAMM\PROG1.BAS PROG2.BAS /A /C

Hier wird die Datei PROG1.BAS in C:\PROGRAMM mit der Datei PROG2.BAS im aktuellen Verzeichnis verglichen. Abweichungen werden als ASCII-Text ausgegeben. Unterschiede hinsichtlich der Klein-/Großschreibung werden dabei ignoriert.

COMP C:*.BAS A:*.BAS

Dieser Befehl vergleicht alle Dateien mit der Erweiterung .BAS im aktuellen Verzeichnis des Laufwerks C: mit den entsprechenden Dateien im aktuellen Verzeichnis des Laufwerks A:. Sobald die Dateigrößen nicht übereinstimmen, stoppt COMP den Vergleich. (Unter DR-DOS wird gefragt, ob die Dateien dennoch weiter verglichen werden sollen.)

COPY

Intern

Mit COPY können Sie Dateien oder Dateigruppen kopieren. Das Kopieren ist dabei, da DOS Dateien und Geräte einheitlich behandelt, auch von und zu Geräten möglich.

Syntax

COPY [/A|/B] Quelle [...] [Ziel] [/V] [/S] [/C] [/Z]

Parameter

Quelle	Name der Datei, die kopiert werden soll. Dieser Name kann Pfad- und Laufwerkangaben umfassen.
Ziel	Name der Datei, die durch die Kopie erzeugt wird. Dieser Name kann Pfad- und Laufwerkangaben enthalten. Wird kein Name angegeben, erhält die Zieldatei automatisch den Namen der Quelldatei. Ist eine gleichnamige Datei schon vorhanden, wird diese ohne Warnung überschrieben.
/A	Die Datei wird als ASCII-(Text-)Datei behandelt. Die Dateiendemarke bestimmt das Ende der Datei. Bei /A handelt es sich um die Voreinstellung.
/B	Die Datei wird als Binärdatei behandelt. Das Dateiende wird über die im Verzeichnis angegebene Dateigröße festgelegt.
/C	(DR-DOS) Das Kopieren jeder Datei muss bestätigt werden.
/S	(DR-DOS) Systemdateien und versteckte Dateien werden mit erfasst.
/V	(Verify) Es wird überprüft, ob die in die Zieldatei geschriebenen Daten richtig aufgezeichnet wurden.
/Z	(DR-DOS) Setzt das höchstwertige Bit aller Bytes in der Zieldatei auf 0. Dieser Schalter ist *nur* zur Verwendung mit älteren Editoren gedacht, die dieses Bit zur Kennzeichnung von Wortanfang und Wortende benutzen.

Hinweise

- Die Schalter /A und /B müssen nur angegeben werden, wenn ASCII- und Binärdateien gemischt von einem Befehl erfasst werden. Normalerweise ist deren Angabe nicht erforderlich.
- Die Schalter /A und /B beziehen sich jeweils auf die Quelldatei(en)namen, die dem Schalter folgen, bis ein Schalter mit entgegengesetzter Wirkung erkannt wird.

- Mit COPY lassen sich auch mehrere Dateien miteinander verketten. Zum Beispiel lassen sich so mehrere ASCII-Textdateien zu einer Datei verbinden. Das Befehlsformat für das Zusammenkopieren von Dateien sieht vereinfacht so aus: COPY Quelle1 [+[Quelle2]...] [Quelle3]. Die Parameter sind dieselben wie bei der Standardform von COPY. Allerdings wird das + zur Verkettung der Quelldateien hinzugefügt.
- Da Geräte wie Dateien behandelt werden und unter ihren Dateinamen angesprochen werden können, lassen sich Dateien z.B. auch auf den Drucker (Dateiname PRN, LPT1 oder LPT2) kopieren oder Daten direkt von der Tastatur in eine Datei übernehmen.
- Passen Sie beim Einsatz von COPY auf! Dateien, die Dateiendekennzeichen enthalten, werden manchmal ohne /B nicht vollständig, sondern nur bis zum ersten Dateiendekennzeichen übertragen und entsprechend gekürzt. Verwenden Sie dann XCOPY oder COPY /B.

Beispiele

COPY COMMAND.COM C:\DOS

Hier wird die Datei COMMAND.COM aus dem aktuellen Verzeichnis in das Verzeichnis DOS des Laufwerks C: kopiert. Die Zieldatei wird gegebenenfalls ohne Warnung überschrieben!

COPY /B . A:

Hier werden alle Dateien des aktuellen Verzeichnisses binär auf die Diskette im Laufwerk A: kopiert. Das gegenwärtige Verzeichnis darf nicht B: sein, da Sie ansonsten die Fehlermeldung »Datei kann nicht auf sich selbst kopiert werden« erhalten.

COPY DATEINAM.ALT DATEINAM.SIK

Hier wird eine Datei in dasselbe Verzeichnis wie das Original kopiert. Für die neue Datei muss ein anderer Name angegeben werden, hier DATEINAM.SIK. So wird ersichtlich, dass es sich um eine Sicherheitskopie von DATEINAM.ALT handelt.

COPY QUELLE1.TXT+QUELLE2.TXT ZIEL.TXT

Mit COPY kann eine Datei anderen Dateien angehängt oder eine neue Datei erstellt werden. Hier werden die Quelldateien QUELLE1.TXT und QUELLE2.TXT zu einer neuen Datei ZIEL.TXT kombiniert. Das Aneinanderhängen bzw. Kombinieren von Dateien ist lediglich bei reinen Textdateien oder Overlay-Dateien sinnvoll.

COPY WERTVOLL.DAT WERTVOLL.BAK /V

Wird eine wichtige Datei kopiert, sollten Sie die Option /V benutzen. Bei Angabe des Schalters /V prüft DOS, ob die Kopie korrekt ausgeführt wurde. Der Kopiervorgang dauert etwas länger.

COPY CON PRN

Mit dieser Anweisung können Sie Ihren Rechner als »ganz normale Schreibmaschine« benutzen. Die Texte, die Sie über die Tastatur eingeben, werden auf den Drucker (PRN) kopiert.

COUNTRY
Konfiguration

Wenn Sie ein Programm oder einen Text aus dem Ausland erhalten und auf dem Bildschirm unsinnige Zeichen angezeigt werden, hat der Absender vermutlich mit einer anderen Ländereinstellung gearbeitet. Mit COUNTRY wird das Betriebssystem auf die jeweiligen länderspezifischen Zeit-, Datums- und Währungsformate umgestellt. So werden in Nordamerika bei Datumsangaben beispielsweise der Monat in der Regel vor dem Tag angegeben (04-31-1991, 11:11:00.00 anstelle von 31.04.1991, 11.11.00,00) und statt des Dezimalkommas der Dezimalpunkt verwendet, in Japan kommt das Jahr zuerst. Außerdem enthält COUNTRY.SYS Informationen über zulässige Codetabellen, die die landesübliche Zuordnung der Codes zu den Zeichen regeln (vgl. CHCP). Die COUNTRY-Einstellung wirkt sich auf alle Befehle aus, die Datums- oder Zeitangaben betreffen, also u.a. DATE und TIME.

Syntax
COUNTRY=Lll[,cp][,[d:][Pfad]Dateiname]

Parameter

Lll	Die dreistellige Landeskennziffer, die mit der Telefonvorwahl für das betreffende Land von den USA aus übereinstimmt.
cp	Nummer der Codeseite (Zeichensatztabelle; vgl. CHCP)
Dateiname	In der Regel die Datei COUNTRY.SYS, die entsprechende Informationen enthält (Standardvorgabe).

Hinweise

- COUNTRY ändert zwar die Zeichentabellen, aber nicht die Tastaturbelegung (vgl. KEYB GR).
- Mit dem Ländercode 049 für die Bundesrepublik Deutschland können Sie die Codeseiten 437 (Nordamerika, Mitteleuropa, Lateinamerika, Naher Osten) oder 850 (multinational) verwenden. Die Codeseite 850 wurde von der ISO (International Standards Organization) im Standard ISO 8859/1 speziell für den Austausch von Dokumenten zwischen verschiedenen Ländern ohne Codeseitenwechsel definiert. Dafür mussten gegenüber der ASCII-Tabelle 437 einige Zeichen verschoben und einige Grafikzeichen durch Sonderzeichen ersetzt werden.

  Da einige DOS-Anwendungsprogramme diese Grafikzeichen für den Aufbau von Bildschirmmasken verwenden, erscheinen bei Verwendung der Tabelle 850 u.U. anstelle von Rahmenecken Akzentbuchstaben.

Beispiele

COUNTRY=049

Standardeintrag für Deutschland. COUNTRY.SYS muss sich bei dieser Befehlsvariante im Hauptverzeichnis des Startlaufwerks befinden.

COUNTRY=049,850,C:\DOS\COUNTRY.SYS

Verwendung der multinationalen Codetabelle 850. Der Zugriffspfad muss angegeben werden, wenn sich COUNTRY.SYS nicht im Hauptverzeichnis befindet.

CPBACKUP
Extern, PC DOS ab 6.1

Mit CPBACKUP können Datensicherungen erstellt werden. Das Programm verfügt über eine menügesteuerte Oberfläche, die angezeigt wird, wenn das Programm ohne weitere Parameter aufgerufen wird. Wenn das Programm von der Befehlszeile aus aufgerufen wird, stehen die nachfolgend beschriebenen Parameter zur Verfügung.

Syntax
CPBACKUP [d:] [Einstname] [Datei...] [/Z]

d:	Zu sicherndes Laufwerk
Einstname	Name einer Einstellungsdatei ohne Dateierweiterung
Datei	Zu sichernde Dateien (der Platzhalter * ist zulässig)

/Z steht für eine beliebige zulässige Kombination der nachfolgend erläuterten Zusatzeingaben.

/ADDS=base-i-d	E/A-Adresse für Bandlaufwerk angeben (base = hexadezimale Basisadresse, i = IRQ, d = DMA-Kanal).
/BF	BIOS-Zeichensatz verwenden.
/BW	Schwarzweiß-Farbschema benutzen.
/COPY	Vollständige Sicherung, Dateien nicht als gesichert markieren.
/DATE=ttmmjj-ttmmjj	Angabe eines Datumsbereichs für die zu sichernden Dateien
/DIF	Differenzielle Sicherung
/DRIVE=d:n	Laufwerk und Datenträgerkapazität angeben (z.B. B:1440).
/DRIVE=TAPE	Sicherung auf Bandlaufwerk

/ECC	Fehlerkorrektur benutzen.
/EXATTR=HSR	Versteckte Dateien (H), Systemdateien (S) und schreibgeschützte Dateien von der Sicherung ausschließen.
/FF	Schneller Darstellungsmodus (nur CGA)
/FULL	Vollständiges Backup, Dateien als gesichert markieren.
/FULLERASE	Vollständige Sicherung, Band vor der Sicherung löschen.
/IM	Maus nicht verwenden.
/IN	Standardfarbschema benutzen.
/INC	Inkrementelle Sicherung an vollständige Sicherung anhängen.
/LCD	LCD-Farbschema benutzen.
/LE	Linkshändermodus verwenden (Maustasten vertauschen).
/MONO	Monochrom-Farbschema benutzen.
/MTASK	Schutz vor Dateiänderungen bei Multitasking
/NF	Keine Grafikzeichen verwenden.
/NGM	Standardmauszeiger verwenden.
/NO	Überlagerte E/A nicht benutzen.
/NOECC	Keine Fehlerkorrektur benutzen.
/NONSF	Andere Formatierung
/NOSAVE	Übersicht nicht auf Festplatte speichern.
/PS2	Hardware-Reset der Maus (falls Mauszeiger unsichtbar oder Maus nicht reagiert)
/R	Automatisch im Zurücklese-Modus starten.

/RATE=rate	Zu verwendende Datenrate angeben (rate kann die Werte 1MB, 500KB oder 250KB annehmen und muss vom Controller unterstützt werden).
/SAVE	Übersicht auf Festplatte speichern.
/SEP	Getrennte inkrementelle Sicherung
/SF	Standardformatierung

Hinweis
- PC DOS liegt CPSCHED bei, mit dem Sicherungen automatisch veranlasst werden können.
- Da einige der von CPBACKUP benötigten Dateien automatisch ins DOS-Verzeichnis kopiert werden, muss sich CPBACKUP üblicherweise ebenfalls dort befinden bzw. mit dem SETUP-Programm von PC DOS installiert worden sein, um korrekt zu funktionieren.

CPBDIR
PC DOS ab 6.1

Mit CPBDIR lässt sich die Anzahl der von einer Datensicherung verwendeten Disketten und deren Position ermitteln. Darüber hinaus kann CPBDIR einige weitere Informationen über eine vorhandene Sicherung anzeigen.

Syntax
CPBDIR d: [/X] [/V]

Parameter

d:	Angegebenes Laufwerk verwenden.
/X	Erweiterte Informationen über die Sicherungsdiskette ausgeben.
/V	Diskette prüfen.

CPOS

Konfiguration, DR-DOS ab 7.0

Mit CPOS lässt sich der Cursor an eine neue Bildschirmposition setzen.

Syntax

CPOS zz, ss

Parameter

zz	Nummer der Zeile (1 bis 25, vertikale Cursorposition)
ss	Nummer der Spalte (1 bis 80, horizontale Cursorposition)

CPSCHED

PC DOS ab 6.1

CPSCHED ist ein speicherresidentes Hilfsprogramm für CPBACKUP, das geladen werden muss, wenn automatische Datensicherungen zu planen sind und zu bestimmten Terminen angefertigt werden müssen. Die Zeitplanung der Datensicherung nehmen Sie über das Programm CPBACKUP menügesteuert vor (z.B. AKTION|SICHERUNG PLANEN).

Syntax

CPSCHED [/U] [/LOW]

Parameter

/U	CPSCHED aus dem Speicher entfernen.
/LOW	CPSCHED nicht automatisch in obere Speicherblöcke laden.

CREATE
Extern, DR-DOS ab 7.0

Mit CREATE kann ein neues Stacker-Laufwerk auf einem Wechselmedium (z.B. einer leeren Diskette) erstellt werden. Das zu komprimierende Laufwerk muss angegeben werden. Wenn kein Dateiname für das Stacker-Laufwerk angegeben wird (STACVOL.xxx), wird standardmäßig STACVOL.DSK verwendet. Diese Datei muss sich im Hauptverzeichnis des unkomprimierten Laufwerks befinden.

Syntax
CREATE d:[STACVOL.xxx] [/S=nnn.n[K|M]] [/R=n.n] [/C=n] [/B] [/M]

Parameter

/B	Unterdrückt Bildschirmausgaben (für den Aufruf in Batch-Dateien).
/C=n	Stellt die Blockgröße (n) auf 32, 16, 8 oder 4 KB ein. Der Standardwert ist 8 KB. Verwenden Sie den Wert 32 oder 16, wenn große Blöcke bei Laufwerken mit einer (komprimierten) Kapazität von bis zu 2 GB benötigt werden. Verwenden Sie den Wert 4 nur dann, wenn ansonsten nicht genügend Blöcke für kleine Dateien verfügbar sind.
/M	Monochromanzeige
/R=n.n	Gibt die maximale Größe des Stacker-Laufwerks in Form einer voraussichtlichen Komprimierungsrate (n.n) zwischen 1.0 und 8.0 an. Wenn Sie z.B. Daten mit einer Rate von 4:1 komprimieren wollen, geben Sie /R=4.0 an. Meist liefert der Standardwert 2.0 die besten Ergebnisse.

/S=sss.sK	Legt fest, wie viel Platz (in KB) für die Datei STACVOL.* verwendet werden soll. Wenn 0 angegeben oder /S nicht angegeben wird, wird der gesamte verfügbare Speicherplatz verwendet.
/S=sss.sM	Legt fest, wie viel der nicht belegten Datenträgerkapazität (in MB) für die STACVOL-Datei verwendet werden soll. Wenn 0 angegeben oder /S nicht angegeben wird, wird der gesamte verfügbare Speicherplatz verwendet.

Beispiel

CREATE F: /B
STACKER F:

Diese beiden Befehle erstellen und aktivieren ein Stacker-Laufwerk. Dabei wird F: als Laufwerkbuchstabe angenommen.

CTTY

Intern

Mit CTTY (Change TeleTYpewriter) können Sie das Standard-Ein-/Ausgabegerät wechseln, das wohl ursprünglich einmal ein Fernschreiber als mechanischer Vorläufer unserer Tastaturen und Bildschirme war. Diese beiden Geräte hören unter DOS auf den Dateinamen CON (für Console). Sie können die Eingabeeinheit z.B. auf eine andere Konsole oder eine zusätzliche Eingabeeinheit ändern. Wenn die entsprechenden Geräte nicht vorhanden bzw. an den entsprechenden Schnittstellen nicht richtig angeschlossen sind, lässt sich eine einmal vorgenommene Einstellung nur durch den Neustart des Rechners rückgängig machen.

Syntax

CTTY Einheitenname

Parameter

Einheitenname   kann AUX, CON, PRN, COMn, NUL oder LPTn sein.

6 Alphabetisches Befehlsverzeichnis

Die verschiedenen Abkürzungen, die für die unterschiedlichen Geräteeinheiten stehen, können Sie der folgenden Tabelle entnehmen.

Abkürzung	Bedeutung
AUX	Auxiliary (Erste serielle Schnittstelle)
COMn	Communication Port Nummer (Serielle Schnittstelle)
CON	Console (Bildschirm/Tastatur)
LPTn	Line PrinTer Number (Parallele Schnittstelle Nummer n)
NUL	Nicht vorhandene Schnittstelle, »Schwarzes Loch«
PRN	Printer (Drucker an LPT1)

Beispiele

CTTY AUX
CTTY COM1

Ändert die Ein-/Ausgabe-Einheit von der aktuellen Einheit zu der AUX-(COM1)-Einheit. Wenn Sie dieses Beispiel eingeben und an der ersten seriellen Schnittstelle kein entsprechendes Eingabegerät vorhanden ist, kann nur noch der Rechner neu gestartet werden.

CTTY CON

Ändert eine umgeleitete Eingabe/Ausgabe-Einheit wieder auf die Konsole zurück. (Diese Eingabe muss von der entsprechenden zusätzlich angeschlossenen Eingabeeinheit aus vorgenommen werden.)

CURSOR
Extern, DR-DOS

Bei manchen Bildschirmen lässt sich der Cursor bzw. die Schreibmarke bei der normalen Blinkrate und Anzeigeform schlecht erkennen. Mit dem Befehl CURSOR lässt sich das Aussehen des Cursors beeinflussen. Normalerweise wird der Cursor in Form eines schmalen Unterstrichs angezeigt, während er nach Ausführung des Befehls CURSOR als kleines Rechteck erscheint, dessen Blinkgeschwindigkeit angepasst werden kann.

Syntax
CURSOR [/Snn] [/C] [OFF]

Parameter

/C	Aktiviert die CGA-Emulation, die gegebenenfalls bei CGA-Bildschirmen auftretende Störungen vermeiden hilft.
/Snn	Setzt das Blinkintervall. nn ist ein zweistelliger Dezimalwert, der die Blinkgeschwindigkeit in Vielfachen von 1/20-Sekunden angibt (zulässige Werte sind 1 bis 20, Standard ist 4).
OFF	Deaktiviert das Programm CURSOR und dessen Einstellungen.

Beispiel
CURSOR /S8

Sorgt dafür, dass der Cursor mit einer Geschwindigkeit von 8/20-Sekunden blinkt.

DATAMON
PC DOS ab 6.1, siehe auch UNDELETE

DATAMON ist ein speicherresidentes Programm, das UNDELETE bei der Wiederherstellung versehentlich gelöschter Dateien unterstützen kann. Es lässt sich von der Befehlszeile oder z.B. über die AUTOEXEC.BAT speicherresident laden.

Syntax
DATAMON [/Z]

6 Alphabetisches Befehlsverzeichnis

Parameter

/LOAD	Resident mit den Optionen der .INI-Datei laden.
/LOW	Nicht in UMBs laden.
/S	Data-Monitor-Status abfragen.
/SENTRY-	Löschüberwachung ausschalten.
/SENTRY+	Löschüberwachung einschalten.
/TRACKER-	Löschprotokoll ausschalten.
/TRACKER+	Löschprotokoll einschalten.
/U	Data Monitor aus dem Speicher entfernen.

DATE
Intern

Mit DATE kann das aktuelle Systemdatum angezeigt und geändert werden. Seit DOS 3.3 ändern die Befehle DATE und TIME auch das Datum der batteriegepufferten Systemuhr dauerhaft.

Syntax

DATE [tt.mm.jj]

Parameter

tt	Tagesziffern 1–31
mm	Monatsziffern 1–12
jj	Jahresziffern 80–79 oder 1980–2079

Hinweis

- Welche Trennzeichen sich zwischen Tag, Monat und Jahr verwenden lassen und ob das US-Datumformat (mm-tt-jj) oder das europäische Standardformat verwendet wird, hängt davon ab, ob DOS an die nationalen Gepflogenheiten angepasst wurde (siehe COUNTRY).

Beispiele

DATE

Wird DATE allein eingegeben, wird das gegenwärtige Datum angezeigt. Sie können es anschließend ändern. Durch Betätigen von ⌘ bleibt das Datum unverändert.

DATE 01.01.98

Das Datum kann auf die angegebene Weise auf den 1. Januar 1998 geändert werden.

DBLSPACE(.SYS)

Extern, MS-DOS 6.0 bis 6.2, siehe DRVSPACE(.SYS)

Das MS-DOS beiliegende Programm, mit dem sich Datenträger komprimieren und die mit diesem Programm komprimierten Laufwerke konfigurieren ließen, hieß DBLSPACE (DoubleSpace), der zugehörige Einheitentreiber DBLSPACE.SYS. Nach einem verlorenen Rechtsstreit mit der Firma Stacker nahm Microsoft einige Änderungen vor und benannte DBLSPACE in DRVSPACE. Da sich an der Benutzeroberfläche und der Bedienung aber nichts geändert hat, finden Sie die entsprechenden Informationen bei Bedarf unter DRVSPACE bzw. DRVSPACE.SYS.

DBLBUF(F).SYS

Konfiguration, MS-DOS ab 7.0, DR-DOS 7.0x

Einige SCSI-Plattensysteme arbeiten nicht korrekt mit gewissen Konfigurationen zusammen, so dass sich das System gegebenenfalls aufhängt, wenn Programme in die UMA geladen werden. Dann kann eventuell die Doppelpufferung der Festplattendaten für Abhilfe sorgen. DBLBUFF.SYS lädt den Einheitentreiber für die Doppelpufferung. Üblicherweise erstellen die SETUP-Programme von Windows 9x/Me bei Bedarf eine entsprechende Zeile in der Datei CONFIG.SYS (bzw. aktivieren die Doppelpufferung über den Eintrag DoubleBuffer=1 im Abschnitt [Options] der Datei MSDOS.SYS).

Syntax

DEVICE=[lw:][pfad]DBLBUFF.SYS [/D+]

Parameter

[lw:][pfad]	Gibt die Position der Datei Dblbuff.sys an.
/D+	(MS-DOS) Alle Festplatten-E/A-Vorgänge werden doppelt gepuffert. Standardmäßig erfolgt die Doppelpufferung nur für E/A-Vorgänge, die UMBs betreffen.

Hinweis
- Der Einheitentreiber DBLBUF(F).SYS muss in den konventionellen Speicher geladen werden.
- Achten Sie darauf, dass der Einheitentreiber hier DBLBUFF.SYS (MS-DOS) und dort DBBUF.SYS (DR-DOS) heißt.

DEBUG

Extern, DR-DOS ab 7.0, verschiedene DOS-Versionen

Das einigen DOS-Versionen beiliegende Dienstprogramm DEBUG ist in erster Linie als Testprogramm für die Fehlersuche in kompilierten (in Maschinencode übersetzte) Programmdateien gedacht. Es ist aber auch ein Werkzeug (Tool) zur Erstellung von kleineren Programmen, ein Miniassembler, der auch beim Ausbessern von Maschinenprogrammen gute Dienste leistet. Da für die Arbeit mit DEBUG gewisse intime Kenntnisse des PC vorausgesetzt werden, kann ich Sie an dieser Stelle nur an einschlägige Werke der Assemblerprogrammierung verweisen. DR-DOS 5.0 und 6.0 liegt mit SID ein vergleichbares Programm bei.

DEFRAG
Extern, MS-DOS/PC DOS ab 6.0, DR-DOS siehe DISKOPT

DEFRAG ist ein Dateidefragmentierungsprogramm, das von den Norton Utilities übernommen wurde. Es reorganisiert Dateien auf einem Datenträger, um sie zusammenhängend abzulegen und dadurch die Zugriffsgeschwindigkeit auf die Dateien des Datenträgers zu erhöhen. Zusätzlich können Sie mit DEFRAG Verzeichnisse des Datenträgers nach bestimmten Kriterien sortieren lassen.

Da DEFRAG über eine Benutzeroberfläche nach dem SAA-Standard verfügt, werden die nachfolgend dargestellten Befehlszeilenschalter eigentlich nur benötigt, wenn DEFRAG aus einer Batch-Datei heraus aufgerufen werden soll.

Achtung! Da DEFRAG auf die Strukturen der Verzeichnisse und Datenträger zugreift, kommen ältere Programmversionen nicht mit langen Dateinamen zurecht, wie sie z.B. seit Windows 95 unterstützt werden. Der versehentliche Einsatz veralteter Programme kann den Datenbestand des gesamten betroffenen Datenträgers gefährden. (Die Daten selbst sind dann zwar normalerweise noch vorhanden, die langen Dateinamen und spezielle Dateiattribute werden jedoch zerstört!)

Syntax
```
DEFRAG [Lw:] [/F] [/S[:]folge] [/B] [/H] [/SKIPHIGH]
[/LCD|/BW|/G0]
DEFRAG [Lw:] [/U] [/B] [/H] [/SKIPHIGH] [/LCD|/BW|/G0]
```

Parameter

Lw:	Datenträger, der defragmentiert werden soll. Wird dieses nicht angegeben, defragmentiert DEFRAG das aktuelle Laufwerk.
/B	(Boot) Startet den Rechner nach der Defragmentierung neu.
/BW	Farbschema für Monochrom-Monitore aktivieren.
/F	(Files) Defragmentiert Dateien und beseitigt freie Bereiche zwischen Dateien, so dass alle Daten an den Anfang des Datenträgers kopiert werden.
/G0	Deaktiviert den Grafik-Mauscursor und benutzt den Standard-PC-Zeichensatz anstelle des Grafikzeichensatzes.
/H	(Hidden) Verschiebt auch versteckte Dateien.
/LCD	DEFRAG verwendet ein Farbschema, das für eine gut lesbare Anzeige auf LCD-Bildschirmen sorgt.
/S	(Sort) Steuert, wie die Dateien innerhalb der Verzeichnisse sortiert werden. Ohne diese Option bleibt die aktuelle Reihenfolge bestehen. Der Doppelpunkt (:) muss nicht mit angegeben werden.
/SKIPHIGH	Lädt DEFRAG in den konventionellen Speicher.
/U	(Unfragment) Fügt Dateifragmente so zusammen, dass die Dateien zusammenhängend abgelegt werden. Freie Bereiche zwischen Dateien werden dabei nicht beseitigt.

Die folgende Liste enthält die Werte, die beim Schalter /S zur Festlegung der Reihenfolge der Sortierung angegeben werden können. Die Werte lassen sich kombinieren, wenn sie direkt hintereinander geschrieben werden (ohne trennende Leerzeichen).

D-	Sortiert nach Datum und Uhrzeit; älteste zuerst.
D	Sortiert nach Datum und Uhrzeit; neueste zuerst.

E	Sortiert in alphabetischer Reihenfolge nach Erweiterung.
E-	Sortiert in umgekehrter alphabetischer Reihenfolge nach Erweiterung (Z bis A).
N	Sortiert in alphabetischer Reihenfolge nach Namen.
N-	Sortiert in umgekehrter alphabetischer Reihenfolge nach Namen (Z bis A).
S-	Sortiert nach Dateigröße; größte zuerst.
S	Sortiert nach Dateigröße; kleinste zuerst.

Hinweise

- DEFRAG befindet sich auch im Lieferumfang von Windows 95. Allerdings handelt es sich dabei um ein Windows-Programm, das abweichende Optionen zur Verfügung stellt und naturgemäß mit den langen Dateinamen der VFAT-Erweiterung des FAT-Dateisystems keine Probleme hat.
- *Tipp!* Die Defragmentierung kann insbesondere bei langsamen, sehr vollen oder großen Festplatten Stunden dauern. Wenn Ihnen genug Platz auf anderen Festplattenlaufwerken zur Verfügung steht, geht es meist deutlich schneller, wenn die Daten auf ein anderes Laufwerk kopiert, die Originaldateien gelöscht und die Daten anschließend wieder zurück kopiert werden. (Den »Papierkorb« sollten Sie gegebenenfalls zuvor und die Kopie der Daten auf dem anderen Laufwerk anschließend löschen.) Da die Daten dabei auf ein leeres Laufwerk kopiert werden, werden sie dort zusammenhängend (unfragmentiert) gespeichert.

Beispiel

```
DEFRAG C: /F /SD- /B /SKIPHIGH
```

Lädt DEFRAG in den konventionellen Speicher, reorganisiert das Laufwerk C: und sortiert die Dateien nach deren Erstellungsdatum (ältere zuerst). Abschließend wird der Rechner neu gebootet.

DEL/ERASE
Intern

DEL (delete), das mit ERASE (oder unter DR-DOS auch mit dessen Kurzform ERA) identisch ist, löscht Dateien von Datenträgern, wie z.B. Festplatten oder Disketten. Es lassen sich einzelne Dateien oder Dateigruppen angeben. Seien Sie vorsichtig im Umgang mit DEL, denn es wird (von einigen Ausnahmen abgesehen) beim Ausführen des Befehls keine weitere Sicherheitsabfrage gestellt.

Syntax
DEL [D:]Datei [/P] [/S]

Parameter

Datei	Name der zu löschenden Datei(gruppe). Der Name kann sowohl Pfadangaben als auch Platzhalter (Joker: ? und *) enthalten.
D:	Angabe des Laufwerks, auf dem die bezeichneten Dateien gelöscht werden sollen.
/P	(Prompted) Wird dieser Zusatz angegeben, fragt das Programm bei jeder Datei nach, ob diese gelöscht werden soll oder nicht.
/S	(DR-DOS) Erfasst auch Dateien mit gesetztem Systemattribut.

Hinweise

- Die von Dateien belegten Datenträgerbereiche werden von DEL nicht gelöscht. Es wird lediglich das erste Zeichen des Dateinamens überschrieben und der von den Daten belegte Platz wird für die neuerliche Benutzung freigegeben. Solange keine anderen Dateien an den entsprechenden Stellen auf dem Datenträger Festplatte gespeichert werden und die Daten gelöschter Dateien überschreiben, lassen sich die Daten mit entsprechenden Dienstprogrammen wieder herstellen.

- UNDELETE von Central Point Software (PC Tools) ist im Lieferumfang von MS-DOS 5.0 bis 6.22 enthalten und auch DR-DOS stellt gewisse entsprechende Möglichkeiten zur Verfügung (DELWATCH, UNDELETE usw.).

Beispiele

DEL C:\PROGRAMS\DEMO.EXE

Löscht die Datei DEMO.EXE aus dem Verzeichnis PROGRAMS auf dem Laufwerk C:.

DEL .

Vorsicht! Löscht alle Dateien des aktuellen Verzeichnisses, die nicht durch entsprechende Attribute geschützt sind.

DEL *.TXT \P

Löscht alle Dateien mit der Erweiterung .TXT aus dem aktuellen Verzeichnis und fragt bei jeder Datei nach, ob diese gelöscht werden soll.

DEL C:\TEMP

Löscht alle Dateien aus dem Verzeichnis TEMP. (Erfasst keine geschützten Dateien und auch keine gegebenenfalls vorhandenen Unterverzeichnisse.)

DELOLDOS

Extern, MS-DOS 5.0 bis 6.22

Das SETUP-Programm legt ab MS-DOS 5 bei der Installation auf der Festplatte Verzeichnisse namens OLD_DOS.1 usw. an, die mit DELOLDOS gelöscht werden können. Abschließend löscht DELOLDOS (DELete OLd DOS) sich selbst, so dass Sie diesen Befehl nur ein einziges Mal aufrufen können.

Syntax

DELOLDOS

DELPURGE
Extern, DR-DOS ab 6.0

DELPURGE gibt Speicherplatz auf Datenträgern frei, der von löschbaren Dateien belegt wird, die durch den Befehl DELWATCH gesichert wurden. DELPURGE entspricht dem Leeren des Papierkorbs unter Windows.

Syntax

DELPURGE Datei [/A] [/L] [/S] [/P] [/D:datum|-nn] [/T:zeit]

Parameter

Datei	Datei oder Dateigruppe, die endgültig gelöscht werden soll.
/A	Entfernt die angegebenen Dateien, ohne zuvor zur Bestätigung aufzufordern.
/D:datum oder /D:-nn	Entfernt jene Dateien endgültig, die vor oder am angegebenen Datum (bei Angabe eines Datums) oder vor mehr als nn Tagen gelöscht wurden.
/L	Führt die gelöschten Dateien auf, ohne sie endgültig zu entfernen.
/P	Pause nach jeweils einer ganzen Bildschirmseite.
/S	Entfernt auch Dateien in Unterverzeichnissen des angegebenen Verzeichnisses.
/T:zeit	Entfernt nur die Dateien, die vor der angegebenen Zeit gelöscht wurden.

Beispiel

DELPURGE *.BAK /S

...baren Dateien mit der Erweiterung .BAK im Hauptverzeichnis und Unterverzeichnissen des Laufwerks C:.

DELQ
Intern, DR-DOS

Die Befehle DELQ und ERAQ sind identisch. Beide löschen Dateien und fragen (query) bei jeder Datei nach, ob diese gelöscht werden soll oder nicht. DELQ und ERAQ sind insbesondere nützlich, wenn die Platzhalter * und ? verwendet werden.

Syntax

DELQ dateibez [/S]

Parameter

/S Schließt Dateien mit gesetztem Systemattribut mit ein.

Beispiel

DELQ *.DOC

Bei diesem Befehl werden Sie jeweils gefragt, ob die Datei des Typs .DOC im aktuellen Verzeichnis gelöscht werden soll oder nicht.

DELTREE
Extern, MS-DOS 6.0 bis 6.22, PC DOS, DR-DOS

DELTREE löscht ein Verzeichnis, dessen Unterverzeichnisse sowie alle Dateien, die sich darin befinden. Dabei nimmt es keinerlei Rücksicht auf ggf. gesetzte Dateiattribute, löscht also auch versteckte Dateien, Systemdateien und Dateien, die mit dem Nur-Lesen-Attribut versehen sind.

Syntax

DELTREE [/Y] [Name]

Parameter

/Y	Unterdrückt die normalerweise angezeigte Abfrage, ob das Löschen des angegebenen Verzeichnisses tatsächlich durchgeführt werden soll.
Name	Hier geben Sie den Namen des Verzeichnisses an, das Sie löschen möchten. Der Name kann Laufwerkangaben enthalten.

Hinweise

- DELTREE sollte mit Umsicht verwendet werden, da dieser Befehl wirklich alles im angegebenen Verzeichnisbaum löscht. Das heißt, es werden auch versteckte und schreibgeschützte Dateien ohne Rücksicht auf Verluste gelöscht.
- In den DOS-Versionen bis 5.0 müssen Sie anstelle von DELTREE eine Kombination der Befehle DEL und RD (und gegebenenfalls ATTRIB) verwenden.

Beispiele

DELTREE C:\HILFE

Löscht alle Dateien, Unterverzeichnisse sowie das angegebene Verzeichnis \HILFE auf dem Laufwerk C:. Vor dem Löschvorgang wird noch einmal um eine Bestätigung gebeten.

DELWATCH

Extern, DR-DOS ab 6.0

DELWATCH ist ein speicherresidentes Programm, das Dateien beim Löschen sichert. Bei der Wiederherstellung gelöschter Dateien benutzt UNDELETE die Informationen von DELWATCH. DELWATCH begrenzt die Anzahl der zu sichernden löschbaren Dateien standardmäßig auf 200, lässt sich aber auch anders konfigurieren. Wenn DELWATCH verwendet wurde, steht der von wiederherstellbaren Dateien belegte Platz nicht zur Verfügung. Dieser kann aber mit DELPURGE freigegeben werden.

DELWATCH

DELWATCH lässt sich am besten mit dem SETUP-Programm oder über eine Zeile in der Datei AUTOEXEC.BAT installieren und konfigurieren.

Syntax

DELWATCH [/HI|/HD] [d:] [/B:nnn] [/D] [/E:typ[+typ...]]
[/F:nnn|/F:ALL] [/MBspeicher[-]] [/MBX-] [/MPspeicher[-]]
[/MRspeicher[-]] [/O:typ[+typ...]] [/S] [/U]

Parameter

d:	Laufwerk
/D	Deaktiviert DELWATCH für ein angegebenes Laufwerk.
/HI	Zeigt Hilfeinformationen über die Installationsoptionen an.
/HD	Zeigt Hilfeinformationen über die Aktivierungs- und Deaktivierungsoptionen an.
/S	Zeigt den aktuellen Status von DELWATCH an.
/U	Entfernt DELWATCH (wenn es für keine Laufwerke aktiviert ist).

Die folgenden Schalter lassen sich nur verwenden, wenn DELWATCH speicherresident geladen ist.

/MPspeicher	Sorgt dafür, dass DELWATCH speicherresident in den angegebenen Speicher geladen wird (/MPX: Zusatzspeicher mit DPMS, /MPU: UMA, /MPL: konventioneller Speicher). Ist der angegebene Speicher nicht verfügbar, wird DELWATCH nicht installiert. Wird /MPX-, /MPU- oder /MPL- angegeben, darf DELWATCH den angegebenen Speichertyp nicht verwenden.
/MRspeicher	Sorgt dafür, dass der Eintrittscode für den Real Mode in den angegebenen Speichertyp geladen wird. Die möglichen Werte entsprechen denen beim Schalter /MP.
/MBX-	Sorgt dafür, dass kein XMS-Speicher für Laufwerkdatenpuffer verwendet wird.

6 Alphabetisches Befehlsverzeichnis

Die folgenden Schalter sind nur wirksam, wenn DELWATCH installiert ist und dazu verwendet wird, um es für bestimmte Laufwerke zu aktivieren oder zu deaktivieren.

/B:nnn	Legt fest, wie viele Dateien desselben Namens im DELWATCH-Verzeichnis gesichert werden. Standardwert ist 1, der Maximalwert ist 65535.
/E:typ[+typ...]	Sichert keine Dateien der angegebenen Dateitypen. Es können maximal 10 Dateitypen angegeben werden. (* und ? sind zulässig.)
/F:nnn|ALL	Legt die maximale Anzahl nnn der zu sichernden Dateien fest. Standardwerte sind 200 (20 für Disketten), Maximalwert ist 65535 (nur durch Datenträgerkapazität beschränkt). Wenn ALL angegeben wird, werden bei erschöpfter Kapazität des Datenträgers keine Dateien entfernt. Dann wird /B gegebenenfalls ignoriert.
/MBspeicher	Legt die Art des für den Laufwerkdatenpuffer verwendeten Speichers fest (/MBX für Zusatzspeicher mit DPMS, /MBU für UMA, /MBL für konventionellen Speicher). XMS-Speicher kann dabei nicht verwendet werden, wenn bei der Installation /MBX angegeben wurde. Wenn die angegebene Speicherart nicht vorhanden ist, wird DELWATCH nicht aktiviert. Wird /MBX-, /MBU- oder /MBL- angegeben, darf DELWATCH den angegebenen Speicher nicht verwenden.
/O:typ[+typ...]	Sichert nur Dateien des angegebenen Dateityps. Es lassen sich maximal 10 Dateitypen angeben. (* und ? sind zulässig.)

Beispiel

DELWATCH C: /E:BAK+TMP /F:500

Installiert DELWATCH für Laufwerk C: und sichert maximal 500 gelöschte Dateien, außer jenen mit den Dateitypen .BAK und .TMP. Wenn 500 Dateien für Laufwerk C: gesichert wurden, werden jeweils die ältesten Dateien endgültig gelöscht.

DEVICE
Konfiguration

Mit DEVICE lassen sich Einheitentreiber installieren, die nicht automatisch eingerichtet werden. Dabei kann es sich z.B. um eine Maus (vgl. MOUSE.SYS), virtuelle Laufwerke im Arbeitsspeicher (RAMDRIVE.SYS, VDISK.SYS), Treiber für erweiterte Ausgabefunktionen (ANSI.SYS, DISPLAY.SYS, PRINTER.SYS) oder Speichererweiterungen (HIMEM.SYS, EMM386.EXE) handeln.

Mit den verschiedenen DOS-Versionen werden unter anderem folgende Einheitentreiber geliefert:

Einheitentreiber	Funktion
ANSI.SYS	Unterstützung der ANSI-Terminalemulation
DISPLAY.SYS	Unterstützt das Wechseln von Codeseiten (Zeichenumsetztabellen) für Bildschirme.
DRIVER.SYS	Erstellt ein logisches Laufwerk, über das auf den Treiber eines physischen Datenträgers zugegriffen werden kann, und eignet sich zum Festlegen von Parametern für Laufwerke, die vom ROM-BIOS des Computers nicht unterstützt werden. (Z.B. Einrichtung eines zusätzlichen logischen Diskettenlaufwerks)

6 Alphabetisches Befehlsverzeichnis

Einheitentreiber	Funktion
EMM386.EXE	(Vor MS-DOS 5.0: EMM386.SYS) Emulation von EMS (Expansionsspeicher) im Erweiterungsspeicher und ermöglicht den Zugriff auf den hohen Speicherbereich von Computern, die zumindest mit einem 80386-Prozessor und mit XMS ausgestattet sind.
HIMEM.SYS	Verwaltet die Nutzung des XMS bei Rechnern, die mit mindestens einem 80286-Prozessor und Erweiterungsspeicher ausgestattet sind.
POWER.EXE	Reduziert den Stromverbrauch in Leerlaufzeiten von Anwendungen und Geräten.
PRINTER.SYS	Codeseiten für Parallelschnittstellen
RAMDRIVE.SYS	Dient der Einrichtung virtueller Laufwerke im Arbeitsspeicher.
SETVER.EXE	Spiegelt Programmen andere als die tatsächliche DOS-Versionsnummer vor.
SMARTDRV.EXE	Lädt den Einheitentreiber SMARTDRV.EXE, mit dem die Doppelpufferfunktion für SCSI-Festplatten aktiviert wird.
VDISK.SYS	Virtuelles (Speicher-)Laufwerk

Syntax
DEVICE=[d:][Pfad]Datei [Argument]

Parameter

Datei	Der Name des Einheitentreibers mit Erweiterung. Der Zugriffspfad muss angegeben werden, wenn sich die Datei nicht im Hauptverzeichnis befindet.
Argument	Zusätzliche Parameter für das jeweilige Steuerprogramm, siehe dort.

Hinweise
- PC DOS 7 enthält den Befehl DYNALOAD und DR-DOS 7.03 den Befehl DEVLOAD, mit denen Einheitentreiber auch nachträglich geladen werden können, ohne dass dazu die Datei CONFIG.SYS geändert und der Rechner neu gestartet werden müsste.
- Die Einheitentreiber COUNTRY.SYS und KEYBOARD.SYS dürfen nicht in DEVICE/DEVICEHIGH-Zeilen geladen werden.
- Denken Sie daran, dass jeder Treiber Platz im Hauptspeicher beansprucht, und laden Sie nur die unbedingt notwendigen Steuerprogramme.

Beispiel
DEVICE=C:\DOS\DRIVER.SYS /d:0 /f:0 /h:2 /s:9 /t:40

Richtet auf einem AT mit einem 1,2-MB-Laufwerk A: ein zusätzliches logisches 360-KB-Laufwerk ein.

DEVICEHIGH
Konfiguration, MS-DOS/PC DOS ab 5.0, DR-DOS ab 7, siehe HIDEVICE

Mit DEVICEHIGH können Gerätesteuerprogramme in die UMA geladen werden. Sofern für die zu ladenden Programme in der UMA nicht genügend Speicherplatz zur Verfügung steht, lädt DOS diese in den konventionellen Speicher, als ob Sie nicht DEVICEHIGH, sondern DEVICE verwendet hätten.

Syntax
DEVICEHIGH=Steuerprogramm [Parameter]

Wenn der Bereich angegeben werden soll, in den das Programm geladen wird, verwenden Sie:

DEVICEHIGH [[/L:Bereich[,minGr] [/S]]=Steuerprog [Parameter]

Parameter

Steuerprog	Name des in die UMA zu ladenden Einheitentreibers. Dieser kann Laufwerkbezeichnung und Pfadnamen beinhalten.
Parameter	Parameter, die an den Einheitentreiber übergeben werden.
/L:Bereich [,minGr]	(MS-DOS) Mit /L können Programme in bestimmte Speicherbereiche, die über Bereich angegeben werden, geladen werden. (Durch Semikolons getrennt lassen sich auch mehrere Bereiche angeben.) minGr legt fest, wie viel Speicher (in Byte) mindestens im UMA verfügbar sein muss. Ist weniger Speicher verfügbar, wird der Treiber in den konventionellen Speicher geladen.
/S	Verkleinert den UMB beim Laden des Programms auf seine Minimalgröße. Diese Option wird normalerweise nur von MEMMAKER verwendet. /S ist nur in Verbindung mit /L und UMBs zulässig, für die minGr angegeben ist.

Hinweise

- DEVICEHIGH lässt sich nur verwenden, wenn zuvor HIMEM.SYS und/oder ein anderer Einheitentreiber für die Nutzung der UMA installiert wurde. EMM386.EXE eignet sich für Rechner ab dem 80386-Prozessor. Für 80286-Rechner wird ein solches Steuerprogramm nicht mit MS-DOS geliefert. (Bei DR-DOS eignet sich HIMEM.SYS für 80286- und EMM386.EXE für 80386-Rechner.)
- Der von einem Einheitentreiber benötigte Speicher lässt sich ermitteln, indem Sie den Treiber über DEVICE= in den konventionellen Speicher laden und anschließend MEM mit entsprechenden Zusatzparametern nutzen.
- Da ein Programm, das mit /L geladen wird, nur die angegebenen Speicherbereiche verwenden kann, sollten Sie den Einsatz dieser Option MEMMAKER überlassen.

Beispiel

DEVICEHIGH=C:\DOS\MOUSE.SYS

Lädt das Maussteuerprogramm in die UMA. Dazu muss zunächst einmal in der UMA genügend Speicherplatz zur Verfügung stehen. Darüber hinaus müssen die folgenden (oder ähnliche) Anweisungen vorher in der CONFIG.SYS enthalten sein:

DEVICE=C:\DOS\HIMEM.SYS
DEVICE=C:\DOS\EMM386.EXE
DOS=UMB

DEVLOAD
Extern, DR-DOS 7.03, siehe DYNALOAD

DEVSWAP.COM
Extern, DR-DOS 6.0, SuperStor

DEVSWAP.COM ist ein Gerätetreiber, der von SuperStor benötigt wird, um Zuweisungen von Laufwerksbuchstaben für komprimierte Laufwerke zu ändern. SSTORDRV.SYS weist komprimierten Laufwerken automatisch Laufwerkbuchstaben zu, die mit DEVSWAP.COM neu zugewiesen werden, so dass auf komprimierte Daten über andere als die von SSTORDRV.SYS zugewiesenen Laufwerksbuchstaben zugegriffen werden kann.

DEVSWAP.COM muss nach SSTORDRV.SYS geladen werden. Die entsprechenden Einträge in die CONFIG.SYS werden von den Programmen SETUP und SSTOR vorgenommen.

Hinweis

- DEVSWAP.COM gehört zwar zum Lieferumfang von SuperStor, das mit Novell DOS 7 von Stacker abgelöst wurde, befindet sich aber auch bei DR-DOS 7.03 (im Unterschied zu SSTORDRV.SYS) noch in dessen Lieferumfang.

DIR (DR-DOS)
Intern

DIR zeigt den Inhalt eines Verzeichnisses auf Platte/Diskette an. Dabei unterscheiden sich die Parameter bei der DR-DOS-Variante des Befehls recht deutlich von der MS-DOS/PC DOS-Variante, so dass sie hier separat dargestellt werden.

Syntax
DIR [ersatzspez] [/W|/L|/2] [/D|/S|/A] [/N] [/P] [/R|/C]

Parameter

/A	Zeigt alle Dateien an.
/C	Speichert die angegebenen Schalter als Vorgabe für nachfolgende Aufrufe des DIR-Befehls. Wenn Sie einen Schalter laufend verwenden, sollten Sie einen entsprechenden Befehl in die AUTOEXEC.BAT mit aufnehmen.
/D	(Standard) Es werden nur Dateien angezeigt, deren Systemattribut nicht gesetzt ist.
/L	(Standard) Zeigt Dateigröße sowie Datum und Uhrzeit der letzten Änderung an.
/2	Wie /L, allerdings wird die Dateiliste zweispaltig ausgegeben.
/N	Keine seitenweise Anzeige (wenn /P als Vorgabe gespeichert wurde).
/P	Pause nach jeweils einer vollen Bildschirmseite.
/R	Speichert die angegebenen Schalter (wie /C) als Standard, gibt dabei aber auch die entsprechende Dateiliste aus.
/S	Zeigt alle Dateien mit gesetztem Systemattribut an.
/W	Breite Ausgabe. Zeigt nur Dateinamen und Verzeichnisnamen an.

Hinweise

- DR-DOS unterstützt die Umgebungsvariable DIRCMD nicht. Das Standardverhalten des DIR-Befehls wird hier mit /C gespeichert.
- Die erweiterten Möglichkeiten des DIR-Befehls der jüngeren MS-DOS/PC DOS-Versionen stellt unter DR-DOS XDIR zur Verfügung.

Beispiel

DIR *.BAT /L /P /A /R

Gibt eine Liste *aller* Dateien und Verzeichnisse mit der Erweiterung .BAT im aktuellen Verzeichnis des aktuellen Laufwerks aus. Dateien mit gesetztem Systemattribut werden mit ausgegeben. Nach jeweils einer vollen Bildschirmseite wird die Anzeige angehalten und erst nach einem Tastendruck fortgesetzt. Die im Befehl gesetzten Schalter werden für nachfolgende DIR-Befehle als Standardvorgabe beibehalten.

DIR (MS-DOS/PC DOS)

Intern

DIR zeigt eine Liste der in Verzeichnissen enthaltenen Dateien an. Über DIR können Sie sich Dateinamen, Erstelldatum, Dateigröße in Bytes und den noch auf der Diskette vorhandenen freien Platz anzeigen lassen.

Syntax

DIR [Datei] [/Z]

Parameter

Datei Beschreibung der aufzulistenden Dateien. Platzhalter (* und ?) sind zulässig. Wird kein Laufwerk, Pfad oder Dateiname angegeben, werden alle Dateien des aktuellen Verzeichnisses auf dem aktuellen Laufwerk aufgelistet.

/Z steht für eine beliebige zulässige Kombination der nachfolgend erläuterten Zusatzeingaben.

/Aattr	Zeigt nur diejenigen Dateien an, die über das angegebene Dateiattribut verfügen. Mögliche Kürzel für das gewünschte Attribut sind: H(idden:Verborgen), A(rchive), S(ystem), R(ead-Only: schreibgeschützte Dateien) und D(irectory: Verzeichnisse) Durch Voranstellen eines Minuszeichens wird die Bedeutung der Kürzel umgekehrt, so dass z.B. /A-H alle nicht versteckten Dateien anzeigt.
/B	Listet die Dateinamen ohne weitere Informationen auf.
/C[H]	Gibt die Kompressionsrate (bei einer Clustergröße von 8 KB) für Dateien aus, die mit DBLSPACE (MS-DOS 6.0/6.2) bzw. DRVSPACE (MS-DOS 6.22) komprimiert wurden. Bei Angabe von /CH erfolgen die Berechnungen auf Basis der tatsächlichen Clustergröße des Hostlaufwerks. Bei Angabe der Schalter /W oder /B bleibt /C wirkungslos. (/C ist ab MS-DOS 7.0 nicht mehr verfügbar.)
/L	(Lowercase) Die Anzeige erfolgt in Kleinbuchstaben.
/Oorder	Zeigt die Dateien, nach dem angegebenen Kriterium sortiert, an. Für die Sortierreihenfolge (order) sind folgende Kürzel zulässig: N (Name), E (Namenerweiterung), S (Dateigröße – Size), G (Verzeichnisse zuerst), D (Datum) und T (Uhrzeit – Time). Den Kürzeln kann jeweils ein Minuszeichen bzw. einen Bindestrich vorangestellt werden. Dann wird die Sortierreihenfolge umgekehrt.
/P	Pause nach jeweils einer Bildschirmseite.
/S	(Subdirectories) Zeigt auch die in Unterverzeichnissen des angegebenen Verzeichnisses enthaltenen Dateien an.
/V	(Verbose, MS-DOS ab 7.0) Die »geschwätzige« Variante gibt neben der Dateigröße auch den von der Datei (in Abhängigkeit von der Clustergröße) tatsächlich beanspruchten Speicherplatz an.
/W	(Wide) Breite Anzeige mit fünf Dateinamen in einer Zeile. Dabei werden nur Datei- und Verzeichnisnamen angezeigt.

DIR (MS-DOS/PC DOS)

Hinweise

- Über die Umgebungsvariable DIRCMD können Sie mit SET Vorgaben für das Verhalten von DIR festlegen.
- *Achtung!* DIR liefert unter Umständen falsche Angaben. Speziell, wenn DIR meldet, es gäbe keine Dateien auf einem Festplattenlaufwerk, kann dies auch bedeuten, dass MS-DOS lediglich nicht korrekt mit dem Typ des Datenträgers umzugehen weiß. (Insbesondere ist mir dies aufgefallen, wenn Partitionierungsprogramme unbemerkt fehlerhafte Einträge vorgenommen haben, wie z.B. FAT16 anstelle von FAT32.)

Beispiele

DIR A:

Zeigt eine Liste der Dateien des aktuellen Verzeichnisses auf Laufwerk A: an. Dabei werden der Name des Datenträgers, der Dateiname, die Dateinamenerweiterung und die Dateigröße *oder* der Name des Unterverzeichnisses mit dem Vermerk <DIR> und Datum und Uhrzeit der letzten Änderung angezeigt. Wenn lange Dateinamen unterstützt werden, finden Sie den langen Dateinamen in einer weiteren Spalte. Abschließend werden die Zahl der Dateien im aktuellen Verzeichnis und der freie Speicherplatz auf dem Datenträger ausgegeben.

DIR C:\TEXT*.TXT

Zeigt alle Dateien des Verzeichnisses C:\TEXT mit der Erweiterung .TXT an.

DIR C:\SMARTDRV.EXE /S

Zeigt alle Dateien namens SMARTDRV.EXE an, die sich auf der Festplatte C: befinden, spürt also alte Versionen des Cache-Programms auf, so dass sie gelöscht werden können.

DIR ..*.PAS

Hier werden alle Dateien des übergeordneten Verzeichnisses angezeigt, die über die Erweiterung .PAS verfügen. Wenn Sie diesen Befehl vom Hauptverzeichnis aus eingeben, erhalten Sie die Fehlermeldung: *Ungültiges Verzeichnis.*

```
DIR C:\DOS\*.COM /O-D
```
Zeigt Ihnen die Dateien mit der Namenerweiterung .COM, die sich im Verzeichnis \DOS Ihres Festplattenlaufwerks C: befinden, in umgekehrter Reihenfolge, sortiert nach ihrem Erstellungsdatum an, d.h., die ältesten Dateien kommen zuerst.

```
DIR \ /AH-R
```
Zeigt Ihnen alle Dateien des Hauptverzeichnisses des aktiven Laufwerks an, die versteckt und nicht schreibgeschützt sind. Wenn Sie diesen Befehl vom Festplattenlaufwerk C: aus eingeben, sollten Ihnen die Dateien IO.SYS und MSDOS.SYS angezeigt werden.

DISKCOMP
Extern

DISKCOMP(are) vergleicht zwei Disketten spurweise miteinander. Die beiden zu vergleichenden Disketten müssen dasselbe Format und damit dieselbe Kapazität haben. Das Programm können Sie für Disketten, die Sie mit DISKCOPY erstellt haben, benutzen, um zu überprüfen, ob die Kopie auch fehlerfrei ist. Möchten Sie nur einzelne Dateien oder Dateigruppen vergleichen, können Sie dafür FC (File Compare) benutzen. DISKCOMP kann nur für Disketten-, nicht aber für Festplattenlaufwerke benutzt werden.

Syntax
```
DISKCOMP [s: [d:]][/1] [/8] [/A] [/M] [/V]
```

Parameter

s:	Laufwerkname für die erste Diskette (Source). Unter DR-DOS kann hier auch der Name einer Image-Datei angegeben werden.
d:	Laufwerkname für die zweite Diskette (Destination). Unter DR-DOS kann hier auch der Name einer Image-Datei angegeben werden.
/1	Vergleicht nur die erste Seite der Disketten.

/8	Vergleicht nur 8 statt der üblichen 9 oder 15 Sektoren einer Spur.
/A	(DR-DOS) Sorgt dafür, dass der Rechner einen Piepton ausgibt, wenn der Vergleich beendet ist oder wenn die Diskette gewechselt werden muss.
/M	(DR-DOS) Ermöglicht den mehrfachen Vergleich von Image-Dateien mit Disketten. Dann werden Sie jeweils gefragt, ob weitere Disketten verglichen werden sollen.
/V	(DR-DOS) Prüft, ob Disketten oder Image-Dateien korrekt gelesen werden können.

Beispiele

DISKCOMP A: A:

Auf diese Weise werden Disketten verglichen, wenn nur ein Diskettenlaufwerk verfügbar ist. DISKCOMP fordert Sie auf, die Disketten abwechselnd einzulegen. Bei einigen DOS-Varianten müssen Sie dann aber auch nur DISKCOMP ohne Laufwerkbezeichnung oder DISKCOMP A: B: eingeben. Die Vorgehensweise bei der Ausführung des Befehls ist jedoch prinzipiell identisch.

DISKCOMP C:\IMAGES\DOSDISK1.IMG A:

(Nur DR-DOS) Vergleicht die Imagedatei DOSDISK1.IMG im Verzeichnis C:\IMAGES mit der Diskette in Laufwerk A:.

DISKCOPY

Extern

Mit DISKCOPY können Sie den Inhalt kompletter Disketten kopieren. DISKCOPY überschreibt alle auf der Zieldiskette existierenden Daten und speichert die Daten auf der Zieldiskette in der gleichen Reihenfolge wie auf der Originaldiskette. Unter DR-DOS können Sie mit DISKCOPY auch so genannte Image-Dateien von Disketten erstellen. Diese Image-Dateien können dann anschließend auf Diskette kopiert oder anderweitig gesichert (z.B. auf CD-RW) und bei Bedarf wieder auf Diskette übertragen werden.

Syntax

DISKCOPY [S: D:] [/V] [/1] [/A] [/M]

Parameter

S:	(Source) Laufwerk mit der Ursprungsdiskette. Da mit DR-DOS auch Abbilder von Disketten erstellt werden können, kann es sich dort auch um einen Dateinamen handeln.
D:	(Destination) Laufwerk mit der Zieldiskette. Da mit DR-DOS auch Abbilder von Disketten erstellt werden können, kann es sich dort auch um einen Dateinamen handeln.
/1	DISKCOPY kopiert nur die erste Seite der Quelldiskette auf die erste Seite der Zieldiskette.
/A	Sorgt dafür, dass der Rechner einen Piepton ausgibt, wenn ein Kopiervorgang beendet ist oder wenn die Diskette gewechselt werden muss.
/M	(DR-DOS) Ermöglicht das Erstellen mehrerer Kopien einer Quelle. Das Ziel muss ein Laufwerk sein. Wenn die Kopie erstellt worden ist, wird gefragt, ob eine weitere Diskette kopiert werden soll. (MS-DOS/PC DOS fragt automatisch nach, ob eine weitere Kopie erstellt werden soll.)
/M	(MS-DOS/PC DOS; Memory) Bei Verwendung dieses Schalters werden die zu kopierenden Daten nicht auf der Festplatte zwischengespeichert, sondern in den konventionellen Arbeitsspeicher übertragen. /M sollten Sie daher nicht verwenden, wenn eine Festplatte mit genügend freier Kapazität vorhanden ist, da ansonsten Quell- und Zieldisketten häufiger gewechselt werden müssen.
/V	(Verify) Überprüft die Zieldiskette auf Fehler. Dieser Schalter steht nicht in allen DOS-Versionen zur Verfügung.

Hinweise

- Ab MS-DOS/PC DOS 6.2 wird die Festplatte Ihres Rechners zur Zwischenspeicherung der zu kopierenden Daten verwendet, so dass sich (mehrere) Kopien einer Diskette ohne wiederholtes Einlegen der Quelldiskette erstellen lassen. (Bei DR-DOS müssen Sie dazu den Schalter /M angeben.)
- Quell- und Zieldisketten müssen für DISKCOPY die gleiche Speicherkapazität zulassen. Disketten höherer Speicherkapazität werden, sofern möglich, auf die geringere Kapazität formatiert. Wenn Sie z.B. eine 360-KB-Quelldiskette (Double Density) verwenden, wird eine 1,2-MB-Diskette (High Density) auf 360 KB formatiert. Aufgrund unterschiedlicher magnetischer Eigenschaften können alte 360-KB-Laufwerke mit derartigen HD-Disketten aber dennoch nichts anfangen.
- Werden Quell- und Ziellaufwerk nicht angegeben, wird in der Regel zu und von dem aktuellen Standardlaufwerk kopiert.
- Mit speziellen Programmen aus dem Public-Domain- bzw. Shareware-Bereich (z.B. DCOPY) lassen sich auch 3,5-Zoll-Disketten erstellen, bei denen es sich um direkte 1:1-Kopien von 360-KB- oder 1,2-MB-Disketten (5,25 Zoll) handelt. Diese lassen sich problemlos lesen. Schreiben Sie aber keine Daten auf derartige Disketten.

Beispiel

DISKCOPY A: A:

Mit diesem Befehl wird die Diskette im Laufwerk A: kopiert. Sie werden zum Diskettenwechsel bzw. zum Einlegen der Zieldiskette aufgefordert (gegebenenfalls auch zum mehrfachen Wechsel von Quell- und Zieldiskette). Bei der Zieldiskette handelt es sich anschließend um eine genaue 1:1-Kopie der Quelldiskette.

DISKCOPY A: C:\ABZUG\DISKA.IMG

Hier wird die Diskette im Laufwerk A: als Image (bzw. Abzug oder Abbild) in die Datei DISKA.IMG im Verzeichnis C:\ABZUG kopiert. Mit dem Schalter /M können Sie die Datei DISKA.IMG als Quelle für mehrere Diskettenkopien benutzen. Sie können diese Datei auch sichern und nur bei Bedarf wieder Disketten erstellen oder sie mit einem Modem oder über ein Netzwerk auf einen anderen Rechner übertragen.

DISKCOPY C:\ABZUG\DISKA.IMG A:

Mit dieser Befehlsvariante wird die im letzten Beispiel erstellte Imagedatei auf eine Diskette im Laufwerk A: übertragen.

DISKMAP

Extern, DR-DOS ab 6.0

Mit DISKMAP können Informationen über gelöschte Dateien gespeichert werden, die UNDELETE zur Wiederherstellung von Dateien nutzen kann. DISKMAP erstellt eine Kopie der aktuellen Dateizuordnungstabelle (FAT) und legt zu diesem Zweck jeweils Dateien namens DISKMAP.DAT an bzw. aktualisiert sie. Im Unterschied zu DELWATCH wird DISKMAP nicht resident in den Arbeitsspeicher geladen, gewährleistet jedoch auch keine erfolgreiche Wiederherstellung von Dateien. DISKMAP lässt sich über das SETUP-Programm von DR-DOS konfigurieren, um es z.B. bei jedem Systemstart auszuführen.

Syntax
DISKMAP [/D] lw: [lw: ...]

Parameter

lw:	Laufwerk(e), auf das/die DISKMAP angewendet werden soll.
/D	Löscht eine gegebenenfalls vorhandene DISKMAP-Datei und legt eine neue an.

Beispiel
DISKMAP C:

Sichert die Dateizuordnungstabelle des Laufwerks C: in der Datei DISKMAP.DAT.

DISKOPT
Extern, DR-DOS, MS-DOS/PC DOS siehe DEFRAG

DISKOPT optimiert die Belegung eines Datenträgers, so dass Dateien anschließend zusammenhängend gespeichert sind, und defragmentiert dabei den freien Speicherplatz, so dass er sich zusammenhängend am Ende des Datenträgers befindet. Optional kann DISKOPT dabei Dateien gezielt neu anordnen und Verzeichnisse nach bestimmten Kriterien (z.B. Dateiname oder Dateigröße) sortieren. DISKOPT kann entweder über die menügesteuerte Benutzeroberfläche oder von der Befehlszeile aus gesteuert werden.

Syntax
DISKOPT [d:] [/B] [/Mx] [/O] [/Sx]

Parameter

d:	Das zu defragmentierende Laufwerk
/B	Schwarzweiß-Anzeige
/Mx	Angabe der Optimierungsmethode. Dabei kann x die Werte 1 (vollständige Optimierung), 2 (vollständige Optimierung mit Neuordnung der Dateien), 3 (nur Defragmentierung der Dateien), 4 (nur Defragmentierung des freien Speicherplatzes), 5 (nur Sortierung der Verzeichnisse) oder 6 (vollständige Optimierung) annehmen.
/O	Startet die Optimierung sofort gemäß den weiteren Angaben.
/Sx	Angabe von Kriterien für Sortierung der Verzeichnisse. Dabei kann x die folgenden Werte annehmen: a (alphabetisch nach Dateinamen), e (alphabetisch nach Dateityp), d (nach Datum), s (nach Dateigröße) oder n (unsortiert).

DISPLAY.SYS
Konfiguration, DOS ab 3.3

DISPLAY.SYS ermöglicht die Anzeige von internationalen Zeichensätzen auf EGA-, VGA- und LCD-Bildschirmen und damit den Wechsel der Codeseiten für die Ausgabeeinheit (vgl. NLSFUNC und CHCP).

Syntax
```
DEVICE=[d:][Pfad]DISPLAY.SYS CON=(Art[,[cp][,n]])
DEVICE=[d:][Pfad]DISPLAY.SYS CON=(Art[,[cp][,(n,m)]]
```

Parameter

Art	Art des verwendeten Bildschirms. Mögliche Werte sind EGA (für EGA und VGA) und LCD. Für den Parameter Art lassen sich auch die Werte MONO und CGA eingeben, da diese aber ohnehin nur eine Schriftart erlauben, sind diese Werte sinnlos. Wenn nichts angegeben wird, wird die Art des Adapters automatisch ermittelt.
cp	Die Nummer der von Ihrem Rechner hardwareseitig unterstützten Zeichensatztabelle. Üblicherweise ist dies hierzulande entweder 437 oder 850. (Die möglichen Codeseiten finden Sie bei CHCP.)
n	Anzahl Zeichensatztabellen (Codepages), die zusätzlich zu der unter cp angegebenen verfügbar gemacht werden können.
m	Anzahl der untergeordneten Schriftarten, die von der Hardware für jede Zeichensatztabelle unterstützt wird (Vorgabe: 2, wenn EGA; 1, wenn LCD als Art angegeben wird).

Beispiel
```
DEVICE=C:\DOS\DISPLAY.SYS CON=(EGA,437,1)
```
Startet einen Rechner mit EGA- oder VGA-Bildschirm mit der Codeseite 437 und gestattet das Umschalten auf eine weitere Zeichensatztabelle, wie z.B. die multinationale Tabelle 850.

DOS

Konfiguration, MS-DOS/PC DOS ab 5.0, DR-DOS ab 7.0 (siehe HIDOS)

Mit DOS können Sie in der CONFIG.SYS festlegen, dass Teile von MS-DOS in die HMA bzw. in UMBs geladen werden. Dadurch wird Anwendungen im konventionellen Speicher mehr Platz zur Verfügung gestellt.

Syntax
DOS=[HIGH,|LOW,][UMB,|NOUMB,][AUTO|NOAUTO]

Parameter

HIGH|LOW	Bestimmt, ob DOS versucht, eigene Bestandteile in die HMA zu laden. Dies geschieht bei Angabe von HIGH. Vorgabe ist LOW, d.h. DOS wird komplett in den konventionellen Speicher geladen.
UMB|NOUMB	Gibt an, ob versucht werden soll, Teile der Betriebssystemdateien in die UMA bzw. UMBs zu laden. Dies geschieht bei Angabe von UMB. Vorgabe ist NOUMB.
AUTO|NOAUTO	(MS-DOS ab 7.0) Sorgt dafür, dass die Einheitentreiber HIMEM.SYS, IFSHELP.SYS, DBLBUFF.SYS und SETVER.EXE automatisch geladen werden, auch wenn sie nicht explizit in der CONFIG.SYS aufgeführt werden. Bei der Standardeinstellung AUTO ist dies der Fall. Außerdem werden bei AUTO immer die Befehle BUFFERSHIGH, FILESHIGH, FCBSHIGH, LASTDRIVEHIGH und STACKSHIGH verwendet.

Hinweise

- Der Befehl DOS setzt voraus, dass HIMEM.SYS installiert worden ist, um Teile in die HMA auslagern zu können.
- Um Auslagerungen in die UMA zu ermöglichen, muss ein Einheitentreiber (z.B. EMM386.EXE) in der CONFIG.SYS geladen werden.

Beispiele
DOS=HIGH,UMB

Sorgt dafür, dass DOS sowohl HMA- als auch UMA-Speicherbereiche nutzt, sofern dies möglich ist. HIMEM.SYS und/oder EMM386.EXE müssen zuvor geladen worden sein. HIMEM.SYS wird unter DR-DOS nicht benötigt, wenn EMM386.EXE verwendet wird. Unter MS-DOS wird HIMEM.SYS ab Version 7.0 standardmäßig automatisch geladen.

DOSBOOK
Extern, DR-DOS, MS-DOS siehe HELP, PC DOS siehe VIEW

DOSBook ist das Online-Handbuch der DR-DOS-Varianten. Es enthält detaillierte Informationen über alle Aspekte des Betriebssystems, wie z.B. detaillierte Befehlserläuterungen.

Syntax
DOSBOOK [Thema] [/B] [/N]

Parameter

Thema	Angabe eines Befehls, zu dem direkt Hilfe angezeigt werden soll.
/B	DOSBook wird im Schwarzweiß-Modus angezeigt.
/N	Zur Anzeige wird der Standard-Zeichensatz verwendet.

Hinweis
- Anstelle von DOSBOOK können Sie auch HELP eingeben. (Die Datei HELP.BAT, die den Aufruf weiterleitet, enthält ohnehin nur eine wesentliche Zeile: DOSBOOK %1 %2 %3.)

DOSKEY
Extern, MS-DOS/PC DOS ab 5.0, DR-DOS ab 7.0, siehe auch HISTORY

Seit MS-DOS 5 wird ein kleines speicherresidentes Dienstprogramm namens DOSKEY mitgeliefert, das Ihnen unter MS-DOS/PC DOS erweiterte Möglichkeiten zum Editieren der Befehlszeile zur Verfügung stellt, so dass auch länger zurückliegende Eingaben wieder auf den Bildschirm zurückgeholt werden können. (Zu diesem Zweck wird DOSKEY ohne Parameter aufgerufen.)

Unter allen DOS-Versionen lassen sich mit DOSKEY für häufig verwendete Befehlsfolgen so genannte Makros definieren. Makros werden in einem besonderen Puffer gespeichert und gehen beim Neustart des Rechners verloren. Natürlich können Sie Makros aber in Batch-Dateien speichern. Die Definition von Makros mit DOSKEY wird nachfolgend beschrieben.

Syntax
DOSKEY [makroname=[text]] [/REINSTALL] [BUFSIZE=größe]
[/MACROS] [/HISTORY] [/INSERT|/OVERSTRIKE]

Parameter

makroname	Name, der einem Makro zugewiesen werden soll.
text	text steht stellvertretend für die Befehle, die durch das Makro ausgeführt werden sollen.
/BUFSIZE=größe	Ändert die Größe des für Makros verfügbaren Puffers. Die Standardgröße des Puffers ist 512 Byte, die Mindestgröße 256 Byte. /BUFSIZE lässt sich nur beim ersten Aufruf von DOSKEY oder in Verbindung mit /REINSTALL verwenden.
/HISTORY	Zeigt eine Liste aller im Speicher abgelegten, zuvor eingegebenen Kommandos auf dem Bildschirm an.
/INSERT	Schaltet in den Einfügemodus um.

/OVERSTRIKE	Schaltet in den Überschreibmodus um (Standard).
/MACROS	Zeigt eine Liste der verfügbaren Makros an.
/REINSTALL	Löscht alle Makros aus dem Befehlspuffer und installiert DOSKEY neu. Die vorhandene Kopie von DOSKEY wird allerdings nicht aus dem Speicher entfernt, so dass mit jeder Neuinstallation ca. 4 KB RAM zusätzlich belegt werden.

Bei der Definition von Makros stehen einige besondere Zeichenfolgen zur Verfügung:

Zeichenfolge	Funktion
$B	Wird innerhalb von Makros anstelle des Befehlsverkettungsoperators | verwendet.
$G	Wird innerhalb von Makros anstelle des Umleitungsoperators > verwendet. Entsprechend müssen Sie, wenn Sie den Anfügungsoperator >> innerhalb von Makros verwenden wollen, GG schreiben.
$L	Wird innerhalb von Makros anstelle des Umleitungsoperators < verwendet.
$T	Befehlstrennzeichen. Erlaubt mehrere Befehle in einem Makro.
$1-$9	Ersetzbare Parameter. Entspricht den Variablen %1 bis %9 innerhalb von Batch-Dateien.
$*	Steht als Platzhalter für alles, was auf der Befehlszeile nach dem Makronamen folgt, im Unterschied zu den Parametern $1 bis $9, die jeweils nur einen Parameter aufnehmen.

Hinweise

- Um Makros auszuführen, müssen Sie den Namen des Makros direkt hinter der Eingabeaufforderung eingeben. Als Makronamen lassen sich auch die Namen der normalen DOS-Befehle verwenden, so dass Befehle umdefiniert werden können. Wenn Sie dann den Makronamen direkt hinter der Eingabeaufforderung eingeben, wird das Makro aufgerufen; wenn Sie vor dem entsprechenden Namen ein oder mehrere Leerzeichen eingeben, wird der normale DOS-Befehl ausgeführt.
- Neben den oben aufgeführten Tasten(kombinationen) lassen sich mit `Alt`+`F10` alle Makrodefinitionen aus dem Arbeitsspeicher entfernen.
- Dem $-Zeichen kommt innerhalb von Makros eine besondere Bedeutung zu. Wenn Sie das Zeichen selbst innerhalb von Makros verwenden wollen, müssen Sie es daher verdoppeln ($$).
- Mit dem Umleitungsoperator (>) lassen sich die gepufferten Makrolisten und Befehle in eine Datei oder auf einem Drucker ausgeben. Eine solche Datei lässt sich dann auch mit CALL in die AUTOEXEC.BAT einbinden.
- Teilweise lassen sich für die Parameter kürzere Schreibweisen verwenden (z.B. /H und /M).
- Mit einem Texteditor, der die direkte Eingabe von Steuerzeichen zulässt, lassen sich innerhalb von Makros auch ASCII-Steuerzeichen verwenden. Damit lässt sich z.B. ein Warnton über den Lautsprecher oder ein Seitenvorschub auf dem Drucker ausgeben.
- Vereinzelt sind beim Einsatz von DOSKEY unter MS-DOS kleinere Kompatibilitätsprobleme aufgetreten. Wenn es nur um die erweiterten Editiermöglichkeiten geht, gibt es im Public-Domain-Bereich Alternativen (z.B. CED).

Beispiele

DOSKEY /BUFSIZE=1024

Vergrößert den Pufferspeicher für Makros auf 1 KB.

DOSKEY /INSERT

Sorgt dafür, dass beim Editieren der Befehlszeile der Einfügemodus verwendet wird.

DOSKEY MX=XCOPY . A: /M

Erstellt ein Makro unter dem Namen MX, das jeweils die modifizierten Dateien (diejenigen Dateien, deren Archivbit gesetzt ist) auf den Datenträger im Laufwerk A: überträgt.

DOSKEY DS=

Löscht das Makro DS aus dem Arbeitsspeicher.

DOSKEY MREP=REPLACE *.* A: /U $T REPLACE *.* A: /A

Das Makro MREP führt nacheinander die beiden aufgeführten Befehle aus, die zunächst die auf dem Laufwerk A: vorhandenen Dateien aktualisieren und anschließend die auf dem Ziellaufwerk noch nicht vorhandenen Dateien vom Quelllaufwerk auf das Ziellaufwerk übertragen.

DOSSHELL

Extern, MS-DOS 4.0 bis 6.0, PC DOS, DR-DOS siehe VIEWMAX

DOSSHELL startet die grafische DOS-Benutzeroberfläche. Zur DOS-Shell gehören die Dateien DOSSHELL.*, DOSSWAP.EXE, die den intern von der DOS-Shell verwendeten Task-Umschalter enthält, sowie der Einheitentreiber EGA.SYS, der (nur bei heute veralteten EGA-Monitoren) in der CONFIG.SYS installiert werden muss.

Syntax

DOSSHELL [/T|/G[:Aufl[n]]] [/B]

Parameter

/B	Startet die DOS-Shell unter Verwendung eines monochromen Farbschemas.
/G	Startet die DOS-Shell im Grafikmodus.

/T	Startet die DOS-Shell im Textmodus.
:Aufl[n]	Buchstabe (L, M oder H für Low, Medium bzw. High; niedrige, mittlere bzw. hohe Auflösung) und Zahl zur Angabe der Bildschirmauflösung, wenn mehrere Auswahlmöglichkeiten bestehen. (Aufl und n sind hardwareabhängig.) Welche Modi verfügbar sind, erfahren Sie in der DOS-Shell über OPTIONEN|ANZEIGEMODUS.

DPMI

Extern, DR-DOS ab 7.0

Der Befehl DPMI aktiviert bzw. deaktiviert die DPMI-Unterstützung (DOS Protected Mode Interface). Wird kein Parameter angegeben, wird der aktuelle Status von DPMI angezeigt.

Syntax

DPMI [ON|OFF]

Parameter

ON	Aktiviert die DPMI-Unterstützung.
OFF	Deaktiviert die DPMI-Unterstützung.

DPMS

DR-DOS ab 7.0

Der Befehl DPMS (DOS Protected Mode Services) lädt den Einheitentreiber DPMS.EXE und damit die entsprechenden Dienste, die von der Stacker-Plattenkomprimierung, NWCACHE, DELWATCH oder dem Personal NetWare-Server (SERVER.EXE) genutzt werden können, um den von ihnen belegten konventionellen Speicher zu verringern. Mit DPMS können diese Programme im geschützten Modus außerhalb des konventionellen Speichers ausgeführt werden. DPMS aktivieren Sie am besten über das Setup-Programm von DR-DOS. DPMS kann nur geladen werden, wenn zuvor ein Speicherverwaltungsprogramm (EMM386 oder HIMEM) geladen wurde.

DRIVER.SYS
Konfiguration

DRIVER erlaubt die Einrichtung zusätzlicher *logischer* Laufwerke auf vorhandenen *physischen* Laufwerken. Das kann unter Umständen nützlich sein, wenn Sie einen AT mit einem 1,2-MB-Laufwerk besitzen und häufig mit 360-KB-Disketten arbeiten müssen. Auf dem logischen 40-Spur-Laufwerk können Sie die »kleinen« Disketten dann bequem ohne Angabe von Parametern formatieren und bearbeiten.

Notwendig ist der Einsatz dieses Gerätetreibers nur bei älteren Rechnern, die von sich aus noch keine 3,5-Zoll-Laufwerke unterstützen. In diesem Fall müssen Sie die Steuerung mit DRIVER einrichten. Gleiches gilt, wenn Sie vorhaben, in die zurzeit handelsüblichen Geräte ein 2,88-MB-Diskettenlaufwerk einzubauen.

Syntax
DEVICE=[Pfad]DRIVER.SYS /D:nr [/C] [/F:faktor] [/H:anz] [/S:anz] [/T:anz]

Parameter

Pfad	Laufwerk/Zugriffspfad
/D:nr	Die Nummer des physischen Laufwerks, für das der Einheitentreiber installiert werden soll. Diskettenlaufwerke werden von 0 an durchgezählt, d.h. das Laufwerk A: hat die Nummer 0, B: 1 usw.
/C	Das Laufwerk kann einen Medienwechsel erkennen.

/F:faktor	Der Formfaktor hinter F: bestimmt die Laufwerkart und muss dem vorhandenen Laufwerk entsprechen (Standard ist 2). Für faktor lassen sich diese Werte verwenden: 0 (DD-Diskette, 5,25 Zoll), 1 (1,2-MB-Disk, 5,25 Zoll), 2 (720 KB, 3,5 Zoll), 7 (1,44 MB, 3,5 Zoll) und 9 (2,88 MB, 3,5 Zoll).
/H:anz	(Heads) Zahl der Schreib-/Leseköpfe. Standard ist 2 für doppelseitige Disketten.
/S:anz	Zahl der Sektoren pro Spur. Standardwert für 3,5-Zoll-Disketten ist 9, für 320-KB-Disketten 8, für 1,2-MB-5,25-Zoll-Disketten 15, für 1,44-MB-3,5-Zoll-Disketten 18 und für 2,88-MB-3,5-Zoll-Disketten 36.
/T:anz	(Tracks) Zahl der Spuren pro Seite. (Standard: 80, es sei denn, es wurde /F:0 angegeben, dann lautet die Vorgabe 40.)

Hinweise

- Jedes neu definierte logische Laufwerk erhält den nächsten freien Laufwerksbuchstaben. Wenn Sie also zwei Diskettenlaufwerke A: und B: und eine Festplatte haben, werden neue Laufwerke die Buchstaben D:, E: usw. erhalten.
- Beachten Sie, dass die Zuordnung der *logischen* Laufwerkbuchstaben und der *physischen* Nummern durch ASSIGN verändert werden kann.
- Wenn Sie die Parameter eines von der Hardware Ihres Rechners unterstützten Laufwerks ändern wollen, können Sie dazu DRIVPARM verwenden.

Beispiele

DEVICE=C:\DOS\DRIVER.SYS /d:0 /f:0 /h:2 /s:9 /t:40

Richtet auf einem AT mit einem 1,2-MB-Laufwerk A: ein zusätzliches logisches 360-KB-Laufwerk ein. (Die Angaben für /h, /s und /t sind nicht notwendig, da sie den Vorgabewerten entsprechen.)

```
DEVICE=C:\DOS\DRIVER.SYS /d:1 /f:2
```
Konfiguriert ein 720-KB/3,5-Zoll-Laufwerk für einen älteren Rechner. Für die übrigen Parameter gilt entsprechend den Standardwerten: /h:2 /s:9 /t:80.

DRIVPARM

Konfiguration

DRIVPARM ändert die Parameter vorhandener physischer Laufwerke, ohne wie DRIVER ein neues logisches Laufwerk einzurichten. Sie können mit diesem Befehl also die Voreinstellung im ROM Ihres Rechners außer Kraft setzen, wenn Sie z.B. das 1,2-MB-Laufwerk nur als 360-KB-Laufwerk nutzen wollen, vor allem aber, wenn Sie auf älteren PC/XT ohne entsprechendes ROM-BIOS ein 3,5-Zoll-Laufwerk einrichten.

Syntax

```
DRIVPARM=/D:nr [/C] [/F:faktor] [/H:köpfe] [/I] [/N]
[/S:sekt] [/T:spuren]
```

Parameter

/D:nr	Die Nummer des physischen Laufwerks. Diskettenlaufwerke werden von 0 an durchgezählt, d.h., das Laufwerk A: hat die Nummer 0, B: 1 usw. Gültige Werte liegen zwischen 0 und 255.
/C	(Change) Das Laufwerk kann einen Medienwechsel erkennen.
/F:faktor	Der Formfaktor hinter f: bestimmt die Laufwerkart und muss dem vorhandenen Laufwerk entsprechen (Standard ist 2). Für faktor lassen sich diese Werte verwenden: 0 (DD-Diskette, 5,25 Zoll), 1 (1,2-MB-Disk, 5,25 Zoll), 2 (720 KB, 3,5 Zoll), 5 (Festplatte), 6 (Bandlaufwerk), 7 (1,44 MB, 3,5 Zoll), 8 (optische Disk) und 9 (2,88 MB, 3,5 Zoll).

/H:köpfe	(Heads) Zahl der Schreib-/Leseköpfe. Standard ist 2 für doppelseitige Disketten. Gültige Werte liegen zwischen 1 und 99.
/I	Richtet in Geräten, deren ROM-BIOS des Disketten-Controllers keine 3,5-Zoll-Laufwerke unterstützt, ein solches ein.
/N	Muss bei nicht austauschbaren Datenträgern (z.B. Festplatten) angegeben werden.
/S:sekt	Anzahl der Sektoren pro Spur. Der Standardwert ist von /f abhängig. Gültige Werte liegen zwischen 1 und 99.
/T:spuren	(Tracks) Zahl der Spuren pro Seite.

Hinweise

- Beachten Sie, dass die Zuordnung der *logischen* Laufwerke und der *physischen* Nummern durch ASSIGN verändert werden kann.
- Der Befehl DRIVPARM ist nicht in allen Betriebssystemversionen verfügbar.
- Das eingebaute Diskettenlaufwerk muss in der Lage sein, die angegebenen Parameter korrekt umzusetzen. Probleme ergeben sich z.B. zwangsläufig, wenn Sie mehr Spuren angeben, als Ihr Diskettenlaufwerk verkraftet.

Beispiel

DRIVPARM=/d:0 /f:0 /h:2 /s:9 /t:40

Macht aus einem (1,2-MB-)Laufwerk A: ein 360-KB-Laufwerk.

DRMOUSE

Extern, DR-DOS ab 7.03

DRMOUSE ist ein Einheitentreiber für serielle Mäuse und PS/2-Mäuse.

Syntax

DRMOUSE [/P] [/C] [/R0] [/Rnm] [/L] [/U]

Parameter

/C	Serielle Schnittstelle verwenden.
/L	Vertauschung der Maustasten (Linkshändermodus).
/P	PS/2-Schnittstelle verwenden.
/R0	Hardware-Auflösung ermitteln und verwenden.
/Rnm	n und m können Werte zwischen 1 und 9 annehmen und legen die horizontale (n) bzw. vertikale (m) Auflösung fest. (Standard ist R33.)
/U	Treiber aus dem Speicher entfernen.

DRVSPACE
Extern, MS-DOS 6.22

Wenn Sie DRVSPACE ohne Parameter aufrufen, startet die menüorientierte Benutzeroberfläche des Programms, über die Sie die gewünschten Aktionen interaktiv bestimmen können. Beim erstmaligen Aufruf von DRVSPACE gelangen Sie in das SETUP des Programms, über das Sie entweder ein Express- oder ein benutzerdefiniertes Setup vornehmen lassen können.

Syntax
DRVSPACE [/Z]

Parameter
/Z steht für eine beliebige zulässige Kombination der nachfolgend erläuterten Zusatzeingaben.

/AUTOMOUNT	(MS-DOS ab 6.2) Sorgt dafür, dass bei Disketten und anderen auswechselbaren Datenträgern der Datei des komprimierten Laufwerks *nicht* automatisch ein Laufwerkbuchstaben zugeordnet wird.

/CHKDSK	(Nur DOS 6.0) Überprüft die internen Dateistrukturen eines komprimierten Laufwerks. Diese Funktion übernimmt ab MS-DOS 6.2 das Dienstprogramm SCANDISK.
/COMPRESS	Komprimiert einen Datenträger.
/CREATE	Erzeugt ein neues komprimiertes Laufwerk in freien Bereichen eines vorhandenen Laufwerks.
/DEFRAGMENT	Defragmentiert ein mit DRVSPACE komprimiertes Laufwerk.
/DELETE	Löscht ein komprimiertes Laufwerk.
/DOUBLEGUARD	(DOS ab 6.2) Deaktiviert die zusätzlichen Sicherheitsüberprüfungen von DRVSPACE, um Arbeitsspeicher einzusparen.
/FORMAT	Formatiert ein komprimiertes Laufwerk.
/HOST	(DOS ab 6.2) Wechselt den Laufwerkbuchstaben für das angegebene komprimierte Laufwerk in der Datei DRVSPACE.INI. (Der Rechner muss anschließend neu gebootet werden.)
/INFO	Zeigt Informationen über ein komprimiertes Laufwerk an.
/LIST	Zeigt eine Liste der Laufwerke Ihres Rechners an. Die Liste enthält sowohl komprimierte als auch unkomprimierte Datenträger. Lediglich Netzwerklaufwerke werden in der Liste nicht erfasst.
/MOUNT	Stellt eine Zuordnung zwischen der Datei eines komprimierten Laufwerks und einem Laufwerkbuchstaben her.
/RATIO	Ändert die geschätzte Kompressionsrate eines komprimierten Laufwerks.
/SIZE	Ändert die Größe eines komprimierten Laufwerks.
/UNCOMPRESS	(DOS ab 6.2) Dekomprimiert ein komprimiertes Laufwerk.
/UNMOUNT	Löst die Zuordnung zwischen der Datei eines komprimierten Laufwerks und einem Laufwerkbuchstaben auf.

Hinweise

- DRVSPACE.BIN benötigt ca. 33 bis 40 KB konventionellen Speicher, kann aber mit DRVSPACE.SYS nachträglich in die hohen Speicherbereiche verschoben werden.
- Über die Datei DRVSPACE.INI lassen sich die Einstellungen von DRVSPACE ändern.

DRVSPACE.SYS

Konfiguration, MS-DOS 6.22

Verschiebt den Einheitentreiber für komprimierte DRVSPACE-Laufwerke (DRVSPACE.BIN) an seinen endgültigen Platz im Arbeitsspeicher des Rechners. DRVSPACE.BIN ist unter MS-DOS 6.22 (wie auch DBLSPACE.BIN unter MS-DOS 6.0/6.2) neben IO.SYS und MSDOS.SYS Bestandteil des Betriebssystems, gehört mit zu den Systemdateien und wird bei Bedarf automatisch geladen. DRVSPACE.BIN wird vor Einheitentreibern in den Arbeitsspeicher geladen und befindet sich damit erst einmal im konventionellen Arbeitsspeicher. DRVSPACE.SYS lädt den Real-Modus-Treiber in die UMBs.

Syntax
DEVICE=[pfad]DRVSPACE.SYS /MOVE [/NOHMA] [/LOW]
DEVICEHIGH=[pfad]DRVSPACE.SYS /MOVE [/NOHMA] [/LOW]

Parameter

pfad	Laufwerk/Pfad der Datei DRVSPACE.SYS
/LOW	Verhindert, dass DRVSPACE.SYS an den Anfang des konventionellen Speichers geladen wird. Diesen Schalter sollten Sie nur verwenden, wenn Kompatibilitätsprobleme auftreten.

/MOVE	Verschiebt DRVSPACE.BIN im Arbeitsspeicher. Je nachdem, ob DRVSPACE.SYS mit DEVICE oder DEVICEHIGH aufgerufen wird, wird DRVSPACE.BIN an den Anfang des konventionellen Speichers oder in die UMA verschoben, sofern dort ausreichend Platz verfügbar ist.
/NOHMA	Verhindert, dass Teile von DRVSPACE.BIN in die HMA verschoben werden.

Hinweise

- DRVSPACE.BIN ermöglicht den Zugriff auf die mit DRVSPACE komprimierten Laufwerke. Bei Verwendung der Befehle FORMAT oder SYS wird DRVSPACE.BIN automatisch mit auf die Zieldisketten übertragen.
- Während der Installation von DriveSpace wird die CONFIG.SYS automatisch um eine DRVSPACE.SYS-Zeile erweitert.

Beispiel

DEVICEHIGH=C:\DOS\DRVSPACE.SYS /MOVE

Lädt DRVSPACE.SYS aus dem Verzeichnis \DOS der Festplatte C: und verschiebt DRVSPACE.BIN in die hohen Speicherbereiche, sofern dort genügend Platz vorhanden ist.

DYNALOAD

Extern, PC DOS ab 7.0

Mit DYNALOAD lassen sich Gerätetreiber nach bereits erfolgtem Systemstart nachträglich laden, so dass weder die Datei CONFIG.SYS geändert, noch der Rechner neu gestartet werden muss.

Syntax

DYNALOAD dateiname [parameter]

6 Alphabetisches Befehlsverzeichnis

Parameter

dateiname	Name des zu ladenden Einheitentreibers
parameter	Eventuell für den Einheitentreiber erforderliche Parameter

Hinweise

- DYNALOAD prüft nicht die DOS-Version, unter der es ausgeführt wird. Daher lässt sich das Programm auch unter anderen DOS-Versionen zum nachträglichen Laden von Treibern ohne Änderung der Datei CONFIG.SYS und Neustart des Rechners einsetzen.

Beispiele

DYNALOAD C:\TREIBER\OAKCDROM.SYS /D:MSCD0001

Lädt den Treiber OAKCDROM.SYS, der nahezu alle CD-ROM-/DVD-Laufwerke unterstützt, in den Arbeitsspeicher. Der Treiber befindet sich im Beispiel im Ordner TREIBER auf der Festplatte C:. Als Gerätename (device) wird MSCD0001 angegeben. Um die Unterstützung für CD-ROM-/DVD-Laufwerke zu vervollständigen, müssen anschließend noch die CD-ROM-Erweiterungen MSCDEX mit dem angegebenen Gerätenamen geladen werden:

MSCDEX.EXE /D:MSCD0001

E

Extern, PC-DOS ab 6.1; MS-DOS/DR-DOS siehe EDIT

Bei der Konfiguration des Rechners müssen Sie häufiger einfache Textdateien wie CONFIG.SYS, AUTOEXEC.BAT oder Batch-Dateien bearbeiten. Seit MS-DOS 5 steht Ihnen dazu unter allen Betriebssystemversionen ein komfortablerer Editor zur Verfügung. Während dieser unter MS-DOS und DR-DOS EDIT heißt, lautet der Name des Editors von PC-DOS E.

ECHO
Intern, Konfiguration

Mit ECHO lässt sich die Anzeige aller Systemmeldungen unterdrücken, sofern es sich nicht um Fehlermeldungen handelt. Gleichzeitig gestattet ECHO die Ausgabe von Meldungen auf dem Bildschirm, was insbesondere innerhalb von Stapelverarbeitungsdateien (Batch-Dateien) zweckmäßig ist. Unter DR-DOS kann ECHO auch in der CONFIG.SYS verwendet werden.

Syntax

ECHO [ON|OFF]
ECHO [meldung]

Parameter

ON	Einschalten der Anzeigefunktion
OFF	Ausschalten der Anzeigefunktion
meldung	Auszugebende Meldung

Beispiele

@ECHO OFF

Diese Variante des Befehls finden Sie meist am Anfang einer Batch-Datei. Sie schaltet die Anzeige des Aufrufs der über die Batch-Datei auszuführenden Befehle aus. Und auch der Befehl selbst wird wegen des vorangestellten @ nicht angezeigt.

ECHO

Geben Sie nur den Befehl ohne weitere Zusätze ein, wird angezeigt, ob ECHO ein- oder ausgeschaltet ist.

ECHO.

Gibt eine Leerzeile auf dem Bildschirm aus.

ECHO Programm nicht gefunden!!!

Gibt die Meldung »Programm nicht gefunden!!!« auf dem Bildschirm aus.

EDIT

Extern, MS-DOS seit 5.0, PC DOS siehe E, DR-DOS seit 6.0

Bei der Anpassung Ihres Computersystems werden Sie häufiger mit dem Problem konfrontiert, einfache Textdateien wie CONFIG.SYS, AUTO-EXEC.BAT oder Ihre eigenen Batchdateien zu bearbeiten. Seit MS-DOS 5 steht dazu mit EDIT ein komfortabler Ganzseiteneditor mit Menüsteuerung zur Verfügung.

Syntax

EDIT [Datei] [/B] [/G] [/H] [/NOHI]

Parameter

Datei	Name der zu bearbeitenden Datei
/B	Verwendung eines Monochrom-Bildschirms
/G	Schnellstmöglicher Betriebsmodus für CGA-Bildschirme
/H	Maximal unterstützte Zeilenanzahl verwenden (EGA: 43 Zeilen; VGA: 50 Zeilen).
/NOHI	Einsatz eines Bildschirms, der hoch auflösende Modi nicht unterstützt.

EDLIN

Extern, veraltet

EDLIN ist der wenig komfortable Zeileneditor, der älteren DOS-Versionen beilag, und mittlerweile von Ganzseiteneditoren (EDIT, E, EDITOR) abgelöst wurde, die auch unter älteren DOS-Versionen benutzt werden können. Wegen seiner umständlichen und fehlerträchtigen Bedienung sollten Sie auf den Einsatz von EDLIN verzichten.

EMM386.EXE
Konfiguration, MS-DOS/PC DOS ab 4.0, DR-DOS ab 7.0
(vorher: EMM386.SYS)

EMM386.EXE (Expanded Memory Manager for Intel 80386) ermöglicht Zugriff auf den oberen Speicherbereich und verwendet XMS, um EMS zu simulieren. Dieser Einheitentreiber kann auf Rechnern mit einem Prozessor ab dem 80386 verwendet werden. EMM386.EXE ermöglicht es darüber hinaus, Programme und Einheitentreiber in UMBs zu laden.

Syntax

Laden des Einheitentreibers in der CONFIG.SYS:

DEVICE=[Pfad]EMM386.EXE [ON|OFF|AUTO] [speicher] /Z

Aufruf von der Befehlszeile:

EMM386 [ON|OFF|AUTO] [W=ON|W=OFF]

Parameter (MS-DOS/PC DOS)

Pfad	Verzeichnispfad, über den auf die Datei EMM386.EXE zugegriffen werden kann.
speicher	Größe des maximal von EMM386 zur Verfügung gestellten EMS-Speichers in KB. Der Standardwert ist die Größe des freien Erweiterungsspeichers, zulässige Angaben liegen im Bereich zwischen 64 und 32768. (Wenn Sie den Schalter NOEMS angeben, ist der Standardwert 0.) EMM386 rundet den angegebenen Wert auf das nächstkleinere Vielfache von 16 ab.
ON| OFF| AUTO	Legt fest, in welchem Modus EMM386 arbeitet. (ON aktiviert EMM386.EXE, OFF deaktiviert EMM386.EXE, AUTO aktiviert EMM386 nur bei Bedarf.) Dieser Wert kann nach dem Laden von EMM386.EXE beliebig oft geändert werden.

/Z steht für eine beliebige zulässige Kombination der nachfolgenden Zusatzeingaben.

6 Alphabetisches Befehlsverzeichnis

A=doppelregs	Gibt an, wie viele schnelle Doppelregister EMM386 (für Multitasking) verwenden soll. Gültige Werte für doppelregs liegen zwischen 0 und 254. Vorgabe ist 7. Je Doppelregister werden ca. 200 Byte Speicher benötigt.
ALTBOOT	Gibt an, dass EMM386 einen anderen Handler verwenden soll, wenn Sie den Rechner über [Strg]+[Alt]+[Entf] neu starten. Verwenden Sie ALTBOOT nur, wenn der Rechner bei geladener EMM386.EXE abstürzt oder seltsam reagiert, wenn [Strg]+[Alt]+[Entf] gedrückt wird.
B=adresse	adresse gibt hier die niedrigste verfügbare Segmentadresse für das Auslagern der 16-KB-EMS-Speicherseiten an. Gültige Werte liegen zwischen 1000h und 4000h. Standard ist 4000h.
D=nnn	nnn gibt an, wie viel KB Speicher für gepufferte DMA-Speicherzugriffe reserviert werden soll. Vorgabe ist 32. Gültige Werte liegen im Bereich zwischen 16 und 256 KB.
FRAME=Adresse	Bietet die Möglichkeit, die Segment-Basisadresse für den Seitenrahmen (Page-Frame) direkt festzulegen. Gültige Angaben liegen im Bereich zwischen 8000h bis 9000h und C000h bis E000h in 400h-Schritten. Um Expansionsspeicher bereitzustellen und den Seitenrahmen zu deaktivieren, können Sie FRAME=NONE angeben. Diese Einstellung kann jedoch Kompatibilitätsprobleme zur Folge haben.
H=handle	Gibt an, wie viele Dateizugriffsnummern (Handles) EMM386 verwenden kann. Standardwert ist 64, zulässige Werte liegen zwischen 2 und 255.
HIGHSCAN	Sorgt dafür, dass EMM386 den Speicher durchsucht, um festzustellen, welche Bereiche verwendet werden können. Diese Option kann dazu führen, dass der Rechner beim Start hängen bleibt.

EMM386.EXE

I=aaaa-eeee	(Include) aaaa und eeee geben einen Speicherbereich in der UMA an, der von EMM386 für die Speicherseiten verwendet werden kann. Die Segmentadressen müssen hexadezimal angegeben werden und können zwischen A000h und FFFFh liegen. Die Werte werden auf die nächstkleinere 4-KB-Grenze abgerundet. Wenn sich Bereiche überlappen, hat der Parameter X Vorrang vor I.
L=minXMS	Hier können Sie angeben (in KB), wie viel Erweiterungsspeicher nach dem Laden von EMM386 mindestens verfügbar bleiben soll. Standardwert ist 0.
MIN=größe	Gibt die Mindestgröße des von EMM386 zur Verfügung gestellten EMS/VCPI-Speichers (in KB) an. Gültige Werte liegen zwischen 0 und dem Wert des Parameters speicher. Der Standardwert ist 256. Bei Verwendung der Option NOEMS ist der Standardwert 0. Ist MIN größer als Speicher, wird der für Speicher angegebene Wert verwendet.
Mx	Bei x handelt es sich um einen Kennwert für die hexadezimale Basisadresse des Seitenrahmens. Die möglichen Werte lauten: 1 (C000h), 2 (C400h), 3 (C800h), 4 (CC00h), 5 (D000h), 6 (D400h), 7 (D800h), 8 (DC00h), 9 (E000h), 10 (8000h), 11 (8400h), 12 (8800h), 13 (8C00h) und 14 (9000h). Die Kennwerte 10 bis 14 sollten nur für Rechner mit mindestens 512 KB Speicher verwendet werden.
NOBACKFILL	Wenn EMM386 so konfiguriert ist, dass UMBs bereitgestellt werden (durch den Schalter NOEMS oder RAM), erweitert es den konventionellen Speicher bis auf 640 KB. Da Windows jedoch gefüllten konventionellen Speicher nicht unterstützt, muss der Schalter NOBACKFILL verwendet werden, wenn der Rechner weniger als 640 KB konventionellen Speicher hat.

NOEMS	Stellt Zugriffsmöglichkeiten auf die UMA, nicht jedoch auf EMS, zur Verfügung.
NOHI	Normalerweise wird ein Teil von EMM386.EXE in die HMA geladen. NOHI verhindert dies, so dass mehr konventioneller Speicher belegt wird, während mehr Speicher für UMBs verfügbar bleibt.
NOMOVEXBDA	Verhindert, dass EMM386 die Daten des erweiterten BIOS vom konventionellen in den oberen Speicherbereich verschiebt.
NOVCPI	Deaktiviert die Unterstützung für Anwendungen, die auf das VCPI zurückgreifen. NOVCPI muss zusammen mit NOEMS verwendet werden.
Pmmmm	mmmm gibt die Adresse des Seitenrahmens an. Gültige Werte für mmmm sind 8000h bis 9000h und C000h bis E000h in Schritten von 400h.
Pn=mmmm	mmmm gibt die Segmentadresse der Seite n direkt an. Gültige Werte für mmmm sind 8000h bis 9C00h und C000h bis EC00h in Schritten von 400h. Gültige Werte für n liegen zwischen 0 und 255. Für Kompatibilität zum LIM-Standard 3.2 müssen die Segmentadressen der Seiten 0 bis 3 fortlaufend sein.
Q	(Quiet) Unterdrückt die Anzeige von Informationen beim Starten von EMM386.
RAM=mmmm-nnnn	Gibt die Segmentadressen eines Bereichs an, der für UMBs verwendet werden soll und aktiviert die EMS-Unterstützung. Wenn kein Bereich angegeben wird, wird der gesamte verfügbare Erweiterungsspeicher verwendet.

ROM=mmmm-nnnn	Hier kann ein Segmentadressbereich angegeben werden, den EMM386 für Shadow-RAM-Speicher verwendet, in den langsame ROM-Bereiche eingeblendet werden. Gültige Werte für mmmm und nnnn liegen zwischen A000h und FFFFh und werden auf die nächstkleinere 4-KB-Grenze gerundet. Diese Option kann Rechner beschleunigen, die ansonsten kein Shadow-RAM verwenden.
VERBOSE	Veranlasst, dass EMM386 während des Ladens Status- und Fehlermeldungen auf dem Bildschirm anzeigt. Standardmäßig werden nur Fehlermeldungen angezeigt.
W=ON|OFF	W=ON aktiviert die Unterstützung für den mathematischen Coprozessor der Firma Weitek, W=OFF deaktiviert diese. (Standard ist W=OFF.)
WIN=mmmm-nnnn	Reserviert den Bereich zwischen den angegebenen Segmentadressen für Windows. Gültige Werte für mmmm und nnnn liegen im Bereich A000h bis FFFFh und werden auf die nächstkleinere 4-KB-Grenze gerundet. Die Option X hat Vorrang vor der Option WIN. WIN hat Vorrang vor den Optionen RAM, ROM und I.
X=aaaa-eeee	(Exclude) aaaa und eeee legen den Speicherbereich im Upper Memory fest, der nicht von EMM386 für die einblendbaren Speicherseiten verwendet werden soll (vgl. Hinweis). Die Angabe der Segmentadressen muss in hexadezimaler Form erfolgen. Die Adressen können im Bereich zwischen A000h bis FFFFh liegen und werden auf die nächstkleinere 4-KB-Grenze abgerundet. Die Option X hat Vorrang vor I.

Parameter (DR-DOS)

Pfad	Verzeichnispfad, über den auf die Datei EMM386.EXE zugegriffen werden kann.
speicher	Größe des maximal von EMM386 zur Verfügung gestellten EMS-Speichers in KB. Der Standardwert ist die Größe des freien Erweiterungsspeichers, zulässige Angaben liegen im Bereich zwischen 64 und 32768. (Wenn Sie den Schalter NO-EMS angeben, ist der Standardwert 0.) EMM386 rundet den angegebenen Wert auf das nächstkleinere Vielfache von 16 ab.
ON| OFF| AUTO	Legt fest, in welchem Modus EMM386 arbeitet. (ON aktiviert EMM386.EXE, OFF deaktiviert EMM386.EXE, AUTO aktiviert EMM386 nur bei Bedarf.) Dieser Wert kann nach dem Laden von EMM386.EXE beliebig oft geändert werden.

/Z steht für eine beliebige zulässige Kombination der nachfolgend erläuterten Zusatzeingaben.

COMPAQ[=ON|OFF]	Aktiviert bzw. deaktiviert die COMPAQ-Unterstützung. Die Unterstützung ist standardmäßig aktiviert. Verwenden Sie COMPAQ=OFF, wenn Probleme auftreten.
DPMI[=ON|OFF]	Aktiviert die Unterstützung der DPMI-Schnittstelle (DOS Protected Mode Interface).
EXCLUDE= aaaa-eeee[,...]	Schließt die angegebenen Teile des oberen Speicherbereichs von der Verwendung aus. aaaa und eeee geben die Anfangs- bzw. Endsegmentadresse des jeweils auszuschließenden Bereichs an.
FRAME= AUTO|NONE|adresse	Aktiviert die EMS-Emulation. Beim Standardwert AUTO wird der Seitenrahmen eingerichtet, NONE deaktiviert die EMS-Emulation und adresse gibt eine bestimmte Position für den Seitenrahmen an.

GATEA20=typ	Gibt die Art der Handhabung der Adressleitung A20 an. EMM386 erkennt den Rechnertyp zwar normalerweise automatisch. Wenn dies nicht gelingt, können Sie die folgenden Werte für typ manuell einstellen: AT (Standard-ATs), HP (HP Vectra), MCA (MCA/PS/2 oder kompatibel) oder XMS (XMS-Treiber von Fremdherstellern).
INCLUDE= aaaa-eeee[,...]	Gibt Bereiche in der UMA an, die von EMM386.EXE genutzt werden sollen. aaaa und eeee geben die Anfangs- bzw. Endsegmentadresse des jeweils einzuschließenden Bereichs an.
INT15=kb	Reserviert Zusatzspeicher für Programme, die keinen XMS- oder EMS-Speicher verwenden können.
MULTI[=ON|OFF]	Aktiviert bzw. deaktiviert die Multitasking-Unterstützung.
ROM=aaaa- eeee[,...]| AUTO|NONE	Kopiert langsame ROM-Bereiche in schnelles RAM; aaaa und eeee geben die Anfangs- bzw. Endsegmentadresse des jeweils zu kopierenden Bereichs an. AUTO kopiert das gesamte langsame ROM in das RAM, NONE deaktiviert das Kopieren von ROM.
USE=aaaa-eeee	Gibt einen Speicherbereich an, der verwendet werden soll. aaaa und eeee geben die Anfangs- bzw. Endsegmentadresse des zu verwendenden Bereichs an.
VIDEO[=[aaaa-] eeee]	Macht nicht verwendeten Videospeicher für Anwenderprogramme verfügbar, wenn dieser reservierte Bereich nicht von der Grafikkarte verwendet wird.
VXD=pfad	Ermöglicht die Angabe der Position der Datei EMM386.VXD, wenn Windows 3.x im erweiterten Modus verwendet wird.

6 Alphabetisches Befehlsverzeichnis

WEITEK=ON|OFF	Aktiviert bzw. deaktiviert die Unterstützung des Weitek-Koprozessors.
WINSTD	Unterstützung für Windows 3.0 im Standardmodus aktivieren. Für Windows 3.0 im Standardmodus muss der obere Speicherbereich deaktiviert werden.
XBDA	Hält den Datenbereich des erweiterten BIOS (XBDA) im oberen Teil des konventionellen Speichers, wenn dies aus Kompatibilitätsgründen erforderlich ist.

Hinweise

- Die Schalter von EMM386 unterscheiden sich zwischen den verschiedenen Versionen des Steuerprogramms teilweise erheblich.
- Der Einsatz von EMM386 setzt unter MS-DOS/PC DOS den Treiber HIMEM.SYS voraus.
- Viele ältere Versionen von EMM386.EXE (bzw. EMM386.SYS) und HIMEM.SYS weisen kleinere Fehler auf, die zur Ursache einiger »Ungereimtheiten« werden können. Setzen Sie daher möglichst aktuelle EMM386-Versionen ein.
- Um Konflikte mit anderen Programmen, die den gleichen Speicherbereich nutzen, zu vermeiden, sollten Sie EMM386.EXE möglichst am Anfang (unter MS-DOS/PC DOS direkt nach HIMEM.SYS) in der Datei CONFIG.SYS laden.
- Wenn Sie EMM386 nur dazu einsetzen wollen, EMS-Speicher zur Verfügung zu stellen, reicht es meist aus, EMM386 mit Angabe der gewünschten Größe des Expanded Memory aufzurufen.
- Die Angabe von NOEMS ist z.B. sinnvoll, wenn nur für den Zugriff auf die UMBs gesorgt werden soll.
- Die meisten Parameter sollten erst dann eingesetzt werden, wenn es dafür stichhaltige Gründe gibt. (Zum Beispiel müssen bei einigen Grafikkarten Bereiche aus der Verwendung ausgeschlossen werden.)

Beispiele

```
DEVICE=C:\DOS\EMM386.EXE 512
```
Belegt 512 KB des Erweiterungsspeichers für EMS.
```
DEVICE=C:\DOS\EMM386.EXE 512 X=C000-C7FF
DEVICE=C:\DOS\EMM386.EXE 512 EXCLUDE=C000-C7FF
```
Belegt 512 KB des Erweiterungsspeichers für EMS und verhindert gleichzeitig die Benutzung des Bereichs von C000 bis C7FF für das Fenster. Die erste Befehlsvariante gilt für MS-DOS/PC DOS, die zweite für DR-DOS.

EMM386

Wenn EMM386 an der Eingabeaufforderung aufgerufen wird, wird der aktuelle Status des EMM386-Einheitentreibers angezeigt.

```
DEVICE=C:\DOS\EMM386.EXE 4096 MIN=4096
```
(MS-DOS/PC DOS) Diese Variante stellt genau 4096 KB EMS statisch zur Verfügung. Damit gelingt es in der Regel, auch ältere EMS nutzende Programme zum Laufen zu bringen.

ERAQ
Intern, DR-DOS, siehe DELQ

ERASE/ERA
Intern, siehe DEL

EXE2BIN
Extern, Programmentwicklung, verschiedene DOS-Versionen

EXE2BIN wandelt Dateien des Typs .EXE in Binärdateien .BIN oder ausführbare Dateien .COM um. EXE-Dateien haben einen besonderen Vorspann mit einer Umadressierungstabelle. Dieser liefert DOS verschiedene Informationen, die bei Dateien des Typs .COM nicht erforderlich sind. Unter bestimmten Voraussetzungen lassen sich nun z.B. EXE-Dateien in COM-Dateien umwandeln. Letztere werden etwas schneller geladen. Vor diesem Hintergrund ist EXE2BIN eigentlich nur für Programmentwickler von Interesse.

EXIT

Intern, Konfiguration

Viele Programme bieten die Möglichkeit, zwischendurch Befehle des Betriebssystems aufzurufen. Durch Eingabe von EXIT verlassen Sie den zusätzlich aufgerufenen Befehlsinterpreter und kehren zu einem Anwenderprogramm zurück, und zwar genau an die Stelle, an der Sie dieses verlassen haben. Sofern ein Programm nur die Eingabe einzelner Betriebssystembefehle gestattet, können Sie durch einen entsprechenden Aufruf des Befehlsinterpreters COMMAND.COM für längere Zeit auf der Betriebssystemebene verweilen. In vielen Programmen heißt dieser Menüpunkt DOS-SHELL, DOS oder eXtern. Um in das verlassene Programm zurückzukehren, geben Sie EXIT von der Betriebssystemebene aus ein.

Syntax
EXIT

Hinweis
- Unter DR-DOS erzwingt EXIT darüber hinaus den Abbruch der Verarbeitung der CONFIG.SYS und wird insbesondere in Verbindung mit SWITCH und RETURN verwendet.

EXPAND

Extern, MS-DOS 5.0 bis 6.22, PC DOS 5.0 bis 6.3

Auf den Disketten der Update- bzw. Upgrade-Versionen von MS-DOS befinden sich seit der Version 5 die meisten Dateien in komprimiertem

EXPAND

Format. Wenn Sie das Programm SETUP ablaufen lassen, werden diese Dateien automatisch dekomprimiert. Mit EXPAND lassen sich diese gepackten Dateien manuell dekomprimieren.

Syntax

EXPAND Datei [...] Ziel

Parameter

Datei Name einer oder mehrerer Dateien, die expandiert werden soll(en). Platzhalter können dabei nicht verwendet werden. Stattdessen müssen Sie die Namen der zu expandierenden Dateien, getrennt durch mindestens ein Leerzeichen, einzeln aufführen.

Ziel Gibt den neuen Namen oder den Namen eines Laufwerks/ Verzeichnisses an, unter dem bzw. in dem die expandierte(n) Datei(en) abgelegt werden soll(en).

Hinweis

‣ Wenn eine einzelne Datei als Quelle angegeben wird, kann das Ziel ein Dateiname (inklusive Pfadangabe) sein. Um mehrere Dateien zu expandieren, geben Sie nur ein Laufwerk/Verzeichnis als Ziel an. Dabei behalten die expandierten Dateien den ursprünglichen Namen und müssen anschließend umbenannt werden. Die Namen der expandierten Dateien finden Sie üblicherweise auf einer der Installationsdisketten in Dateien mit Namen wie z.B. FILES.TXT, FILELIST.TXT oder PACKING.LST.

Beispiel

EXPAND A:\LABEL.EX_ C:\DOS\LABEL.EXE

Expandiert die Datei LABEL.EX_, die sich auf dem Laufwerk A: im Hauptverzeichnis befindet, überträgt sie auf die Festplatte C: in das Unterverzeichnis \DOS und legt sie dort unter dem Namen LABEL.EXE ab.

EXTRACT
MS-DOS ab 7.0

Mit EXTRACT lassen sich Kabinettdateien (*.CAB) von Windows ab 95 von der Befehlszeile aus extrahieren.

Syntax
```
EXTRACT [/Y] [/A] [/D | /E] [/L dir] cabinet [datei ...]
EXTRACT [/Y] quelle [neuername]
EXTRACT [/Y] /C quelle ziel
```

Parameter

cabinet	Kabinettdatei
datei	Name der Datei, die aus der Kabinettdatei extrahiert werden soll. Platzhalter (* und ?) und auch mehrere, durch Leerzeichen voneinander getrennte Dateinamen können verwendet werden.
quelle	Komprimierte Datei (eine Kabinettdatei, die nur eine Datei enthält).
neuername	Der neue Dateiname, den die extrahierte Datei erhalten soll. Wenn kein Name angegeben wird, wird der ursprüngliche Dateiname verwendet.
/A	Es werden, beginnend mit der ersten genannten Kabinettdatei, alle Kabinettdateien verarbeitet.
/C	Quelldatei an einen Zielort kopieren. (Für Kopien von Disketten im DMF-Format, das Microsoft zeitweise für Original-Programmdisketten verwendet hat.).
/D	Anzeige des Inhalts einer Kabinettdatei. /D sollte zusammen mit einem Dateinamen verwendet werden, damit keine Dateien extrahiert werden.

/E	Wird anstelle von *.* verwendet, um alle Dateien einer Kabinettdatei zu extrahieren.
/L dir	Angabe eines Verzeichnisses für die extrahierten Dateien. Standardmäßig werden die extrahierten Dateien im aktuellen Verzeichnis abgelegt.
/Y	Vorhandene Dateien werden gegebenenfalls ohne Rückfrage überschrieben.

FASTHELP

Extern, MS-DOS/PC DOS ab 6.0

Mit FASTHELP lässt sich sowohl eine Übersichtsliste der verfügbaren Befehle als auch zu einzelnen Kommandos Hilfestellungen auf dem Bildschirm anzeigen.

Syntax

FASTHELP [Befehl]

Parameter

Befehl   Name des Befehls, für den Hilfe angezeigt werden soll.

Beispiele

FASTHELP

Gibt eine Liste mit Kurzbeschreibungen der einzelnen Befehle aus. (Diese befindet sich in der ASCII-Datei DOSHELP.HLP.)

FASTHELP DIR

Zeigt das Befehlsformat und die wichtigsten Optionen des Befehls DIR an. Diese Variante des FASTHELP-Befehls entspricht der Eingabe von DIR /?.

FASTOPEN

Extern, MS-DOS/PC DOS 3.0 bis 6.x, DR-DOS

FASTOPEN ermöglicht einen schnellen Zugriff auf die zuletzt verwendeten Dateien. FASTOPEN ist ein speicherresidentes Programm, das sich merkt, mit welchen Dateien zuletzt gearbeitet wurde und wo diese zu finden sind. Dadurch braucht DOS nicht die Position der Datei vom Datenträger einzulesen. Wenn bestimmte Programme häufig aufgerufen werden müssen, kann der Einsatz von FASTOPEN also vorteilhaft sein. In DR-DOS ist FASTOPEN fest integriert, so dass die entsprechende externe Datei nur aus Kompatibilitätsgründen existiert.

Syntax
```
FASTOPEN D:[=n] [/X]
FASTOPEN D:[=(n,e)] [/X]
INSTALL=[D:][Pfad]FASTOPEN.EXE D:[=n] [/X]
```

Parameter

Pfad	Zugriffspfad auf die Datei
D:	(Drive) Laufwerkbuchstabe
n	Gibt an, wie viele aufgerufene Dateien oder Verzeichnisse sich das Programm merken soll. Zulässig sind Werte zwischen 10 und 999. Standardwert ist 34. Je Datei werden ca. 50 Byte benötigt.
e	Gibt an, wie viele Startadressen von Speicherblöcken einer Datei sich das Programm merken soll. Der Wert kann zwischen 1 und 999 liegen.
/X	Sorgt dafür, dass die Liste im EMS-Speicher geführt wird.

Hinweise
- FASTOPEN bringt nur dann wirklich einen Vorteil, wenn Programme wiederholt Dateien öffnen und schließen, wie dies z.B. für Datenbankprogramme typisch ist. Ansonsten sollte, um Speicher zu sparen,

FASTOPEN nicht installiert werden. Eine Erhöhung des Wertes von BUFFERS liefert möglicherweise bessere Ergebnisse.
- FASTOPEN lässt sich nach dem Rechnerstart nur ein Mal aufrufen. Das Programm kann nur für Festplattenlaufwerke eingesetzt werden.
- FASTOPEN kann z.B. mit FASTOPEN C:=40 D:=40 für mehrere Laufwerke installiert werden.

Beispiele

FASTOPEN C:=100

Das Programm merkt sich die einhundert Dateien bzw. Verzeichnisse, auf die zuletzt zugegriffen wurde.

FBX

Novell DOS 7.0

Fastback Express (FBX) von Fifth Generation Software ist ein menügesteuertes Datensicherungsprogramm, das lediglich im Lieferumfang von Novell DOS 7 enthalten war.

FC

Extern

(File Compare) vergleicht zwei Dateien oder Dateigruppen miteinander und zeigt die Unterschiede an. Das Programm eignet sich besonders zum Vergleich von Textdateien. In übersichtlicher Form werden die unterschiedlichen Zeilen der Dateien angezeigt, bis zur ersten wieder übereinstimmenden Zeile. Über Zusatzeingaben können Sie die Arbeitsweise des Programms beeinflussen.

Syntax

FC [/Z] Datei1 Datei2

6 Alphabetisches Befehlsverzeichnis

Parameter

Datei1	Name der ersten zu vergleichenden Datei
Datei2	Name der zweiten zu vergleichenden Datei

/Z steht für eine beliebige zulässige Kombination der nachfolgend erläuterten Zusatzeingaben.

/A	(Abbreviate) Gibt bei Abweichungen nur die erste und die letzte Zeile der unterschiedlichen Bereiche aus.
/B	(Binary) Führt einen binären Vergleich der Dateien durch. Die Dateien werden Byte für Byte verglichen, ohne dass FC Versuche unternimmt, die Dateien nach Abweichungen wieder zu synchronisieren. Dieser Schalter wird gewöhnlich nicht in Kombination mit anderen Parametern verwendet.
/C	(Case Insensitive) Kleinbuchstaben und Großbuchstaben werden von FC gleichwertig behandelt. Unterschiedliche Schreibweisen der Zeichen des erweiterten ASCII-Zeichensatzes mit Codes über 128 (z.B. ä, ö, ü) werden weiterhin unterschiedlich behandelt.
/L	(Line) Vergleicht Dateien zeilenweise und versucht, die Dateien bei Abweichungen wieder zu synchronisieren. Dies ist der Standard für Binärdateien, so dass /L normalerweise nicht angegeben wird.
/LBn	(Line Buffer) Über n können Sie angeben, wie viele Zeilenzwischenspeicher FC zur Verfügung stehen. Vorgabe für n ist 100. Der Wert spielt insofern eine Rolle, als FC seine Arbeit abbricht, wenn es innerhalb der maximalen Anzahl Zeilen (n) nicht gelingt, die zu vergleichenden Dateien wieder zu synchronisieren.
/Mn	(DR-DOS) Legt die maximale Anzahl von Abweichungen fest, nach denen der Vergleich abgebrochen wird. Der Standardwert ist 20, bei /M0 ist die Zahl der Abweichungen unbegrenzt.
/N	(Numbers) Zeigt bei einem ASCII-Vergleich die Zeilennummern innerhalb der Dateien mit an.

/nn	Zeilenanzahl (nn), die vor einer Resynchronisierung übereinstimmen muss. Standard ist 2 Zeilen.
/P	(DR-DOS) Pause nach jeweils einer vollen Bildschirmseite.
/T	(Tabs) Per Voreinstellung erweitert FC Tabulatoren zu Leerzeichen, so dass aus einem Tabulator maximal acht Leerzeichen werden. Wollen Sie dieses Verhalten abstellen, verwenden Sie /T.
/W	(Whitespaces) Ignoriert Leerzeichen und Tabulatoren, so dass Dateien auch dann als gleich ausgewiesen werden, wenn lediglich zusätzliche Leerzeichen und Zeilenvorschubzeichen vorhanden sind.

Beispiele

FC /C /W ALTTEXT.TXT NEUTEXT.TXT

Vergleicht die Dateien ALTTEXT.TXT und NEUTEXT.TXT miteinander, ohne Rücksicht auf die zwischen Wörtern liegenden Leerzeichen und -zeilen und unterschiedliche Klein-/Großschreibung.

FC *.TXT GESUCHT.DOC

Vergleicht alle Dateien mit der Namenerweiterung .TXT im aktuellen Verzeichnis mit der Datei GESUCHT.DOC. So können Sie z.B. feststellen, ob eine ähnliche oder gleiche Datei im aktuellen Verzeichnis vorhanden ist.

FCBS/FCBSHIGH
Konfiguration, DOS ab 3.0

Über den Konfigurationsbefehl FCBS können Sie festlegen, wie viele Dateien über so genannte Dateisteuerblöcke (File Control Blocks – FCB) gleichzeitig geöffnet werden können. Mit FCBSHIGH laden Sie die FCBs in den oberen Speicherbereich. Bei FCBs handelt es sich um ein aus CP/M abgeleitetes Verfahren, das ausschließlich bei veralteten CP/M-ähnlichen Systemaufrufen verwendet wird. Aktuelle Programme arbeiten mit Dateinummern (File Handles). Die über File Handles maximal gleichzeitig offenen Dateien bestimmen Sie über FILES.

Format
FCBS=x[,y]
FCBSHIGH=x[,y]

Parameter

x	Zahl der Dateien, die per FCB gleichzeitig geöffnet werden können. x darf im Bereich zwischen 1 und 255 liegen (Vorgabewert 4).
y	Zahl der per FCB geöffneten Dateien, die DOS *nicht* selbstständig schließen kann. y darf im Bereich zwischen 0 und 255 liegen (Vorgabewert 0).

Hinweise
- Es gibt kaum noch Programme, die FCBs verwenden, so dass sich oft durch Angabe von FCBS=1,0 Speicherplatz sparen lässt. (FCBs werden nur von Netzwerken benötigt, die mit CP/M-ähnlichen Dateiaufrufen arbeiten.)
- Wenn FCBS nicht in Verbindung mit dem SHARE-Befehl eingesetzt wird, ignoriert DOS die Angabe FCBS.

Beispiel
FCBS=8

Legt fest, dass bis zu acht Dateien gleichzeitig über FCBs geöffnet werden dürfen.

FDISK
Extern

FDISK ist ein Dienstprogramm zur Vorbereitung einer Festplatte. Bevor DOS eine Festplatte benutzen kann, müssen Sie dieses Programm ausführen. Es teilt Ihre Festplatte in maximal vier verschiedene logische Laufwerke auf. Sie können sich von FDISK Tabellen mit der momentanen Aufteilung eines Festplattenlaufwerks anzeigen lassen. Diese Tabellen zeigen alle wichtigen Daten bezüglich der Aufteilung der Festplatte in

Partitionen bzw. »logische Laufwerke« an. Zu den angezeigten Informationen gehören u.a. die Kapazität der Festplatte, Art und Größe der Laufwerke und der aktive Bereich.

> FDISK zerstört im Normalfall alle Daten auf den betroffenen Laufwerken bzw. der Festplatte. Sie sollten FDISK daher erst benutzen, wenn Sie von allen (wichtigen) Dateien Sicherungen erstellt haben. Zumindest alle veränderten logischen Laufwerke müssen anschließend neu formatiert werden. (Einige FDISK-Versionen erledigen diesen Schritt automatisch.)

Syntax
FDISK /STATUS /MBR /X

Parameter

/MBR	(MS-DOS/PC DOS, undokumentiert) Schreibt den Master-Bootsektor-Record neu, ohne dabei die Dateizuordnungstabelle zu überschreiben. Dieser Befehl scheint damit maßgeschneidert zur Beseitigung von entsprechenden Viren. Naturgemäß sollten Sie diesen Parameter nur im Notfall verwenden, d.h., wenn sich wirklich ein Virus im Master-Bootsektor eingenistet hat.
/STATUS	Zeigt die Partitionsdaten der in Ihrem Rechner installierten Festplatte(n) an. Die Benutzeroberfläche von FDISK wird nicht gestartet.
/X	(MS-DOS) Ignoriert die Unterstützung für erweiterten Datenträgerzugriff. Verwenden Sie diese Option bei Fehlermeldungen im Zusammenhang mit dem Datenträgerzugriff oder Stapelüberläufen.
/X	(DR-DOS ab Vs. 7.02) Schaltet FDISK in einen erweiterten Modus um, in dem sich Nicht-DOS-Partitionen erstellen und entfernen lassen. Beispielsweise werden dabei Linux- und BSD-Partitionen erkannt.

Hinweis

- FDISK verfügt zumindest teilweise über weitere undokumentierte Parameter, mit deren Hilfe Sie die Größe der primären Partition (/PRI:), die Größe der erweiterten Partition (/EXT:) sowie die Größe logischer Laufwerke in der erweiterten Partition (/LOG:) direkt von der Befehlszeile aus angeben können. Diese Varianten sind insbesondere dann von Nutzen, wenn Sie mehrere gleichartige Geräte einrichten müssen, da sie sich aus Batch-Dateien heraus aufrufen lassen.

FILELINK

Extern, DR-DOS ab 7.0, MS-DOS/PC DOS siehe INTERLNK

Mit FILELINK können Dateien zwischen zwei Rechnern übertragen werden, die über serielle (COM1: oder COM2:) oder parallele (LPT1: oder LPT2:) Schnittstellen miteinander verbunden sind. Dies kann nützlich sein, wenn Dateien nicht auf andere Weise auf andere Rechner übertragen werden können. FILELINK kann auch genutzt werden, um Verzeichnisse auf einem anderen Rechner einzusehen. FILELINK kann nur dann genutzt werden, wenn es auf beiden Rechnern ausgeführt wird, lässt sich aber von einem Rechner aus auf einem anderen über die serielle Schnittstelle installieren. Um FILELINK verwenden zu können, müssen die beiden Rechner durch ein passendes Kabel verbunden sein.

Da sich FILELINK zwar in der Kommandozeile verwenden lässt, aber viel einfacher über die menügesteuerte Oberfläche bedient werden kann, wird hier auf die Beschreibung der Parameter verzichtet. Eine ausführliche Beschreibung des Programms bis hin zur Belegung der Verbindungskabel finden Sie in der DR-DOS-Online-Hilfe DOSBOOK.

Im Lieferumfang von MS-DOS 6.x befindet sich mit INTERLNK ein vergleichbares Programm.

FILES/FILESHIGH
Konfiguration

FILES gibt an, auf wie viele Dateien MS-DOS über Dateibehandlungsroutinen (File Handles) gleichzeitig zugreifen kann. Mit FILESHIGH laden Sie diesen Befehl in den oberen Speicherbereich.

Format
FILES=n
FILESHIGH=n

Parameter

n   Zahl der Dateien, die gleichzeitig geöffnet werden können; Standardwert ist 8. Gültig sind Werte zwischen 8 und 255.

Hinweis
- Um Speicherplatz zu sparen, sollte der Wert für FILES nicht höher als nötig sein. Ein Wert von 20 reicht meist aus. Datenbankprogramme öffnen allerdings oft 30 oder 50 Dateien gleichzeitig.

Beispiel
FILES=30
Erweitert die Zahl der gleichzeitig zu bearbeitenden Dateien auf 30.

FIND
Extern

Das Programm FIND ist ein so genannter Filter bzw. so genanntes Filter-Programm. *Filter* nennt man Programme, die nicht nur für sich allein einsetzbar sind. Filter können ihre Eingaben aus anderen Dateien (oder über andere Kanäle) beziehen und wandeln die hereinkommenden Daten um. Anders ausgedrückt: Sie filtern die Daten. (Neben FIND gibt es mit SORT und MORE weitere Filterprogramme in DOS.) Dadurch lassen sich Filter besonders gut mit anderen Befehlen kombinieren. Dies geschieht mit Hilfe der reservierten Zeichen |, > und <. Letztere dienen dabei der »Umleitung« von Eingaben aus einer Datei in einen Filter bzw. von gefilterten Daten in eine Datei.

FIND sucht in ASCII-Dateien nach einer zu bestimmenden Zeichenkette. Der zu suchende Text muss in der Befehlszeile in Anführungsstriche gesetzt werden und darf jedes beliebige ASCII-Zeichen enthalten. FIND sucht in der bezeichneten Datei nach dieser Zeichenkette und zeigt jede Zeile einer Datei komplett an, die den gesuchten Text enthält. Über verschiedene Zusatzeingaben, die direkt nach dem Befehlsnamen eingegeben werden müssen, können Sie die Arbeitsweise des Filters beeinflussen.

Syntax

FIND [/Z] "Zeichenkette" [Datei]

Parameter

Zeichenkette	Zu suchender Text
Datei	Datei, in der gesucht werden soll. Die Dateibezeichnung darf Pfadangaben enthalten. Der Dateiname darf unter MS-DOS/PC DOS keine Platzhalter (* und ?) enthalten. Es können aber mehrere Dateinamen, durch jeweils ein Leerzeichen getrennt, angegeben werden.

/Z steht für eine beliebige zulässige Kombination der nachfolgend erläuterten Zusatzeingaben.

/B	(DR-DOS) Verwendet bei der Ausgabe ein Format mit Überschriften und Fundstellen.
/C	(Count) Zählt die Anzahl der Zeilen, die die gesuchte Zeichenkette enthalten.
/F	(DR-DOS) Zeigt nur die Namen der Dateien an, die die gesuchte Zeichenfolge enthalten.

/I	(Ignore Case) Ignoriert Groß-/Kleinschreibung, steht nur bei einigen Herstellern (nicht bei IBM) zur Verfügung.
/N	(Number) Zeigt die Nummern der Zeilen an, in denen der gesuchte Text enthalten bzw. nicht enthalten ist (bei zusätzlicher Verwendung des Schalters /V).
/P	(DR-DOS) Pause nach jeweils einer vollen Bildschirmseite.
/S	(DR-DOS) Durchsucht auch Dateien in Unterverzeichnissen.
/U	(DR-DOS) Sucht unter Berücksichtigung von Groß- und Kleinschreibung.
/V	Zeigt alle Zeilen, die den gesuchten Text *nicht* enthalten.

Beispiele

FIND /N "Friedrichstr" ADRESSEN.DAT

In diesem Beispiel wird nach der Straßenbezeichnung »Friedrichstr« in der Datei ADRESSEN.DAT gesucht. Achten Sie darauf, dass die Schreibweisen genau übereinstimmen müssen. Dies gilt insbesondere für die Groß-/Kleinschreibung. Dabei wird nur nach der Zeichenfolge »Friedrichstr« gesucht, um dafür zu sorgen, dass FIND sowohl »Friedrichstraße« als auch »Friedrichstr.« findet. Die Zeilen, die die Zeichenfolge enthalten, werden zusammen mit den Zeilennummern angezeigt.

FIND /V "Berlin" ADRESSEN.DAT

Es werden alle Adressen angezeigt, die *nicht* zu »Berlin« gehören.

FIND /C "Hamburg" ADRESSEN.DAT

Hier wird die Anzahl der Zeilen der Datei ADRESSEN.DAT ermittelt, die die Zeichenfolge »Hamburg« enthalten.

DIR | FIND "TXT" | SORT

Hier wird FIND in einer Befehlsverkettung verwendet. Der Befehl zeigt alle Dateien alphabetisch sortiert an, die die Zeichenfolge »TXT« enthalten.

FOR .. IN .. DO
Intern

Mit FOR können Sie einen DOS-Befehl einmal oder mehrmals wiederholen lassen. Meist wird dieser Befehl innerhalb von Batch-Dateien verwendet. Jedoch ist es auch möglich, den FOR .. IN .. DO-Befehl von der Befehlszeile aus einzugeben. Recht sinnvoll ist die Verwendung von FOR .. IN .. DO in Verbindung mit Befehlen, die eigentlich keine Jokerzeichen innerhalb von Dateibezeichnungen erlauben. Damit können Sie diese Einschränkung umgehen.

Syntax

Bei Verwendung in Batch-Dateien:

FOR %%Variable IN (Wert) DO Befehl %%Variable

Bei Eingabe in der DOS-Befehlszeile:

FOR %Variable IN (Wert) DO Befehl %Variable

Parameter

Variable	Der Name der Variablen darf beliebige zulässige Zeichen enthalten. Lediglich die Ziffern 0 bis 9 sind nicht erlaubt, da sie für allgemeine Batch-Variablen verwendet werden.
Wert	Kann ein Dateiname (mit oder ohne Pfadangabe), ein Verzeichnisname oder eine Zeichenkette sein. Platzhalter (* und ?) dürfen verwendet werden.
Befehl	Beliebiger DOS-Befehl, der wiederholt ausgeführt werden soll.

Hinweise

- Je nachdem, welches Textverarbeitungsprogramm Sie verwenden, entspricht die Ausgabe einer gefundenen Zeile der Ausgabe des kompletten Absatzes, in dem der Suchbegriff vorkommt.
- Verwenden Sie nach Möglichkeit bei dem letzten Beispielbefehl einen Zieldateinamen mit abweichender Namenserweiterung. (Sonst

würde zu guter Letzt auch noch GEFUNDEN.TXT durchsucht werden. Aber das wollen Sie sicher nicht.)

Beispiel

FOR %A IN (*.txt) DO type %A

Wenn Sie diesen Befehl an der Eingabeaufforderung eingeben und sich im aktuellen Verzeichnis die Dateien TEXT1.TXT, TEXT2.TXT und TEXT3.TXT befinden, dann nimmt die Variable %A den Namen der ersten gefundenen Datei (TEXT1.TXT) an, die der Spezifikation *.TXT genügt. Im ersten Durchlauf wird damit der Befehl TYPE TEXT1.TXT ausgeführt. Das Vorgehen wiederholt sich anschließend für TEXT2.TXT und TEXT3.TXT.

FORMAT

Extern

FORMAT bereitet Disketten oder Festplatten für die Verwendung unter DOS vor. FORMAT schreibt Informationen auf den Datenträger, die das Betriebssystem anschließend zur Verwaltung der gespeicherten Daten benötigt.

Format

FORMAT [d:] [/Z]

Parameter

d: Laufwerkbuchstabe des zu formatierenden Datenträgers

/Z steht für eine beliebige zulässige Kombination der nachfolgend erläuterten Zusatzeingaben.

/1	Nur die erste Seite einer Diskette wird formatiert.
/4	Formatiert 5,25-Zoll-Disketten in HD-(1,2-MB-)Laufwerken auf 360-KB-Format (40 Spuren, 9 Sektoren, 2 Seiten).
/8	Formatiert jede Spur mit 8 Sektoren, d.h. auf Kapazitäten von 320 bzw. 160 KB.

Schalter	Beschreibung
/A	(DR-DOS) Wenn die Formatierung beendet ist, wird ein Piepton ausgegeben.
/B	Beim Formatieren wird Platz für das Betriebssystem reserviert, das später mit SYS übertragen werden kann. Dieser Schalter existiert ab DOS 4.0 nur noch aus Kompatibilitätsgründen.
/F:Kap	Mit dieser Option kann die Gesamtspeicherkapazität der zu formatierenden Diskette festgelegt werden. (In Byte, KB oder MB.)
/N:s	In Verbindung mit /T kann die Anzahl s der zu formatierenden Sektoren pro Spur festgelegt werden, sofern dies vom Laufwerk unterstützt wird. (/N kann nicht für 360-KB-Disketten verwendet werden.)
/Q	(Quick Format, ab DOS 5) Schnelle Formatierung, bei der nur die Dateizuordnungstabelle gelöscht wird. Der Datenträger wird nicht geprüft, so dass /Q nicht verwendet werden sollte, wenn Defekte auf der Diskette aufgetreten sind.
/S	(System) Kopiert im Anschluss an die Formatierung die Systemdateien auf den Datenträger. (Bei Verwendung der MS-DOS-Version 6 wird neben den Dateien IO.SYS, MSDOS.SYS und COMMAND.COM auch die Datei DBLSPACE.BIN (MS-DOS 6.0/6.2) bzw. DRVSPACE.BIN auf den formatierten Datenträger übertragen.)
/T:Spur	(Tracks) Anzahl der Spuren auf dem Datenträger. Diesen Schalter können Sie nur in Verbindung mit /N:s verwenden.
/U	(Unrecoverable) Führt die unwiderrufbare Formatierung durch. Dieser Schalter wird von MS-DOS ab 7.0 nicht mehr unterstützt.
/V:Name	Mit /V kann bereits beim Programmaufruf ein Name für den Datenträger angegeben werden. Der Datenträgerkennsatz wird (ab DOS 4.0) auch ohne diesen Schalter abgefragt.
/X	(DR-DOS) Muss angegeben werden, wenn eine Festplatte formatiert werden soll.

Undokumentierte Optionen

/AUTOTEST	(ab MS-DOS 4.0) Bei Verwendung dieses Schalters wird eine Diskette, die sich im angegebenen Laufwerk befindet, formatiert, ohne dass weitere Eingaben erforderlich sind. Daher lässt sich dieser Schalter insbesondere innerhalb von Batch-Dateien sinnvoll verwenden.
/BACKUP	(ab MS-DOS 4.0) /BACKUP arbeitet wie /AUTOTEST, bittet jedoch um die Eingabe eines Datenträgernamens und gibt abschließend die statistischen Daten der Diskette auf dem Bildschirm aus.
/SELECT	MS-DOS 6.x: /SELECT sorgt dafür, dass der Datenträger im angegebenen Laufwerk *gelöscht* wird. Bei anschließenden Zugriffen auf das Laufwerk erhalten Sie die Meldung »Allgemeiner Fehler beim Lesen von Laufwerk X«. (Unter MS-DOS 5.0 wird die Datei MIRROR.FIL übertragen, unter MS-DOS 4.0 arbeitet /SELECT wie /AUTOTEST, fordert jedoch zur Eingabe eines Datenträgernamens auf.)

Hinweise

- Die Verfügbarkeit der Schalter ist von der Art des verwendeten Laufwerks und der DOS-Version abhängig.
- Verwenden Sie die undokumentierten Optionen nicht, ohne sich zuvor von deren Wirkung überzeugt zu haben. Insbesondere /SELECT kann zu höchst unterschiedlichen Resultaten führen!
- Formatieren Sie keine Datenträger in umgeleiteten Laufwerken (vgl. ASSIGN, JOIN).
- Ohne weitere Angaben werden Disketten immer im Standardformat des verwendeten Laufwerks formatiert.
- Wenn Sie eine Diskette ab MS-DOS/PC DOS 5 und unter DR-DOS, auf der Daten gespeichert sind, ohne den Schalter /U formatieren, wird eine »sichere« Formatierung durchgeführt. Auf der Diskette werden

dann Daten gespeichert, mit denen die Formatierung mit UNFORMAT gegebenenfalls rückgängig gemacht werden kann. Sollten Sie FORMAT versehentlich (und ohne /U) eingesetzt haben, lässt sich so die Formatierung mit UNFORMAT wieder rückgängig machen, sofern dieser Befehl sofort nach der Formatierung eingesetzt wird.

- FORMAT überprüft (ohne Angabe von /Q) die einzelnen Sektoren, so dass sichergestellt ist, dass Daten einwandfrei gespeichert werden können.
- Disketten, die mit dem Zusatz /U formatiert wurden, lassen sich, solange die alten Daten nicht durch Überschreiben zerstört werden, wiederherstellen (UNFORMAT). Daher ist /U unter den Gesichtspunkten des Datenschutzes keineswegs »sicher«.
- Für eine sichere Formatierung muss genügend freier Speicherplatz für die zur Wiederherstellung benötigten Daten vorhanden sein. Wenn bei einer sicheren Formatierung nicht genügend Platz für die Wiederherstellungsdaten vorhanden ist, wird eine Fehlermeldung angezeigt und es wird gefragt, ob die Formatierung dennoch durchgeführt werden soll.
- Disketten, die von verschiedenen Rechnern beschrieben werden, neigen aus technischen Gründen dazu, vergleichsweise schnell Schreib-/Lesefehler aufzuweisen. Fremddisketten sollten daher möglichst mit dem Schalter /U neu formatiert werden, bevor Daten darauf geschrieben werden.
- Die für die verschiedenen Diskettenformate günstigsten (weil kürzesten) Parameter werden in der folgenden Tabelle zusammengefasst.

Kapazität	Schalter			Seiten	Spuren	Sektoren	ab DOS-Version
3,5-Zoll-Formate, Mikro-Disketten							
720 KB	/F:720	/t:80	/n:9	2	80	9	3.2
1,44 MB	/F:1.44	/t:80	/n:18	2	80	18	3.3
2,88 MB	/F:2.88			2	80	36	5.0

Kapazität	Schalter		Seiten	Spuren	Sektoren	ab DOS-Version
5,25-Zoll-Formate, Floppies						
160 KB	/1	/8	1	40	8	1.0
180 KB	/1		1	40	9	2.0
320 KB	/F:320	/8	2	40	8	1.1
360 KB	/F:360	/4	2	40	9	2.0
1,2 MB	/F:1.2 /t:80 /n:15		2	80	15	3.0

Beispiele

FORMAT A: /S /U

Formatiert die Diskette im Laufwerk A:. Die Systemdateien und der Befehlsinterpreter (und unter MS-DOS ab 6.0 auch die Datei D??SPACE.BIN) werden auf die Diskette übertragen. Fehlerhafte Bereiche auf dem formatierten Datenträger werden für die Benutzung durch DOS gesperrt.

FORMAT C: /S

Dieser Befehl formatiert das Festplattenlaufwerk C: und kopiert die Systemdateien darauf. *Achtung:* Das Verhalten verschiedener DOS-Versionen ist bei der Eingabe des Befehl FORMAT C: /S nicht einheitlich. Teilweise wird lediglich eine »Sind Sie sicher?«-Abfrage gestellt, teilweise muss zusätzlich der Datenträgerkennsatz der Festplatte eingegeben werden ... (Unter DR-DOS müssen Sie zum Formatieren von Festplatten zusätzlich den Schalter /X angeben.)

FORMAT A: /F:720

Formatiert eine Diskette in einem 1,44-MB-Laufwerk auf 720 KB. Informationen für die Wiederherstellung des Datenträgers werden abgelegt, sofern genügend Platz auf dem Datenträger verfügbar ist.

FORMAT A: /Q /U

Führt eine Schnellformatierung der Diskette im Laufwerk A: durch, ohne Informationen für die Wiederherstellung abzulegen. Weitere Angaben sind bei Verwendung des Schalters /Q in der Regel nicht erforderlich, da hier das bestehende Datenträgerformat ermittelt und verwertet wird.

GOSUB
Intern, DR-DOS

Bei GOSUB wird innerhalb von Batch-Dateien zu einer angegebenen Marke verzweigt, um die dort angegebenen Befehle bis zu einem RETURN-Befehl zu verarbeiten, mit dem zur Zeile nach GOSUB zurückgekehrt wird. Anschließend wird die Ausführung der Batch-Datei an dieser Stelle fortgesetzt. GOSUB muss in Verbindung mit RETURN eingesetzt werden.

Syntax

GOSUB marke

GOTO
Intern

Mit GOTO lassen sich in Batch-Dateien Sprungbefehle formulieren. Die Sprünge dürfen natürlich nicht ins »Nichts« führen, so dass entsprechende Ansprungmarken gesetzt werden müssen. (Die Ansprungmarken selbst werden durch einen vorangestellten Doppelpunkt als solche gekennzeichnet.) GOTO kann nur innerhalb von Batch-Dateien verwendet werden.

Syntax

GOTO Marke

Parameter

Marke Name einer Ansprungmarke, die die Stelle markiert, zu der GOTO verzweigen soll.

Beispiel
```
@ECHO OFF
CLS
IF NOT EXIST C:\WORD\WORD.COM GOTO FEHLER
C:\WORD\WORD %1 %2
GOTO ENDE
:FEHLER
ECHO Programm nicht gefunden!!
:ENDE
```
Die Batch-Datei löscht den Bildschirm und verzweigt, wenn es die Datei WORD.COM im Verzeichnis C:\WORD nicht gibt (IF NOT EXIST) zur Marke :FEHLER. Dann wird die Meldung »Programm nicht gefunden!!« angezeigt. Ist die Datei WORD.COM vorhanden, wird sie aufgerufen. Da die Batch-Datei nach dem Verlassen von Word weiter abgearbeitet wird, muss ein weiterer Sprungbefehl (GOTO ENDE) dafür sorgen, dass die Fehlermeldung dann übersprungen wird.

GRAFTABL

Extern, MS-DOS/PC DOS 3.0 bis 5.0, DR-DOS

Ein PC kann, ohne dass zusätzliche Zeichen oder Zeichensätze definiert werden, im Textmodus maximal 256 verschiedene Zeichen darstellen. Bei CGA- oder Monochromadaptern sind diese Zeichen komplett im ROM gespeichert. Im Grafikmodus gilt dies jedoch nur für die ersten 128 Zeichen. GRAFTABL.COM enthält die Zeichendefinitionen für die ASCII-Zeichen 128 bis 255 im Grafikmodus. Das Programm nimmt alle notwendigen Änderungen vor und verbleibt dann im Arbeitsspeicher (es belegt ca. 1 KB RAM).

Syntax
```
GRAFTABL [xxx] /STATUS
```

Parameter

xxx	Nummer der zu verwendenden Zeichensatztabelle (Codepage). Für die Zeichensatztabelle können z.B. die Werte 437 (USA, Standard), 850 (mehrsprachiger Zeichensatz ab DOS 4.0), 860 (Portugal), 863 (Französisch-Kanada) oder 865 (Norwegen) verwendet werden. (In einigen DOS-Versionen sind weitere Zeichensatztabellen verfügbar.)
/STATUS	(Status) Zeigt die Nummer der gegenwärtig aktiven Zeichensatztabelle auf dem Bildschirm an. Diesen Zusatz können Sie nur allein verwenden, ansonsten erhalten Sie die Fehlermeldung »Zu viele Parameter.«.

Hinweise

- GRAFTABL ändert lediglich das Aussehen der Zeichen des erweiterten ASCII-Zeichensatzes (ab 128), ohne die aktive Codepage zu ändern. Dafür sind z.B. MODE oder CHCP zuständig.
- GRAFTABL wird für die Ausgabe von Texten im Grafikmodus auf dem Bildschirm benötigt. Ohne GRAFTABL werden anstelle von Zeichen mit ASCII-Werten größer als 127 (z.B. die deutschen Umlaute ä und ö) möglicherweise merkwürdige Symbole ausgegeben.

Beispiel

GRAFTABL 850

Lädt die erweiterte Zeichensatzdefinition für den Grafikmodus. Dabei wird die Tabelle 850 verwendet.

GRAPHICS

Extern, DOS ab 3.0

Mit GRAPHICS lassen sich Ausgaben, die im Grafikmodus auf dem Bildschirm angezeigt werden, bei Betätigung der Taste `Druck` zu Papier bringen. Ohne GRAPHICS lassen sich nur auf dem Bildschirm ausgegebene Texte direkt ausdrucken.

Syntax

GRAPHICS [Modus] [Info] [/R] [/B] [/LCD] [/PB:ID]

Parameter

Modus Angabe des angeschlossenen Druckers. Während DR-DOS nur den Modus COLOR (achtfarbige Ausgabe) kennt, unterstützen MS-DOS/PC DOS die Werte COLOR1 (einfarbige Ausgabe), COLOR4 (vierfarbige Ausgabe), COLOR8 (achtfarbige Ausgabe), DESKJET (HP-DeskJet-kompatible Drucker), GRAPHICS (Standard: IBM-kompatibler Matrixdrucker mit schmalem Traktor, wie z.B. Epson FX oder IBM Proprinter), GRAPHICSWIDE (IBM-Grafikdrucker mit breitem Traktor), HPDEFAULT (Hewlett-Packard-kompatible PCL-Drucker), LASERJET (HP-LaserJet), LASERJETII (HP-LaserJet II), PAINTJET (HP-PaintJet), QUIETJET (HP-QuietJet), QUIETJETPLUS (HP-QuietJet Plus) RUGGEDWRITER (HP-RuggedWriter), RUGGEDWRITERWIDE (HP-RuggedWriter), THERMAL (IBM PC AP-Drucker IBM 5140) und THINKJET (HP-ThinkJet).

Info (MS-DOS/PC DOS) Name der Datei (inkl. Laufwerkbezeichnung und Zugriffspfad), die Informationen über die unterstützten Drucker enthält. Dies ist standardmäßig die Datei GRAPHICS.PRO, die auch dann benutzt wird, wenn kein Dateiname angegeben wird (sofern sie verfügbar ist).

/B (MS-DOS/PC DOS) Bei den Einstellungen COLOR4 und COLOR8 wird die Hintergrundfarbe mit auf dem Drucker ausgegeben (Background Color).

/R Die Ausgabe auf dem Drucker erfolgt gemäß der Darstellung auf dem Bildschirm. Ohne /R werden die Farben invertiert.

/LCD (MS-DOS/PC DOS) Ausdrucken vom IBM PC AP-LCD-Bildschirm (Liquid Crystal Display). Verwendet für den Ausdruck die Seitenverhältnisse des LCD-Bildschirms.

Hinweise

- Wenn Sie über einen »IBM-Graphics-« bzw. »Epson«-kompatiblen Drucker verfügen, genügt die Eingabe von GRAPHICS ohne Parameter.
- Je nach gewähltem Grafikmodus wird der Ausdruck um 90 Grad gedreht.
- GRAPHICS unterstützt offiziell (ab DOS 4.0) alle von IBM angebotenen Grafikkarten, so dass die lange Zeit verbreitete monochrome »Herculeskarte« offiziell nicht unterstützt wird.

Beispiele

GRAPHICS

Installiert das Programm für IBM-Graphics-kompatible Drucker.

GRAPHICS /R

Druckt die Bildschirminhalte in der Darstellung aus, die auch auf dem Bildschirm angezeigt wird, ohne die »Farben« umzukehren.

HELP

Extern, MS-DOS ab 5.0, PC DOS siehe VIEW, DR-DOS siehe DOSBOOK

Über den externen Befehl HELP können Sie sich sowohl eine Übersichtsliste der verfügbaren Befehle als auch Hilfestellung zu einzelnen Kommandos oder Themenbereichen auf dem Bildschirm anzeigen lassen. (Unter DR-DOS wird mit HELP über eine Batch-Datei DOSBOOK aufgerufen.)

Syntax

HELP [/B] [/G] [/H] [/NOHI] [Thema]

Parameter

Thema	Name des Befehls oder Themenbereichs, für den Hilfe angezeigt werden soll.
/B	Kompatibilitätsmodus für Monochrom-Monitore mit CGA-Grafikkarte
/G	Kompatibilitätsmodus für langsamere CGA-Grafikkarten

/H	Verwendet zur Anzeige die maximal mögliche Zeilenanzahl. Bei VGA-Karten sind dies 50 Zeilen.
/NOHI	Verwendet andere Farben zur Darstellung, die auf Monochrom-Monitoren besser gelesen werden können.

Hinweis

▸ Weitere Hinweise zu den verschiedenen Hilfseinrichtungen finden Sie im Kapitel *DOS-Grundzüge* im Abschnitt *Hilfe? Hilfe!*.

Beispiele

HELP

Gibt eine Liste mit Kurzbeschreibungen der einzelnen Befehle aus. (Die Dateien HELP.HLP und QBASIC.EXE müssen verfügbar sein.)

HELP FC

Zeigt das Befehlsformat (die Syntax) des Befehls FC auf dem Bildschirm an.

HIBUFFERS

Konfiguration, DR-DOS, siehe BUFFERS

HIDEVICE

Konfiguration, DR-DOS, siehe DEVICEHIGH

HIDOS

Konfiguration, DR-DOS, siehe DOS

Entspricht unter DR-DOS dem Befehl DOS und lässt sich alternativ verwenden. Bei Angabe von HIDOS=ON in der CONFIG.SYS werden möglichst viel Daten in die UMA verschoben. Vgl. DOS.

Syntax HIDOS=ON|OFF

HIINSTALL
Konfiguration, DR-DOS, siehe INSTALLHIGH

HILOAD
Konfiguration, DR-DOS, siehe LOADHIGH

HIMEM.SYS (DR-DOS)
Konfiguration, DR-DOS

HIMEM.SYS entspricht von seiner Funktion her seinem Gegenstück unter MS-DOS/PC DOS, besitzt aber weitgehend andere Parameter und wird nicht benötigt, um EMM386.EXE laden zu können.

Syntax
DEVICE = [Pfad]HIMEM.SYS /Z

Parameter
/Z steht für eine beliebige zulässige Kombination der nachfolgenden Zusatzeingaben.

/CHIPSET= AUTO| chipsatz| NONE	Bei AUTO (Standard) ermittelt ANSI.SYS die benötigten Daten automatisch, NONE deaktiviert das Kopieren von ROM in RAM. Bei einigen wenigen Chipsätzen, die in der Online-Hilfe aufgeführt werden, kann es zu Problemen kommen. Dann müssen Sie z.B. NEAT für Neat-Chipsätze angeben.
/EXCLUDE= aaaa-eeee[,...]	Zwingt das Speicherverwaltungsprogramm, die angegebenen Teile der UMA bei der Suche nach verwendbarem Speicher auszuschließen. aaaa und eeee geben die Anfangs- bzw. Endsegmentadresse des jeweiligen Bereichs an.

/INCLUDE= aaaa- eeee[,...]	Die angegebenen Bereiche der UMA werden in die Suche nach verwendbarem Speicher einbezogen. aaaa und eeee geben die Anfangs- bzw. Endsegmentadresse des jeweiligen Bereichs an.
/ROM= aaaa-eeee| AUTO| NONE	Langsames ROM wird im RAM gespiegelt. aaaa und eeee geben die Anfangs- bzw. Endsegmentadresse des jeweiligen abzubildenden Bereichs an. AUTO kopiert das gesamte langsame ROM in RAM und NONE deaktiviert das Kopieren von ROM.
/USE=aaaa- eeee	Zwingt HIMEM.SYS zur Nutzung eines angegebenen Teils der UMA. aaaa und eeee geben die Anfangs- bzw. Endsegmentadresse des jeweiligen Bereichs an.
/VIDEO [=[aaaa-]eeee]	Stellt nicht verwendeten Videospeicher für Programme zur Verfügung, wenn er von der Grafikkarte nicht benutzt wird.
/XBDA	Hält für Programme, die dies erfordern, den Datenbereich des erweiterten BIOS (XBDA) im oberen Teil des konventionellen Speichers.

HIMEM.SYS (MS-DOS/PC DOS)
Konfiguration, MS-DOS/PC DOS ab 4.0

Der Erweiterungsspeicher-Manager HIMEM.SYS (HIgh MEmory Manager) gestattet es, auf Rechnern mit Prozessoren ab dem 80286 mit Erweiterungsspeicher auf den für DOS eigentlich unzugänglichen Bereich oberhalb der 1-MB-Grenze zuzugreifen, und ist damit eine hardwareunabhängige Schnittstelle für andere Programme und Treiber (z.B. EMM386, SMARTDRV), die Erweiterungsspeicher oberhalb von 1 MB nutzen können. HIMEM.SYS ermöglicht die Auslagerung von Daten und Programmen in die HMA (die ersten 64 KB des Erweiterungsspeichers) und die nachträgliche Einrichtung von EMS. Weiterhin ermöglicht HIMEM.SYS den Zugriff auf die UMA. HIMEM.SYS muss vor Befehlen zum Laden von Programmen oder Einheitentreibern stehen, die die UMA oder die HMA nutzen.

HIMEM.SYS sorgt dafür, dass derselbe Speicherbereich nicht von zwei Programmen oder Einheitentreibern gleichzeitig benutzt wird. Da Windows 9x/Me HIMEM.SYS zum Starten von Windows benötigt, wird es seit MS-DOS 7.0 generell automatisch geladen.

Syntax
DEVICE=[Pfad]HIMEM.SYS [/Z]

Parameter

Pfad   Gibt die Position der Datei HIMEM.SYS an.

/Z steht für eine beliebige zulässige Kombination der nachfolgenden Zusatzeingaben. (Die verfügbaren Parameter können, je nach eingesetzter HIMEM.SYS-Version abweichen.)

/A20CONTROL: ON|OFF	Hier lässt sich festlegen, ob HIMEM die Kontrolle der A20-Leitung auch übernehmen soll, wenn diese Leitung bereits beim Laden von HIMEM aktiviert war (Standardeinstellung: ON). Wenn Sie OFF angeben, übernimmt HIMEM die Kontrolle der A20-Leitung nur, wenn sie beim Laden von HIMEM.SYS nicht aktiviert war.
/CPUCLOCK: ON|OFF	HIMEM beeinflusst die Taktrate des Rechners. Sollte sich die Taktrate während der Installation von HIMEM ändern, lässt sich dieses Problem durch Einsatz des Schalters /CPUCLOCK:ON möglicherweise korrigieren. Die Verwendung der Einstellung ON verlangsamt HIMEM aber. (Standardeinstellung: OFF)

HIMEM.SYS (MS-DOS/PC DOS)

/EISA	Diese Option ist nur bei EISA-Systemen mit mehr als 16 MB Arbeitsspeicher erforderlich. Sie sorgt dafür, dass HIMEM.SYS den gesamten verfügbaren Erweiterungsspeicher verwaltet. Bei anderen Systemen ist dies automatisch der Fall.
/HMAMIN=größe	Legt fest, wie viel Speicher (in KB) Programme mindestens anfordern müssen, wenn ihnen HMA zur Verfügung gestellt werden soll. Die HMA kann nur jeweils von einer Anwendung genutzt werden. HIMEM stellt diesen Bereich der ersten Anwendung zur Verfügung, die den angegebenen Speicherbedarf anfordert. Der Standardwert ist 0, so dass alle Programme Zugriff auf die HMA erhalten, der Maximalwert ist 63. /HMAMIN bleibt unter Windows im erweiterten 386-Modus wirkungslos.
/INT15=xxxx	Reserviert die über xxxx (in KB) angegebene Menge Speicher für Zugriffe auf Extended Memory über den Interrupt 15h. Einige ältere Programmversionen (z.B. von Paradox, QEMM, Oracle und Turbo EMS) greifen auf XMS zu, ohne sich der standardisierten XMS-Schnittstelle zu bedienen. Dies kann über /INT15=xxxx XMS zur Verfügung gestellt werden. Zudem kann es erforderlich sein, der jeweiligen Software mitzuteilen, wie viel XMS über die INT 15h verfügbar ist. (Z.B. über den Schalter /M bei Turbo EMS bzw. die MEMORY-Option bei QEMM.) Zulässige Werte für xxxx liegen zwischen 64 und 65535. Standard: 0, d.h., XMS-Zugriffe über den INT 15h werden nicht unterstützt.

/MACHINE:xxxx	Dient der Angabe eines bestimmten Rechnertyps, wenn es HIMEM.SYS nicht gelingt, diesen automatisch zu ermitteln. Daher sollten Sie diesen Schalter nur einsetzen, wenn Ihr Rechner zu jenen gehört, die HIMEM.SYS nicht automatisch erkennen kann. Verwenden Sie dann einen der folgenden Werte: 1 (IBM AT oder 100% kompatibel), 2 (IBM PS/2), 3 (Phoenix Cascade BIOS), 4 (HP Vectra A & A+), 5 (AT&T 6300 Plus), 6 (Acer 1100), 7 (Toshiba 1600 & 1200XE), 8 (Wyse 12,5 MHz 286), 9 (Tulip SX), 10 (Zenith ZBIOS), 11 (IBM PC/AT, Alternative), 12 (IBM PC/AT, Alternative), 12 (CSS Labs), 13 (IBM PC/AT Alternative), 13 (Philips), 14 (HP Vectra), 15 (IBM 7552), 16 (Bull Micral 60) oder 17 (Dell XBIOS).
/NOABOVE16	Gibt an, dass INT 15h (ax==E801h) (Compaq Bigmem-Unterstützung) nicht zum Suchen nach Erweiterungsspeicher verwendet werden soll.
/NOEISA	Gibt an, dass HIMEM keine EISA-Suche nach Erweiterungsspeicher durchführen soll.
/NUMHANDLES=n	(Number of Handles) n gibt die Maximalzahl der gleichzeitig verwendbaren Speicherblöcke im Erweiterungsspeicher (EMBs – Extended Memory Blocks) an und darf zwischen 1 und 128 liegen (Standard ist 32, je Handle werden 6 Byte benötigt). Die Option /NUMHANDLES hat keine Wirkung, wenn Windows im erweiterten 386-Modus läuft.
/SHADOWRAM: ON|OFF	Legt fest, ob HIMEM.SYS das ShadowRAM ausschalten und die dadurch frei werdenden Bereiche für seine eigenen Zwecke nutzen soll. Standardmäßig gilt /SHADOWRAM:OFF, wenn ein Rechner über weniger als 2 MB RAM verfügt. Dieser Parameter wird nur von wenigen Computern unterstützt.

/TESTMEM: ON|OFF	Legt fest, ob ein Speichertest durchgeführt wird. Standardmäßig wird der Speicher geprüft. Der Speichertest von HIMEM.SYS ist zwar gründlicher als der Selbsttest beim Rechnerstart, kann aber einige Zeit kosten. Daher ist es sinnvoll, den Speichertest mit /TESTMEM:OFF zu deaktivieren (Standard ist /TESTMEM:ON).
/V	Es werden Status- und Fehlermeldungen angezeigt. Standardmäßig werden nur Fehlermeldungen angezeigt.
/X	Gibt an, dass INT 15h (ax==E820h), die neueste API für die Unterstützung von Erweiterungsspeicher, nicht verwendet werden soll.

Hinweise

- In den meisten Fällen genügt es, HIMEM.SYS ohne Angabe weiterer Optionen zu installieren, da sich die Standardwerte für die meisten Rechner eignen.
- Wenn Teile von DOS in die HMA ausgelagert werden sollen, muss zusätzlich die Anweisung DOS=HIGH in die CONFIG.SYS aufgenommen werden.
- Alle Treiber, wie z.B. EMM386.EXE, die auf XMS zurückgreifen, müssen nach HIMEM installiert werden.
- Verwenden Sie möglichst aktuelle HIMEM-Treiber. Ältere Versionen verursachen teilweise Probleme, die den Rechner zum Absturz bringen können, die bei neueren HIMEM-Versionen oft nicht mehr auftreten.
- Wenn Sie andere Programme verwenden, die den Erweiterungsspeicher nicht dem XMS entsprechend nutzen, müssen Sie dafür sorgen, dass 64 KB für die Verwendung des HMA frei bleiben.
- Die gleichzeitige Installation von HIMEM und RAMDRIVE sollte vermieden werden.
- Der Schalter /INT15=xxxx existiert nur aus Gründen der Kompatibilität zu alten DOS-Versionen. Unkontrollierte Zugriffe auf XMS über den Int 15h sollten generell unterbleiben.

6 Alphabetisches Befehlsverzeichnis

Beispiele

DEVICE=C:\DOS\HIMEM.SYS

Installiert die XMS-Schnittstelle mit den Standardwerten und dürfte für fast alle Anwendungen reichen.

DEVICE=C:\DOS\HIMEM.SYS /TESTMEM:OFF

Sorgt dafür, dass HIMEM.SYS keine Speicherprüfung durchführt und beschleunigt so den Rechnerstart.

HISTORY

Konfiguration, DR-DOS

HISTORY aktiviert oder deaktiviert die erweiterten Funktionen zum Editieren der Befehlszeile. Mit HISTORY können bereits eingegebene Befehle erneut aktiviert, geändert und/oder ausgeführt werden.

Syntax

HISTORY = ON[,nnnn[,ON|OFF][,[ON|OFF][,ON|OFF]]]|OFF

Parameter

nnnn	Legt die Größe des Befehlszeilenpuffers fest (128 bis 4096 Byte). Der Standardwert ist 512 und reicht für ca. 10 Befehle.
ON|OFF	Schaltet die einzelnen Optionen ein bzw. aus. Dazu zählen in der Reihenfolge der Angabe der Einfügemodus, die Funktionen des Befehlszeilen-Suchmodus und die erweiterten Funktionen des Befehlszeilen-Suchmodus.

Beispiel

HISTORY = ON,512,ON

Aktiviert die erweiterten Möglichkeiten zum Editieren der Befehlszeile, verwendet die Vorgabewerte für die Größe des Befehlszeilenpuffers und aktiviert den Einfügemodus.

IF

Intern

Mit IF lässt sich in Batch-Dateien die Befehlsausführung von einer Bedingung abhängig machen.

Syntax

IF [NOT] Bedingung Befehl

Parameter

NOT verneint die nachfolgend angegebene Bedingung. Bei Bedingung kann es sich um eine Eingabe aus der folgenden Liste handeln.

ERRORLEVEL	Prüft den Beendigungscode (Exitcode) eines gerade verlassenen Programms. Die meisten Programme liefern bei fehlerfreier Beendigung den »Exitcode« 0. Die Angabe ERRORLEVEL 1 ist dann erfüllt, wenn die vom Programm zurückgegebene Fehlernummer größer oder gleich 1 ist.
String1==String2	Die Bedingung ist nur dann erfüllt, wenn beide Zeichenketten (Strings) identisch sind. In der Regel wird anstelle von String1 eine Variable verwendet.
EXIST Dateibez	Damit die Bedingung erfüllt ist, müssen die bezeichnete Datei, der Pfad bzw. das Laufwerk vorhanden sein.

Hinweise

- Der Befehl IF wird meist nur innerhalb von Stapeldateien verwendet. Es ist jedoch auch möglich, ihn direkt in der Befehlszeile zu verwenden.
- Mit EXIST können Sie auch die Existenz von Laufwerken überprüfen, indem Sie einen Pfad wie B:*.* angeben. Allerdings müssen Sie dann eventuelle Fehlermeldungen über ERRORLEVEL abfangen für den Fall, dass das Laufwerk zwar vorhanden ist, aber keine Diskette enthält.

6 Alphabetisches Befehlsverzeichnis

Beispiele
```
@ECHO OFF
FORMAT B:/4
IF ERRORLEVEL 1 GOTO Fehler
ECHO Alles ok!
GOTO Ende
:FEHLER
ECHO.
ECHO Die Formatierung wurde nicht ordnungsgemäß beendet!
:ENDE
```

Die Rückgabe des Fehlercodes 0 bedeutet aber nicht, dass die Diskette fehlerfrei ist, sondern nur, dass das Programm ordnungsgemäß beendet wurde.

```
@ECHO OFF
IF "%1"=="" GOTO Fehler
DEL
GOTO ENDE
:FEHLER
ECHO Kein Dateiname angegeben
:ENDE
```

Hier wird überprüft, ob zusätzlich zum Aufruf der Batch-Datei eine weitere Eingabe stattgefunden hat. Wenn ja, ist die Batch-Variable %1 belegt, und die Fehlerbedingung trifft nicht zu. Andernfalls wird eine Meldung ausgegeben.

INCLUDE
Intern, Konfiguration, MS-DOS/PC DOS ab 6.0

INCLUDE gehört neben MENUITEM, MENUCOLOR, MENUDEFAULT, SUBMENU und NUMLOCK zu den mit DOS 6.0 neu eingeführten Befehlen, mit denen Startmenüs innerhalb der CONFIG.SYS definiert werden können.

Über INCLUDE können Sie in einen Konfigurationsblock die Befehle eines anderen Blocks einfügen lassen, so dass Sie diese Anweisungen nicht noch einmal aufführen müssen. Dies kann z.B. sinnvoll sein, um eine Änderung gleichzeitig auch an anderen Stellen der CONFIG.SYS wirksam werden zu lassen.

Syntax
INCLUDE=Blockname

Parameter

Blockname Legt den Namen des einzubindenden Konfigurationsblocks fest.

Beispiel
[WFW]
DEVICE=D:\WINW\IFSHLP.SYS
INCLUDE=CDROM

[CDROM]
DEVICE=C:\DOS\OAKCDROM.SYS /D:MSCD0001

Hier sind zwei Konfigurationsblöcke definiert, die spezifische Anweisungen enthalten. Wenn die Befehle des zweiten Blocks auch im ersten Block genutzt werden, müssen diese nicht noch einmal aufgeführt werden, sondern lassen sich mit INCLUDE einbeziehen.

INSTALL/INSTALLHIGH

Konfiguration, MS-DOS/PC DOS ab 4.0, DR-DOS ab 7.0

INSTALL ermöglicht das Laden von Programmen, die normalerweise erst in der AUTOEXEC.BAT aufgerufen werden, bereits in der CONFIG.SYS. Mit INSTALLHIGH wird das speicherresidente Programm in den oberen

6 Alphabetisches Befehlsverzeichnis

Speicherbereich geladen. Damit vermeiden Sie, dass der Befehl außer beim Start des Computers während der Sitzung noch einmal aufgerufen (und möglicherweise der Treiber ein zweites Mal installiert) werden kann, wenn Sie – warum auch immer – die AUTOEXEC.BAT wiederholt starten.

Syntax

INSTALL [d:]Datei [Parameter]
INSTALLHIGH [d:]Datei [Parameter]

Parameter

Datei	Angabe des Dateinamens (gegebenenfalls einschließlich Zugriffspfad) des Programms, das geladen werden soll.
Parameter	Parameter, die an das aufgerufene Programm übergeben werden, vgl. die einzelnen Befehle.

Hinweise

- MIT INSTALL/INSTALLHIGH können Sie z.B. FASTOPEN.EXE, KEYB.COM, NLSFUNC.EXE und SHARE.EXE laden.
- Für über INSTALL geladene Programme wird kein Umgebungsspeicher eingerichtet, so dass etwas weniger Speicherplatz benötigt wird, wenn Programme mit INSTALL und nicht in der AUTOEXEC.BAT geladen werden.
- Verwenden Sie INSTALL nicht, um Programme zu laden, die Umgebungsvariablen (vgl. SET) auswerten.
- INSTALL-Befehle werden nach DEVICE-Befehlen und vor dem Laden des Befehlsinterpreters verarbeitet.

Beispiel

INSTALL=C:\DOS\KEYB.COM GR

Lädt den deutschen Tastaturtreiber, der sich im Unterverzeichnis \DOS auf der Festplatte C: befindet, bereits in der CONFIG.SYS.

INTERLNK.EXE
Extern, Konfiguration, MS-DOS/PC DOS ab 6.0, DR-DOS siehe FILELINK

INTERLNK.EXE leitet Anforderungen von Client-Ressourcen an einen oder mehrere Interlink-Server um. Bevor Sie die Befehle INTERLNK und INTERSVR verwenden können, um konkrete Operationen mit gemeinsam verfügbaren Ressourcen durchführen zu können, müssen Sie zunächst den Einheitentreiber INTERLNK.EXE in der Datei CONFIG.SYS auf *beiden* zu verbindenden Rechnern installieren.

Syntax
Für den Aufruf von INTERLNK von der Befehlszeile aus verwenden Sie:

INTERLNK [Client[:]=[Server][:]]

Für die Installation des Einheitentreibers gilt folgendes Format:

DEVICE=[Pfad]INTERLNK.EXE [/DRIVES:n] [/NOPRINTER] [/COM[:] [n|Adresse]] [/LPT[:][n|Adresse]] [/AUTO] [/NOSCAN] [/LOW] [/BAUD:Rate] [/V]

Parameter

Client	Gibt den Buchstaben des Client-Laufwerks an, das auf ein Laufwerk auf dem Interlink-Server umgeleitet werden soll. Dieses Laufwerk muss eines der Laufwerke sein, die beim Starten von INTERLNK umgeleitet wurden.
Server	Gibt den Buchstaben des Interlink-Server-Laufwerks an, das umgeleitet werden soll. Es muss eines derjenigen sein, die in der Spalte Server auf dem Server aufgelistet werden.
Pfad	Gibt Laufwerk und Pfad der Datei INTERLNK.EXE an.
/AUTO	Installiert INTERLNK.EXE nur dann, wenn beim Starten eine Verbindung mit dem Server hergestellt werden kann. Standardmäßig wird INTERLNK auch installiert, wenn keine Verbindung hergestellt werden kann.

/BAUD:Rate	Stellt die maximale Übertragungsrate für die serielle Kommunikation ein. Zulässige Werte sind 9600, 19200, 38400, 57600 und 115200. Der Standardwert ist 115200.
/COM[:] [n|Adresse]	Legt den zu verwendenden seriellen Anschluss fest. n gibt die Nummer des seriellen Anschlusses an. Über Adresse können Sie die Adresse des seriellen Anschlusses festlegen.
/DRIVES:n	n bezeichnet die Anzahl der umgeleiteten Laufwerke. Standardmäßig wird n auf 3 gesetzt. Beim Wert 0 können nur Drucker umgeleitet werden.
/LOW	Lädt INTERLNK.EXE auch in den konventionellen Speicher (bis 640 KB), wenn genügend Platz in der UMA zur Verfügung steht.
/LPT[:] [n|Adresse]	Legt den zu verwendenden parallelen Anschluss fest. n gibt die Nummer des parallelen Anschlusses an. Über Adresse können Sie die Adresse des parallelen Anschlusses festlegen.
/NOPRINTER	Legt fest, dass eine gemeinsame Nutzung von Druckern nicht unterstützt werden soll. Standardmäßig leitet INTERLNK alle verfügbaren Druckeranschlüsse um.
/NOSCAN	Installiert INTERLNK.EXE im Speicher, stellt jedoch keine Verbindung her. Standardmäßig wird versucht, eine Verbindung herzustellen.
/V	Verwenden Sie diese Option, wenn bei einer seriellen Verbindung einer der beiden Rechner die Arbeit einstellt.

Hinweise

- Damit Sie über INTERLNK Verbindung zu einem anderen Rechner aufnehmen können, muss auf diesem INTERSVR ausgeführt werden.
- Wenn Sie zwei Rechner mit INTERLNK verbinden, wird den zusätzlichen Laufwerken jeweils der nächste verfügbare Laufwerkbuchstabe zugewiesen.

- Um die Umleitung eines Client-Laufwerks auf ein Server-Laufwerk zu beenden, geben Sie das Client-Laufwerk mit einem Gleichheitszeichen (=) an.
- Sofern HIMEM.SYS und EMM386.EXE installiert sind, wird INTERLNK.EXE standardmäßig in den hohen Speicherbereich geladen.
- INTERLNK.EXE sollte am Ende der CONFIG.SYS geladen werden.
- Standardmäßig wird INTERLNK.EXE vollständig in den Arbeitsspeicher geladen. Mit den Optionen /NOPRINTER, /LPT oder /COM lässt sich Speicher sparen.
- Verwenden Sie auf den miteinander verbundenen Rechnern möglichst die gleichen DOS-Versionen, da ansonsten einige Funktionen auf dem Client-Computer nicht verfügbar sein können.
- Wenn Sie mit INTERLNK eine auf dem Server gespeicherte Anwendung ausführen, muss häufig die Konfiguration von Client und Server übereinstimmen.

Beispiele

INTERLNK

Zeigt den aktuellen Status von INTERLNK auf dem Bildschirm an.

DEVICE=C:\DOS\INTERLNK.EXE /COM:2 /NOPRINTER

Installiert INTERLNK.EXE und verwendet den zweiten seriellen Anschluss. Druckerschnittstellen sollen nicht umgeleitet werden. Dabei wird davon ausgegangen, dass sich INTERLNK.EXE auf dem Laufwerk C: im Verzeichnis \DOS befindet.

INTERSVR

Extern, MS-DOS/PC DOS ab 6.0

Startet den INTERLNK-Server, der es unter Verwendung der seriellen oder parallelen Schnittstelle gestattet, Ressourcen gemeinsam zu nutzen.

Syntax

```
INTERSVR [d:] [/X=d:] [/LPT:[n|Adresse]] [/COM:[n|Adresse]]
[/BAUD:Rate] [/B] [/V]
```

Um Dateien mit INTERLNK von einem Rechner auf einen anderen zu kopieren, verwenden Sie:

```
INTERSVR /RCOPY
```

Parameter

d:	d: steht stellvertretend für den Buchstaben eines Laufwerks, das umgeleitet werden soll. Standardmäßig werden alle Laufwerke umgeleitet.
/B	Es wird der Schwarzweiß-Modus zur Anzeige verwendet.
/BAUD:Rate	Stellt die maximale Übertragungsrate ein. Gültige Werte für Rate sind 9600, 19200, 38400, 57600 und 115200. Der Standardwert ist 115200.
/COM[:] [n|Adresse]	Legt den zu verwendenden seriellen Anschluss fest. n gibt die Nummer des seriellen Anschlusses an. Über Adresse können Sie die Adresse des seriellen Anschlusses festlegen.
/LPT[:] [n|Adresse]	Legt den zu verwendenden parallelen Anschluss fest. n gibt die Nummer des parallelen Anschlusses an. Über Adresse können Sie die Adresse des parallelen Anschlusses festlegen.
/RCOPY	Kopiert Dateien von einem Rechner auf einen anderen. Der MODE-Befehl muss auf dem entsprechenden Rechner verfügbar sein.

/V	Verhindert Konflikte mit dem Taktgeber eines Computers. Verwenden Sie diese Option, wenn bei einer seriellen Verbindung und einem Laufwerk- oder Druckerzugriff einer der beiden Rechner die Arbeit einstellt.
/X=Lw:	(eXclude) Lw: steht stellvertretend für den Buchstaben eines Laufwerks, das nicht umgeleitet werden soll. Standardmäßig werden alle Laufwerke umgeleitet.

Hinweise

- INTERSRV leitet Laufwerke in der angegebenen Reihenfolge um. Das erste angegebene Server-Laufwerk wird auf das erste verfügbare Client-Laufwerk umgeleitet usw. INTERSRV leitet aber keine Netzwerk- oder CD-ROM-Laufwerke um.
- Wenn Sie mit Windows und einer »seriellen« Maus arbeiten, müssen Sie verhindern, dass INTERSRV alle COM-Anschlüsse absucht. Verwenden Sie dann die Option /LPT oder /COM und geben Sie den COM-Anschluss an.
- CHKDSK, DEFRAG, DISKCOMP, DISKCOPY, FDISK, FORMAT, MIRROR, SYS, UNDELETE und UNFORMAT arbeiten nicht mit INTERSVR.EXE zusammen.

Beispiele

INTERSRV C:

Wenn die miteinander verbundenen Rechner lediglich über ein Festplattenlaufwerk C: und ein CD-ROM-Laufwerk D: verfügen, startet der obige Befehl den INTERLNK-Server und leitet das Server-Laufwerk C: auf das Client-Laufwerk E: um.

INTERSRV /X=B /LPT2

Diese Variante leitet alle Server-Laufwerke mit Ausnahme des Laufwerks B: um und verwendet LPT2 zur Verbindung mit dem Client.

JOIN
Extern, MS-DOS/PC DOS 3.1 bis 5.0, DR-DOS

JOIN ersetzt ein Laufwerk mit allen Verzeichnissen vorübergehend durch einen Verzeichnisnamen. Damit können Sie auch Festplatten, die Sie aufgeteilt haben, unter einer Laufwerkbezeichnung ansprechen. Alle Platteninformationen werden im neuen Verzeichnis gespeichert. Dieses Verzeichnis muss vor der Ausführung von JOIN leer sein und darf nicht das Hauptverzeichnis sein. Das ersetzte Laufwerk kann anschließend nicht mehr unter seinem ursprünglichen Laufwerkbuchstaben angesprochen werden.

Syntax

JOIN [d: Verzeichnis]
JOIN d: /D

Parameter

d:	Alter Laufwerkname, der ersetzt werden soll.
Verzeichnis	Das Verzeichnis (der Ordner), das alle Informationen des ersetzten Laufwerks aufnimmt. Es sollte immer mit dem entsprechenden Laufwerkbuchstaben angegeben werden.
/D	(Delete) Löscht eine Umbenennung.

Hinweis
- Wenn Sie JOIN einsetzen, sollten Sie nach Möglichkeit keine Programme mehr verwenden, die ein Laufwerk als Ganzes ansprechen (DISKCOPY, FORMAT, BACKUP und RESTORE, sowie einige andere). Sie könnten ansonsten unangenehme Überraschungen erleben.

Beispiele

JOIN D: C:\DEH

Dem logischen Laufwerk D: wird der Verzeichnisname C:\DEH zugewiesen. Wenn Sie anschließend das Verzeichnis \DEH ansprechen, erfolgt der Zugriff auf das logische Laufwerk D:.

JOIN

JOIN ohne Parameter zeigt vorgenomme Umleitungen an.

KEYB

Extern, DOS ab 3.3

Programm zur Anpassung der Tastatur an die jeweiligen nationalen Besonderheiten. In Deutschland müssen auf der Tastatur z.B. die Umlaute ä, ö und ü zur Verfügung stehen. Da die PC-Tastaturen völlig frei programmierbar sind, müssen Sie mit diesem Hilfsprogramm »umprogrammiert« werden. KEYB.COM (und KEYBOARD.SYS) haben ab DOS 3.3 die Vielzahl unterschiedlicher nationaler Tastaturanpassungsprogramme ersetzt.

Syntax

KEYB [Code[,cp][,Datei] [/E} [/ID:nnn] [/Mx]

Parameter

Code Zwei oder drei Zeichen, die diejenige Tastaturbelegung festlegen, die geladen werden soll. Unter DR-DOS können Sie durch Angabe von + oder − festlegen, ob eine erweiterte oder eine konventionelle Tastatur (84/86 Tasten) eingesetzt wird (vgl. /E).

cp Gibt die Nummer der Zeichensatztabelle an. Für Deutschland kommen 437 und 850 in Frage.

Datei (MS-DOS/PC DOS) Gibt den Namen der Datei an, aus der die Informationen geladen werden sollen. Meist ist dies KEYBOARD.SYS. Der Dateiname kann Laufwerk- und Pfadangaben enthalten.

6 Alphabetisches Befehlsverzeichnis

/E	(MS-DOS/PC DOS) Gibt an, dass eine erweiterte Tastatur angeschlossen ist. Dieser Schalter sollte verwendet werden, wenn eine erweiterte Tastatur an einem PC/XT verwendet wird.
/ID:nnn	nnn bestimmt in Ländern, in denen verschiedene Tastaturen verwendet werden, die verwendete Tastatur. Für Deutschland ist nnn immer 129.
/Mx	(DR-DOS) Lädt KEYB in einen bestimmten Speicherbereich. x kann dabei die Werte L (konventioneller Speicher), H (HMA) oder U (UMA) annehmen. Standard ist /ML.

Hinweise
- Seit MS-DOS 4.0 lässt sich KEYB mit INSTALL bereits in der CONFIG.SYS laden.
- Mit der Angabe des Ländercodes werden meist auch Tastaturbelegung und Codeseite festgelegt. In Frankreich (FR) kann aber z.B. zwischen den Codeseiten 437 und 850 und den Tastaturbelegungen 141 und 142 gewählt werden. Welche Tabellen unterstützt werden, hängt von der jeweiligen DOS-Version ab.

Land	Code	Tabelle (Codepage)	ID
Belgien	BE	840, 437	
Dänemark	DK	850, 865	
Deutschland	GR	840, 437	
Finnland	SU	850, 437	
Frankreich	FR	850, 437	120, 189
Großbritannien (UK)	UK	850, 437	166, 168
Italien	IT	850, 437	141, 142
Kanada (französisch)	CF	850, 863	
Lateinamerika	LA	850, 437	

Land	Code	Tabelle (Codepage)	ID
Niederlande	NL	850, 437	
Norwegen	NO	850, 865	
Portugal	PO	850, 860	
Schweden	SV	850, 437	
Schweiz (deutsch)	SG	850, 437	
Schweiz (französisch)	SF	850, 437	
Spanien	SP	850, 437	
Türkei (FGGIOD)	TF	850	437
Türkei (QWERTY)	TQ	850	437
Ungarn	HU	852, 850	
USA	US	850, 437	

▸ Nähere Informationen zur Verwendung von Codeseiten finden Sie unter CHCP.

Beispiele

KEYB GR,850,C:\DOS\KEYBOARD.SYS

Lädt die deutsche Tastaturbelegung aus der Tabelle 850.

KEYB

KEYB ohne zusätzliche Parameter zeigt den aktuellen Nationalitätencode und die aktive Zeichensatztabelle an.

C:\DRDOS\KEYB GR+

(DR-DOS) Lädt die deutsche Tastaturbelegung für eine erweiterte Tastatur (102 Tasten).

LABEL
Extern, DOS ab 3.0

LABEL zeigt den Datenträgernamen an. Wurde bei der Formatierung kein Name gespeichert, kann er mit LABEL nachträglich vergeben werden. Ebenso kann ein vorhandener Name geändert oder gelöscht werden. Für den Namen gelten die gleichen Regeln wie für Dateinamen, nur dass der Punkt entfällt. Daher können Datenträgernamen maximal elf Zeichen umfassen.

Syntax
LABEL [d:] [Name]

Parameter

d:	Laufwerkname
Name	Datenträgername

Beispiele
LABEL

DOS meldet den Namen und die Datenträgernummer und fordert zur Eingabe eines Datenträgernamens auf. Wenn Sie nur ⏎ betätigen, wird gefragt, ob der vorhandene Datenträgername gelöscht werden soll.

LABEL E:SAM30E

Hier wird dem logischen Laufwerk E: der Name SAM30E gegeben. Der Name enthält Information darüber, dass sich das logische Laufwerk auf einer 30-MB-Samsung-Festplatte befindet und normalerweise als E: angesprochen wird. Dies kann hilfreich sein, da z.B. Windows NT/2000/XP Laufwerkbuchstaben manchmal munter durcheinander werfen.

LASTDRIVE/LASTDRIVEHIGH
Konfiguration

Dieser Befehl gibt die maximale Anzahl der Laufwerke an, auf die Sie zugreifen können, und ist daher insbesondere bei der Nutzung von Netzwerken und zusätzlichen Laufwerken (CD-ROM/DVD, Bandlaufwerk) von Bedeutung. LASTDRIVE legt fest, bei welchem Laufwerkbuchstaben es sich um den letzten gültigen handelt. Mit dem Befehl LASTDRIVEHIGH lassen sich die LASTDRIVE-Datenstrukturen in den oberen Speicherbereich laden.

Syntax LASTDRIVE=d
LASTDRIVEHIGH=d

Parameter

d   Der letzte Laufwerkbuchstabe, den DOS akzeptiert (A bis Z).

Hinweise

- Die Mindestanzahl für LASTDRIVE wird bei Einzelplatzsystemen von der Zahl der tatsächlich installierten Laufwerke bestimmt, so dass eine Eintragung ignoriert wird, wenn die Festplatte in mehrere logische Laufwerke aufgeteilt ist oder mit DRIVER.SYS zusätzliche logische Laufwerke definiert wurden. Per Voreinstellung akzeptiert DOS immer ein Laufwerk mehr, als tatsächlich vorhanden ist.
- Da jeder Laufwerkeintrag Speicherplatz benötigt, können Sie Speicher sparen, wenn Sie nicht vorsorglich LASTDRIVE=Z angeben.

LFNFOR
Intern, MS-DOS ab 7.0

Aktiviert/deaktiviert lange Dateinamen bei der Verarbeitung von FOR-Befehlen in einem DOS-Fenster. Bei Eingabe von LFNFOR ohne Parameter wird die aktuelle Einstellung angezeigt.

Syntax LFNFOR [ON | OFF]

LH/LOADHIGH
Extern, MS-DOS/PC DOS ab 5.0, DR-DOS ab 7.0 (siehe HILOAD)

Lädt ein Programm in die UMA, so dass im konventionellen Speicher (bis 640 KB) mehr Platz für die Ausführung von Programmen frei bleibt.

Syntax
LH Name [Parameter]

Wenn Sie den Bereich angeben wollen, in den das Programm geladen werden soll, verwenden Sie:

LH [/L:Bereich[,MinGr] [/S]] Name [Parameter]

Parameter

Name	Dateiname des in die UMA zu ladenden Programms, gegebenenfalls inklusive Laufwerk- und Pfadangaben.
Parameter	Parameter, die an das zu ladende Programm übergeben werden.
/L:Bereich[,MinGr]	(MS-DOS/PC DOS) /L lädt Programme in bestimmte Speicherbereiche. Bereich ist der Speicherbereich, in den das Programm geladen werden soll. Ohne /L wird es in den größten freien UMB geladen. minGr legt fest, wie viel Speicher mindestens verfügbar sein muss (in Byte), damit versucht wird, das angegebene Programm in die UMA zu laden. (/L sollte nur von MEMMAKER benutzt werden.)
/S	(MS-DOS/PC DOS) Verkleinert den UMB beim Laden des Programms auf seine Minimalgröße. Diese Option wird normalerweise nur von MEMMAKER verwendet. /S ist nur in Verbindung mit /L zulässig und wirkt sich nur auf UMBs aus, für die eine Mindestgröße angegeben wird.

Hinweise

- LH lässt sich nur verwenden, wenn die CONFIG.SYS die Anweisung DOS=UMB enthält. Dafür müssen wiederum HIMEM.SYS und/oder EMM386.SYS (oder ein anderes Speicherverwaltungsprogramm) geladen werden.
- Meist wird LH in der AUTOEXEC.BAT eingesetzt, um Programme, die bei jedem Systemstart benötigt werden, in die UMA zu laden.
- Steht in der UMA nicht genügend Speicher zur Verfügung, werden die entsprechenden Programme in den konventionellen Speicher geladen.
- Die Speicherausnutzung können Sie recht einfach manuell optimieren, indem Sie einfach die verschiedenen Programme in der Reihenfolge ihrer Größe hochladen. (Den Speicherbedarf der einzelnen Programme können Sie unter MS-DOS/PC DOS z.B. mit MEM /M ermitteln.)

Beispiel

LH C:\DOS\DOSKEY.EXE

Lädt den erweiterten Befehlszeileneditor in UMBs, sofern dort genügend Speicherplatz verfügbar ist. Ansonsten wird DOSKEY in den konventionellen Speicher (bis 640 KB) geladen. (HIMEM.SYS und EMM386.SYS müssen über die CONFIG.SYS installiert worden sein; DOS=UMB muss gesetzt worden sein.)

LOADER
DR-DOS ab 7.02

DR-DOS kann mit einigen anderen Betriebssystemen, wie z.B. Windows 95 gemeinsam auf einer Festplatte installiert werden. Mit dem Programm LOADER können Sie wählen, welches Betriebssystem zum Starten des Rechners verwendet werden soll. Wenn Sie DR-DOS auf einem Windows-95-Rechner installieren, erkennt das SETUP-Programm von DR-DOS dies automatisch und installiert LAODER.COM für den Dual-Boot.

Syntax
```
LOADER [/U] | [bootdatei]
```
Parameter

bootdatei	Eine Textdatei mit maximal 20 Zeilen. Die einzelnen Zeilen beschreiben jeweils eine Systemdatei, die beim Start des Rechners optional geladen werden kann. Diese Datei muss sich im Hauptverzeichnis des Startlaufwerks befinden. Vorgabemäßig heißt die Datei BOOT.LST.
/Q	LOADER wird ohne Meldungen ausgeführt.
/U	Entfernt LOADER von der Festplatte und stellt die ursprüngliche Bootsequenz wieder her.

Die Zeilen in bootdatei besitzen das folgende Format:

```
datei.ext typ [num] kommentar
```

datei.ext	Der vollständige Name der Kernel-Datei, die beim Start des Betriebssystems als Erstes geladen wird. Im Falle von DR-DOS handelt es sich dabei um die Datei IBMBIO.COM.
typ	Hier wird ein Ladetyp angegeben, bei dem es sich um einen dieser Werte handeln kann: C (Concurrent DOS), M (Multiuser DOS), D (DR DOS/Novell DOS/OpenDOS/DR-DOS), P (CP/M), O (OS/2), S (DR-DOS), F (FlexOS), B (Binärdatei) oder 3 (MS/PC DOS vor Version 3.3).
[num]	Hier lässt sich optional eine Zeitspanne (in Sekunden) für LOADER festlegen, nach der dieser Eintrag ausgewählt wird. Diese Angabe darf nur einmal in einer Bootdatei vorkommen.
kommentar	Eine optionale Anmerkung, die beim Starten des Rechners angezeigt wird.

Beispiel
Eine Bootdatei könnte z.B. die folgenden Zeilen enthalten:

```
IBMBIO.COM  S [5]  Caldera DR-DOS
DRBIOS.SYS  D      DR DOS
DRMDOS.SYS  M      Multiuser DOS
```

LOADFIX

Extern, MS-DOS/PC DOS ab 5.0, DR-DOS ab 7.02

Je nach Konfiguration von DOS macht sich das Betriebssystem im konventionellen Speicher so dünn, dass innerhalb der ersten 64 KB des konventionellen Speichers genügend Platz bleibt, um dort Programme laden und ausführen zu lassen. Damit tritt jedoch ein neues Problem auf. Gepackte und komprimierte Dateien lassen sich teilweise nicht aus dem ersten 64-KB-Segment heraus starten. Dann erhalten Sie die Fehlermeldung »Packed file corrupt«. LOADFIX stellt eine Lösung für die dargestellte Problematik dar. Es lädt ein Programm an eine Adresse über dem ersten 64-KB-Speichersegment und führt es aus.

Syntax

LOADFIX Datei

Parameter

Datei Name des zu ladenden Programms, der Laufwerk- und Pfadangaben beinhalten kann.

Hinweise

- Verwenden Sie LOADFIX nur, um Programme zu laden, die ansonsten beim Start die oben genannte Fehlermeldung hervorrufen. Die angesprochene Fehlermeldung kann natürlich auch dadurch hervorgerufen werden, dass die zu startende Datei tatsächlich beschädigt ist.
- Verbreitete Programme, mit denen ausführbare Programme »komprimiert« werden können, aber lauffähig bleiben und die Ursache der angesprochenen Fehlermeldung sein können, sind z.B. EXEPACK, PKLITE und DIET.

LOCK (DR-DOS)
Extern, DR-DOS

Mit LOCK kann DR-DOS vorübergehend gesperrt werden, so dass der Rechner in Ihrer Abwesenheit nicht weiter benutzt werden kann. Zum Entsperren des Systems muss das erforderliche Passwort eingegeben werden.

Syntax
LOCK [passw] [/B] [/D:pfad] [/F] [/N] [/T:nn] [/U]

Parameter

passw	Passwort, das zum Entsperren des Systems benötigt wird (max. 12 Zeichen).
/B	Alternatives Farbschema verwenden.
/D:pfad	Pfad für die Erstellung von Auslagerungsdateien.
/F	Deaktiviert die Speicherung und Wiederherstellung von Schriftinformationen.
/N	Deaktiviert die Aufforderung zur Angabe des Passwortes zur Entsperrung des Systems.
/S	Sichert den gesamten Videospeicher.
/T:nn	Setzt eine Zeitschranke von nn Sekunden/Minuten.
/U	Entfernt LOCK aus dem Speicher.

Beispiel
LOCK SPERR

Zeigt den LOCK-Bildschirm an und sperrt DR-DOS, bis SPERR als Passwort eingegeben wird.

LOCK (MS-DOS)

Intern, MS-DOS ab 7.0

Sperrt ein Laufwerk und aktiviert so den direkten Datenträgerzugriff durch Anwendungen. Dieser Befehl sollte möglichst nicht verwendet werden, muss aber eingegeben werden, wenn z.B. unter Umgehung des Windows-Papierkorbs versehentlich gelöschte Dateien in einem DOS-Fenster wiederhergestellt werden sollen. Die Sperrung wird mit UNLOCK wieder aufgehoben.

Syntax LOCK [Laufwerk:]

MD/MKDIR

Intern

MD (Make Directory) ist ein interner Befehl, mit dem neue Verzeichnisse angelegt werden können. MKDIR ist ein Aliasname für den Befehl MD.

Syntax MD [d:]Pfad

Parameter

d: Name des Laufwerks, auf dem das neue Verzeichnis erstellt werden soll.

Pfad Name des Verzeichnisses, der bei Bedarf inklusive Zugriffspfad angegeben werden muss. Wird z.B. der Pfadname \TEXTE\ALT angegeben, so erstellen Sie ein neues Verzeichnis ALT eine Ebene unter dem bestehenden Verzeichnis TEXTE. Die Verzeichnisebenen werden durch einen Backslash voneinander getrennt.

Beispiel

MD \TEXTE\SIKO

Erstellt ein Unterverzeichnis des Verzeichnisses TEXTE namens SIKO.

MEM
Extern, MS-DOS/PC DOS ab 4.0, DR-DOS

Mit MEM können Sie sich über die Speicherbelegung des Rechners informieren. MEM liefert Informationen über den belegten und den noch freien Arbeitsspeicher des Systems. Der Befehl wurde mit MS-DOS 6.0 erweitert.

Syntax

MEM [/Z]

Parameter (MS-DOS/PC DOS)

/Z steht für eine beliebige zulässige Kombination der nachfolgend erläuterten Zusatzeingaben.

/C	(Classify, ab MS-DOS 5.0) Zeigt an, wie viel Speicherplatz einzelne Programme belegen.
/D	(Debug) Wenn Sie diesen Schalter eingeben, werden neben Angaben zum vorhandenen und zum freien Speicher auch Informationen über die Programme und Einheitentreiber im Speicher angezeigt.
/F	(Free) Statusinformationen über freie konventionelle und hohe Speicherbereiche.
/M:modul	Gibt eine Liste von Modulen aus, die den Speicher belegen. Der Name des Programms, dessen Module angezeigt werden sollen, wird über modul angegeben.
/P	(Program, MS-DOS 5.0) Wenn Sie diesen Schalter zusätzlich eingeben, werden auch Informationen zu den Programmen im Speicher angezeigt.
/P	(MS-DOS ab 6.0) Pause nach jeweils einer Bildschirmseite.

Parameter (DR-DOS)

Der MEM-Befehl von DR-DOS orientiert sich an der ursprünglichen MS-DOS-Variante, wurde aber erweitert. /Z steht für eine beliebige zulässige Kombination der nachfolgend erläuterten Zusatzeingaben.

/A	Zeigt alle MEM-Informationen bildschirmseitenweise an.
/B	Zeigt nur aktuell im konventionellen Speicher belegte Speicherblöcke an.
/CLASSIFY	Zeigt eine Liste der Programme und deren Größe im konventionellen Speicher an.
/DEBUG	Zeigt die Namen aller geladenen Programme und Einheitentreiber und eine Übersicht über den belegten Speicher an.
/F	Zeigt die Speicherblöcke an, die aktuell im Segment FFFF belegt sind.
/I	Zeigt speicherresidente Programme und Einheitentreiber und deren Position im Speicher an.
/M	Grafische Darstellung der Lage von RAM, ROM und EMS-Speicher.
/P	Pause nach jeweils einer vollen Bildschirmseite.
/PROGRAM	Zeigt die Programme an, die sich aktuell im Speicher befinden.
/S	Anzeige der Kette der Plattenpuffer.
/U	Zeigt nur die in der UMA aktuell belegten Speicherbereiche an.

Hinweise

- Auf einigen Rechnern (PC-Kompatible) wurde beobachtet, dass die Angaben zur »Hauptspeichererweiterung« nicht korrekt angezeigt wurden. Jedoch können Standard-PCs auch gar nicht über »Extended Memory« verfügen.

- Die aufgeführten Schalter lassen sich nicht miteinander kombinieren, sondern sind nur separat verwendbar.
- Bis DOS 5.0 wurden die Größenangaben in hexadezimaler Notation ausgegeben.

Beispiele MEM /M:DOSKEY

(MS-DOS/PC DOS) Gibt Informationen zur Lage und Größe des erweiterten Befehlszeileneditors DOSKEY im Arbeitsspeicher Ihres Rechners aus, sofern dieser installiert ist.

MEM

Ohne Zusatz gibt MEM lediglich Informationen zur verfügbaren Speichergröße aus.

MEMMAKER
Extern, MS-DOS 6.x

MEMMAKER optimiert den Speicher Ihres Rechners, indem es Ihre Startdateien optimiert und versucht, zusätzliche Einheitentreiber und speicherresidente Programme in die hohen Speicherbereiche zu verschieben. Damit MEMMAKER verwendet werden kann, muss der Rechner mindestens über einen 80386-Prozessor und Erweiterungsspeicher verfügen.

Syntax
MEMMAKER [/B] [/BATCH] [/SWAP:d] [/T] [/UNDO] [/W:G1,G2]

Parameter

/B	Führt MEMMAKER im Schwarzweiß-Modus aus.
/BATCH	Führt MEMMAKER im automatischen Modus mit den Standardaktionen aus. Bei Fehlern stellt MEMMAKER die alten Konfigurationsdateien (CONFIG.SYS, AUTOEXEC.BAT und gegebenenfalls SYSTEM.INI) wieder her. Statusmeldungen werden in der Datei MEMMAKER.STS gespeichert.

/SWAP:d	d steht stellvertretend für den Laufwerkbuchstaben des ursprünglichen Startlaufwerks. /SWAP muss nur angegeben werden, wenn sich der Buchstabe des Startlaufwerks ändert. Dies kann z.B. dann der Fall sein, wenn Software zur Festplattenkomprimierung eingesetzt wird, die Laufwerke vertauscht. Für DoubleSpace/DriveSpace wird diese Option nicht benötigt.
/T	Deaktiviert die automatische Erkennung von IBM-Token-Ring-Netzwerken.
/UNDO	Sorgt dafür, dass MEMMAKER die zuletzt vorgenommenen Änderungen zurücknimmt und die Ausgangskonfiguration wiederherstellt.
/W:G1,G2	Gibt an, wie viel Platz (in KB) in der HMA für die von Windows 3.x benötigten Puffer reserviert werden soll. Standard ist /W:12,12. Wenn Windows 3.x nicht eingesetzt wird, kann /W:0,0 angegeben werden.

Hinweise

- MEMMAKER muss direkt von der Befehlszeile aus gestartet werden.
- Wenn Sie EMS ohne die Option RAM von EMM386.EXE verwenden, kann MEMMAKER keine Programme in UMBs verschieben.
- Manuelle Optimierungen können Sie vornehmen, wenn Sie die Reihenfolge der Befehle innerhalb der CONFIG.SYS und der AUTOEXEC.BAT verändern. Dabei gilt es zu beachten, dass DEVICE-Zeilen immer vor INSTALL-Zeilen abgearbeitet werden. Die UMBs werden meist bereits dann optimal genutzt, wenn die Programme bzw. Treiber in der Reihenfolge ihrer Größe geladen werden. Die Größe können Sie mit MEM ermitteln.
- MEMMAKER verwendet bei seinen Optimierungen die Dateien CHKSTATE.SYS und SIZER.EXE.

Beispiele

MEMMAKER /BATCH

MEMMAKER wird im automatischen Modus ausgeführt.

MEMMAKER /UNDO

Nimmt die Optimierungen von MEMMAKER wieder zurück, so dass die ursprüngliche Systemkonfiguration wiederhergestellt wird.

MEMMAX

Extern, DR-DOS ab 6.0

Mit MEMMAX kann die Nutzung des Erweiterungsspeichers von der Eingabeaufforderung aus gesteuert werden. Mit MEMMAX lassen sich Speicherbereiche vorübergehend aktivieren und inaktivieren, sofern bestimmte Programme dies erfordern. So lässt sich z.B. mit MEMMAX verhindern, dass komprimierte ausführbare Programme Fehlermeldungen erzeugen, wenn sie in den unteren Teil des konventionellen Speichers geladen werden. (Unter MS-DOS/PC DOS verwenden Sie dazu LOADFIX.)

Syntax

MEMMAX [-|+L] [/L] [-|+U] [/U] [-|+V] [/V]

Parameter

-|+L	Deaktiviert bzw. aktiviert den unteren Teil des konventionellen Speichers (die ersten 64 KB des konventionellen Speichers).
/L	Zeigt den aktuellen Status des unteren Teils des konventionellen Speichers an.
-|+U	Deaktiviert bzw. aktiviert die UMA.
/U	Zeigt den aktuellen Status der UMA an.
-|+V	Deaktiviert bzw. aktiviert die Nutzung des Videospeichers durch Anwenderprogramme.
/V	Zeigt den aktuellen Status des Videospeichers an.

Beispiel
MEMMAX -L

Deaktiviert den unteren Teil des konventionellen Speichers.

MENUCOLOR

Intern, Multikonfiguration, MS-DOS/PC DOS ab 6.0

Über MENUCOLOR können Sie die Text- und Hintergrundfarben des Startmenüs einstellen. Dieser Befehl lässt sich – wie alle anderen mit DOS 6 neu eingeführten Multikonfigurationsbefehle – nur innerhalb von Menüblöcken in der CONFIG.SYS verwenden.

Syntax
MENUCOLOR=x[,y]

Parameter

x Über diesen Parameter legen Sie die Farbe fest, die zur Anzeige des Menütextes verwendet wird. Zulässig sind Farbwerte zwischen 0 und 15.

y Über diesen Parameter legen Sie die Farbe fest, die für den Bildschirmhintergrund verwendet wird. Zulässig sind Farbwerte zwischen 0 und 15. Wenn kein Wert für diesen Parameter angegeben wird, verwendet DOS standardmäßig einen schwarzen Hintergrund.

Hinweise

- Sie müssen für x und y unterschiedliche Werte angeben, da der angezeigte Text sonst nicht lesbar ist.
- Die verwendbaren Farbwerte zwischen 0 und 15 stehen für die folgenden Farben: Schwarz (0), Blau (1), Grün (2), Cyanblau (3), Rot (4), Karmesinrot (5), Braun (6), Weiß (7), Grau (8), Hellblau (9), Hellgrün (10), Helles Cyanblau (11), Hellrot (12), Helles Karmesinrot (13), Gelb (14) und Strahlendweiß (15).

Beispiele

```
MENUCOLOR 14, 4
```

Zeigt das entsprechende Startmenü mit gelber Schrift vor rotem Hintergrund an.

MENUDEFAULT

Intern, Multikonfiguration, MS-DOS/PC DOS ab 6.0

Über MENUDEFAULT legen Sie den Standardmenüeintrag im Startmenü und gegebenenfalls eine Zeitspanne fest, nach der dieser Eintrag automatisch ausgewählt wird. MENUDEFAULT lässt sich nur innerhalb von Menüblöcken innerhalb der CONFIG.SYS verwenden.

Syntax MENUDEFAULT=Block[,Wartezeit]

Parameter

Block	Legt den Standardmenüeintrag über den Namen des zugehörigen Konfigurationsblocks fest. Bei der Anzeige des Startmenüs wird dieser Menüeintrag hervorgehoben, und seine Nummer wird hinter der Eingabeaufforderung angezeigt.
Wartezeit	Hier können Sie angeben, wie viele Sekunden DOS warten soll, bevor der Rechner mit der Standardkonfiguration startet. Wenn Sie keine Wartezeit (zwischen 0 und 90 Sekunden) angeben, wartet der Rechner auf die Betätigung von F8.

Hinweise

- Wenn MENUDEFAULT nicht verwendet wird, ist der erste Menüeintrag automatisch der Standardmenüeintrag.
- Bei Angabe einer Wartezeit von 0 wird das Startmenü nicht angezeigt und der Standardmenüeintrag automatisch ausgewählt.
- Ein Beispiel finden Sie unter MENUITEM.

MENUITEM

Intern, Multikonfiguration, MS-DOS/PC DOS ab 6.0

Über MENUITEM legen Sie eine Auswahlmöglichkeit im Startmenü fest. MENUITEM lässt sich nur in Menüblocks innerhalb der CONFIG.SYS verwenden. Ein Menü kann maximal neun verschiedene Auswahlmöglichkeiten enthalten.

Syntax
MENUITEM=Block[,Menütext]

Parameter

Block   Name des Konfigurationsblocks, unter dem dieser in der CONFIG.SYS definiert werden muss. Es werden alle Befehle am Anfang der CONFIG.SYS sowie innerhalb von Blöcken mit dem Namen [COMMON] ausgeführt.

Menütext Steht stellvertretend für den Text, der für den entsprechenden Menüeintrag angezeigt werden soll. Wenn kein Menütext angegeben ist, wird der Blockname angezeigt.

Hinweise

- Blocknamen können bis zu 70 Zeichen lang sein und dürfen außer Leerzeichen, Schrägstrichen (\ und /), Kommas, Semikolons (;), Gleichheitszeichen (=) und eckigen Klammern ([und]) alle druckbaren Zeichen enthalten.
- Menütexte dürfen maximal 70 Zeichen umfassen und beliebige Zeichen enthalten.
- Wenn Sie verhindern wollen, dass ein Rechnerbenutzer die Befehle der CONFIG.SYS mit Hilfe der Tasten F5 oder F8 übergeht, können Sie dazu den Befehl SWITCHES /N verwenden.

Beispiele

```
[menu]
menuitem=XMS, Extended Memory (XMS)
menuitem=EMS, Expanded Memory (EMS)
menudefault=EMS,15
```

Legt ein Menü mit den zwei Einträgen XMS und EMS fest:

```
MS-DOS 6 Startmenü
==================
 1. Extended Memory (XMS)
 2. Expanded Memory (EMS)
Wählen Sie einen Eintrag aus: 2 Verbleibende Zeit: 15
```

Innerhalb der CONFIG.SYS müssen dann zwei Konfigurationsblöcke folgen, die mit [XMS] bzw. [EMS] eingeleitet werden.

Bei der Anzeige des Menüs wartet DOS 15 Sekunden und startet, wenn kein anderer Menüeintrag ausgewählt wird, mit den Befehlen des Konfigurationsblocks [EMS].

MIRROR

Extern, MS-DOS/PC DOS 5.0

Zeichnet Informationen über einen oder mehrere Datenträger auf, die UNDELETE und UNFORMAT in ihren Bemühungen bei der Wiederherstellung von Dateien bzw. Datenträgern unterstützen. Mit MS-DOS 6.0 wurde MIRROR in das UNDELETE-Kommando integriert, so dass es den Befehl seither nicht mehr gibt.

Syntax

```
MIRROR [d:] [...] [/1] [/TLw[-Eintr][...]] [/U] [/PARTN]
```

Parameter

d:	Laufwerk, dessen Informationen für das Wiederherstellen mit UNFORMAT gesichert werden sollen.
/1	Sichert nur die neueste Information über den Datenträger.
/TLw	Aktiviert die Löschverfolgung von Dateien für das angegebene Laufwerk.
-Eintr	Maximale Anzahl von Einträgen in der Löschverfolgungsdatei PCTRACKR.DEL.
/U	Entfernt MIRROR aus dem Speicher.
/PARTN	Sichert die Partitionierungsdaten einer Festplatte auf Diskette. Anschließend erhalten Sie Gelegenheit, die Datei mit den Partitionierungsdaten (PARTNSAV.FIL) zu sichern.

MODE
Extern

MODE ermöglicht es Ihnen, mit einem einzigen Befehl Ihr System speziellen Wünschen anzupassen, d.h., die Systemschnittstellen zu konfigurieren. Eingegebene Werte bleiben so lange gespeichert, bis sie durch einen neuen Befehl überschrieben werden oder das System neu gestartet wird. Daher empfiehlt es sich, auch entsprechende MODE-Befehle in die Datei AUTOEXEC.BAT aufzunehmen, wenn Sie die Anpassung ständig benötigen. Der MODE-Befehl ist wohl derjenige DOS-Befehl, der die vielfältigsten und umfangreichsten Möglichkeiten zur Verfügung stellt. Mit Hilfe von MODE können Sie

- sich den Status der Geräte (Devices) anzeigen lassen
- die parallelen (Drucker-)Schnittstellen (LPT1 bzw. PRN, LPT2 und LPT3) konfigurieren
- die seriellen Schnittstellen (COM1 bis COM4) konfigurieren
- parallele Schnittstellen umleiten

6 Alphabetisches Befehlsverzeichnis

- Umschaltungen des Bildschirm-Anzeigemodus vornehmen
- Zeichensatztabellen einem Gerät zuordnen
- Tastatureinstellungen vornehmen (Wiederholungsrate einstellen)

Für jede dieser Aufgabenstellungen existiert ein eigenständiges Aufrufformat des MODE-Befehls, die im Folgenden einzeln erläutert werden. Sämtliche Formate, die im Zusammenhang mit nationalen Zeichensatztabellen stehen, sind erst ab DOS 3.3 verfügbar.

Anzeige des Gerätestatus

MODE [Gerät] [/STATUS]

Parameter

Gerät	Eines der logischen Geräte CON: (Bildschirm, Tastatur), LPT1:, LPT2: oder LPT3: (Parallele Schnittstellen), COM1:, COM2: (Serielle Schnittstellen).
/STATUS	Der Schalter kann entfallen, wenn MODE ohne weitere Angaben eingegeben wird. Sie erhalten eine Übersicht über alle Geräte.

Beispiel

MODE CON

Gibt den Status der Console (Standard-Ein/Ausgabe) aus. Wenn Sie nicht mit Codeseiten (nationalen Zeichensatztabellen) arbeiten, erhalten Sie lediglich die Meldung »Codeseiten werden auf diesem Gerät nicht unterstützt«. Vgl. auch NLSFUNC und CHCP.

LPT-Schnittstelle konfigurieren

MODE LPT#[:][N][,[Z][,W]]
MODE LPT#[:] [COLS=N] [LINES=Z] [RETRY=W]

Parameter

#	1, 2 oder 3, bestimmt die anzupassende parallele Schnittstelle (LPT1:, LPT2: oder LPT3:).

N	80 oder 132, bestimmt die Anzahl der Zeichen pro Zeile.
Z	6 oder 8, bestimmt die Zahl der Zeilen pro Zoll (Inch). (Standard: 6 Zeilen pro Zoll.)
W	Anstelle von W kann eines der folgenden Zeichen angegeben werden: B (Busy, Gerät beschäftigt), E (Error, Gerät meldet einen Fehler), N (None, Gerät nicht wiederholt ansprechen, wenn es nicht bereit ist, bzw. ein Fehler aufgetreten ist), P (Permanent, Gerät wird auch dann wiederholt angesprochen, wenn es nicht antwortet) und R (Ready, es wird Bereitschaft gemeldet, auch wenn das Gerät meldet, es sei beschäftigt).

Beispiele

MODE LPT2:,,P

Es sollen auch dann weitere Zeichen zum Drucker an LPT2 gesendet werden, wenn dieser nicht angeschlossen ist oder nicht reagiert.

MODE LPT1:80,8

Der Drucker an LPT1 soll mit 80 Zeichen pro Zeile und acht Zeilen/Zoll drucken.

COM-Schnittstelle konfigurieren

MODE COM#: [B[,P[,D[,S[,W]]]]]
MODE COM#: [BAUD=b] [PARITY=p] [DATA=d] [STOP=s] [RETRY=r]

Parameter

#	1 bis 4, bestimmt den anzupassenden Seriellausgang.
B	(Baud-Rate) Legt die Übertragungsgeschwindigkeit fest. Die zulässigen Werte (Übertragungsraten in Baud) sind: 11 (110), 15 (150), 30 (300), 60 (600), 12 (1200), 24 (2400), 48 (4800), 96 (9600) und 19 (19200).
P	(Parity) O (Odd, Ungerade), E (Even, Gerade) oder N (No, Keine), bestimmt die Art der Parität.

6 Alphabetisches Befehlsverzeichnis

D	Zeichenlänge: 7 oder 8 Bits.
S	Stopbits: 1 oder 2 Stopbits.
W	Anstelle von W kann eines der folgenden Zeichen angegeben werden: B (Busy, Gerät beschäftigt), E (Error, Gerät meldet einen Fehler), N (None, Gerät nicht wiederholt ansprechen, wenn es nicht bereit ist bzw. ein Fehler aufgetreten ist), P (Permanent, Gerät wird auch dann wiederholt angesprochen, wenn es nicht antwortet) und R (Ready, es wird Bereitschaft gemeldet, auch wenn das Gerät meldet, es sei beschäftigt).

Umleitung eines Parallelausgangs

MODE LPT#:=COMn

Parameter

#	Nummer des parallelen Druckeranschlusses.
n	Nummer der seriellen Schnittstelle, auf die der Parallelausgang umgeleitet werden soll (COM1: oder COM2:).

Hinweis

▸ Bevor ein Parallelausgang umgeleitet werden kann, muss der entsprechende Seriellausgang angepasst worden sein.

Beispiele

MODE LPT1:=COM1

Weist DOS an, die Ausgabe von der ersten parallelen Schnittstelle (LPT1) zur ersten seriellen Schnittstelle (COM1) umzuleiten.

MODE LPT1:

Leitet die Ausgabe wieder zu LPT1 zurück.

Bildschirmmodus setzen

MODE [Modus][,[L|R][,T][,S]]
MODE m,n

Parameter

Modus	Legt den Bildschirmmodus fest. Folgende Angaben sind zulässig: 40 (40 Zeichen/Zeile), 80 (80 Zeichen/Zeile), BW40 (Schwarzweiß, 40 Zeichen/Zeile), BW80 (Schwarzweiß, 80 Zeichen/Zeile), CO40 (Farbe, 40 Zeichen/Zeile), CO80 (Farbe, 80 Zeichen/Zeile), GR40 (Grafikmodus, 320x200 Pixel, 40 Zeichen/Zeile), GR80 (Grafikmodus, 640x200 Pixel, 80 Zeichen/Zeile) und MONO (Monochrom, 80 Zeichen/Zeile).
L|R	Verschieben der Bildschirmausgabe eines CGA-Monitors nach Links (L) oder Rechts (R).
T	Anzeige einer Testzeile
S	Scroll-Modus: 0 (Software-Scroll, Steuerung durch Anwenderprogramm), 1 (Hardware-Scroll, bildschirminterne Steuerung) oder 2 (»weiches« Rollen). Standard ist 0. (Dieser Parameter wird nicht von allen DOS-Versionen unterstützt.)
m	Anzahl der Spalten auf dem Bildschirm (40 oder 80)
n	Anzahl der Zeilen auf dem Bildschirm (25, 43 oder 50). Der festgelegte Wert muss von der Grafikkarte unterstützt werden.

Hinweise

- Um die Zeilenanzahl setzen zu können, muss die Datei ANSI.SYS über ein DEVICE-Kommando in die CONFIG.SYS eingebunden worden sein.
- Wenn der Grafikkarte ein erweiterter ANSI-Treiber (z.B. EANSI.SYS) beiliegt und dieser in die CONFIG.SYS eingebunden wurde, stehen möglicherweise weitere Werte zur Auswahl.

Beispiel

MODE CO80

Aktiviert die farbige Ausgabe mit 80 Spalten. Durch Umschalten des Bildschirmmodus lässt sich häufig ein verschwundener Cursor wieder sichtbar machen.

Zeichensatztabelle festlegen

```
MODE Gerät CP PREPARE=((Tabelle)Datei)
MODE Gerät CP SELECT=Tabelle
MODE Gerät CP REFRESH
MODE Gerät CP [/STATUS]
```

Parameter

Gerät	Logischer Dateiname des Geräts, für das die Zeichensatztabelle vorbereitet werden soll. Zulässige Angaben sind CON, PRN, LPT1, LPT2 und LPT3.
Tabelle	Nummer der zu verwendenden Zeichensatztabelle. Eine Aufstellung der Tabellen finden Sie bei KEYB (meist 850).
Datei	Name und Suchpfad der Datei, die die entsprechenden Informationen enthält. Folgende Dateien mit einer oder mehreren Zeichensatztabellen werden meist mit DOS ausgeliefert: 4201.CPI (IBM Proprinter II und III), 4208.CPI (IBM 4208 Proprinter XL24, IBM 4207 Proprinter X24), 5202.CPI (IBM Quietwriter III), EGA.CPI (EGA- oder IBM PS/2-Monitor) und LCD.CPI (IBM AP LCD-Bildschirm).
CP	Nummern der für das angegebene Gerät vorbereiteten Zeichensatztabellen
PREPARE	(DOS ab 3.3) Eine oder mehrere Zeichensatztabellen für ein Gerät vorbereiten.
SELECT	Aktiviert eine vorbereitete Zeichensatztabelle für das angegebene Gerät.
REFRESH	Reaktiviert eine bereits aktivierte Zeichensatztabelle für das angegebene Gerät.

Beispiele

```
MODE CON CP PREPARE ((,,860)C:\DOS\EGA.CPI)
```

Für den Bildschirm (die Standardein-/-ausgabe) wird als dritte Zeichensatztabelle die Tabelle mit der Nummer 860 (Portugal) vorbereitet. Die beiden ersten Tabellen bleiben unverändert. Die erforderlichen Informationen werden der Datei C:\DOS\EGA.CPI entnommen.

```
MODE CON CP SELECT=860
```

Wählt für das logische Gerät CON (Bildschirm/Tastatur) die vorbereitete portugiesische Zeichensatztabelle aus.

```
MODE CON CP
```

Zeigt die für die Standardein-/-ausgabe aktive Zeichensatztabelle an.

Tastatur/Bildschirm konfigurieren

```
MODE CON RATE=[W] DELAY=[V] LINES=[Z]
```

Parameter

W	Legt fest, wie oft ein Zeichen innerhalb einer Sekunde wiederholt wird (Standard: 20, mögliche Werte: 1 bis 32).
V	Zeitspanne, bis die Wiederholung einsetzt (1 bis 4 Viertelsekunden).
Z	Anzahl der auf dem Bildschirm ausgegebenen Teile. (Setzt geladene ANSI.SYS voraus.)

Hinweis

‣ Diese Variante des MODE-Befehls steht ab DOS 4.0 zur Verfügung und sollte nicht für PC-Tastaturen verwendet werden. Die entsprechenden Einstellungen für die Tastatur können zudem bei neueren Rechnern über das BIOS-Setup vorgenommen werden.

MORE
Extern, Filter

MORE arbeitet als Filter und gibt Daten seitenweise auf dem Bildschirm aus. Der Filter liest die Standardeingabe und gibt die Daten zur Standardausgabe. Nach 24 Zeilen wird die Ausgabe angehalten, und in der letzten Zeile erscheint ein Hinweis, dass nach Betätigen einer beliebigen Taste die Ausgabe fortgesetzt wird. | MORE muss am Ende der Befehlszeile stehen.

Syntax
Befehl | MORE

oder

MORE < Dateibez

Parameter

Befehl Die Daten dieses Befehls werden über MORE seitenweise ausgegeben. Befehl kann dabei auch wieder aus mehreren verketteten DOS-Befehlen zusammengesetzt sein.

Datei- Die Daten der angegebenen Datei werden von MORE seiten-
bez   weise ausgegeben.

| Zeichen zur Befehlsverkettung

<   Zeichen zur Dateineingabe

Beispiel
DIR | SORT | MORE

Gibt das sortierte Inhaltsverzeichnis des aktuellen Verzeichnisses aus. Unter MS-DOS/PC DOS ab 5.0 erzielen Sie dasselbe Ergebnis mit DIR /ON /P.

MOUSE

Extern, diverse Versionen, DR-DOS siehe DRMOUSE

Maussteuerprogramme gehören zwar meist nicht zum Lieferumfang von DOS, sondern liegen beim Kauf der Maus bei. Oft liegen sie aber Programmen bei oder sind auf bootfähigen Disketten mit Hilfsprogrammen enthalten. Wenn die Anschlussart (PS/2-Schnittstelle, serielle Maus, Bus-Maus) und der Maustyp (Microsoft, Mouse Systems) beim Laden der Treiber MOUSE.COM oder MOUSE.SYS vorgegeben wird, lässt sich der Rechnerstart ein wenig beschleunigen, da dann die Schnittstellen nicht mehr abgefragt werden. Die folgenden Erläuterungen gelten für die Maustreiber von Microsoft.

Syntax

In der AUTOEXEC.BAT oder in der Befehlszeile:

MOUSE [ON|OFF] [/Z]

In der CONFIG.SYS:

DEVICE=[d:][Pfad]MOUSE.SYS [/Z]

Parameter

ON|OFF	Aktiviert bzw. sperrt den Maustreiber. MOUSE.COM wird bei OFF aus dem Speicher entfernt und gibt den belegten Arbeitsspeicher frei.

/Z steht für eine beliebige zulässige Kombination der nachfolgend erläuterten Zusatzeingaben.

/Dn	(Speed Doubling) Bestimmt den Grenzwert für die Geschwindigkeitsverdopplung. (Damit die Maus nicht über den halben Schreibtisch geschoben werden muss, wenn größere Distanzen überwunden werden müssen.)
/Hn	(Horizontal Speed) Bestimmt die Empfindlichkeit, mit der der Mauszeiger in waagerechter Richtung reagiert.

/LCode	(Language) Code bestimmt die Sprache der Meldungen des Maussteuerprogramms. Erlaubt sind z.B. D (Deutsch), E (Spanisch), F (Französisch), I (Italienisch) und P (Portugiesisch). Unzulässige Codes führen zu englischen Fehlermeldungen. (Nur in den internationalen Versionen des Maustreibers verfügbar.)
/Rn	(Rate) Setzt bei Bus-Mäusen die Interruptrate für die Abfrage des Anschlusses. Zulässige Werte sind: 0 (Anschluss gesperrt), 1 (30 Hz, Standard), 2 (50 Hz), 3 (100 Hz) und 4 (200 Hz).
/Sn	(Speed) n bestimmt die Empfindlichkeit, mit der der Mauszeiger auf Bewegungen reagiert. Werte zwischen 0 und 100 sind für diesen und die folgenden drei Schalter zulässig, Voreinstellung ist 50.
/Typ	Direkte Angabe des angeschlossenen Maustyps. Folgende Codes für Typ sind zulässig: B (Bus-Maus), C1 (serielle Maus an COM1), C2 (serielle Maus an COM2), I1 (Inport-Maus an erster Inport-Adresse), I2 (Inport-Maus an zweiter Inport-Adresse) und Z (PS2-Anschluss).
/Vn	(Vertical Speed) Bestimmt die Empfindlichkeit, mit der der Mauszeiger in senkrechter Richtung reagiert.

Hinweise

- Die Typangabe bei der Installation ist vor allem von Bedeutung, wenn mehrere Geräte angeschlossen sind oder die Bestimmung der Schnittstelle Schwierigkeiten bereitet.
- Die Aktivierung des Maustreibers erfolgt üblicherweise über die AUTOEXEC.BAT. Das Steuerprogramm belegt nur dann Speicherplatz, wenn tatsächlich eine Maus erkannt wird.
- Einige Programme setzen bei vorhandener Bus-Schnittstelle voraus, dass die Maus auch dort angeschlossen ist. Entsprechend gesetzte Schalter beim Aufruf des Maustreibers helfen auch nicht weiter.

Drei-Tasten-Mäuse lassen sich aber üblicherweise als Mouse-Systems- oder Logitech-Maus installieren und über die serielle Schnittstelle benutzen, sofern das eingesetzte Programm dies zulässt.
- Die Parameter der Maustreiber unterscheiden sich von Version zu Version.

Beispiele

`C:\DOS\MOUSE.COM /S20 /D32 /LD`

Installiert eine Maus mit relativ geringer Empfindlichkeit, Grenzwert für Geschwindigkeitsverdopplung und deutschen Fehlermeldungen.

`MOUSE`

Gibt eine Meldung aus, ob der Treiber installiert ist, bzw. installiert die Maus mit den Standardvorgabewerten, wenn es sich um den ersten Aufruf des Treibers handelt.

`MOUSE OFF`

Sperrt den Treiber bzw. entfernt MOUSE.COM aus dem Arbeitsspeicher.

MOVE
Extern, DOS ab 6.0

MOVE dient dem Verschieben und Umbenennen von Verzeichnissen. Beim Verschieben werden die entsprechenden Dateien zunächst an ihren Zielort kopiert und anschließend am Ausgangsort gelöscht.

Verschieben Sie ein komplettes Verzeichnis der ersten Ebene, ist es nicht notwendig, die entsprechenden Dateien physisch zu kopieren. Vielmehr genügt es, das Ausgangsverzeichnis mit dem Namen des Zielverzeichnisses zu versehen, so dass das Verzeichnis praktisch lediglich umbenannt wird.

Syntax
`MOVE [Pfad]Datei [...] Ziel [/Y|/-Y] [/Z]`

6 Alphabetisches Befehlsverzeichnis

Parameter

Pfad	Gibt den Namen des Verzeichnisses (inklusive Laufwerkbuchstaben) an, dessen Dateien verschoben werden sollen.
Datei	Gibt den Namen der Datei an, die verschoben werden soll. Platzhalter (? und *) sind zulässig.
Ziel	Gibt den Namen des Zielverzeichnisses an, in das Dateien verschoben werden sollen. Dieses Verzeichnis muss vorhanden sein, es sei denn, MOVE wird zum Umbenennen von Verzeichnissen benutzt. Wird nur ein Dateiname als Quelle angegeben, lassen sich mit MOVE auch Dateien umbenennen.
/Y|/-Y	(MS-DOS/PC DOS) Bestätigung beim Überschreiben des Ziels wird unterdrückt (/Y) bzw. angefordert (/-Y). Der Schalter /Y kann in der Umgebungsvariablen COPYCMD definiert werden.

/Z steht unter DR-DOS für eine beliebige zulässige Kombination der nachfolgenden Zusatzeingaben.

/A	(DR-DOS) Verschiebt nur Dateien mit gesetztem Archivattribut, ohne dieses zu ändern.
/D:datum	(DR-DOS) Verschiebt nur Dateien, die am oder nach dem angegebenen Datum geändert worden sind.
/H	(DR-DOS) Verschiebt versteckte Dateien und Systemdateien, die von DR-DOS ansonsten ignoriert werden.
/M	(DR-DOS) Verschiebt nur Dateien mit gesetztem Archivattribut und setzt das Attribut anschließend zurück.
/P	(DR-DOS) Fordert vor dem Verschieben der einzelnen Dateien zur Bestätigung auf.
/R	(DR-DOS) Überschreibt gleichnamige schreibgeschützte Dateien.

/S	(DR-DOS) Verschiebt alle Dateien in einem Unterverzeichnis, nicht jedoch die Struktur des Unterverzeichnisses.
/T	(DR-DOS) Verschiebt alle Dateien eines angegebenen Verzeichnisses einschließlich aller Dateien aller Unterverzeichnisse. (Bei Verwendung von /T sind die meisten anderen Schalter von MOVE, die sich auf Dateien beziehen, nicht zulässig. Nur /P, /V und /W lassen sich mit /T kombinieren.)
/V	(DR-DOS) Prüft die verschobene Datei noch einmal.
/W	(DR-DOS) Wartet auf einen Diskettenwechsel, bevor der Befehl ausgeführt wird.

Beispiele

MOVE C:\WORD*.TXT C:\WINWORD*.DOC C:\TEXTE

Verschiebt alle Dateien mit den Namenserweiterungen TXT und DOC, die sich in den Verzeichnissen C:\WORD bzw. C:\WINWORD befinden, in ein Verzeichnis namens TEXTE, das bereits vorhanden sein muss.

MOVE C:\ALT C:\NEU

Benennt das Verzeichnis C:\ALT in C:\NEU um.

MSAV

Extern, MS-DOS 6.x

Das mit den MS-DOS-Versionen 6.x ausgelieferte Programm MSAV entspricht einer im Funktionsumfang reduzierten Version von Central Point Anti-Virus. Da dieses Programm mittlerweile reichlich betagt ist, sollten Sie besser auf aktuellere Antivirenprogramme (z.B. aus dem Internet) zurückgreifen.

MSBACKUP

Extern, MS-DOS 6.x

Sichert eine oder mehrere Dateien von einem Datenträger auf einem anderen oder stellt sie wieder her. Sie können alle Dateien auf einem Datenträger sichern oder für Dateien, die sich seit der letzten Sicherung geändert haben, Sicherungskopien terminieren, so dass sie regelmäßig ablaufen, und Dateien wiederherstellen, die Sie gesichert haben. MSBACKUP wird üblicherweise über die integrierte Benutzeroberfläche bedient, so dass ich mich hier auf die Befehlszeilenparameter beschränke.

Syntax

MSBACKUP [Sdatei] [/T[Typ]] [/BW|/LCD|/MDA]

Parameter

Sdatei	Gibt den Namen der Datei an, die die Namen der zu sichernden Dateien sowie den Typ der durchzuführenden Sicherung enthält. MSBACKUP erstellt eine Setup-Datei beim Speichern der Programmeinstellungen und der Dateiauswahl. Derartige Dateien müssen die Namenerweiterung .SET haben. Wird kein Name für die Setup-Datei angegeben, wird DEFAULT.SET verwendet.
T[Typ]	Gibt den Typ der durchzuführenden Sicherung an. Für Typ können Sie folgende Werte angeben: F (Full, Komplettsicherung), I (inkrementelles Backup) und D (differenzielles Backup).
/BW	Verwendet zur Anzeige einen Schwarzweiß-Modus.
/LCD	Verwendet für die Anzeige ein Farbschema für LCD-Bildschirme.
/MDA	Verwendet für die Anzeige einen Schwarzweiß-Modus.

Hinweise

- In früheren DOS-Versionen erfolgte die Datensicherung über BACKUP und die Datenrücksicherung über RESTORE.

- MSBACKUP ist recht umfangreich. Unter Umständen ist es daher sinnvoll, weiterhin mit BACKUP und RESTORE zu arbeiten.

Beispiele

MSBACKUP MONAT /TI

Greift zur Datensicherung auf die in der Datei MONAT.SET abgelegten Daten zurück und führt ein inkrementelles Backup durch. Das heißt, es werden lediglich jene Dateien gesichert, die sich seit der letzten Komplettsicherung oder dem letzten inkrementellen Backup geändert haben.

MSCDEX

Extern, ab MS-DOS/PC DOS 6.0, DR-DOS siehe NWCDEX

MSCDEX steht für »Microsoft Compact Disc Read Only Memory (CD-ROM) Extension«. MSCDEX stellt Erweiterungen zur Verfügung, die die Nutzung von CD-ROM-Laufwerken (und DVD-Laufwerken als CD-ROM-Laufwerk) unter DOS gestatten. Damit MSCDEX eingesetzt werden kann, muss der Einheitentreiber für das CD-ROM-/DVD-Laufwerk zuvor über eine DEVICE-Zeile in der CONFIG.SYS geladen worden sein. Für den generischen Treiber OAKCDROM.SYS kann diese Zeile z.B. so aussehen:

DEVICE=C:\TOOLS\OAKCDROM.SYS /D:MSCD0001

Syntax

MSCDEX /D:Sign [...] [/E] [/S] [/V] [/L:Lw] [/M:n]

Parameter

/D:Sign Signatur des Einheitentreibers für das erste CD-ROM-Laufwerk. Diese muss mit jener übereinstimmen, die über /D beim Laden des Einheitentreibers in der CONFIG.SYS angegeben wurde. Im obigen Beispiel wird MSCD0001 als Signatur verwendet.

...	Weitere Signaturen
/E	EMS zur Zwischenspeicherung von Daten verwenden.

/L:Lw	Über Lw lässt sich dem CD-ROM-Laufwerk ein bestimmter Buchstabe zuordnen. Ohne /L wird automatisch der erste freie Buchstabe verwendet.
/M:n	Änderung der verfügbaren Anzahl von Puffern zur Zwischenspeicherung von Daten.
/S	(Sharing) Ermöglicht die gleichzeitige Benutzung eines CD-ROM-Laufwerks im Netzwerk durch mehrere Anwender.
/V	Gibt statistische Daten zur Belegung des Arbeitsspeichers aus.

Hinweise

- MSCDEX lässt sich seit Version 2.2 (MS-DOS 6.0) mit LH in UMBs laden. Da ältere Versionen des Programms einige Fehler enthalten, sollten Sie eine möglichst aktuelle Version verwenden. (MSCDEX wird z.B. mit Windows 98/Me ausgeliefert und ist auch im Internet verfügbar.)
- MSCDEX sollte nicht von Windows 3.x aus aktiviert werden.
- Gegebenenfalls müssen Sie LASTDRIVE verwenden, um einem CD-ROM-Laufwerk einen freien Laufwerkbuchstaben zur Verfügung stellen zu können.
- Sie sollten MSCDEX nur dann aktivieren, wenn Sie es tatsächlich brauchen, da es einigen Arbeitsspeicher benötigt. Über eine Batch-Datei können Sie die Einheitentreiber für CD-ROM-/DVD-Laufwerke mit den Befehlen DEVLOAD (ab DR-DOS 7.03) bzw. DYNALOAD (ab PC DOS 7.0) auch nachladen, ohne den Rechner neu starten oder mit Multikonfigurationsdateien arbeiten zu müssen.

Beispiel

C:\DOS\MSCDEX.EXE /S /D:MSCD0001 /L:L

Diese Variante sollte i.d.R. genügen, um MSCDEX zu aktivieren. Es wird der Name MSCD0001 für das CD-ROM-/DVD-Laufwerk verwendet, und der gleichzeitige Zugriff mehrerer Anwender auf das CD-ROM-Laufwerk wird aktiviert (/S). Es wird der Laufwerkbuchstabe L: zugeordnet.

MSD

Extern, MS-DOS 6.x

MSD (Microsoft Diagnostics) liefert technische Informationen über einen Rechner und erlaubt die Erstellung von Protokolldateien für Support-Zwecke. MSD verfügt über eine menügesteuerte Oberfläche, über die die verschiedenen Optionen genutzt werden können, so dass hier nur einige spezielle Parameter beschrieben werden sollen.

Syntax

MSD [/B][/I]

Parameter

/B   Führt MSD im Schwarzweiß-Modus aus.

/I   Verhindert, dass MSD die vorhandene Hardware beim Programmstart analysiert. (Falls MSD nicht korrekt startet oder nicht einwandfrei läuft.)

MSHERC

Extern, MS-DOS/PC DOS 5.0

Dieses Programm, das nur im Lieferumfang von MS-DOS 5.0 enthalten war, unterstützt den QBasic-Interpreter beim Erstellen von Grafikprogrammen für die ehedem verbreitete Monochrom-Grafikkarte der Firma Hercules.

NETWARS

Extern, DR-DOS ab 7.0

NetWars ist ein Netzwerkspiel, das sich im Lieferumfang von DR-DOS befindet, bei dem es gilt, ein Raumschiff durch den Weltraum zu lenken und feindliche Raumschiffe abzuschießen.

NLSFUNC
Extern, DOS ab 3.3

NLSFUNC (National Language Support FUNCtions) ist ein speicherresidentes Programm, das die erweiterte Unterstützung nationaler Informationen lädt, vor allem also Bildschirmzeichensätze und Tastaturbelegungen.

Syntax
NLSFUNC [Datei] [/Mx]
INSTALL=[Pfad]NLSFUNC [Datei] [/Mx]

Parameter

Datei	Name der Datei, in der die länderspezifischen Informationen enthalten sind. Dies ist im Allgemeinen die Datei COUNTRY.SYS, die sich meist im Verzeichnis \DOS befindet.
[/Mx]	(DR-DOS) Erzwingt, dass NLSFUNC in einen bestimmten Speicherbereich geladen wird. Zulässig für x sind: L (konventioneller Speicher), H (HMA) und U (UMA).

Hinweise
- NLSFUNC benötigen Sie nur dann, wenn Sie die Absicht haben, Zeichensatztabellen zu wechseln, wenn Sie also mit mehreren Code Pages arbeiten. Der Befehl CHCP kann erst verwendet werden, wenn NLSFUNC installiert worden ist.
- NLSFUNC kann bereits in der Datei CONFIG.SYS über INSTALL geladen werden.

Beispiel
INSTALL=C:\DOS\NLSFUNC.EXE C:\DOS\COUNTRY.SYS

NLSFUNC benutzt die Informationen aus COUNTRY.SYS und wird bereits in der CONFIG.SYS geladen.

NUMLOCK

Intern, Konfiguration, MS-DOS/PC DOS ab 6.0

Mit NUMLOCK lässt sich festlegen, ob [Num] im numerischen Tastenblock beim Rechnerstart bzw. bei der Anzeige des definierten Startmenüs aktiviert (ON) oder deaktiviert (OFF) sein soll.

Syntax NUMLOCK=[ON|OFF]

Parameter

ON|OFF   Wird ON angegeben, wird die Feststelltaste [Num] aktiviert, so dass der numerische Tastenblock zur Eingabe von Ziffern verwendet werden kann. Bei OFF dienen die Tasten des numerischen Tastenblocks der Cursorbewegung.

Hinweis

- Viele Rechner bieten die Möglichkeit, [Num] über das BIOS-Setup zu aktivieren bzw. zu deaktivieren.

Beispiel

NUMLOCK=ON

Sorgt dafür, dass [Num] aktiviert wird (ON).

NWCACHE

Extern, DR-DOS ab 7.0

NWCACHE puffert den Datenaustausch mit Festplatten und entspricht damit hinsichtlich seines Aufgabenbereichs dem Programm SMARTDRV unter MS-DOS/PC DOS.

Syntax
NWCACHE [d|d+|d-] [maxgr|mingr] [/Z]
NWCACHE [-|+] [d|d-|d+] [/Z]

6 Alphabetisches Befehlsverzeichnis

Parameter

/Z ist eine beliebige zulässige Kombination der nachfolgenden Zusatzangaben.

d+	Puffert Laufwerk d. Die Schreibverzögerung ist standardmäßig aktiviert.
d-	Schließt das Laufwerk d von der Pufferung aus.
d	Die Schreibpufferung für das Laufwerk d wird nicht aktiviert.
maxgr	Maximalgröße des Puffers. Standardmäßig wird bis zu 7670 KB Erweiterungsspeicher für den Puffer genutzt.
mingr	Mindestgröße des Cache
/A20	Unterdrückt den erweiterten A20-Modus. Diese Option verschlechtert die Cache-Leistung und sollte nur bei Kompatibilitätsproblemen eingesetzt werden.
/BE[=gr]	Lädt den Read-Ahead-Puffer in den EMS-Speicher. Optional kann die Puffergröße (4 bis 16 KB) angegeben werden. Die Option /BE kann die Cache-Leistung erheblich reduzieren.
/BL[=gr]	Lädt den Read-Ahead-Puffer in den konventionellen Speicher. Optional kann die Puffergröße (4 bis 16 KB) angegeben werden.
/BU[=gr]	Lädt den Read-Ahead-Puffer in die UMA. Optional kann die Puffergröße (4 bis 16 KB) angegeben werden.
/CHECK	Prüft den Cache-Speicher.
/DELAY=OFF	Deaktiviert die Schreibverzögerung für alle Laufwerke.
/DELAY=ON	Aktiviert die Schreibverzögerung.
/DELAY=zeit	Angabe eines Wertes für die Schreibverzögerung in Millisekunden (50 bis 5000).

/E	Für den Puffer wird EMS-Speicher verwendet.
/L	Für den Puffer wird konventioneller Speicher verwendet.
/LEND=ON|OFF	Aktiviert bzw. deaktiviert die gemeinsame Verwendung des Pufferspeichers mit anderen Programmen.
/ML[X]	Lädt NWCACHE in den konventionellen Speicher. Mit /MLX wird NWCACHE erst in den konventionellen Speicher und über DPMS in den Zusatzspeicher geladen.
/MU[X]	Lädt NWCACHE in die UMA. Mit /MUX wird NWCACHE in die UMA und über DPMS in den Zusatzspeicher geladen.
/W=gr	Stellt die maximale Datenmenge für die Schreibverzögerung ein (0 bis 7670 KB).
/X[=adr]	Legt die Verwendung von Zusatzspeicher für den Puffer fest. Wenn kein Speicherverwaltungsprogramm geladen ist, der Rechner aber über Zusatzspeicher verfügt, können Sie die Position des Pufferspeichers über adr angeben (oberhalb von 1024 KB).
-	Schreibt den Inhalt des Puffers auf Datenträger und deaktiviert den Cache. NWCACHE bleibt zwar weiterhin im Speicher, puffert aber keine Daten mehr. Mit der Option + kann die Pufferung wieder aktiviert werden.
+	Schreibt den Inhalt des Puffers auf Datenträger und aktiviert den Cache.
/Q|/U	Diese beiden Optionen beenden das Cache-Programm. Alle noch anstehenden Schreibvorgänge werden ausgeführt, der durch die Pufferung belegte Speicher wird freigegeben und es wird versucht, NWCAHE aus dem Speicher zu entfernen.

/S	Zeigt Cache-Statusinformationen an. Zuvor werden alle noch anstehenden Schreibvorgänge ausgeführt.
/SIZE=MIN|MAX	Stellt die maximale bzw. minimale Puffergröße ein. Alle anstehenden Schreibvorgänge werden dabei ausgeführt und die Pufferung wird neu initialisiert.

NWCDEX

Extern, DR-DOS ab 7.0

Um ein CD-ROM-Laufwerk unter DR-DOS benutzen zu können, muss zunächst einmal der Treiber für das CD-ROM-Laufwerk geladen werden. Wenn kein entsprechender Treiber vorhanden ist, sollte sich der generische Treiber OAKCDROM.SYS aus dem Lieferumfang von Windows 98/Me in den allermeisten Fällen nutzen lassen. Dieser muss in der CONFIG.SYS über eine DEVICE-Zeile (oder DEVICEHIGH-Zeile) geladen werden. Diese Zeile *muss* den Parameter /D:treiber enthalten, der dem Laufwerk als Gerätename zugeordnet wird. (Vgl. auch DEVLOAD.)

Weiterhin müssen die CD-ROM-Erweiterungen geladen werden. DR-DOS liegt das Programm NWCDEX bei, das den Zugriff auf CD-ROM-Laufwerke ermöglicht. NWCDEX kann über die Eingabeaufforderung oder eine entsprechende Zeile in der AUTOEXEC.BAT geladen werden. Zwar können Sie anstelle von NWCDEX auch ohne weiteres MSCDEX verwenden, allerdings kann NWCDEX DPMS verwenden und damit Speicher sparen helfen.

Syntax
NWCDEX /D:treiber [/E/K/N/V] [/F:n] [/L:d] [/M:m]

Parameter

/D:treiber	Name des CD-ROM-Treibers, der angegeben werden *muss*.
/E	Speichererweiterung (LIM/EMS) verwenden, falls DPMS nicht verfügbar.

/F:n	Anzahl zu belegender Datei-Kennungen (Standardwert ist 20).
/L:d	Angabe des Laufwerkbuchstabens (Standard ist das erste freie Laufwerk).
/M:m	Anzahl zu belegender Puffer (Standardwert ist 14).
/N	DPMS nicht verwenden (standardmäßig wird DPMS verwendet).
/V	Ausgabe erweiterter Informationen

Beispiel

Um die Treiber für ein CD-ROM-Laufwerk zu installieren und es unter DR-DOS nutzen zu können, fügen Sie zunächst eine Zeile wie die folgende in die Datei CONFIG.SYS ein:

DEVICE=C:\DRDOS\OAKCDROM.SYS /D:NWCD000

Weiterhin müssen in der AUTOEXEC.BAT die CD-ROM-Erweiterungen geladen werden. Dabei muss derselbe Treibername wie in der CONFIG.SYS-Zeile verwendet werden:

NWCDEX /D:NWCD000 /L:G

Das CD-ROM-Laufwerk lässt sich anschließend im Beispiel unter dem Laufwerkbuchstaben G: ansprechen.

PASSWORD

Extern, DR-DOS

Mit PASSWORD lassen sich Dateien oder Verzeichnispfaden Passwörter zuweisen. Dabei können die vergebenen Passwörter maximal acht Zeichen lang sein.

Syntax

PASSWORD [datei] [/Z]

6 Alphabetisches Befehlsverzeichnis

Parameter

/Z ist eine beliebige zulässige Kombination der folgenden Zusatzangaben.

/D:paß	Passwort, das nur zum Löschen oder Umbenennen der Datei oder Ändern der Dateiattribute erforderlich ist. Zum Lesen oder Ändern der Datei wird es nicht benötigt. /D vergibt das Passwort-Attribut D.
/G:paß	Setzt das globale Standardpasswort. Das allgemeine Standardpasswort bleibt gültig, bis es ausgeschaltet oder der Rechner neu gestartet wird.
/N	Löscht den gesamten Passwortschutz.
/NG	Löscht das globale Standardpasswort.
/NP	Löscht den Passwortschutz eines Verzeichnisses.
/P:paß	Bezieht sich auf Unterverzeichnisse statt Dateien. Dann wird jeweils, wenn über den Pfad auf ein Verzeichnis zugegriffen wird, zur Eingabe des Passworts aufgefordert. Unterverzeichnisse werden bei Vergabe eines Passworts automatisch umfassend vor Lese-, Schreib- und Löschversuchen geschützt.
/R:paß	Das zum Lesen, Kopieren, Schreiben, Löschen und Umbenennen einer Datei und zum Ändern der Datei-Attribute erforderliche Passwort. /R vergibt die Passwort-Attribute R, W und D.
/S	Führt die Passwortoperationen für Dateien und Unterverzeichnisse des aktuellen Verzeichnisses durch.
/W:paß	Passwort, ohne das eine Datei zwar gelesen und kopiert, aber nicht gelöscht oder umbenannt werden kann und das zum Ändern der Datei-Attribute notwendig ist. /W vergibt die Passwort-Attribute W und D.

PATH
Intern

PATH ist ein interner Befehl, der DOS anweist, neben dem aktuellen Verzeichnis bestimmte andere Verzeichnisse nach einer Datei zu durchsuchen. Wenn Sie mit PATH einen Pfad gesetzt haben, ist es möglich, alle auf dem festgelegten Zugriffspfad abgelegten Programm- und Batch-Dateien aufzurufen, ohne den Namen des Verzeichnisses angeben zu müssen, in dem sich die aufzurufende Datei befindet.

Syntax

PATH [Pfad1][;Pfad2]...

Parameter

Pfad1, Namen von Verzeichnissen (inkl. Laufwerkangabe), die in die Suche
Pfad2 nach Dateien mit einbezogen werden sollen und die durch Strichpunkte (;) voneinander getrennt angegeben werden.

Hinweise

- Je mehr Pfade gesetzt werden, desto länger braucht DOS für die Suche nach Dateien, die nicht vorhanden sind. Die Reihenfolge, in der die Verzeichnisse durchsucht werden, entspricht der Reihenfolge im PATH-Befehl.
- DOS akzeptiert in einer PATH-Anweisung maximal 127 Zeichen. Diese Schranke kann auch durch Vergrößerung der Umgebung (vgl. COMMAND /E) nicht beseitigt werden. Daher sollten Verzeichnisnamen, die in der PATH-Anweisung aufgeführt werden, möglichst kurz ausfallen.

Beispiele

PATH

PATH ohne Angabe von Optionen zeigt den gegenwärtig gesetzten Zugriffspfad an.

PATH C:\PROGRAMM;C:\TOOLS;C:\DOS;C:\DOS\BATCH

Weist DOS an, neben dem aktuellen Verzeichnis die Verzeichnisse C:\PROGRAMM, C:\TOOLS, C:\DOS und C:\DOS\BATCH nach ausführbaren Dateien zu durchsuchen, die nicht unter Angabe eines Pfadnamens aufgerufen werden.

PATH ;

Der Suchpfad wird gelöscht. Das heißt, DOS sucht wieder nur das aktuelle Verzeichnis nach externen Befehlen (Programmdateien) ab.

PAUSE
Intern

PAUSE unterbricht die Verarbeitung von Batch-Dateien. DOS zeigt dann eine Meldung an (»Weiter mit beliebiger Taste ...«), wartet auf einen Tastendruck und setzt danach die Verarbeitung der Batch-Datei fort. Derartige Pausen sind z.B. dann erforderlich, wenn Disketten gewechselt werden müssen.

Syntax
PAUSE [bemerkung]

Parameter

bemerkung (DR-DOS) Zusätzliche Bemerkung, die zusammen mit der Standardmeldung ausgegeben werden soll (max. 122 Zeichen).

PNUNPACK
Extern, DR-DOS ab 7.0

PNUNPACK steht für »Personal NetWare file unpacker« und dient dem Entpacken der Dateien auf den Distributionsdisketten von DR-DOS.

Syntax PNUNPACK [quelle] [ziel] [/0]

Parameter

quelle	Name der zu dekomprimierenden Datei (inkl Laufwerk und Verzeichnis). Platzhalter (? und *) sind zulässig.
ziel	Zielverzeichnis für die dekomprimierten Dateien.
/O	Vorhandene gleichnamige Dateien überschreiben.

POWER.EXE
Extern, Konfiguration, MS-DOS/PC DOS ab 6.0

Verringert den Stromverbrauch, wenn sich die jeweils eingesetzten Anwendungen und Geräte im Leerlauf befinden. Der Einheitentreiber entspricht der APM-Spezifikation (Advanced Power Management).

Syntax

Laden des Einheitentreibers in der CONFIG.SYS:

DEVICE=POWER.EXE [ADV[:MAX|REG|MIN]|STD|OFF] [/LOW]

Steuerung des Verhaltens des Einheitentreibers:

POWER.EXE [ADV[:MAX|REG|MIN]|STD|OFF]

Parameter

ADV[:MAX|REG|MIN]	Spart Strom, wenn sich die jeweiligen Anwendungen und Geräte im Leerlauf befinden. Mit MAX erreichen Sie die maximale Stromeinsparung. REG (Standard) sorgt für ein »Gleichgewicht« zwischen Stromeinsparung und Anwendungs-/Geräteleistung. MIN sollte nur verwendet werden, wenn die Leistung einer Anwendung oder eines Geräts bei MAX oder REG unbefriedigend ist.
OFF	Deaktiviert die Stromsteuerung.

STD	Unterstützt der Rechner die APM-Spezifikation (Advanced Power Management), werden nur hardwareseitige Stromsparfunktionen eingesetzt. Unterstützt der Rechner APM nicht, schaltet STD die Stromsteuerung aus.
/LOW	Lädt POWER.EXE selbst dann in den konventionellen Arbeitsspeicher, wenn Platz in der UMA verfügbar ist.

Hinweis
▸ Der Einsatz von POWER.EXE ist für batteriebetriebene Geräte vorgesehen, um die Lebensdauer der Stromaggregate zu verlängern.

Beispiel
DEVICE=C:\DOS\POWER.EXE

Installiert POWER.EXE in der CONFIG.SYS. Es werden die Standardwerte benutzt, so dass versucht wird, POWER.EXE in die UMA zu laden.

PREVIEW
Extern, Stacker

Mit PREVIEW kann das erwartete Kompressionsverhältnis eines Datenträgers vor dem Einsatz von Stacker ermittelt werden. Wenn kein Laufwerk angegeben wird, wird anschließend zur Auswahl eines Laufwerks aufgefordert.

Syntax
PREVIEW [d:] [/M]

Parameter

d:	Laufwerk, für das die Vorschauinformationen ermittelt werden sollen.
/M	Erzwingt Monochrom-Anzeige.

PRINT
Extern

PRINT gibt Textdateien auf einem Drucker aus, während Sie gleichzeitig mit anderen Programmen weiterarbeiten können. Die zu druckenden Dateien werden in eine Warteschlange übernommen. Diese Liste kann bis zu 30 Dateien aufnehmen und während des Druckvorgangs jederzeit geändert werden. Die auszudruckenden Dateien sollten keine Steuerzeichen enthalten, die der Drucker nicht versteht. Daher eignet sich PRINT im Prinzip nur für »reine« ASCII-Textdateien oder in Dateien umgeleitete Ausgaben. Probleme können bereits die deutschen Umlaute verursachen.

Syntax PRINT [/Z] [Datei] [...]

Parameter

Datei	Name der zu druckenden Datei, der Laufwerk und Pfadnamen beinhalten kann.
...	Anstelle der Punkte können Sie in einer Befehlszeile weitere zu druckende Dateien angeben.

/Z steht für eine beliebige zulässige Kombination der nachfolgend erläuterten Zusatzeingaben.

/B:n	(Buffer) n legt die Größe des für die Zwischenspeicherung zur Verfügung stehenden Speichers fest (Vorgabe: 512 Byte; Maximalwert 16384).
/C	(Cancel) Löscht die diesem Schalter folgenden Dateien aus der Druckerwarteschlange, bis in der Befehlszeile ein /P angetroffen wird.
/D:Gerät	Legt den Namen des Ausgabegerätes fest, das angesprochen werden soll. Dies ist in der Regel der logische Gerätename PRN bzw. LPT1 (die erste parallele Druckerschnittstelle).

/M:n	Maximale Druckdauer in Zeiteinheiten, die PRINT jeweils benutzt, bevor wieder zu dem Vordergrundprogramm zurückgeschaltet wird (Voreinstellung: n = 2; mögliche Eingaben: 1 bis 255).
/P	Fügt den vorangestellten und alle folgenden Dateinamen der Druckerwarteschlange hinzu.
/Q:n	(Queue) n gibt hier die maximale Anzahl der Dateien an, die in die Druck-Warteliste aufgenommen werden können.
/S:n	(Slice) n gibt die Anzahl der Zeiteinheiten an, die PRINT zum Drucken zur Verfügung steht, bevor die Kontrolle wieder an andere Programme zurückgegeben wird. (Standardwert: 8; mögliche Eingaben liegen zwischen 1 und 255.) Höhere Werte beschleunigen den Druckvorgang, verlangsamen aber die im Vordergrund ablaufenden Programme.
/T	(Terminate) Löscht alle Dateien aus der Druckliste.
/U:n	Maximale Wartezeit, die PRINT auf einen nicht betriebsbereiten Drucker warten darf. (Standardwert: 1; zulässige Eingaben liegen zwischen 1 und 255.)

Hinweis
- Parameter, die die Grundeinstellungen von PRINT betreffen, lassen sich nur beim ersten Aufruf des Programms setzen.

Beispiele

PRINT

PRINT ohne Parameter zeigt den Inhalt der Druckerwarteschlange an.

PRINT TEXT1.TXT AUTOEXEC.BAT CONFIG.SYS

Gibt die Dateien TEXT1.TXT, AUTOEXEC.BAT und CONFIG.SYS über den Standard-Druckeranschluss aus.

PRINT TEXT.TXT/C

Löscht die Datei TEXT.TXT aus der Warteschlange.

PRINT /T

Löscht alle Dateien aus der Warteschlange und bricht den Ausdruck ab.

PRINTER.SYS

Konfiguration, DOS bis 5.0

Dieses Steuerprogramm ermöglicht Ihnen den Wechsel der Codeseiten für Drucker an den Parallelausgängen LPT1 bis 3 (Line PrinTer, vgl. NLSFUNC).

Syntax DEVICE=[d:][Pfad]PRINTER.SYS LPTn=(Z)

Parameter

n   Nummer der parallelen Schnittstelle (üblicherweise 1).

Z steht für eine beliebige zulässige Kombination der nachfolgend erläuterten und durch Kommas verbundenen Zusatzeingaben.

/Art Codezahl für die Art des verwendeten Druckers. Möglich sind die Angaben 4201 (IBM 4201 Proprinter, IBM 4202 Proprinter XL), 4208 (IBM 4207 oder 4208, IBM Proprinter X24 oder XL24) und 5202 (IBM 5202 Quietwriter III).

/cp Die unterstützten Codeseiten. Zulässig sind: 437 (USA), 850 (Multinational), 852 (Slawisch), 860 (Portugal), 863 (Franz.-Kanada) und 865 (Norwegen/Dänemark).

/n Anzahl der Codeseiten, die zusätzlich zu der unter cp angegebenen Codeseite verfügbar sein sollen.

Beispiel DEVICE=C:\DOS\PRINTER.SYS LPT1=(5202,437,1)

Startet einen Quietwriter mit der Codeseite 437 und gestattet das Umschalten z.B. auf die multinationale Tabelle 850.

PROMPT
Intern

Mit PROMPT kann das Aussehen der DOS-Eingabeaufforderung (das Prompt) angepasst werden. Standardmäßig besteht das Prompt aus dem Buchstaben, der das aktuelle Laufwerk bezeichnet, gefolgt von >. Weiterhin können mit PROMPT Tasten umbelegt und die Farbdarstellung auf dem Bildschirm beeinflusst werden. Dies geschieht über so genannte Escape-Sequenzen, für deren Einsatz der Einheitentreiber ANSI.SYS in der CONFIG.SYS geladen werden muss.

Syntax
PROMPT [spez]

Parameter
Der über spez angegebene Text wird von DOS als neue Eingabeaufforderung benutzt. Wird davor ein $-Zeichen gestellt, können die nachfolgend aufgeführten Zeichen zur Gestaltung der Eingabeaufforderung benutzt werden.

Symbol	Anzeige
$d	Datum
$e	Leitet eine Escape-Sequenz ein.
$g	Das Zeichen »>«
$h	Löschen des vorhergehenden Zeichens (Backspace).
$l	Das Zeichen »<«
$n	Anzeige des Buchstabens des aktuellen Laufwerks.
$v	Anzeige der DOS-Versionsnummer.
$_	Der Cursor wird an den Anfang einer neuen Zeile gesetzt.

Hinweise

- Es empfiehlt sich, entsprechende Prompt-Sequenzen in die Datei AU-TOEXEC.BAT aufzunehmen. so dass sie beim Rechnerstart automatisch ausgeführt werden.
- Da ANSI.SYS Speicherplatz belegt und ansonsten heute kaum noch benötigt werden dürfte, sollten Sie auf den Einsatz der entsprechenden Möglichkeiten verzichten. (Aus diesem Grund verweise ich in dieser Hinsicht auch auf die Online-Dokumentation und verzichte auf entsprechende Darstellungen.)

Beispiele

PROMPT V_$N:

In diesem Beispiel wird die DOS-Versionsnummer angezeigt. In der darauf folgenden Zeile wird der Standardlaufwerkbuchstabe, gefolgt von einem : auf dem Bildschirm ausgegeben.

PROMPT

Durch den PROMPT-Befehl ohne Parameter wird die DOS-Eingabeaufforderung wieder auf den Standardwert gesetzt.

QBASIC

Extern, MS-DOS 5.0 bis 6.22

Startet die Entwicklungsumgebung des mit MS-DOS 5.0 und 6.x ausgelieferten QBasic-Interpreters. Dieser löste das mit früheren DOS-Versionen ausgelieferte GWBASIC bzw. BASICA ab. Hier sollen nur die möglichen Aufrufoptionen aufgeführt werden. Eine Darstellung der Programmiersprache BASIC würde mühelos ein eigenes Buch füllen.

Syntax

QBASIC [/B][/EDITOR][/G][/H][/MBF][/NOHI][[/RUN] Datei]

Parameter

/B	Verwendung eines CGA-Monochrom-Bildschirms.
/EDITOR	Ruft den MS-DOS-Editor auf (wie EDIT).
/G	Verwendet die schnellstmögliche Darstellung für CGA-Bildschirme.
/H	Anzeige mit maximaler Zeilenzahl (EGA: 43 Zeilen; VGA: 50 Zeilen).
/MBF	Konvertiert die Intrinsic-Funktionen MKS$, MKD$, CVS und CVD in MKSMBF$, MKDMBF$. Für CVSMBF und CVDMBF gilt Entsprechendes.
/NOHI	Verwendung eines Bildschirms, der hoch auflösende Modi nicht unterstützt.
/RUN	Führt die angegebene Programmdatei beim Aufruf von QBASIC aus.
Datei	Die beim Start auszuführende BASIC-Programmdatei.

RAMDRIVE.SYS
Konfiguration, MS-DOS/PC DOS

RAMDRIVE.SYS verwendet einen Teil des Arbeitsspeichers, um ein Festplattenlaufwerk zu simulieren (RAM-Disk). Die auf einem solchen virtuellen Laufwerk gespeicherten Daten gehen naturgemäß mit dem Ausschalten des Rechners verloren. Sofern genügend Arbeitsspeicher zur Verfügung steht, lassen sich ohne weiteres mehrere virtuelle Laufwerke einrichten. Dann müssen nur mehrere entsprechende RAMDRIVE.SYS-Zeilen in die CONFIG.SYS eingefügt werden. Besonders positiv kann sich die Verwendung einer RAM-Disk z.B. bei Bildschirmpräsentationen auswirken. Dann kann unter Umständen nicht nur die Ablaufgeschwindigkeit wesentlich erhöht, sondern auch das CD-ROM- oder das Festplattenlaufwerk geschont werden.

Syntax
DEVICE=[d:][pfad]RAMDRIVE.SYS [/Z]

Parameter
/Z steht für eine beliebige zulässige Kombination der nachfolgend erläuterten Zusatzeingaben.

[d:][pfad]	Gibt die Position der Datei RAMDRIVE.SYS an.
Größe	Größe gibt an, wie viel KB Speicher für das RAM-Laufwerk verwendet werden sollen. Der Standardwert beträgt 64, zulässige Werte liegen zwischen 4 und 32767. Die Größe des virtuellen Laufwerks wird naturgemäß durch den vorhandenen Arbeitsspeicher beschränkt.
Sektor	Größe der Sektoren in Byte. Vorgabe ist die DOS-Standard-Sektorgröße von 512 Byte, es sind aber auch 128, 256 und 1024 Byte erlaubt.
Einträge	Gibt an, wie viele Dateien und Verzeichnisse maximal im Hauptverzeichnis des virtuellen Laufwerks angelegt werden können. Standard ist 64, zulässige Werte liegen zwischen 2 und 1024.
/A|/E	Beim Schalter /A wird die RAM-Disk im EMS angelegt, bei /E im XMS. Wenn dort kein Platz ist, der Speicher nicht entsprechend konfiguriert wurde oder gar nicht vorhanden ist, versucht RAMDRIVE.SYS ein Laufwerk mit 16 Einträgen zu erstellen. Vgl. HIMEM.SYS und EMM386.EXE.

Hinweise
- Wird keiner der beiden Schalter /E oder /A verwendet, benutzt RAMDRIVE.SYS den konventionellen Speicher zum Anlegen des virtuellen Laufwerks. Dies ist nur selten zu empfehlen.
- Virtuelle Laufwerke sollten bei der Arbeit mit Windows mindestens 2 MB groß sein, da ansonsten schnell der Platz für von Windows angelegte temporäre Dateien knapp wird.

- Das virtuelle Laufwerk erhält den nächsten freien Laufwerksbuchstaben und wird damit wie ein normaler Datenträger angesprochen.
- Sinnvoll kann das Anlegen einer virtuellen Festplatte z.B. sein, wenn dort temporäre Dateien zwischengespeichert werden, wie sie von vielen Grafikprogrammen oder Datenbanken (bei der Arbeit mit DOS/Windows) angelegt werden. Fügen Sie dann eine Zeile der Form SET TEMP=D: in die AUTOEXEC.BAT ein, wobei D: der Laufwerksbuchstabe der RAM-Disk ist.
- Ein weiterer typischer Anwendungsfall sind DOS/Windows-Programme, die so genannte Overlays verwenden. Dabei handelt es sich um Programmteile, die nicht gleichzeitig benutzt werden, und die erst bei Bedarf andere Programmteile ersetzen, die gerade nicht benötigt werden. Dann müssen Sie (z.B. in der AUTOEXEC.BAT oder in einer eigenen Batch-Datei) die benötigten Dateien auf die RAM-Disk kopieren.
- RAMDRIVE.SYS soll zusammen mit (älteren Versionen von) HIMEM.SYS teilweise Probleme bereiten. Und auch beim Einsatz von Festplattenoptimierern wie DEFRAG oder DISKOPT kann es zu Schwierigkeiten kommen.

Beispiel

DEVICE=C:\DOS\RAMDRIVE.SYS 2048 512 100 /E

Legt eine 2 MB große RAM-Disk im XMS an, das mit 512-Byte-Sektorgröße arbeitet. Im Hauptverzeichnis des virtuellen Laufwerks lassen sich bis zu 100 Dateien speichern. Wenn der letzte zugewiesene Laufwerkbuchstabe D: ist, sprechen Sie die RAM-Disk unter E: an.

RD/RMDIR

Intern

Mit RD (Remove Directory) (oder dem Alias RMDIR) können Sie Unterverzeichnisse löschen. Das zu löschende Verzeichnis muss leer sein, d.h., es dürfen sich in ihm keinerlei Dateien oder untergeordnete Verzeichnisse mehr befinden.

Syntax
RD [d:]Pfad

Parameter

d:	Name des Laufwerks, auf dem sich das zu löschende Verzeichnis befindet.
Pfad	Name des zu löschenden Verzeichnisses. Bei Unterverzeichnissen muss der Name übergeordneter Verzeichnisse mit angegeben werden, sofern es sich nicht um Unterverzeichnisse des aktuellen Verzeichnisses handelt.

Hinweis

- Bevor ein Verzeichnis gelöscht werden kann, müssen erst einmal alle darin enthaltenen Dateien und Unterverzeichnisse gelöscht bzw. entfernt werden. Siehe auch ATTRIB, DEL, XDEL (nur DR-DOS) und DELTREE.

Beispiele
RD C:\GRAFIK\BEISPIEL

Löscht das Verzeichnis BEISPIEL, bei dem es sich um ein Unterverzeichnis des Verzeichnisses \GRAFIK auf Laufwerk C: handelt, sofern sich darin keine Dateien oder Unterverzeichnisse befinden.

RECOVER
Extern, bis MS-DOS 5.0, PC DOS bis 6.3, DR-DOS

RECOVER erneuert fehlerhafte Dateien oder Platten mit beschädigten Sektoren. Es kann zwar Fehler nicht beheben, aber beschädigte Sektoren überspringen, so dass die Datei eventuell weiter verwendet werden kann. Da RECOVER defekte Sektoren bei der Erneuerung der Dateien einfach wegfallen lässt, ist es im Prinzip nur für Textdateien sinnvoll einsetzbar und sollte allenfalls als letzter Rettungsanker verwendet werden.

6 Alphabetisches Befehlsverzeichnis

RECOVER wurde mittlerweile aus dem Befehlsumfang von DOS gestrichen, ist aber im Lieferumfang von DR-DOS weiterhin enthalten. Da der Einsatz des Programms nur selten sinnvoll ist und regelrecht gefährlich sein kann, soll es hier nicht ausführlicher beschrieben werden. (DR-DOS weist darauf hin, dass das Programm überhaupt nur bei einem defekten Hauptverzeichnis eingesetzt werden sollte.)

Syntax
RECOVER [d:] [Dateibez]

Parameter

d:	Name des Laufwerks mit der fehlerhaften Diskette (Drive)
Dateibez	Name der fehlerhaften Datei (gegebenenfalls mit Pfadangabe)

REM
Intern, Konfiguration

Mit REM lassen sich Kommentare in Batchdateien und ab DOS 4.0 auch in die CONFIG.SYS einfügen. Der Befehl REM dient außerdem zum Deaktivieren von Befehlen. In der CONFIG.SYS kann anstelle von REM das Semikolon (;) verwendet werden, in Batch-Dateien nicht. Manchmal kann es auch sinnvoll sein, mit REM Kommentare in die DOS-Eingabezeile zu schreiben, z.B. wenn diese auf einen Drucker umgeleitet werden.

Syntax
REM [zeichenfolge]

Parameter

zeichenfolge Eine beliebige Zeichenfolge, die maximal 123 Zeichen umfassen darf.

Beispiele
REM DEVICE=C:\DOS\ANSI.SYS

Wenn sich diese Zeile in der Datei CONFIG.SYS befindet, wird durch sie das Laden des ANSI-Einheitentreibers unterbunden, ohne dass die entsprechende Zeile aus der Datei gelöscht wird.

REN/RENAME

Intern

Mit dem Befehl REN bzw. RENAME können Sie Dateien oder Dateigruppen umbenennen.

Syntax

REN altname neuname
RENAME altname neuname

Parameter

altname	Name (gegebenenfalls inklusive Laufwerk und Pfad) der umzubenennenden Datei(en) oder Dateigruppe. Platzhalter (? und *) sind zulässig.
neuname	Der neue Name, den die Datei(en) erhalten soll. Dabei darf üblicherweise kein Pfad angegeben werden, weil Dateien nur innerhalb ihres Verzeichnisses umbenannt werden können.

Hinweise

- Dateien können nur dann umbenannt werden, wenn noch keine Datei unter dem neuen Namen im entsprechenden Verzeichnis existiert.
- Mit MS-DOS lassen sich ab 7.0 (Windows 95) mit REN auch Verzeichnisse umbenennen.

Beispiele

REN C:\TEXT\ALTNAME.TXT NEUNAME.TXT

In diesem Beispiel wird die Datei ALTNAME.TXT im Verzeichnis TEXT auf Laufwerk C: in NEUNAME.TXT umbenannt.

REN *.SIK *.TXT

Alle Dateien mit der Erweiterung .SIK im aktuellen Verzeichnis erhalten die neue Namenerweiterung .TXT.

RENDIR

DR-DOS ab 6.0, siehe auch MOVE und REN

Mit RENDIR lassen sich Verzeichnisse umbenennen.

Syntax

RENDIR [altverz] neuverz

Parameter

altverz Name des Verzeichnisses, das umbenannt werden soll.

neuverz Neuer Name des Verzeichnisses, den es nach der Umbenennung haben soll.

Beispiel

RENDIR C:\WINDOWS C:\WINOLD

Benennt das Verzeichnis C:\WINDOWS in C:\WINOLD um. Dies kann z.B. für eine parallele Testinstallation oder eine Neuinstallation sinnvoll sein, wenn Daten der alten Installation (z.B. Schriftarten) übernommen werden sollen.

REPLACE

Extern, ab 3.2

Mit REPLACE können die auf einem Datenträger vorhandenen Dateien durch aktuellere Versionen ersetzt werden. Sie können mit REPLACE Dateien, die im Zielverzeichnis bereits vorhanden sind, ersetzen lassen oder Dateien, die im Zielverzeichnis nicht vorhanden sind, hinzufügen.

Syntax
REPLACE Quelle [Ziel] [/Z]

Parameter

Quelle	Name der Datei(en), die daraufhin überprüft werden, ob sie den angegebenen Spezifikationen entsprechen, und gegebenenfalls kopiert werden. Quelle darf Laufwerkbezeichnung und Pfadangaben enthalten.
Ziel	Name des Verzeichnisses, in das die Dateien kopiert werden sollen. Wird Ziel nicht angegeben, werden die Dateien in das aktuelle Verzeichnis kopiert.

/Z steht für eine beliebige zulässige Kombination der nachfolgend erläuterten Zusatzeingaben.

/A	(Append) Kopiert nur diejenigen Dateien, die auf dem Ziellaufwerk namentlich noch nicht vorhanden sind. (Nicht zusammen mit /S oder /U anwendbar)
/H	(Hidden, DR-DOS) Versteckte Dateien werden mit berücksichtigt. Standardmäßig werden diese von DR-DOS nicht berücksichtigt.
/M	(Merge) Geänderte Dateien werden von Quelle nach Ziel kopiert.
/N	Nur Vorschau, es werden keine Dateien kopiert.
/P	(Prompt) Der Benutzer wird bei jeder Datei gefragt, ob die Datei auch wirklich übertragen werden soll.
/R	(Read-Only) Es werden auch Dateien ersetzt, die über das Nur-Lesen-Attribut eigentlich geschützt sind.
/S	(Subdirectories) Es werden nicht nur die Dateien im Zielverzeichnis ersetzt, sondern auch passende Dateien in Unterverzeichnissen. (Nicht zusammen mit /A zu verwenden)

/U	(Update) Es werden nur Dateien am Zielort ersetzt, zu denen am Quellort neuere Versionen existieren. (Nicht zusammen mit /A zu verwenden)
/W	(Wait) Vor dem Kopieren kann eine andere Diskette eingelegt werden.

Hinweise
- Bis einschließlich DOS 3.3 war REPLACE nur mit großen Einschränkungen zu benutzen. Es bot an sich nur die Möglichkeit, sämtliche vorhandenen Dateien durch gleichnamige Dateien von einer Diskette zu ersetzen.
- Bei REPLACE kann der . (Punkt) als Symbol für das aktuelle Verzeichnis oft nicht verwendet werden. Verwenden Sie dann *.*.

Beispiele

REPLACE A:*.* C: /S

Ersetzt alle Dateien des aktuellen Verzeichnisses auf dem Laufwerk C: und dessen Unterverzeichnissen durch deren Entsprechungen, die sich auf dem Laufwerk A: befinden.

REPLACE A:*.* C:\DOS /P

Die Dateien im Verzeichnis C:\DOS werden durch die gleichnamigen Versionen vom Laufwerk A: ersetzt. Dabei wird bei jeder Datei nachgefragt, ob diese auch wirklich kopiert werden soll.

REPLACE C:*.* A: /U

Ersetzt nur diejenigen Dateien auf dem Laufwerk A:, zu denen es neuere Versionen auf dem Laufwerk C: gibt. Dabei entscheidet das im Inhaltsverzeichnis eingetragene Datum.

RESTORE
Extern, MS-DOS bis 5.0, PC DOS bis 5.0 und ab 7.0, DR-DOS

RESTORE kopiert eine oder mehrere mit BACKUP gesicherte Dateien an ihren Ursprungsort zurück. *Achtung!* Unter den verschiedenen DOS-Versionen und selbst von einer zur anderen Unterversion kann es hinsichtlich der Parameter von REPLACE erhebliche Unterschiede geben.

Syntax
RESTORE s: [d:]Datei [/Z]

Parameter

s:	Name des Ursprungslaufwerks, auf dem sich die zurückzusichernden Dateien befinden.
d:	Laufwerk oder Verzeichnis, in das die Dateien zurückgesichert werden sollen.
Datei	Name der zurückzusichernden Dateien. Platzhalter (* und ?) sind zulässig.

/Z steht für eine beliebige zulässige Kombination der nachfolgend erläuterten Zusatzeingaben.

/A:tt.mm.jj	(After Date) Zurücksichern derjenigen Dateien, die am oder nach dem angegebenen Datum verändert worden sind. Das Format der Datumseingabe ist von der aktuellen Ländereinstellung abhängig.
/B:tt.mm.jj	(Before Date) Mit diesem Zusatz werden nur die Dateien kopiert, deren Erstellungsdatum vor dem angegebenen liegt. Die Dateien mit einem früheren Datum werden kopiert, andere Dateien werden übergangen. Wird nur /B angegeben, wird das aktuelle Systemdatum verwendet.

/D	(Display) Gibt eine Liste der den angegebenen Dateinamen entsprechenden gesicherten Dateien aus. Auch wenn keine Dateien zurückgesichert werden, muss »Ziel« angegeben werden.
/E:hh.mm.ss	(Earlier) Bei Eingabe dieses Zusatzes werden nur diejenigen Dateien zurückgesichert, die vor der angegebenen Uhrzeit verändert wurden. Das Format der Uhrzeit ist von der aktuellen Ländereinstellung abhängig.
/L:hh.mm.ss	(Later) Es werden nur Dateien kopiert, die nach oder mit der angegebenen Uhrzeit geändert worden sind. Das Format der Uhrzeit hängt von den Ländereinstellungen in der CONFIG.SYS ab.
/M	(Modified) Es werden nur diejenigen Dateien kopiert, die seit dem letzten Backup verändert worden sind bzw. deren Archivbit gesetzt ist. (Das Archivbit kann ab DOS 3.3 mit ATTRIB geändert werden.)
/N	Kopiert nur Dateien, die am Zielort nicht existieren.
/P	Mit /P lässt sich verhindern, dass schreibgeschützte Dateien überschrieben werden. RESTORE fragt dann vor dem Rücksichern schreibgeschützter Dateien nach, ob bereits vorhandene Dateien überschrieben werden sollen.
/S	(Subdirectories) Normalerweise kopiert RESTORE nur die bezeichneten Dateien eines Inhaltsverzeichnisses. Alle anderen Dateien bleiben unberücksichtigt. Durch Eingabe des Zusatzes /S wird das Programm angewiesen, auch die im Backup enthaltenen Unterverzeichnisse zurückzusichern. Gegebenenfalls werden dabei nicht vorhandene Unterverzeichnisse vom Programm erstellt.
/V	(Verify) Dieser Schalter ist nur gelegentlich vorhanden und vergleicht die Dateien nach dem Kopieren noch einmal mit dem Original.

Hinweise

- RESTORE kann die mit BACKUP gesicherten Dateien nur in gleichnamige Verzeichnisse der gleichen Ebene übertragen. Bei Eingabe von z.B. RESTORE A: C: /S legt das Programm jedoch selbstständig Verzeichnisse mit dem entsprechenden Namen an.
- Bei Verwendung alter DOS-Versionen (vor 3.3) müssen Sie, um Daten mit RESTORE zurückzusichern, die DOS-Version benutzen, der auch das BACKUP-Programm entstammt.

Beispiele

RESTORE A: C:\ /S

Alle Dateien und Inhaltsverzeichnisse (/S) von der Diskette in Laufwerk A: werden auf das Laufwerk C: übertragen.

RESTORE A: C:*.BAT /D

Gibt eine Liste der Dateien mit der Namenerweiterung .BAT auf der mit BACKUP erzeugten Sicherungsdiskette im Laufwerk A: aus.

RESTORE B: C:\ /A:12.07.93 /S

Überträgt alle Dateien, die am oder nach dem 12.07.93 erzeugt wurden, zurück auf das Laufwerk C: und erfasst dabei auch Dateien in Unterverzeichnissen. Die Unterverzeichnisse werden bei Bedarf von RESTORE angelegt.

RETURN
Intern, DR-DOS

Mit RETURN kehrt die Abarbeitung der Stapeldatei zur sequenziellen Verarbeitung von Befehlen nach GOSUB oder SWITCH zurück.

Syntax

RETURN

SCANDISK
Extern, MS-DOS ab 6.20

Startet Microsoft ScanDisk, ein Programm, mit dessen Hilfe Sie Datenträger analysieren und reparieren können. ScanDisk bietet Möglichkeiten, die weit über die von CHKDSK hinausgehen, und lässt sich sowohl für unkomprimierte als auch für DoubleSpace- bzw. DriveSpace-komprimierte Laufwerke einsetzen. ScanDisk kann in der Dateizuordnungstabelle (FAT – File Allocation Table), im Dateisystem (verlorene Zuordnungseinheiten und querverbundene Dateien), in Verzeichnisstrukturen, im DOS-Bootsektor und in D??SPACE-spezifischen Strukturen Prüfungen und Korrekturen vornehmen. Darüber hinaus lässt sich mit ScanDisk die Zuverlässigkeit der Oberflächenbeschichtung von Datenträgern überprüfen. Dabei können Sie gefundene unzuverlässige Bereiche sperren lassen, so dass sie von der weiteren Benutzung ausgeschlossen werden.

Syntax
Verwenden Sie das folgende Format, um ein oder mehrere Laufwerke überprüfen zu lassen:

SCANDISK [Lw: | /ALL] [/CHECKONLY | /AUTOFIX [/NOSAVE] | /CUSTOM] [/SURFACE] [/MONO] [/NOSUMMARY]

Verwenden Sie das folgende Format, wenn Sie die Datei eines DoubleSpace- bzw. DriveSpace-Laufwerks überprüfen lassen wollen, dem kein Laufwerkbuchstabe zugewiesen worden ist:

SCANDISK VolName [/CHECKONLY | /AUTOFIX [/NOSAVE] | /CUSTOM] [/MONO] [/NOSUMMARY]

Wenn Sie Dateien auf Fragmentierung überprüfen wollen, können Sie das folgende Befehlsformat verwenden:

SCANDISK /FRAGMENT [Pfad]Datei

Um von ScanDisk vorgenommene Reparaturen wieder rückgängig zu machen, verwenden Sie die folgende Syntax:

SCANDISK /UNDO [UndoLw:] [/MONO]

Parameter

Lw:	Buchstabe des Laufwerks, das überprüft werden soll. Hier können Sie auch mehrere Laufwerke, getrennt durch jeweils ein Leerzeichen angeben.
VolName	Name der Datei, die das zu überprüfende DoubleSpace- bzw. DriveSpace-Laufwerk enthält, dem kein Laufwerkbuchstabe zugewiesen wurde. Diese Datei hat im Falle von DoubleSpace (MS-DOS 6.0/6.2) üblicherweise einen Namen der Form .nnn, z.B. C:\DBLSPACE.000; DriveSpace (ab MS-DOS 6.22) verwendet Namen der Form DRVSPACE.nnn.
[Pfad]Datei	Datei(en), für die geprüft werden soll, ob sie fragmentiert sind. Pfad kann Laufwerkbuchstaben enthalten. Platzhalter (* und ?) können verwendet werden.
UndoLw:	Laufwerk, das die Undo-Diskette enthält
/ALL	Es werden alle lokalen logischen Laufwerke geprüft.
/AUTOFIX	Repariert gefundene Fehler, ohne um Bestätigung zu bitten.
/CHECKONLY	Prüft ein Laufwerk, ohne Reparaturen durchzuführen.
/CUSTOM	Startet ScanDisk unter Verwendung der Eintragungen des Abschnitts [Custom] der Datei SCANDISK.INI.
/MONO	Schwarzweiß-Farbschema verwenden.
/NOSAVE	Verlorene Zuordnungseinheiten werden gelöscht. /NOSAVE kann nur in Verbindung mit /AUTOFIX verwendet werden. Wird /NOSAVE nicht verwendet, werden die Dateien mit den verlorenen Zuordnungseinheiten im Hauptverzeichnis des untersuchten Laufwerks gespeichert.
/NOSUMMARY	Nach der Prüfung eines Laufwerks wird keine Zusammenfassung der Ergebnisse anzeigt.
/SURFACE	Oberflächenüberprüfung des Datenträgers

Hinweise

- *Achtung!* Setzen Sie das Programm ScanDisk *ausschließlich* mit der DOS-Version ein, für die es gedacht ist. Es zerstört ansonsten z.B. die langen Dateinamen von Windows 9x/Me. (Was für die mit Windows 9x/Me ausgelieferten Versionen des ScanDisk-Programms natürlich nicht gilt.)
- ScanDisk lässt sich nicht für Netzwerk- oder anderweitig (z.B. mit ASSIGN, JOIN oder SUBST) umgeleitete Laufwerke einsetzen.
- Zur Gewährleistung der Zuverlässigkeit der Festplatte sollten Oberflächenanalysen mit ScanDisk in regelmäßigen Abständen durchgeführt werden.
- Das Verhalten und die Voreinstellungen von ScanDisk lassen sich über die Datei SCANDISK.INI (im Verzeichnis C:\DOS) steuern. Anleitungen sind in der ASCII-Datei enthalten.
- ScanDisk sollte nur direkt von der DOS-Befehlszeile bzw. nach einem Neustart des Rechners gestartet werden. Am besten starten Sie den Rechner vor dem Einsatz von ScanDisk neu! ScanDisk (auch die Versionen von Windows 9x/Me) produziert ansonsten manchmal Fehlermeldungen, obwohl eigentlich alles in Ordnung ist, die nach einem Neustart des Rechners verschwinden.

Beispiele

SCANDISK

Ruft das Programm auf und führt Überprüfungen und Korrekturen gemäß den Einstellungen in der Datei SCANDISK.INI durch.

SCANDISK C:\DRVSPACE.000

(MS-DOS ab 6.22) Überprüft und korrigiert auf dem Laufwerk C: die Datei DRVSPACE.000 eines mit DRVSPACE komprimierten Laufwerks. Diese Variante können Sie einsetzen, wenn DriveSpace nicht mehr in der Lage ist, dem komprimierten Laufwerk einen Buchstaben zuzuordnen.

SCRIPT

Extern, DR-DOS ab 6.0

SCRIPT bietet PostScript-Unterstützung und wandelt alle Zeichen in Textdateien (inkl. LaserJet-II-Steuerzeichen) in die Druckbeschreibungssprache PostScript um. Wenn SCRIPT ohne Parameter aufgerufen wird, werden Eingaben von der Tastatur von SCRIPT verarbeitet und zum Standardausgabegerät (LPT1) übertragen. Weiterhin kann SCRIPT als Filterprogramm eingesetzt werden, so dass es die von anderen Befehlen ausgegebenen Daten verarbeitet. Wenn SCRIPT alle Ausgaben für ein bestimmtes Gerät abfängt, geben Sie das entsprechende Ausgabegerät als Quelle und kein Ziel an. Dann wird SCRIPT speicherresident installiert.

Syntax SCRIPT [/U] [quelle [ziel]]

Parameter

quelle	Angabe der von Script zu verarbeitenden Quelldatei bzw. der Schnittstelle, für die SCRIPT speicherresident geladen werden soll.
ziel	Angabe des Ausgabegeräts (üblicherweise LPT1).
/U	Entfernt SCRIPT aus dem Speicher.
/O=P|L	Legt die Seitenorientierung fest: P (Portrait – Hochformat) oder L (Landscape – Querformat).
/P=nn	Legt die Zeichenhöhe in Punkt fest (Standard ist 11 Punkt).
/TI=nn	Deaktiviert die Zeitschranke (timeout) des Druckers, so dass alle Informationen im Drucker oder in der Warteschlange gedruckt werden, bevor die Zeitschranke erreicht wird. Dieser Schalter hilft, unvollständige Ausdrucke und entsprechend Fehlermeldungen zu vermeiden.
/T=nn	Setzt den oberen Seitenrand in Zoll.
/L=nn	Setzt den linken Seitenrand in Zoll.
/R	Setzt den Drucker zurück.

Beispiele

SCRIPT BERICHT.TXT LPT1 /O=L /P=9

Wandelt die Datei BERICHT.TXT um und gibt sie auf der ersten parallelen Schnittstelle im Querformat und einer Schriftgröße von 9 Punkt aus.

DIR | SCRIPT

Hier wird SCRIPT als Filter eingesetzt, so dass die Ausgabe des Befehls DIR umgewandelt und auf dem Drucker an LPT1 ausgegeben wird.

SCRIPT LPT1

SCRIPT wird speicherresident geladen und verarbeitet alle Ausgaben, die für die Schnittstelle LPT1 gedacht sind.

SDRES/SDSCAN
Extern, Novell DOS 7

Antiviren-Programme von Search & Destroy, die sich im Lieferumfang von Novell DOS 7 befanden. Verwenden Sie anstelle dieser Programme besser aktuelle Alternativen, die z.B. kostenlos aus dem Internet heruntergeladen werden können.

SET
Intern

Mit SET können Sie Umgebungsvariablen einrichten, anzeigen oder entfernen. Geben Sie SET ohne Zusätze ein, werden die vorhandenen Umgebungsvariablen angezeigt. Mit Umgebungsvariablen lässt sich das Verhalten von Stapelverarbeitungsdateien und Programmen und die Funktionsweise von DOS steuern. SET wird in der AUTOEXEC.BAT eingesetzt, um bestimmte Umgebungsvariablen (z.B. TEMP) bei jedem DOS-Start zu setzen.

Syntax

SET [Variable=[Zeichenfolge]]

Parameter

Variable Name der Umgebungsvariablen, die gesetzt oder geändert werden soll.

Zeichenfolge Wert, der der Variablen zugewiesen werden soll.

Hinweise

- Zwischen Variablenname, Gleichheitszeichen und Wert darf kein Leerzeichen stehen.
- Die Größe des Environments beträgt standardmäßig nur 160 Byte. (Dieser Wert lässt sich über COMMAND ändern.)

Beispiele

SET

Zeigt die momentan in der DOS-Umgebung gespeicherten Variablen und deren Inhalte an.

SET BLASTER=A220 Ixx Dx T1

Setzt die Umgebungsvariablen für eine SoundBlaster-Soundkarte.

SET BLASTER=

Löscht die Umgebungsvariable BLASTER.

SETUP

Extern, DOS ab 5.0

Name der verschiedenen DOS-Installationsprogramme. Nachfolgend werden die Befehlszeilenparameter der SETUP-Programme von MS-DOS/PC DOS beschrieben. Das SETUP-Programm der DR-DOS-Versionen ist vollständig menügesteuert und dient auch der Konfiguration von DOS. Es wird in Grundzügen im Kapitel DOS-Konfiguration beschrieben.

Syntax

SETUP [/B] [/E] [/F] [/G] [/H] [/I] [/M] [/Q] [/U]

Parameter

/B	Verwendet Schwarzweiß- statt Farbbildschirmanzeige. Diese Einstellung lässt sich nachträglich auch durch Drücken von [F5] vornehmen.
/E	Ermöglicht die nachträgliche Installation von Programmen, die bei einer vorausgegangenen Installation ausgeklammert wurden.
/F	Installiert DOS auf Disketten (Floppies).
/G	Unterbindet das Anlegen einer Uninstall-Diskette. Diese Option sollte bei der erstmaligen Installation nicht genutzt werden.
/H	Installiert DOS mit den Standardeinstellungen.
/I	Schaltet die automatische Erkennung der Grafikkarte ab.
/M	Installiert eine minimale DOS-Version. Mit /E lassen sich zusätzliche Teile des Betriebssystems nachinstallieren.
/Q	Kopiert nur die DOS-Dateien auf die Festplatte, ohne DOS zu installieren. Diese Option lässt sich z.B. nutzen, wenn das DOS-Verzeichnis versehentlich gelöscht wurde oder wenn DOS manuell installiert werden soll (mit SETUP /F und SYS).
/U	Installiert DOS, auch wenn eventuell inkompatible Festplattenpartitionen entdeckt wurden.

SETVER

Extern, Konfiguration, MS-DOS/PC DOS, DR-DOS ab 7.0

Lädt die DOS-Versionstabelle in den Arbeitsspeicher bzw. zeigt die darin enthaltenen Informationen an. Mit SETVER können Sie Programme, die die Versionsnummer von DOS abfragen und daraufhin beim Einsatz neuerer DOS-Versionen ihren Dienst versagen, dennoch zum Laufen bringen. SETVER kann dem entsprechenden Programm eine andere als die tatsächlich eingesetzte DOS-Version vorgaukeln. SETVER verwaltet eine Tabelle mit Dateinamen und den DOS-Versionsnummern, die an diese Dateien zurückgemeldet werden sollen. Diese Tabelle ist im DOS-Lieferumfang enthalten und enthält bereits etliche Einträge. SETVER muss über die Datei CONFIG.SYS geladen werden. Nur dann wird die Versionstabelle ausgewertet.

Syntax

SETVER [Pfad][Datei n.nn|sv] [/D[ELETE]] [/QUIET]

Parameter

Pfad	Angabe des Laufwerks und des Pfades, unter dem auf die Datei SETVER.EXE zugegriffen werden kann.
Datei	Dateiname des Programms (mit der Namenerweiterung .COM oder .EXE), an das eine andere Versionsnummer gemeldet werden soll.
n.nn	Die an das Programm zu meldende DOS-Version, z.B. 4.01 oder 3.3.
sv	Wenn Sie sich die in der Tabelle gespeicherten Versionsnummern ansehen wollen, geben Sie hier den Zugriffspfad und den Namen der Datei SETVER.EXE an.
/DELETE	Löscht den Eintrag für das angegebene Programm aus der Versionstabelle.
/QUIET	Unterdrückt beim Löschen eines Eintrags aus der Versionstabelle die Bildschirmmeldung.

Hinweise

- Neue Einträge in der Versionstabelle werden erst nach einem Neustart des Rechners wirksam.
- Die Versionstabelle wird direkt in der Datei SETVER.EXE gespeichert. Bereits vorgenommene Eintragungen gehen daher verloren, wenn SETVER.EXE überschrieben wird.

Beispiele

DEVICE=C:\DOS\SETVER.EXE

Installiert SETVER.EXE in der CONFIG.SYS. Nur dann kann DOS den in der Versionstabelle enthaltenen Programmen »falsche« Versionsnummern melden.

SETVER CARETS.EXE 4.01

Ergänzt die Versionstabelle um einen Eintrag für das Programm CARETS.EXE, so dass diesem zurückgemeldet wird, es würde unter DOS 4.01 ablaufen.

SETVER CARETS.EXE /D

Löscht den im vorigen Beispiel vorgenommenen Eintrag in der Versionstabelle. Auch die Löschung wird erst nach einem Neustart des Systems wirksam.

SETVER C:\DOS\SETVER:EXE

Zeigt die in der Datei SETVER.EXE im Verzeichnis C:\DOS gespeicherte Versionstabelle an.

SHARE
Extern, DOS ab 3.0

SHARE reserviert Arbeitsspeicher für Dateisperrvorkehrungen im Netzwerk. Damit mehrere Bediener auf eine Datei gleichzeitig zugreifen können (File-Sharing), benötigt das Betriebssystem zusätzliche Informationen über diese Datei und den aktuellen Zugriff. Nur dadurch ist es möglich, File-Sharing ohne Datenverlust durchzuführen. Das Programm SHARE reserviert für jede Datei, die im Netzwerk benutzt wird, einen Speicherbereich (11 Byte mehr als die Anzahl Zeichen, die den Dateinamen inklusive Zugriffspfad festlegen). In diesem Speicherbereich werden Informationen zu Überwachungszwecken gespeichert. Rufen Sie das Programm ohne Zusätze auf, wird standardmäßig ein Pufferbereich in der Größe von 2048 Byte für diese Aufgabe reserviert.

SHARE

Syntax

SHARE [/F:n] [/L:n] [/Mx]

Parameter

/F:n	Reserviert n Byte für die Dateizugriffüberwachung im Netzwerk (Files; Standardwert: 2048 Byte). Üblicherweise beträgt die Länge eines Dateinamens mit Laufwerk- und Pfadangabe ca. 20 Byte, so dass der Vorgabewert für ca. 100 Dateien ausreicht.
/L:n	n legt die Anzahl der maximal möglichen Dateisperrungen fest (Lock; Standardwert: 20).
/Mx	(DR-DOS) Erzwingt das Laden von SHARE in einen bestimmten Speicherbereich. Mit /ML wird SHARE in den konventionellen Speicher (Low), mit /MH in die HMA und mit /MU in die UMA geladen. Falls nicht genügend Platz im angegebenen Speicherbereich vorhanden ist, wird SHARE in den konventionellen Speicher geladen.

Hinweise

- SHARE lässt sich nur über einen Neustart des Rechners (oder spezielle Dienstprogramme) wieder aus dem Speicher entfernen.
- SHARE wird eingesetzt, wenn Sie im Netzwerk oder mit großen Festplatten arbeiten.
- SHARE wird bei Verwendung von großen Festplatten seit MS-DOS 5 nicht mehr benötigt. Hier braucht es lediglich dann installiert zu werden, wenn es das einzusetzende Programm für seine Netzwerkfunktionen benötigt.
- SHARE kann mit INSTALL bereits in der CONFIG.SYS geladen werden.

Beispiele

SHARE /F:4096 /L:30

Installiert die Netzwerkunterstützung von der Befehlszeile aus. Höchstens 30 Dateien können gleichzeitig gesperrt werden, für ca. 200 Dateien lassen sich Dateizugriffe überwachen.

INSTALL=C:\DOS\SHARE.EXE
Hier wird SHARE bereits in der Datei CONFIG.SYS mit den Standardwerten installiert.

SHELL
Konfiguration

Normalerweise interpretiert die Datei COMMAND.COM Benutzereingaben und führt sie entweder selbst aus (interne Befehle) oder leitet sie an externe Programme weiter. Möglicherweise besitzen Sie aber einen anderen Befehlsinterpreter, der kürzer ist, einen größeren Befehlsumfang hat, oder Sie wollen COMMAND.COM in ein Unterverzeichnis verbannen. Mit SHELL geben Sie dann Dateinamen und Pfad für den Befehlsinterpreter an.

Syntax

SHELL [d:][Pfad]Dateiname[Parameter]

Parameter

Dateiname Name des Befehlsinterpreters

Parameter Hier können Sie dem jeweiligen Befehlsinterpreter weitere Parameter übergeben.

Hinweise

- Ohne Angabe von SHELL setzt DOS die Umgebungsvariable COMSPEC auf COMMAND.COM und sucht im Hauptverzeichnis. Diese Variable enthält Angaben über den Befehlsinterpreter.
- Manche Programme verlangen, dass die Datei COMMAND.COM im Hauptverzeichnis liegt. Dann kommt es mit einer entsprechenden Meldung möglicherweise sogar zum Systemabsturz.
- Weitere Informationen zu SHELL finden Sie unter COMMAND.

Beispiel SHELL=C:\DOS\4DOS.COM

Hier dient die Datei 4DOS.COM (der wohl am weitesten verbreitete Ersatz-Befehlsinterpreter) im Unterverzeichnis DOS als Befehlsinterpreter.

SHIFT

Intern, Batch-Dateien

Über SHIFT haben Sie die Möglichkeit, mehr als zehn Batch-Variablen in Stapeldateien zu verwenden.

Typ
Intern

Syntax SHIFT

Beispiel

Batch-Variablen werden mit %0 bis %9 bezeichnet. Dabei enthält %0 den Namen der aufgerufenen Batch-Datei selbst. Die weiteren Parameter der Befehlszeile, die durch Leerzeichen voneinander getrennt sind, werden durchnummeriert. Wenn mehr Parameter ausgewertet werden müssen, lassen sich die Parameter der Befehlszeile mit SHIFT jeweils um eine Position nach links verschieben.

Dadurch lassen sich Batch-Dateien einfacher formulieren. Wenn Sie die folgenden Zeilen in eine Batch-Datei namens SHOW.BAT aufnehmen, werden z.B. alle in der Befehlszeile angegebenen Dateien nacheinander seitenweise angezeigt.

```
@ECHO OFF
:START
  IF "%1"=="" GOTO ENDE
  TYPE %1 | MORE
  SHIFT
GOTO START
:ENDE
```

Wenn Sie SHOW C:\AUTOEXEC.BAT C:\CONFIG.SYS eingeben, lassen sich damit die beiden genannten Dateien seitenweise auf dem Bildschirm anzeigen. (Beachten Sie die Verwendung der Anführungszeichen im IF-Befehl.)

SMARTDRV

Extern, MS-DOS/PC DOS, DR-DOS siehe NWCACHE

SMARTDRV legt im Arbeitsspeicher des Rechners einen Puffer an, der die jeweils letzten vom Datenträger geladenen Dateien zwischenspeichert und wiederholte Zugriffe erheblich beschleunigen kann. Ein solcher Puffer kann z.B. nützlich sein, wenn häufig Daten auf Massenspeicher in temporären Dateien ausgelagert werden (swapping). SMARTDrive wird üblicherweise über die Datei AUTOEXEC.BAT gestartet. Setzen Sie möglichst aktuelle SMARTDrive-Versionen ein. (DR-DOS verwendet seit Version 7.0 NWCACHE für ähnliche Zwecke und enthielt vorher PC-Kwik.)

Syntax

SMARTDRV [[Lw[+|-]...] [/C] [/F] [/L] [/N] [/Q] [/R] [/S] [/U] [/V] [/X] [AnfGr] [WinGr] [/E:ElGr] [/B:PufGr]

Parameter

[Lw+|-]	Aktiviert (+) oder deaktiviert (-) die Pufferung für das angegebene Laufwerk (Lw). Bei Angabe eines Laufwerkbuchstabens ohne Plus-/Minuszeichen wird die Pufferung für Lese-, nicht jedoch für Schreibvorgänge aktiviert. Bei Angabe eines Pluszeichens (+) wird die Pufferung sowohl für Lese- als auch für Schreibvorgänge aktiviert. Bei Angabe eines Minuszeichens (-) wird die Pufferung deaktiviert.
/C	Leert den Puffer und schreibt alle enthaltenen Informationen auf den jeweiligen Datenträger (vgl. Beispiel unten).
/F	Schreibt gepufferte Daten, bevor die Eingabeaufforderung wieder angezeigt wird (Vorgabe ab SMARTDRV 4.2).

/L	(Low) Lädt SMARTDrive auch dann in den konventionellen Arbeitsspeicher, wenn in den UMBs genügend Platz ist. Dieser Schalter sollte nur eingesetzt werden, wenn der hohe Speicherbereich für andere Programme reserviert werden soll.
/N	Sorgt dafür, dass gepufferte Daten erst dann geschrieben werden, wenn die Eingabeaufforderung wieder angezeigt wird.
/Q	(Quiet) Unterdrückt Fehler- und Statusmeldungen.
/R	(Restart) Löscht den Puffer und startet SMARTDrive neu.
/S	(Status) Zeigt zusätzliche Informationen zum Status von SMARTDrive an.
/U	Schaltet die Pufferung für CD-ROM-/DVD-Laufwerke ab.
/V	Zeigt Status-Meldungen beim Laden von SMARTDrive auf dem Bildschirm an.
/X	Deaktiviert die Schreibpufferung für alle Laufwerke, so dass eine Aufzählung aller Laufwerke entfällt.
AnfGr	(Init Cache Size) XMS-Speicher, der für den Puffer verwendet wird. AnfGr wirkt sich darauf aus, wie effektiv SMARTDrive arbeitet. Je größer der Puffer, desto seltener muss auf den Datenträger zugegriffen werden. Der Wert verkleinert den verbleibenden Arbeitsspeicher. Ohne Angabe für AnfGr stellt SMARTDrive den Wert automatisch in Abhängigkeit von der Arbeitsspeicherkapazität ein.
WinGr	(Windows Cache Size) XMS-Speicher, der unter Windows 3.x für den Puffer verwendet wird. Beim Aufruf von Windows verringert SMARTDrive die Größe des Cache-Puffers, nach dem Beenden wird der Puffer wieder auf den Wert von AnfGr zurückgesetzt. Ohne Angabe stellt SMARTDrive diesen Wert automatisch in Abhängigkeit von der Arbeitsspeicherkapazität ein.

/E:ElGr	Hier legen Sie fest, wie viel Byte des Puffers SMARTDrive bei einer Aktion jeweils verschiebt. Zulässige Werte sind 1024, 2048, 4096 und 8192. Die Voreinstellung ist 8192. Je größer der Wert, desto mehr konventioneller Speicher wird benötigt.
/B:PufGr	Legt die Größe des Vorweglesepuffers (Read-Ahead Buffer) in KB fest. Je nach Anwendungsprogramm können unterschiedliche Werte für Leistungsverbesserungen sorgen. Der Read-Ahead Buffer ist standardmäßig 16 KB groß. Es lassen sich beliebige Werte verwenden, die einem Vielfachen des über /E:ElGr festgelegten Wertes entsprechen. Bei höheren Werten wird mehr konventioneller Speicher belegt.

Hinweise

- *Achtung!* Vor dem Abschalten oder dem Neustarten des Rechners sollten Sie bei Schreibpufferung unbedingt prüfen, ob alle Informationen auf Datenträger geschrieben wurden. Dies ist nicht nötig, wenn der Rechner über ⌈Strg⌉+⌈Alt⌉+⌈Entf⌉ neu gestartet wird. Geben Sie dann SMARTDRV /C ein und warten Sie, bis alle Datenträgeraktivitäten abgeschlossen sind. Danach können Sie gefahrlos den Rechner neu starten oder abschalten.
- SMARTDrive *muss* nach HIMEM.SYS und EMM386.EXE installiert werden. Wenn SMARTDrive Erweiterungsspeicher nutzen soll, müssen Sie zunächst HIMEM.SYS installieren.
- SMARTDrive sollte nicht zusammen mit anderen Cacheprogrammen oder RAMDRIVE verwendet werden.
- SMARTDrive führt standardmäßig für komprimierte Laufwerke keine Cache-Pufferung durch, das Laufwerk, auf dem sich die komprimierte Datenträgerdatei befindet, wird aber gepuffert. SMARTDrive kann zwar auch die Informationen komprimierter Laufwerke puffern, dies ist jedoch nicht zu empfehlen.
- Wenn Sie MS-DOS als Plattform für Windows 3.1x einsetzen, sollten Sie den 32-Bit-(Platten-)Zugriff und den 32-Bit-Dateizugriff über die Windows-Systemsteuerung (386 ERWEITERT) aktivieren.

Beispiele

C:\DOS\SMARTDRV

Legt einen 256 KB großen Cache im Erweiterungsspeicher an, sofern solcher verfügbar ist.

C:\DOS\SMARTDRV C D 2048 1024

Legt einen 2 MB großen Lese-Cache für die Laufwerke C: und D: im Erweiterungsspeicher an, der von anderen Programmen nicht auf weniger als 1 MB verkleinert werden kann. SMARTDRV.EXE muss sich dabei im Verzeichnis \DOS auf Laufwerk C: befinden.

SMARTDRV /C

Wenn die Schreibpufferung für einen oder mehrere Datenträger aktiviert ist, sollten Sie diese Variante verwenden, damit die gepufferten Daten auf die Datenträger geschrieben werden. Diese Variante sollten Sie bei Einsatz der Schreib-Pufferung auf jeden Fall vor einem Reset oder dem Ausschalten des Rechners nutzen. (Beim Drücken von Strg + Alt + Entf erledigt SMARTDrive dies automatisch.)

SORT
Extern, Filterprogramm

Mit dem Filter SORT können Sie sich Daten sortiert anzeigen bzw. ausgeben lassen. SORT ist ein typisches Filterprogramm (wie MORE und FIND) und eignet sich damit besonders zur Verkettung mit anderen DOS-Befehlen. SORT sortiert die Daten nach der Reihenfolge der Zeichen im ASCII-Zeichensatz, so dass die deutschen Umlaute »ä«, »ö« usw. hinter dem »z« einsortiert werden.

Syntax
SORT [/R] [/+n] [< Eingabe] [> Ausgabe]
[Befehl |] SORT [/R] [/+n] [[> Ausgabe]

Parameter

Eingabe	Name der Datei, die die zu sortierenden Daten enthält.
Ausgabe	Name der Datei, in die die sortierten Daten ausgegeben werden sollen.
/R	(Reverse) Sortiert in umgekehrter alphanumerischer Reihenfolge.
/+n	Sortiert die Daten ab der angegebenen Spaltennummer n.
Befehl	Befehl, dessen Ausgabe sortiert werden soll.

Beispiele

DIR | SORT

Gibt das mit DIR ausgegebene Verzeichnis über SORT alphabetisch sortiert auf dem Bildschirm aus.

DIR < UNSORT.TXT > SORT.TXT

Sortiert die Daten der Datei UNSORT.TXT und gibt diese in sortierter Reihenfolge in die Datei SORT.TXT aus.

SORT /R < TEXT.TXT > PRN

Sortiert die Zeilen in TEXT.TXT in umgekehrter alphanumerischer Reihenfolge und gibt sie auf dem Drucker aus.

DIR | SORT/+14

Sortiert die Ausgabe des DIR-Befehls ab Spalte 14, d.h. nach der Dateigröße.

STACKER

Extern, DR-DOS ab 7.0, Stacker 3.1

Mit dem Befehl STACKER lässt sich eine STACVOL-Datei als Stacker-Laufwerk verfügbar machen (aktivieren). Außerdem lässt sich mit dem Befehl STACKER der aktuelle Status vorhandener Stacker-Laufwerke anzeigen.

Syntax

```
STACKER [-]d:
STACKER d1:=d2:\STACVOL.xxx
STACKER @d:\STACVOL.xxx
```

Parameter

[-]d:	Durchsucht Laufwerk d: nach einer STACVOL.DSK-Datei und aktiviert sie als Stacker-Laufwerk d:. Geben Sie das Minuszeichen (-) an, um das Stacker-Laufwerk d: zu deaktivieren und auf das unkomprimierte Laufwerk zugreifen zu können.
d1:=d2:\STACVOL.xxx	Aktiviert STACVOL.xxx auf Laufwerk d2: als Stacker-Laufwerk d1:.
@d:\STACVOL.xxx	Aktiviert STACVOL.xxx auf Laufwerk d: als Stacker-Laufwerk d:. Das unkomprimierte Laufwerk wird durch das komprimierte Laufwerk ersetzt. Auf das unkomprimierte Laufwerk kann somit erst wieder zugegriffen werden, wenn das komprimierte Laufwerk deaktiviert wird.

STACKS/STACKSHIGH

Konfiguration

Dieser Konfigurationsbefehl legt die Zahl dynamischer, d.h. in der Größe variabler Datenstapel für Hardware-Interrupts, also direkte Zugriffe auf den Prozessor, fest. Sie sollten den Wert nur verändern, wenn Sie eine Meldung der Art »Stack Overflow« erhalten. Ein Stack ist ein Stapelspeicher, in dem Rücksprungadressen und Werte, die von Programmen benutzt werden, abgelegt und nach Bedarf in umgekehrter Reihenfolge wieder entnommen werden (LIFO – last in first out). Beim STACKS-Befehl wird der DOS-Stapelspeicher an anderer Stelle im Speicher abgelegt, bis der Interrupt abgearbeitet ist.

Syntax
STACKS=n,s
STACKSHIGH=n,s

Parameter

n Zahl der einzurichtenden Stapelspeicher. Gültige Werte sind 0 (PC/XT) und 8 bis 64.

s Größe der einzelnen Stapelspeicher in Byte. Gültige Werte sind 0 (PC/XT) und 32 bis 512.

Hinweise
- In der Regel gibt es mit der Einstellung STACKS=0,0 keine Probleme. Wenn Sie also einige Bytes sparen wollen, probieren Sie diese Einstellung einfach aus und machen Sie sie nur bei einer Stack-Overflow-Fehlermeldung wieder rückgängig. Dass dies in aller Regel problemlos funktioniert, liegt daran, dass Programme normalerweise eigene Stack-Bereiche verwalten. Windows 3.1x benötigt allerdings einen Eintrag der Form STACKS=9,256 in der Datei CONFIG.SYS, so dass Sie diese nicht löschen sollten. (Ohne diesen Eintrag stürzt Windows 3.1x auf manchen Rechnern ohne Fehlermeldung ab.)
- Sind die STACKS-Werte ungleich 0,0 und Sie erhalten die Fehlermeldungen »Stack Overflow« oder »Exception error 12«, sollten Sie die Anzahl oder die Größe der Stapelspeicher höher setzen.

Beispiel
STACKS=9,256
Reserviert für die Verarbeitung von Hardware-Interrupts neun Stapelspeicher, die jeweils 256 Byte groß sind.

SUBMENU

Intern, Konfiguration, MS-DOS/PC DOS ab 6.0

SUBMENU gehört neben MENUDEFAULT, MENUCOLOR, MENUITEM, NUMLOCK und INCLUDE zu den mit MS-DOS 6.0 eingeführten Befehlen, mit denen Startmenüs innerhalb der CONFIG.SYS definiert werden können. Mit SUBMENU lassen sich in der CONFIG.SYS Untermenüs als Element des Startmenüs einfügen. Wird dann der dem Untermenü entsprechende Eintrag ausgewählt, wird ein weiteres Auswahlmenü auf dem Bildschirm angezeigt. SUBMENU kann nur innerhalb eines Menüblocks in der CONFIG.SYS verwendet werden.

Das Startmenü wird eingeblendet, wenn DOS gestartet wird. Es wird mit speziellen CONFIG.SYS-Befehlen definiert. Jedes Element eines solchen Menüs entspricht einer Kombination von Befehlen, die »Konfigurationsblock« genannt werden. Startmenüs ermöglichen es, Rechner alternativ mit mehreren Konfigurationen zu starten. (Ein Beispiel für derartige Menüs finden Sie auf den Startdisketten von Windows 9x/Me.)

Syntax SUBMENU=Blockname[,Menütext]

Parameter

Blockname	Legt den Namen des zugehörigen Konfigurationsblocks fest. Unter diesem Namen muss er später in der CONFIG.SYS definiert werden.
Menütext	Steht stellvertretend für den Text, der für den entsprechenden Menüeintrag angezeigt werden soll. Wenn kein Menütext angegeben ist, wird der Blockname angezeigt.

Hinweise

- Blocknamen können bis zu 70 Zeichen lang sein und dürfen außer Leerzeichen, Schrägstrichen (\ und /), Kommas, Semikolons (;), Gleichheitszeichen (=) und eckigen Klammern ([und]) alle druckbaren Zeichen enthalten.

6 Alphabetisches Befehlsverzeichnis

- Menütexte dürfen maximal 70 Zeichen umfassen und können beliebige Zeichen enthalten.
- Wenn Sie verhindern wollen, dass ein Rechnerbenutzer die Befehle der CONFIG.SYS mit Hilfe der Tasten [F5] oder [F8] übergeht, können Sie dazu SWITCHES /N verwenden.

Beispiel

```
[menu]
menuitem=XMS, Extended Memory (XMS)
menuitem=EMS, Expanded Memory (EMS)
submenu=NETZ, Netzwerke
```

Legt ein Menü mit den drei Einträgen XMS, EMS und NETZ fest. Wenn MS-DOS startet, erscheint folgendes Menü:

```
MS-DOS Startmenü
==================
 1. Extended Memory (XMS)
 2. Expanded Memory (EMS)
 3. Netzwerke
Wählen Sie einen Eintrag aus: 1
```

Innerhalb der CONFIG.SYS müssen dann drei Konfigurationsblöcke folgen (im Beispiel [XMS], [EMS] bzw. [Netz]). Im [Netz]-Block wird wieder ein Menü definiert:

```
[Netz]
menuitem WFW, Windows für Workgroups
menuitem Inter, Interlink
```

Wird im ersten Menü der dritte Eintrag gewählt, wird dann dieses Menü angezeigt:

```
MS-DOS 6 Startmenü
=====================
1. Windows für Workgroups
2. Interlink
Geben Sie Ihre Auswahl ein: 1
```

SUBST
Extern, DOS ab 3.1

Mit SUBST kann ein Unterverzeichnis vorübergehend über eine Laufwerksbezeichnung angesprochen werden. Mit SUBST können Programme, die über einen Laufwerkbuchstaben angesprochen werden müssen, in Verzeichnissen gespeichert und von Festplatte aus benutzt werden. Durch SUBST können Sie auch mit solchen alten Programmen in der Regel noch arbeiten.

Syntax

SUBST d: [D:Pfad] [/D]

Parameter

d:	Neuer Laufwerksname für das über D:Pfad festgelegte Verzeichnis.
D:Pfad	Legt den Namen des Verzeichnisses fest, das über eine Laufwerkbezeichnung ansprechbar sein soll.
/D	Hebt eine vorgenommene Zuweisung auf (Delete).

Hinweise

- Wenn einem Verzeichnis mit SUBST ein Laufwerkname zugewiesen wurde, sollten Sie insbesondere die Befehle DISKCOPY und FORMAT nicht einsetzen.
- Der neue Laufwerkname kann ein beliebiger Buchstabe sein. Gegebenenfalls müssen mit LASTDRIVE in der CONFIG.SYS weitere Laufwerkbuchstaben bereitgestellt werden. Das ersetzte Verzeichnis kann weiterhin auch unter seinem normalen Namen angesprochen werden.

Beispiele

SUBST F: C:\DATEN

Dem Verzeichnis C:\DATEN wird der Laufwerkbuchstabe F: zugeordnet. Das Verzeichnis ist anschließend über F: ansprechbar.

```
SUBST F: /D
```
Die vorgenommene Zuordnung wird aufgehoben.
```
SUBST
```
Ohne Eingabe weiterer Parameter werden die vorgenommenen Zuordnungen angezeigt.

SWITCH
Konfiguration, DR-DOS ab 6.0

SWITCH ermöglicht das Umschalten zwischen Unterroutinen innerhalb der CONFIG.SYS. Die Unterroutinen müssen mit einer Marke anfangen und mit RETURN enden.

Syntax
```
SWITCH marke1, marke2[, marken]
```

Beispiel
```
ECHO = Konfiguration 1
ECHO = Konfiguration 2
ECHO = Bitte wählen Sie eine Konfiguration
SWITCH konfig1, konfig2
ECHO Ende der Konfiguration
EXIT
:konfig1
ECHO Konfiguration 1
RETURN
:konfig2
ECHO Konfiguration 2
RETURN
```

SWITCHES

Intern, Konfiguration, MS-DOS/PC DOS ab 5.0

Mit SWITCHES lässt sich voreingestelltes Geräteverhalten ändern. So können Sie z.B. dafür sorgen, dass sich eine erweiterte Tastatur wie eine einfache Tastatur verhält, und verhindern, dass Startbefehle innerhalb von Multikonfigurationsdateien mit den Tasten F5 oder F8 umgangen werden.

Syntax SWITCHES=/F /K /N /E[:n] /W

Parameter

/E[:n]	(Seit MS-DOS 7) Ohne den Parameter :n sorgt dieser Schalter dafür, dass IO.SYS das automatische Umlagern von EBIOS unterdrückt. (Das automatische Umlagern vergrößert den für DOS-Programme verfügbaren konventionellen Speicher.) Verwenden Sie den Schalter /E zusammen mit dem Parameter n, um n Byte EBIOS in den unteren Speicherbereich umzulagern. (n darf zwischen 48 und 1024 liegen und wird stets auf das nächstgrößere Vielfache von 16 aufgerundet.)
/F	Überspringt die Einschaltmeldung beim Laden von MS-DOS 6.x und beschleunigt damit den Startvorgang des Betriebssystems geringfügig.
/K	Sorgt dafür, dass sich eine erweiterte Tastatur wie eine konventionelle Tastatur verhält und wird für alte Programme benötigt, die Tastaturen mit 101/102-Tasten nicht unterstützen.
/N	Sorgt dafür, dass die Tasten F5 und F8 nicht dazu verwendet werden können, Befehle in Multikonfigurationsmenüs zu umgehen.
/W	(Nicht mehr unterstützt.) Nur für Windows 3.0 und den erweiterten Modus, wenn sich die Datei WINA20.386 nicht im Hauptverzeichnis der Festplatte befindet. (Windows 3.1x benötigt WINA20.386 nicht mehr.)

Hinweis
- Wenn beim Einsatz von ANSI.SYS Probleme mit der Tastatur auftreten, sollte ANSI.SYS mit /K installiert werden. Dann ist SWITCHES=/K in der CONFIG.SYS nicht mehr erforderlich.

SYS
Extern

Das Dienstprogramm SYS überträgt die versteckten Systemdateien IO.SYS und MSDOS.SYS (bzw. IBMBIO.COM und IBMDOS.COM), den Befehlsinterpreter COMMAND.COM (sowie unter MS-DOS ab 6.0 zu DRVSPACE/DBLSPACE gehörenden Steuerprogramme) auf ein anderes Laufwerk. Benutzen Sie SYS, wenn Sie eine neue Version des Betriebssystems auf andere Datenträger übertragen wollen.

Syntax SYS d:

Parameter

d: Name des Laufwerks, auf das die Systemdateien übertragen werden sollen.

Hinweise
- COMMAND.COM wird von SYS möglicherweise nicht mit auf den Zieldatenträger kopiert, wenn sich die Datei nicht im Hauptverzeichnis des Startlaufwerks befindet. Dann wird eine Fehlermeldung angezeigt, und die Datei muss nachträglich mit COPY oder XCOPY übertragen werden.
- Mit SYS lassen sich die Systemdateien nur auf *andere* Laufwerke übertragen. Wenn SYS nicht verwendbar ist, können Sie Datenträger mit FORMAT /S neu formatieren. (Benötigte Dateien müssen Sie dann bei Bedarf umkopieren.)
- Sollten Sie als Schutz vor Viren eine Bootsektor-Überwachung installiert haben, schlägt diese beim oder nach dem Einsatz von SYS Alarm.

- Wenn nicht genug Platz für die Systemdateien vorhanden ist, werden beim Einsatz von SYS unter Umständen Daten überschrieben.
- Nach dem Einsatz von SYS sollte durch einen Neustart des Rechners geprüft werden, ob der Befehl auch den gewünschten Erfolg hatte, so dass der Rechner ordnungsgemäß startet.

Beispiel
SYS C:

Wurde der Rechner über das Diskettenlaufwerk gestartet und der Befehl vom Laufwerk A: aus eingegeben, werden die Systemdateien auf das Startlaufwerk C: der Festplatte übertragen. Dieser Befehl sorgt oft für Abhilfe, wenn Windows 9x/Me mit der Meldung »COMMAND.COM nicht gefunden« den Start verweigert.

TASKMGR
Extern, DR-DOS ab 7.0

Der Befehl TASKMGR startet den Task Manager, mit dem mehrere Anwendungsprogramme (Prozesse) gleichzeitig geladen und ausgeführt werden können. Zwischen den Prozessen können Sie über ein Menü umschalten. Wenn der Task Manager als »Prozessumschalter« verwendet werden soll, bei dem Hintergrundprozesse ausgesetzt werden, bis wieder vom Vordergrundprozess zu ihnen umgeschaltet wird, kann der Task Manager mit dem Befehl TASKMGR geladen und konfiguriert werden. Wenn Sie den Task Manager häufig nutzen, sollten Sie ihn aber besser mit Hilfe des Setup-Programms einrichten und so konfigurieren, dass er jeweils beim Rechnerstart geladen wird.

Syntax
TASKMGR [/Z]

Parameter

/Z ist eine beliebige zulässige Kombination der nachfolgenden Zusatzangaben.

/C befehl	Fügt einen Prozess zum Menü des Task Managers hinzu, wobei befehl der Befehl oder die Stapeldatei ist, die den Prozess startet. Warten Sie beim Hinzufügen eines Prozesses etwa 10 Sekunden, bevor Sie eine Taste drücken, da der Task Manager diese Zeitspanne benötigt, um wieder die Kontrolle über die Tastatur vom hinzugefügten Anwendungsprogramm zu übernehmen.
/D=pfad	Position (pfad) der Auslagerungsdatei, in die ausgesetzte Prozesse ausgelagert werden, wenn nicht genügend Speicher verfügbar ist. Der Standardpfad verweist auf das Unterverzeichnis TMP des DOS-Installationsverzeichnisses.
/E[=nnnn]	Weist dem Task Manager XMS in der angegebenen Größe (nnnn KB) zu, das für die Auslagerung der Prozesse genutzt wird. Wird kein Wert angegeben, wird der gesamte verfügbare XMS-Speicher verwendet. Bei /E=0 wird kein Zusatzspeicher verwendet.
/F	Sichert beim Umschalten zwischen Prozessen benutzerdefinierte Schriften und Codetabellen.
/K:nn	Entfernt den Prozess mit der Nummer nn im Menü des Task Managers. (Der aktuelle Prozess kann nicht entfernt werden.)
/L=nnnn	Begrenzt den Speicher (max. nnnn KB), der von einzelnen Prozessen verwendet werden kann, wenn der Task Manager für die Verwendung von EMS-Speicher konfiguriert ist.

/M	Ermöglicht Prozessumschaltung über die Zifferntasten im Hauptblock der Tastatur, wenn die Tastatur über keinen separaten numerischen Tastenblock verfügt.
/N:[nn]	Stellt den automatisch vergebenen Namen des aktuellen Prozesses (oder des Prozesses mit der Nummer nn im Menü des Task Managers) wieder her.
/N[:nn] name	Benennt den aktuellen Prozess (oder den Prozess mit der angegebenen Nummer nn) im Menü des Task Managers um. Der angegebene Name kann maximal acht Zeichen lang sein. Dieser Name ersetzt den Namen, der vom Task Manager beim Erstellen des Prozesses automatisch festgelegt wurde.
/S	Der Task Manager lässt sich nur als Prozessumschalter verwenden.
/V[:1]	Unterstützt die Prozessumschaltung bei einem VGA-Bildschirm in EGA-Kompatibilitätsmodi.
/X[=nnnn]	Weist dem Task Manager EMS-Speicher in der angegebenen Größe (nnnn KB) zu, in den Prozesse ausgelagert werden. Wird kein Wert angegeben, wird der gesamte verfügbare EMS-Speicher verwendet. Bei /X=0 wird kein EMS-Speicher verwendet.

Beispiele

TASKMGR /L=1024

Begrenzt EMS für einen einzelnen Prozess, wenn TASKMGR bereits geladen ist.

TASKMGR /X

Der Prozessumschalter wird geladen und benutzt die gesamte Speichererweiterung zur Auslagerung von Prozessen.

TIME
Intern

TIME zeigt die aktuelle Systemzeit an. Mit TIME können Sie seit DOS 3.3 auch die Systemuhr stellen, ohne dazu die Einrichtungsprogramme des Rechners bemühen zu müssen.

Syntax TIME [hh[:mm[:ss[:cc]]]] [a|p] [/C]

Parameter

hh	Stunden (24-Stunden-Takt)
mm	Minuten
ss	Sekunden
cc	Hundertstelsekunden
a|p	Bei Verwendung des 12-Stunden-Zeitformats lässt sich angeben, ob es sich um Vormittag (a.m.) oder Nachmittag (p.m.) handelt. Wenn beim 12-Stunden-Zeitformat keine der beiden Alternativen angegeben wird, geht DOS davon aus, dass es sich um Vormittag (a.m.) handelt.
/C	Aktualisiert die Anzeige der Uhrzeit, bis eine Taste gedrückt wird.

Hinweis

- Das Format der Zeiteingabe hängt davon ab, welche nationale Anpassung Sie vorgenommen haben. Eventuell müssen dann andere Trennzeichen verwendet werden (z.B. der Bindestrich).

Beispiele TIME

Geben Sie TIME allein ein, wird die aktuelle Systemzeit angezeigt. Sie können die Uhrzeit neu eingeben und damit ändern. Betätigen Sie lediglich ⏎, wird die angezeigte Zeit beibehalten.

TIME 19.30

Ändert die Systemzeit auf 19:30.

TOUCH
DR-DOS

TOUCH setzt die Zeit- und Datumsmarkierung einer Datei oder Dateigruppe neu.

Syntax
TOUCH [datei] [/T:hh.mm.ss] [/D:datum] [/F:E|J|U] [/P] [/R] [/S]

Parameter

/T:hh.mm.ss	Die zu setzende Zeit im 24-Stunden-Format. Standard ist die aktuelle Zeit.
/D:datum	Das zu setzende Datum. Standard ist das aktuelle Datum. Bei der Angabe des Datums sind die aktuellen landesspezifischen Einstellungen zu berücksichtigen.
/F:[E|J|U]	Festlegen des Datumsformats (Europa, Japan oder USA).
/P	Fordert vor der Änderung des Zeit-/Datumsstempels jeweils zur Bestätigung auf.
/R	Änderungen werden auch bei schreibgeschützten Dateien vorgenommen.
/S	Änderungen werden auch bei Dateien in Unterverzeichnissen des aktuellen Verzeichnisses vorgenommen.

Beispiele
TOUCH *.* /D:02.02.03 /T:00:00:00 /S

Der Zeitstempel wird für alle Dateien des aktuellen Verzeichnisses und seiner Unterverzeichnisse geändert und auf den 2.2.2003, 0:00:00 Uhr gesetzt. Diese Vorgehensweise empfiehlt sich z.B. bei Abschluss eines Projektes.

TREE

Extern, MS-DOS bis 6.22, IBM/PC DOS, DR-DOS

Mit TREE können Sie sich sämtliche Verzeichnisse eines Datenträgers bzw. deren hierarchische Struktur übersichtlich anzeigen lassen. Das Hauptverzeichnis des Laufwerks wird durch den Backslash (\) angezeigt. Geben Sie den Zusatz /F ein, werden auch die Dateien in den Verzeichnissen mit angezeigt. MS-DOS ab 4.0 zeigt die Verzeichnisstruktur standardmäßig in grafischer Form an, während dazu bei DR-DOS der Schalter /G bemüht werden muss.

Syntax

PC-DOS/MS-DOS:

TREE [d:[Pfad]] /F /A

DR-DOS:

TREE [d:[Pfad]] [datei] [/A] [/B] [/F] [/G] [/P]

Parameter

d:	(Drive) Laufwerkbuchstabe
Pfad	Verzeichnis, ab dem die Verzeichnisstruktur angezeigt werden soll.
datei	Zu suchende Datei
/A	Verwendet den ASCII-Zeichensatz bei der Ausgabe der Verbindungslinien.
/B	(DR-DOS) Kurzmodus: Summenangaben werden unterdrückt (Brief)
/F	Führt die Namen der Dateien in den Verzeichnissen mit auf (Files).
/G	(DR-DOS) Grafische Anzeige der Verzeichnisstruktur
/P	(DR-DOS) Seitenweise Anzeige (Pause)

Beispiele

TREE C:\ /F

Zeigt die hierarchische Struktur des Festplattenlaufwerks C:, ausgehend vom Hauptverzeichnis (\), an und listet dabei die Namen der Dateien auf.

TREE C:\ /F | MORE

Wie das vorhergehende Beispiel. Nur wird diesmal die Struktur seitenweise auf dem Bildschirm angezeigt.

TREE C:\ /A > PRN

Gibt die hierarchische Struktur des Laufwerks C: ab dem Hauptverzeichnis aus, wobei die Ausgabe auf den Drucker umgeleitet und der ASCII-Zeichensatz verwendet wird.

TRUENAME

Intern, undokumentiert, MS-DOS/PC DOS ab 4.0, DR-DOS ab 7.01

TRUENAME ist ein undokumentierter interner Befehl, der in den MS-DOS-Versionen ab 4.0 enthalten ist. Er gibt Ihnen den tatsächlichen Namen eines Verzeichnisses zurück, unabhängig davon, ob es über JOIN, SUBST oder ASSIGN einen anderen Namen zugewiesen erhalten hat.

Mit TRUENAME lässt sich ermitteln, ob ein Laufwerk oder Verzeichnis umgeleitet worden ist. Dann weichen die von CD und TRUENAME zurückgelieferten Laufwerk-/Verzeichnisnamen voneinander ab.

Syntax

TRUENAME [Pfad]

Parameter

Pfad Laufwerk und/oder Verzeichnis, dessen wahrer Name ermittelt werden soll.

TYPE
Intern

Mit TYPE lässt sich der Inhalt einer Datei auf dem Bildschirm anzeigen. Dies ist üblicherweise lediglich bei Textdateien sinnvoll. Zudem empfiehlt es sich meist, TYPE mit MORE zu verbinden. Eine andere Möglichkeit, das Rollen des Textes anzuhalten, besteht darin, die Tastenkombination [Strg]+[S] zu drücken. Damit halten Sie die Ausgabe an, bis eine beliebige Taste gedrückt wird. Anschließend wird die Ausgabe fortgesetzt.

Syntax

TYPE [d:]Datei [/P]

Parameter

d:	Laufwerk, das die anzuzeigende Datei enthält.
Datei	Name der anzuzeigenden Datei. Der Dateiname kann einen Verzeichnispfad umfassen. Platzhalter (* und ?) sind im Dateinamen beim TYPE-Befehl unter MS-DOS/PC DOS im Gegensatz zu DR-DOS nicht erlaubt.
/P	(DR-DOS) Pause nach einer vollen Bildschirmseite.

Hinweis

- Wenn Sie sich mehrere Dateien anzeigen lassen wollen, können Sie auch den COPY-Befehl anstelle von TYPE verwenden: COPY TEXTDA.TEI CON. (Vergleichen Sie zu TYPE auch das Beispiel unter FOR .. IN .. TO.)

Beispiele

TYPE TEXTDA.TEI

Gibt den Inhalt der Datei TEXTDA.TEI auf dem Bildschirm aus.

TYPE \PROGRAMM.E\HELLO.C | MORE

Gibt den Inhalt der Datei HELLO.C, die sich im Unterverzeichnis PRO-GRAMM.E auf dem aktuellen Laufwerk befindet, auf dem Bildschirm aus. Durch | MORE wird dafür gesorgt, dass nach jeweils 24 ausgegebenen Zeilen (einer Bildschirmseite) eine Taste gedrückt werden muss, um die Ausgabe fortzusetzen.

UNDELETE (DR-DOS)
Extern, DR-DOS ab 6.0

Mit UNDELETE lassen sich versehentlich gelöschte Dateien möglicherweise wiederherstellen. UNDELETE ermittelt automatisch, welche Informationen über gelöschte Dateien vorhanden sind, und bestimmt dann, welche Wiederherstellungsmethode es verwendet. Vgl. DELWATCH und DISKMAP.

Syntax

UNDELETE [datei] [/Z]

Parameter

/Z ist eine beliebige zulässige Kombination der nachfolgenden Zusatzangaben.

datei	Name der wiederherzustellenden Datei. Platzhalter sind zulässig.
/A	Stellt alle gelöschten Dateien, die mit der angegebenen Dateispezifikation übereinstimmen, wieder her, ohne vor jeder Datei zur Bestätigung aufzufordern.
/B	Aktiviert den Schwarzweiß-Modus und startet die menügesteuerte Version des Programms.
/D:datum	Stellt alle seit dem angegebenen Datum (tt.mm.jj) gelöschten und mit DELWATCH gesicherten Dateien wieder her (oder listet sie bei Angabe von /L auf).

/D:-nn	Stellt alle gelöschten und mit DELWATCH gesicherten Dateien wieder her (oder listet sie bei Angabe von /L auf), die während der letzten nn Tage gelöscht wurden.
/L	Listet alle gelöschten Dateien auf, die mit der angegebenen Dateispezifikation übereinstimmen, ohne sie wiederherzustellen.
/N	Es wird der normale EGA/VGA-Zeichensatz benutzt.
/P	Pause nach jeder vollen Bildschirmseite.
/R:meth	Stellt nur die Dateien wieder her, die mit der angegebenen Methode (DELWATCH, DISKMAP oder UNAIDED) wiederherstellbar sind.
/S	Stellt auch gelöschte Dateien in Unterverzeichnissen wieder her.
/T:hh.mm.ss	Stellt nur mit DELWATCH gesicherte, löschbare Dateien wieder her (oder listet sie bei Angabe von /L auf), die seit der angegebenen Zeit gelöscht worden sind.

UNDELETE (MS-DOS/PC DOS)
Extern, MS-DOS 5.0 bis 6.22, PC DOS ab 5.0

Stellt Dateien auf einem Datenträger wieder her, die (versehentlich) gelöscht wurden, sofern dies möglich ist. *Achtung!* Die Parameter und die Arbeitsweise des Programms unterscheiden sich bei den verschiedenen UNDELETE-Versionen teilweise recht deutlich. Arbeitete UNDELETE unter MS-DOS/PC DOS 5.0 mit MIRROR zusammen, wurde MIRROR unter MS-DOS/PC DOS 6.x in UNDELETE integriert. Unter den neueren PC DOS-Versionen (seit 6.1) handelt es sich bei UNDELETE dann um ein Programm mit menügesteuerter Benutzeroberfläche, das von DATAMON unterstützt wird.

UNDELETE (MS-DOS/PC DOS)

Syntax

UNDELETE [Lw:][Pfad] [Datei] [/Z]

Parameter

Lw:Pfad	Laufwerk/Pfad zum Verzeichnis, von dem wiederhergestellt werden soll.
Datei	Dateiname (* und ? erlaubt).
/ALL	Durch alle Methoden geschützte Dateien ohne Bestätigungsabfrage wiederherstellen (Standard).
/DOS	Nur von DOS geschützte Dateien wiederherstellen.
/DT	(Deletion Tracking) Nur vom Löschprotokoll geschützte Dateien wiederherstellen.
/DW	Nur von DELWATCH (DR DOS) geschützte Dateien wiederherstellen.
/LIST	Wiederherstellbare Dateien nur auflisten.
/LOAD	(MS-DOS 6.x) Lädt UNDELETE speicherresident.
/NC	Wiederherstellen, ohne einzelne Bestätigungen anzufordern.
/NM	DOS-geschützte Dateien ohne Mirror wiederherstellen.
/NW	Nur von NetWare 386 geschützte Dateien wiederherstellen.
/PURGE	Löscht Dateien endgültig.
/PURGEALL	Alle gelöschten Dateien eines Laufwerks endgültig entfernen.
/S	Nur von Löschüberwachung geschützte Dateien wiederherstellen. (Unter MS-DOS 6.x bewirkt /S in Verbindung mit /LOAD die Aktivierung der Datenüberwachungsmethode.)
/VIDEO	Befehlszeilenhilfe für Video-/Mausparameter einblenden.

Hinweise

- Arbeitet UNDELETE mit der Datenüberwachungsmethode, wird ein versteckes Verzeichnis namens SENTRY auf dem zu überwachenden Datenträger angelegt, in dem die gelöschten Dateien gespeichert werden.
- UNDELETE kann keine gelöschten Verzeichnisse und auch keine Dateien in gelöschten Verzeichnissen wiederherstellen.
- Der Erfolg beim Wiederherstellen von Dateien ist davon abhängig, ob und wie viele Schreibzugriffe nach dem Löschen auf den entsprechenden Datenträger vor dem Wiederherstellungsversuch stattgefunden haben. (Nach der Benutzung von Datenträger-Optimierungsprogrammen lässt sich nichts mehr wiederherstellen.)

Beispiele

UNDELETE *.TXT

Alle Dateien mit der Namenserweiterung .TXT sollen wiederhergestellt werden. Bei jeder gelöschten Datei, die dem angegebenen Kriterium entspricht und von UNDELETE aufgespürt wird, wird nachgefragt, ob die Datei wiederhergestellt werden soll.

UNDELETE /LIST

Führt alle (vermutlich) wiederherstellbaren Dateien des aktuellen Verzeichnisses auf dem Bildschirm auf. Diese Option ist recht nützlich, wenn Ihnen der Name der versehentlich gelöschten Datei nicht mehr so recht geläufig ist.

UNDELETE C:\ /ALL

Mit diesem Befehl stellen Sie gelöschte Dateien des Hauptverzeichnisses des Laufwerks C: wieder her, ohne dass eine Bestätigung verlangt wird.

UNFORMAT
Extern, MS-DOS 5.0 bis 6.22, PC DOS ab 5.0, DR-DOS

Stellt einen Datenträger wieder her, der über den FORMAT-Befehl gelöscht oder dessen Struktur durch einen RECOVER-Befehl rekonstruiert wurde. UNFORMAT stammt bei den DOS-Versionen von Microsoft und IBM aus der Dienstprogrammsammlung PC Tools (Central Point Software), während das Dienstprogramm der DR-DOS-Versionen lediglich die »sichere« Formatierung von Disketten rückgängig machen kann und keine Parameter kennt. Vgl. FORMAT, UNDELETE und MIRROR.

Syntax
UNFORMAT d: [/J] [/P]
UNFORMAT d: [/U] [/L] [/TEST] [/P]
UNFORMAT /PARTN [/L]

Parameter

d:	Laufwerk, dessen Formatierung rückgängig gemacht werden soll.
/J	Überprüft, ob die MIRROR-Bilddateien zu den Systemdaten auf dem Datenträger passen. /J stellt den Datenträger nicht wirklich wieder her.
/L	Zeigt alle gefundenen Datei- und Verzeichnisnamen an. Bei Verwendung mit /PARTN wird die Partitionstabelle des Laufwerks angezeigt. Wird /L allein verwendet, wird der Datenträger ohne Unterstützung durch Bilddateien regeneriert.
/P	Gibt Meldungen auf dem Drucker an LPT1 aus.
/PARTN	Stellt beschädigte Partitionstabellen wieder her. Dazu müssen jedoch zuvor (mit /PARTN) die Partitionsdaten in einer Datei (PARTNSAV.FIL) gespeichert worden sein.

/TEST	Zeigt Information über die Wiederherstellung an, ohne tatsächlich Änderungen durchzuführen.
/U	Macht die Formatierung eines Datenträgers ohne Verwendung von Bilddateien rückgängig.

Hinweise

- UNFORMAT unterstützt nur Laufwerke mit den von DOS standardmäßig verwendeten Sektorgrößen (512, 1024 und 2048 Byte). Datenträger mit anderen Sektorgrößen lassen sich nur über Bilddateien wiederherstellen.
- Datenträger, die mit FORMAT /U formatiert wurden, lassen sich nicht wiederherstellen.
- Wenn Sie UNFORMAT nicht direkt nach einem versehentlichen Formatiervorgang einsetzen, sollten Sie Ihr Glück besser zunächst mit UNDELETE versuchen. Darüber hinaus sollte erst einmal der Schalter /TEST verwendet werden.
- Erstellen Sie vor dem Einsatz von UNFORMAT besser erst (mit DISKCOPY) eine Kopie der wiederherzustellenden Diskette.
- Da UNFORMAT die Bilddateien sucht und gegebenenfalls auch verwendet, versucht es, den Datenträger auf den Stand zurückzuversetzen, der dort festgehalten ist. Wenn dieser nicht mehr aktuell ist, sollte besser die Option /L verwendet werden.

Beispiele

UNFORMAT A: /TEST

Veranlasst UNFORMAT, Informationen darüber auszugeben, wie es den Datenträger im Laufwerk A: ohne Unterstützung der Bilddateien wiederherstellen würde, ohne tatsächlich Änderungen am entsprechenden Datenträger vorzunehmen.

UNFORMAT A: /L

Versucht den Datenträger in Laufwerk A: ohne Unterstützung durch Bilddateien wiederherzustellen.

UNINSTAL
Extern, DR-DOS

Mit UNINSTAL lässt sich DR-DOS von der Festplatte entfernen und das vorherige Betriebssystem wiederherstellen, unabhängig davon, ob es eine ältere Version von DR-DOS oder ein anderes System ist. Dazu müssen Sie aber das alte Betriebssystem bei der Ausführung von INSTALL gesichert haben.

Syntax
UNINSTAL [/C]

Parameter

/C   Entfernt die Systemdateien des alten Betriebssystems.

UNLOCK
Intern, MS-DOS ab 7.0

Hebt die Sperrung eines Laufwerks auf und deaktiviert so den direkten Datenträgerzugriff durch Anwendungen. Dies entspricht der Voreinstellung, die möglichst nicht geändert werden sollte. Siehe LOCK.

Syntax   UNLOCK [Laufwerk:]

UNPACK2
Extern, PC DOS ab 7.0

Mit UNPACK2 lassen sich einzelne Dateien aus den Archivdateien von PC DOS entpacken.

Syntax
UNPACK2 Quelle [Zielpfad] [/V] [/P] [/C] [/N:dateispez]
UNPACK2 Quelle [Zielpfad] [/SHOW] [/SIZES]

Parameter

Quelle	Name der Archivdatei
Zielpfad	Name des Zielpfades für die dekomprimierte(n) Datei(en)
/V	Geschriebene Dateien prüfen.
/P	Befehlszeilenpfad vor den Pfad der gepackten Datei stellen.
/C	Zielverzeichnis bei Bedarf erstellen.
/N	Dekomprimieren einer einzelnen Datei des Archivs.
/SHOW	Anzeige der Namen der in einem Archiv enthaltenen Dateien.
/SIZES	Anzeige der Größe der in einem Archiv enthaltenen Dateien.

UNSECURE

Extern, DR-DOS ab 7.0

Wenn Sie die Absicherung aktiviert haben und nicht auf die Festplatte zugreifen können, können Sie diese mit UNSECURE deaktivieren. Dazu müssen Sie das bei der Aktivierung der Absicherung verwendete Master-Passwort kennen.

Um den Befehl UNSECURE auszuführen, starten Sie den Rechner mit der ersten Installationsdiskette neu, verlassen INSTALL und geben UNSECURE ein. Dann werden Sie zur Eingabe des Master-Passworts aufgefordert. Wenn Sie dieses Passwort eingeben, deaktiviert UNSECURE die Absicherung.

UNSTACK

Extern, DR-DOS ab 7.0

Mit UNSTACK können Sie die Daten eines komprimierten Laufwerks entkomprimieren und auf das unkomprimierte Laufwerk zurückkopieren. Wenn nicht genügend Speicherplatz auf dem unkomprimierten Laufwerk vorhanden ist, teilt UNSTACK mit, wie viel Daten gelöscht werden müssen, bevor der Befehl ausgeführt werden kann.

Syntax

UNSTACK [d:] [/M]

Parameter

d:	Das zu entkomprimierende Laufwerk
/M	Anzeige im Schwarzweiß-Modus

VER
Intern

VER zeigt an, mit welcher DOS-Version gearbeitet wird.

Syntax

VER

Hinweis

- Wenn Programme aufgrund einer Versionsabfrage den Dienst unter einer anderen Betriebssystemversion verweigern, kann unter Umständen das Programm SETVER für Abhilfe sorgen, das Programmen falsche DOS-Versionsnummern »vorgaukeln« kann.

VERIFY
Intern

Mit VERIFY können Sie dafür sorgen, dass geschriebene Daten noch einmal gelesen werden, um zu prüfen, ob sie korrekt geschrieben wurden. Normalerweise kann diese Funktion abgeschaltet werden, da die zusätzliche Prüfung in der Regel nicht notwendig ist und zudem die Schreiboperationen verlangsamt. Bei der Übertragung von wichtigen Daten können Sie die Prüfung zur Sicherheit aktivieren. Standardeinstellung für VERIFY ist OFF.

Syntax VERIFY [ON|OFF]

Hinweis
▸ Beachten Sie in diesem Zusammenhang auch den Schalter /V bei den Befehlen COPY und DISKCOPY.

Beispiele VERIFY

Bei Eingabe von VERIFY ohne Parameter wird angezeigt, ob die VERIFY-Funktion ein- oder ausgeschaltet ist.

VERIFY ON

VERIFY wird eingeschaltet. Alle auf Datenträger geschriebenen Daten werden zur Prüfung noch einmal gelesen.

VIEW
Extern, PC DOS ab 7.0

Dient der Anzeige der Hilfedateien. Mit VIEW DOSREF wird die Befehlsreferenz von PC DOS, mit VIEW REXX die REXX-Befehlsreferenz und mit VIEW DOSERROR das Online-Verzeichnis der Fehlermeldungen angezeigt.

VIEWMAX
Extern, DR-DOS bis 6.0

VIEWMAX ist eine mit der DOS-Shell vergleichbare Benutzeroberfläche.

VOL
Intern

Mit VOL können Sie sich den Datenträgerkennsatz eines Laufwerks anzeigen lassen. Dabei wird die seit MS-DOS 4.0 bei der Formatierung neben dem Datenträgerkennsatz zusätzlich vergebene Datenträgernummer mit angezeigt.

Syntax VOL [d:]

Parameter

d: Die wahlweise einzugebende Bezeichnung (z.B. C:) des Laufwerks, dessen Kennsatz angezeigt werden soll.

Beispiel VOL A:

Zeigt den Datenträgerkennsatz des Laufwerks A: an.

VSAFE

Extern, MS-DOS 6.x

VSAFE ist ein speicherresidenter Virenwächter, der mittlerweile veraltet ist. Setzen Sie besser aktuelle DOS-Virenprogramme ein.

XCOPY

Extern, DOS ab 3.2

XCOPY ist ein erweitertes Kopierprogramm (eXtended COPY), mit dem sich neben Dateien (außer versteckten und Systemdateien) auch ganze Verzeichnisbäume kopieren lassen.

Syntax XCOPY [Quelle] [Ziel] [/Z]

Parameter

Quelle Name der Quelldatei(en). Hier können Sie sowohl Dateinamen, Verzeichnisnamen als auch Laufwerkbezeichnungen eintragen. Die Angabe darf Platzhalter (* und ?) enthalten.

Ziel Angabe der Zieldatei(en), des Zielverzeichnisses oder des Ziellaufwerkes, in (auf) das die zu kopierenden Daten übertragen werden sollen.

/Z steht für eine beliebige zulässige Kombination der nachfolgend erläuterten Zusatzeingaben.

/A	(Archive) XCOPY kopiert nur diejenigen Dateien, deren Archivbit gesetzt ist. (Vgl. BACKUP und ATTRIB.) In der Regel sind das diejenigen Dateien, die seit der letzten Datensicherung verändert wurden. XCOPY ändert *nicht* das Archivbit.
/D	(Nur DR-DOS) Das angegebene Ziel ist ein Verzeichnis.
/D:tt.mm.jj	(Date) Kopiert nur Dateien, die am oder nach dem angegebenen Datum geändert wurden.
/E	(Empty Directories) Muss zusammen mit /S angegeben werden, sonst wird /E ignoriert. Kopiert auch leere Verzeichnisse.
/F	(Nur DR-DOS) Das angegebene Ziel ist eine Datei.
/H	(Nur DR-DOS) Schließt Dateien in den Kopiervorgang mit ein, bei denen das Systemattribut gesetzt ist oder die versteckt sind (hidden), die unter DR-DOS standardmäßig ignoriert werden.
/L	(Nur DR-DOS) Kopiert den Namen des Datenträgers.
/M	(Modified files only) Wirkt ähnlich wie der Zusatz /A. Im Unterschied zum Zusatz /A wird jedoch das Archivbit zurückgesetzt, so dass die Dateien bei nochmaliger Eingabe des Befehls mit dem Zusatz /M nicht noch einmal berücksichtigt werden. (Es sei denn, sie wurden zwischenzeitlich geändert.)
/P	(Prompted) XCOPY fragt vor dem Kopieren einer Datei jeweils nach, ob diese auch wirklich übertragen werden soll.
/R	(Nur DR-DOS) Schreibgeschützte Dateien werden überschrieben.

/S	(Subdirectories) Der komplette Verzeichnisbaum ab dem angegebenen (oder aktuellen) Verzeichnis wird kopiert. Leere Verzeichnisse werden nur kopiert, wenn auch /E angegeben wird.
/V	(Verify) Nach der Übertragung der Dateien werden diese noch einmal geprüft.
/W	(Wait) XCOPY wartet nach dem Programmstart auf den Druck einer beliebigen Taste. Dadurch wird dem Benutzer ein Diskettenwechsel ermöglicht, wenn er lediglich über ein Diskettenlaufwerk verfügt.

Hinweis

▸ Wenn Sie in Verbindung mit dem Schalter /S als Ziel einen Datei-/Verzeichnisnamen angeben, der auf dem Ziellaufwerk nicht vorhanden ist, werden Sie gefragt, ob es sich bei dem Ziel um einen Datei- oder Verzeichnisnamen handelt, und das Verzeichnis wird gegebenenfalls angelegt.

Beispiele

XCOPY A: B: /S /E

Kopiert alle Dateien vom Laufwerk A: auf das Laufwerk B:. Bei der Kopie werden Unterverzeichnisse und leere Unterverzeichnisse mit erfasst.

XCOPY C:\PROGRAMM A:\ /S /M

Kopiert alle Dateien des Verzeichnisses C:\PROGRAMM und eventuell vorhandener Unterverzeichnisse in das Hauptverzeichnis der Diskette im Laufwerk A:, deren Archivbit gesetzt ist, d.h., die seit der letzten Sicherung oder mit ATTRIB verändert worden sind.

XCOPY C:\. A: /S /M

Kopiert alle geänderten Dateien der Festplatte C: (inklusive aller Unterverzeichnisse, die nicht leer sind) in das aktuelle Verzeichnis der Diskette im Laufwerk A:.

XDEL

Extern, DR-DOS

Mit XDEL lassen sich mehrere Dateien in Unterverzeichnissen und leere Verzeichnisse löschen.

Syntax XDEL datei [...] [/D] [/N] [/O] [/P] [/R] [/S]

Parameter

datei	Name der zu löschenden Datei oder Dateigruppe.
...	Weitere Namen zu löschender Dateien oder Dateigruppen.
/D	(Directories) Entfernt leere Verzeichnisse.
/N	*Vorsicht!* Löscht alle angegebenen Dateien ohne Bestätigung.
/O	(Overwrite) Überschreibt beim Löschen auch die von den Dateien belegten Datenträgerbereiche.
/P	(Prompted) Fordert vor dem Löschen jeder Datei zur Bestätigung auf.
/R	(Read-only) Löscht schreibgeschützte Dateien.
/S	Löscht auch die Dateien in Unterverzeichnissen.

Beispiel XDEL *.DOC /S

Löscht alle Dateien mit der Erweiterung .DOC aus dem aktuellen Verzeichnis und allen Unterverzeichnissen.

XDF

Extern, PC DOS ab 7.0 (OS/2 ab 3.0)

Lädt die Unterstützung für Disketten im XDF-Format in den Arbeitsspeicher. Wenn XDF nicht speicherresident geladen ist, enthalten XDF-Disketten scheinbar nur eine einzige kleine Datei und keinen freien Speicherplatz mehr.

Syntax XDF [/U]

Parameter

/U (Unload) Entfernt das residente Programm XDF aus dem Arbeitsspeicher.

XDFCOPY

Extern, PC DOS ab 7.0, OS/2 ab 3.0

Mit XDFCOPY können Disketten im XDF-Format kopiert werden.

Syntax

XDFCOPY s: d:

Parameter

s:	Quelllaufwerk
d:	Ziellaufwerk

XDIR

Extern, DR-DOS

XDIR ist eine erweiterte Version des Befehls DIR mit zusätzlichen Optionen.

Syntax

XDIR [+|-ADHRS] [datei] ... [/Z]

Parameter

datei	Name der vom Befehl zu erfassenden Datei(gruppe).
...	Namen weiterer vom Befehl zu erfassender Datei(gruppen).
+|- ADHRS	Schließt Dateien mit bestimmten Attributen (A, D, H, R und S) ein (+) oder aus (-).

/Z steht für eine beliebige zulässige Kombination der nachfolgend erläuterten Zusatzeingaben.

/B	(Brief) Sorgt für die Ausgabe einer Kurzliste, die nur Dateinamen und Pfade anzeigt.
/C	(Checksum) Berechnet Prüfsummen für die einzelnen Dateien und zeigt diese an. Bei der Prüfsumme handelt es sich um eine vierstellige Hexadezimalzahl, die aus den in der Datei gespeicherten Bytes errechnet wird.
/L	(Long) Ausgabe im langen Format (Standard).
/N	Ausgabe wird nicht alphabetisch sortiert.
/P	Pause nach jeder vollen Bildschirmseite.
/R	(Reverse) Die Sortierreihenfolge wird umgekehrt.
/S	Es werden auch Dateien in Unterverzeichnissen angezeigt.
/T	(Time) Sortiert die Ausgabe nach Datum und Uhrzeit.
/W	(Wide) Anzeige im breiten Kurzformat.
/X	Ausgabe sortiert nach Dateityp.
/Y	(DR-DOS ab 7.0) Ausgabe sortiert nach Stacker-Komprimierungsfaktor.
/Z	Ausgabe sortiert nach Dateigröße.

Hinweis
- Die Reihenfolge der Schalter /R, /T, /X, /Y und /Z ist bei der Verwendung von XDIR wichtig, da sie die Reihenfolge des Einsatzes der Sortierverfahren bestimmt.

7 Bootfähige Disketten und nützliche Programme

Das vorliegende Kapitel stellt eine ganze Reihe von Varianten vor, mit denen Startdisketten erstellt werden können. Da häufig erst dann wieder auf DOS zurückgegriffen werden muss, wenn echte Probleme mit dem Rechner auftreten, werden in diesem Kapitel nicht nur verschiedene Möglichkeiten zum Erstellen von Startdisketten beschrieben, sondern auch eine ganze Reihe von Hilfsprogrammen kurz vorgestellt, die Ihnen in solchen Fällen nützliche Dienste leisten können. Letztlich können Sie sich mit diesen Informationen eigene bootfähige DOS-Disketten zusammenstellen, indem Sie nützliche Programme aus verschiedenen Quellen sammeln und auf Disketten bereithalten.

7.1 DOS-Startdisketten erstellen

DOS-Startdisketten, mit deren Hilfe Sie einen Rechner booten können, lassen sich nicht nur von DOS aus erstellen. Auch Windows 9x/Me und selbst Windows XP stellt entsprechende Möglichkeiten zur Verfügung. Nachfolgend werden einige Möglichkeiten vorgestellt, wie sich Disketten erstellen lassen, mit denen Sie Ihren Rechner mit DOS starten können. In jedem Fall benötigen Sie dazu eine Diskette. Sollten sich darauf bereits Daten befinden, werden diese (meist) überschrieben.

Startdisketten, Systemdisketten bzw. bootfähige Disketten dienen heute vorrangig dem Zweck, den Rechner auch dann booten zu können, wenn der Start von der Festplatte nicht funktioniert. Dann kann man versuchen, Fehler oder Defekte so weit zu beheben, dass der Start von der Festplatte wieder möglich ist. Weiterhin kann man den Rechner mit einer solchen Diskette auch starten und andere Rettungsaktionen einleiten. Beispielsweise könnten Sie auf diesem Weg ein Betriebssystem auf einer behelfsmäßig eingebauten zweiten Festplatte installieren, wie es z.B. bei der Verwendung des NTFS-Dateisystems auf der Festplatte sinnvoll sein kann, auf das Sie von DOS aus nicht zugreifen können.

> Da die CD-ROMs von Windows 2000/XP bootfähig sind, lassen sich Rechner beim Einsatz dieser Betriebssysteme von CD-ROM aus starten, sofern dies vom Rechner-BIOS unterstützt wird. (Das sollte bei allen moderneren Rechnern der Fall sein.) Anschließend können Sie dann die für Fehlerfälle bei diesen Betriebssystemen vorgesehenen Hilfsmittel (Wiederherstellungskonsole usw.) nutzen. Wenn diese Mittel versagen, können Sie immer noch auf DOS zurückgreifen.

Windows 9x/Me

Unter Windows 9x/Me haben Sie mehrere Möglichkeiten zur Erstellung von DOS-Startdisketten. Zunächst einmal stehen Ihnen alle dazu benötigten DOS-Befehle im Fenster MS-DOS-EINGABEAUFFORDERUNG (über START, PROGRAMME und je nach Windows-Version zusätzlich ZUBEHÖR zu erreichen) zur Verfügung, so dass Sie hier auch die traditionellen Wege von DOS beschreiten können, die weiter unten beschrieben werden. Sofern Sie weitere Dateien auf die Diskette kopieren wollen, finden Sie die meisten entsprechenden Dateien in den Ordnern \WINDOWS\COMMAND (bzw. dem untergeordneten Verzeichnis EBD). Einige Dateien befinden sich aber auch direkt im Windows-Ordner (insbesondere EMM386.EXE, HIMEM.SYS und COMMAND.COM). Sollten Sie die Datei COMMAND.COM mit dem Befehlsinterpreter separat benötigen, finden Sie auch diesen im Windows-Ordner.

Dann können Sie das Symbol ARBEITSPLATZ auf dem Desktop (oder im Windows-Explorer) und anschließend das Symbol für das Diskettenlaufwerk mit der rechten Maustaste anklicken. Im Kontextmenü wählen Sie die Option FORMATIEREN. Bei einer neuen Diskette oder einer Diskette, die komplett neu vorbereitet und überprüft werden soll, markieren Sie dann

DOS-Startdisketten erstellen

die Optionen VOLLSTÄNDIG und SYSTEMDATEIEN KOPIEREN, um sie bootfähig zu machen.

Abbildung 7.1: Erstellung einer bootfähigen Diskette unter Windows 98

Wenn sich auf der Diskette bereits Daten befinden, die darauf bleiben sollen, und noch genügend Platz für die Systemdateien ist (es werden ca. 400 KB benötigt), können Sie unter ART DER FORMATIERUNG auch die Option NUR SYSTEMDATEIEN KOPIEREN markieren.

Bei Wahl der Option QUICKFORMAT werden auf einer bereits vorbereiteten oder genutzten Diskette lediglich die Organisationsstrukturen auf der Diskette neu geschrieben.

> Beim Formatieren von Datenträgern werden alle Daten gelöscht, so dass Sie dabei vorsichtig vorgehen sollten!

7 Bootfähige Disketten und nützliche Programme

Bei der letzten Option erstellen Sie eine Startdiskette bzw. Notfalldiskette, wie sie auch den Vollversionen von Windows 9x beiliegt. Dazu wählen Sie START|EINSTELLUNGEN|SYSTEMSTEUERUNG|SOFTWARE. Aktivieren Sie dann das Register STARTDISKETTE und klicken Sie den Schalter DISKETTE ERSTELLEN an. Folgen Sie den Anweisungen auf dem Bildschirm, die möglicherweise zum Einlegen der Windows-CD auffordern.

> Die Startdiskette können Sie unter Windows 98 auch mit Hilfe der Datei BOOTDISK.BAT von der Befehlszeile aus erstellen. BOOTDISK.BAT finden Sie im Ordner COMMAND unterhalb des Windows-Verzeichnisses.

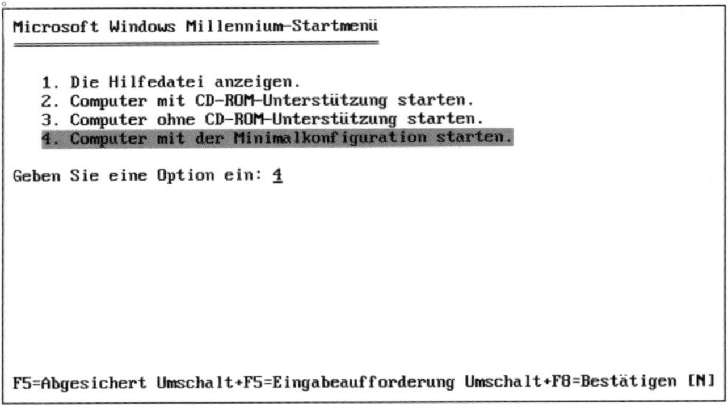

```
Microsoft Windows Millennium-Startmenü

    1. Die Hilfedatei anzeigen.
    2. Computer mit CD-ROM-Unterstützung starten.
    3. Computer ohne CD-ROM-Unterstützung starten.
    4. Computer mit der Minimalkonfiguration starten.

Geben Sie eine Option ein: 4




F5=Abgesichert Umschalt+F5=Eingabeaufforderung Umschalt+F8=Bestätigen [N]
```

Abbildung 7.2: Das Startmenü von Windows Me

Auf diesen Startdisketten befinden sich neben den Systemdateien eine ganze Reihe weiterer Dateien, die sich in der Datei EBD.CAB befinden und beim Start des Rechners entpackt und von der Diskette auf eine RAM-Disk (einem Datenträger im Arbeitsspeicher) kopiert werden. Anschließend wird dann das Startmenü angezeigt und (im Normalfall) das Installationsprogramm von Windows 9x/Me aufgerufen.

```
Datenträger in Laufwerk A: hat keine Bezeichnung
Seriennummer des Datenträgers: 2B07-82E1
Verzeichnis von A:\

ASPI2DOS.SYS   ASPI4DOS.SYS   ASPI8DOS.SYS   ASPI8U2.SYS    ASPICD.SYS
AUTOEXEC.BAT   BTCDROM.SYS    BTDOSM.SYS     CHECKSR.BAT    COMMAND.COM
CONFIG.SYS     COUNTRY.SYS    DISPLAY.SYS    EBD.CAB        EBDUNDO.EXE
EGA.CPI        EXTRACT.EXE    FDISK.EXE      FINDRAMD.EXE   FIXIT.BAT
FLASHPT.SYS    HIBINV.EXE     HIMEM.SYS      KEYB.COM       KEYBOARD.SYS
MODE.COM       OAKCDROM.SYS   RAMDRIVE.SYS   README.TXT     SETRAMD.BAT
        30 Datei(en)           1.107.082 Bytes
         0 Verzeichnis(se)       224.768 Bytes frei
```

Abbildung 7.3: Die Dateien auf der Startdiskette von Windows Me

```
Datenträger in Laufwerk D: MS-RAMDRIVE
Verzeichnis von D:\

ATTRIB.EXE    CHKDSK.EXE     COMMAND.COM    DEBUG.EXE    EDIT.COM
EXT.EXE       EXTRACT.EXE    FORMAT.COM     HELP.BAT     MSCDEX.EXE
README.TXT    SCANDISK.EXE   SCANDISK.INI   SYS.COM
        14 Datei(en)            672.914 Bytes
         0 Verzeichnis(se)    1.411.072 Bytes frei
```

Abbildung 7.4: Die von der Windows-Me-Startdiskette auf ein Laufwerk im Arbeitsspeicher kopierten Dateien, die aus der Datei EBD.CAB extrahiert werden

> Zwar sind die Startdisketten von Windows 95, Windows 98 und Windows Me einander sehr ähnlich, aber unter Windows 95 fehlt die CD-ROM-Unterstützung (insbesondere die Datei OAKCDROM.SYS) und unter Windows Me enthält das Startmenü die zusätzliche Option COMPUTER MIT DER MINIMALKONFIGURATION STARTEN, mit der sich der Rechner schnell starten lässt, ohne dass weitere Dateien geladen werden.

7 Bootfähige Disketten und nützliche Programme

Je nachdem, welchen Zweck Sie mit der Erstellung der bootfähigen DOS-Diskette verfolgen, empfiehlt sich unter Windows 9x/Me die eine oder andere der geschilderten Vorgehensweisen. Ein wenig Platz bleibt bei allen Varianten, so dass die eine oder andere Datei zusätzlich auf die Diskette kopiert werden kann. Beispielsweise könnten Sie so die CD-ROM-Unterstützung auf Windows-95-Startdisketten oder die Unterstützung von SCSI-CD-ROM-Laufwerken nachrüsten.

> Wenn Sie mehr Platz für eigene Dateien auf der Startdiskette benötigen, können Sie gegebenenfalls die Dateien ASPI*.SYS löschen. Diese werden nur benötigt, wenn SCSI-Geräte vorhanden sind, die von den Einheitentreibern unterstützt werden sollen oder müssen. (Bei Rechnern von der Stange ist dies üblicherweise nicht der Fall.)

Windows NT/2000

Wenn Sie Vollversionen von Windows NT oder Windows 2000 besitzen, liegen diesen entweder bootfähige Disketten bei oder Sie haben es mit einer bootfähigen CD-ROM zu tun, mit der Sie den Rechner starten. Dabei handelt es sich jedoch nicht um einzelne DOS-Startdisketten, sondern um einen Satz von drei oder vier Disketten mit dem Windows-NT/2000-Basis-Betriebssystem.

> Windows NT/2000 bietet keine Möglichkeit zur Erstellung einfacher DOS-Startdisketten. Die Optionen der Befehle FORMAT und SYS, mit denen unter DOS bootfähige Disketten erstellt werden können, stehen unter Windows NT/2000 nicht zur Verfügung.

Windows XP

Windows XP vereint die Produktlinien Windows NT/2000 und Windows 9x/Me von Microsoft. Zwar entspricht Windows XP weitgehend einer aktualisierten Version von Windows 2000, aber es hat auch einige Eigenschaften von Windows 9x/Me übernommen. Und so merkwürdig es auch scheinen mag, mit Windows XP lassen sich im Gegensatz zu Windows 2000 DOS-Startdisketten erstellen.

Dazu klicken Sie erst das Symbol ARBEITSPLATZ (oder START|ARBEITSPLATZ) und dann mit der rechten Maustaste das Symbol des Diskettenlaufwerks an, in dem sich die zukünftige DOS-Startdiskette befindet. Wählen Sie dann im Kontextmenü FORMATIEREN. Aktivieren Sie anschließend die Option MS-DOS-STARTDISKETTE ERSTELLEN und klicken Sie STARTEN an, ohne an den Vorgaben etwas zu ändern.

Abbildung 7.5: Das Dialogfeld FORMATIEREN von Windows XP

7 Bootfähige Disketten und nützliche Programme

Wenn sich auf der Diskette Dateien befinden, werden Sie gefragt, ob Sie den Datenträger wirklich formatieren wollen, und werden darauf hingewiesen, dass alle Daten gelöscht werden. Wählen Sie in diesem Fall OK.

Wie Windows 2000 passt auch Windows XP nicht auf eine einzelne Diskette. Daher wird auf die Startdiskette auch nicht Windows XP, sondern die DOS-Version von Windows Me kopiert. Ansonsten übernimmt unter Windows XP die Systemwiederherstellung, mit der Sie unter Windows XP die meisten Fehler beseitigen können sollten, den Zweck der Startdiskette.

Nach dem Start des Rechners mit dieser Diskette wird die DOS-Eingabeaufforderung angezeigt. Da keine Einheitentreiber geladen werden, können Sie beim Starten des Rechners mit dieser Diskette nicht auf das CD-ROM-Laufwerk zugreifen. Und auch mit dem NTFS-Dateisystem formatierte Laufwerke werden von dieser Startdiskette nicht erkannt, da diese DOS-Version lediglich Laufwerke kennt, die mit den Dateisystemen FAT oder FAT32 formatiert worden sind.

> Da auf der Startdiskette von Windows XP nur die Befehlszeilenversion von Windows Me enthalten ist und auch keine weiteren Einheitentreiber (außer für die deutsche Tastaturbelegung) auf die Diskette kopiert werden, ist der Einsatz einer Startdiskette von Windows 98/Me meist deutlich sinnvoller. Bewahren Sie daher Ihre Startdisketten für Windows 98/Me gut auf.

Startdisketten unter DOS erstellen

Damit kommen wir zum klassischen Verfahren der Erstellung von Startdisketten, die Sie auch an der MS-DOS-Eingabeaufforderung unter Windows 9x/Me nutzen können (vgl. oben). Natürlich muss der Rechner auch dabei erst einmal von einer bootfähigen Diskette oder einer Festplatte (mit DOS oder Windows 9x/Me) aus gestartet werden.

DOS-Startdisketten erstellen

Mit dem folgenden Befehl können Sie eine Diskette im Laufwerk A: formatieren und die Systemdateien darauf kopieren:

FORMAT A: /U /S

Der Schalter /U sorgt dabei dafür, dass die Diskette komplett neu formatiert wird, und die Verwendung des Schalters /S führt dazu, dass die Systemdateien (IO.SYS, MSDOS.SYS und COMMAND.COM) auf die Diskette kopiert werden. (Gegebenenfalls werden dabei zusätzlich noch Dateien für die Datenträgerkomprimierung mit auf die Diskette kopiert.)

Nach der Eingabe des Befehls und der Betätigung der Eingabetaste wird ein Text wie der folgende angezeigt, der Ihnen die Möglichkeit zum Wechseln der Diskette im Laufwerk und damit zum Einlegen der zu formatierenden Diskette gibt:

Neue Diskette in Laufwerk A: einlegen
und anschließend die EINGABETASTE drücken...

Anschließend können Sie dann weitere benötigte Dateien, wie jene, die in den nachfolgenden Abschnitten beschrieben werden, auf die so erstellte Diskette kopieren.

Im Falle von MS-DOS lassen sich von den Original-DOS-Disketten aus auch mit Hilfe des Programms SETUP bootfähige Disketten erstellen. Wenn Sie diese Möglichkeit nutzen wollen, geben Sie dazu beim SETUP-Programm von MS-DOS SETUP /F ein.

> Mit dem Befehl SYS A: können Sie auch auf Disketten, auf denen sich bereits Dateien befinden, noch nachträglich die Systemdateien kopieren (sofern genügend Platz auf der Diskette verfügbar ist). Dabei können Sie allerdings *nicht* das aktuelle Laufwerk als Ziel für die Systemdateien angeben. (Bei älteren DOS-Versionen lassen sich die Systemdateien mit SYS nur auf leere Disketten übertragen.)

7 Bootfähige Disketten und nützliche Programme

Einige DOS-Versionen machen das Erstellen einer bootfähigen DOS-Systemdiskette geradezu zu einem Kinderspiel. Bei Calderas OpenDOS 7.01 müssen Sie beispielsweise nur die bootfähige Installationsdiskette in das Diskettenlaufwerk einlegen und den Rechner mit dieser Diskette starten. Bereits die erste Auswahl gibt Ihnen dann über den Schalter GENERATE A BOOTABLE FLOPPY DISK die Gelegenheit, eine bootfähige DOS-Systemdiskette zu erstellen (vgl. Abbildung 7.6).

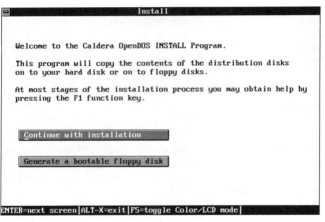

Abbildung 7.6: Das Erstellen einer bootfähigen OpenDOS-Startdiskette direkt mit dem Programm INSTALL

> Achtung! Es gibt mittlerweile einige OEM-Versionen von DOS. Dazu zählen insbesondere die DR-DOS-Versionen 7.04 und 7.05. Diese wurden für spezielle Aufgabenstellungen konzipiert und sollten daher *nicht* als Basis für Startdisketten oder Festplatteninstallationen von DOS verwendet werden! Ontrack hat hinsichtlich von DR-DOS 7.05 ausdrücklich auf diesen Umstand hingewiesen.

DOS auf Treiberdisketten

Eine weitere Variante zur Erstellung von DOS-Startdisketten bieten Programme auf CD-ROM, die z.B. neuen DVD-Laufwerken beiliegen. Meist tragen Sie Namen wie MAKEDISK und kopieren mit zunehmender Häufigkeit nicht nur die DOS-Einheitentreiber der Geräte selbst, sondern auch eine Minimalversion von DOS mit auf Diskette. Vielleicht besitzen Sie ja auch CD-ROMs von Geräten, bei denen das der Fall ist.

7.2 Besonders nützliche Dateien

Durch die im letzten Kapitel beschriebene Zweiteilung in interne und externe Befehle können Sie den »Befehlssatz von DOS« im Prinzip beliebig durch eigene Befehle (und damit Dienstprogramme, Programmiersprachen, Benutzeroberflächen und/oder Anwendungsprogramme) erweitern und an den jeweiligen Bedarf anpassen. Im Folgenden werde ich daher auf ein paar Dienstprogramme bzw. Dateien hinweisen, deren Nützlichkeit mir bei der Arbeit bzw. bei Rettungsaktionen am Rechner besonders aufgefallen ist. Wenn Dienstprogramme aus dem Lieferumfang einzelner DOS-Versionen die Betriebssystemversion, unter der sie ausgeführt werden, nicht prüfen, lassen sich besonders nützliche Hilfsprogramme gegebenenfalls sogar unter den DOS-Versionen der jeweiligen Konkurrenz nutzen.

7 Bootfähige Disketten und nützliche Programme

> Natürlich kann ich keine Gewähr dafür geben, dass neuere Versionen der vorgestellten Dienstprogramme nicht doch Versionsabfragen beinhalten. Natürlich gilt ohnehin der Grundsatz, dass die Dateien verschiedener Betriebssystemversionen möglichst *nicht* vermischt werden sollten. (Die genannten Ausnahmen bestätigen nur die Regel.) Vor diesem Hintergrund sollte auch der Befehl SETVER, mit dem bestimmten Programmen andere Versionsnummern vorgegaukelt werden können, möglichst *nicht* eingesetzt werden. Jedenfalls kann ich Ihnen nur ans Herz legen, sich die beschriebenen Helferlein gegebenenfalls auf (bootfähige) Diskette(n) zu kopieren und/oder anderweitig griffbereit zu halten.

Mit dem Editor EDIT aus dem Lieferumfang von Windows 9x lassen sich beispielsweise (im Unterschied zu den älteren Versionen) mehrere Dateien gleichzeitig bearbeiten und vergleichen. Zudem greifen diese neueren Versionen von EDIT nicht mehr auf den Basic-Interpreter QBasic zurück und waren (im Unterschied zu den Editoren der Konkurrenz) auch unter dem x86-Emulator Bochs und unter FreeDOS ohne Macken einsetzbar. (Die Hilfestellung zu EDIT.COM befindet sich in der Datei EDIT.HLP.)

DYNALOAD.COM, das sich im Lieferumfang von PC DOS ab Version 7 befindet, ist ein weiteres Dienstprogramm, das Ihnen die Arbeit erheblich erleichtern kann. (Ein entsprechendes Programm, das identisch eingesetzt wird, gibt es auch ab DR-DOS 7.03, nur dass es hier DEVLOAD.COM heißt.) Mit ihm lassen sich Einheitentreiber nach dem Starten von DOS noch von der Befehlszeile aus dynamisch in den Arbeitsspeicher laden. So lässt sich beispielsweise die CD-ROM-Unterstützung nachträglich laden oder installieren, wenn Sie die folgenden beiden Zeilen an der Befehlszeile eingeben oder in eine so genannte Batch-Datei (diese können Sie beispielsweise CDROM.BAT nennen) aufnehmen:

```
DYNALOAD OAKCDROM.SYS /D:MSCD0001
MSCDEX /D:MSCD0001
```

Damit die Unterstützung für ein CD-ROM-Laufwerk (oder die CD-ROM-Funktionen eines DVD-Laufwerks) wirklich installiert werden kann, müssen sich natürlich die beiden Dateien `OAKCDROM.SYS` und `MSCDEX.EXE` ebenfalls auf dem Datenträger (wahrscheinlich einer Diskette, mit der Rechner gestartet wurde) befinden. `OAKCDROM.SYS` lädt den Einheitentreiber für ein CD-ROM-Laufwerk und weist ihm den Gerätenamen `MSCD0001` (D steht für »device«) zu. (Ich verwende fast immer acht Zeichen und die Abkürzung von »Microsoft-CD-ROM«, um so dafür zu sorgen, dass die Gerätenamen in den beiden Befehlen auch wirklich übereinstimmen.) `MSCDEX` lädt die »CD-Extensions«, also die Erweiterungen des Betriebssystems für CD-ROM-Laufwerke in den Arbeitsspeicher. Dabei ist darauf zu achten, dass der Gerätename hinter dem Schalter /D: mit der Angabe in der vorherigen Zeile übereinstimmt. Sowohl `OAKCDROM.SYS` als auch `MSCDEX.EXE` befinden sich im Lieferumfang von Windows 98/Me und Windows XP (*nicht* Windows 95!), sind aber auch im Internet frei erhältlich. Und beide Dateien haben sich im praktischen Einsatz unter den verschiedensten DOS-Versionen und bei allen verwendeten CD-ROM-Laufwerken bewährt. (Lediglich das Laden von `OAKCDROM.SYS` dauerte hier und da schon einmal ungewöhnlich lang.)

Weitere Dateien, die auf Startdisketten nicht fehlen sollten, sind die Dateien für den deutschen Tastaturtreiber (üblicherweise `KEYB.COM` und `KEYBOARD.SYS`), `DOSKEY.COM` (mit dessen Hilfe die letzten Eingaben an der Befehlszeile wieder zurückgerufen werden können und das erweiterte Funktionen zur Bearbeitung der Befehlszeile zur Verfügung stellt) und natürlich die Dateien mit den Einheitentreibern für den hohen und den erweiterten Speicher (`HIMEM.SYS` und `EMMM386.EXE`).

Darüber hinaus sollten Sie die folgenden Dateien auf Startdisketten kopieren, mit denen sich die häufigsten Aufgabenstellungen bewältigen

7 Bootfähige Disketten und nützliche Programme

lassen und die an anderer Stelle in diesem Buch ausführlicher erläutert werden:

- Für die Vorbereitung von Festplatten und Disketten bzw. die Übertragung der Systemdateien auf einen anderen Datenträger benötigen Sie die Dateien FORMAT.COM, FDISK.EXE (bzw. FDISK.COM) und SYS.COM. (FDISK.EXE gehört übrigens zu den Programmen, die oft keine Versionsabfrage enthalten.) Wenn Systemdateien auf einen anderen Datenträger übertragen werden sollen, *müssen* die Versionen dieser Programme mit den Versionen der Betriebssystemdateien (IO.SYS und MSDOS.SYS bzw. IBMBIO.COM und IBMDOS.COM) übereinstimmen.
- Das Programm zum Kopieren von Disketten (DISKCOPY.COM kann in seinen DR-DOS-Versionen auch Image-Dateien von Disketten auf Festplatten anlegen) und das Programm zum Ändern von Dateiattributen (ATTRIB.EXE).
- Die Programme zum Prüfen von Datenträgern (CHKDSK.EXE und SCANDISK.EXE). Aber Achtung! Wenden Sie die alten DOS-Versionen dieser Programme *niemals* auf Windows-Laufwerke mit langen Dateinamen an, denn das würde dazu führen, dass die Dateinamen anschließend nur noch maximal acht Zeichen lang wären. (Und das wollen Sie doch nun wirklich nicht, oder?)
- Das Programm EXTRACT.EXE, um Dateien aus CAB-Dateien (Kabinett-Dateien) extrahieren zu können.
- Das Programm SCANREG.EXE, mit dem der Zustand der Windows-Registrierungsdatenbank von der DOS-Befehlszeile aus geprüft werden kann und das diese sichert. (Die entsprechende Datei finden Sie bei Windows 9x/Me üblicherweise im Ordner COMMAND unterhalb des Windows-Verzeichnisses.)
- Das Einrichten eines Laufwerks im Arbeitsspeicher (einer so genannten RAM-Disk) mit dem Einheitentreiber RAMDRIVE.SYS (oder VDISK.SYS) nach dem Vorbild der Startdisketten von Windows 9x/Me kann Ihnen die Arbeit in einigen Fällen erheblich erleichtern.

- Sofern Sie mit der Maus arbeiten wollen, Dateien mit einem Maustreiber (üblicherweise MOUSE.COM, MOUSE.SYS) oder DRMOUSE.COM (ab DR-DOS 7.03).
- Gegebenenfalls (IBM/PC DOS) die Dateien XDF.COM und XDFCOPY.EXE, mit denen sich mit Disketten im XDF-Format arbeiten lässt.
- Schließlich benötigen Sie dann möglicherweise noch Dateien mit Einheitentreibern für spezielle Geräte (z.B. SCSI-Laufwerke).
- FAT32-Laufwerke (zurzeit bis zu ca. 8 GB Kapazität) lassen sich von DR-DOS aus mit einem kleinen Dienstprogramm namens DRFAT32 und einem zusätzlich installierten Einheitentreiber (DRFAT32.SYS) ansprechen. (Mit MS-DOS ist dies ab Version 7.1 bzw. dem ersten Service Release von Windows 95 möglich.)
- NTFS-Laufwerke (das für Windows NT/2000/XP von Microsoft empfohlene Dateisystem) lassen sich von DOS aus mit dem Freeware-Utility NTFSDOS.EXE lesen. Um von DOS aus auch auf ein NTFS-Laufwerk schreiben zu können, müssen Sie zurzeit noch auf professionelle Lösungen zurückgreifen. (Die entsprechenden Programme können Sie bei Eingabe des Stichworts »NTFSDOS« in eine der gängigen Suchmaschinen im Internet finden.)

Wenn Sie die genannten Dateien auf Diskette(n) kopieren und griffbereit halten, sollten Sie für die wichtigsten Aufgabenstellungen bereits recht gut gewappnet sein. Natürlich sollten Sie das Laden der immer benötigten Dateien automatisieren und die Dateien CONFIG.SYS und AUTOEXEC.BAT anlegen bzw. Ihren Anforderungen entsprechend ändern. (Weitere Erläuterungen finden Sie im Kapitel *DOS-Konfiguration*.) Neben den Dateien, die sich auf der Startdiskette befinden und teilweise auf eine RAM-Disk kopiert werden, können Sie natürlich (unter Windows 9x/Me) auch noch einen Blick in den Ordner COMMAND und den untergeordneten Ordner EBD werfen und einige (oder alle) der dort vorhandenen Dateien mit auf Ihre Diskette(n) kopieren.

> Vorsicht beim Einsatz von FDISK oder ähnlichen Programmen! Die Kapazität der Festplatten ist seit dem Erscheinen von Windows 95 derart sprunghaft gestiegen, dass diese Programme zumindest teilweise hinter der Entwicklung zurück geblieben sind. Kontrollieren Sie die Angaben der Programme vor der Ausführung der Änderungen daher grundsätzlich genau oder setzen Sie gleich entsprechende Hilfsprogramme der Festplattenhersteller ein, die üblicherweise auf deren Websites kostenlos erhältlich sind.

7.3 Unix-Befehle für DOS-Anwender

Da DOS nahezu beliebig durch externe Befehle erweitert werden kann, können Sie natürlich auch UNIX-Befehle wie TOUCH (Zeitstempel von Dateien ändern), GREP (Suche nach Texten innerhalb von Dateien), LS (Inhaltsverzeichnis anzeigen), SPLIT (Aufteilen von Dateien) usw. nachrüsten. Insbesondere UNIX-Umsteiger, die sich nicht gern mit einer Fülle neuer DOS-Befehle auseinander setzen wollen, können also ihre gewohnten Befehle nachrüsten. In diesem Zusammenhang sind insbesondere die »Berkeley Utilities« erwähnenswert, bei denen es sich um eine Sammlung von 40 Unix-Befehlen handelt, die nach DOS portiert worden sind und sich strikt an die Syntax von Unix System V halten. Diese Sammlung ist heute als Freeware erhältlich (http://www.opennetwork.com).

> Programme wie TOUCH und GREP (Global Regular Expression Search And Replace) wollten insbesondere Programmierer nicht missen, so dass sie oft auch DOS-Compilern beiliegen, deren alte DOS-Versionen wiederum oft kostenlos über das Internet erhältlich sind.

7.4 Disketten für Rettungsaktionen

Wenn in diesem Kapitel von Startdisketten (wie sie von Windows 9x/Me über die gleichnamige Option erstellt werden) bzw. bootfähigen Disketten die Rede ist, darf nicht vergessen werden, dass diese häufig erst dann zum Einsatz kommen, wenn es darum geht, Fehler bei Rechnersystemen zu beheben, bei denen der Start des eigentlich installierten Betriebssystems nicht mehr funktioniert. Und dann muss man plötzlich wieder auf Hilfsmittel zurückgreifen, die auf einem einfachen Betriebssystem wie DOS aufsetzen und auf eine Diskette passen oder sich doch zumindest von Diskette aus benutzen lassen. (Vergessen Sie aber bei derartigen Rettungsaktionen nie, dass sich auf den CD-ROMs von Windows 2000/XP spezielle Hilfsprogramme für Wartungs- und Reparaturarbeiten befinden und dass die CD-ROMs dieser Betriebssysteme bootfähig sind!)

Notfalldisketten

Notfalldisketten lassen sich mit vielen Programmen erstellen. Letztlich gehören selbst die Startdisketten von Windows 9x/Me bereits zu dieser Kategorie. Leider haben viele dieser Notfalldisketten das eine oder andere grundlegende Problem. Viele dieser Programme funktionieren nur dann richtig oder mit vollem Leistungsumfang, wenn eine funktionsfähige Version des Programms installiert ist, mit dem diese Disketten erstellt worden sind. Häufiger werden besonders kritische Daten dabei auch nicht erfasst, so dass die Notfalldisketten erst greifen, nachdem diese kritischen Daten mit *anderen* Programmen repariert worden sind. Und zu guter Letzt haben viele der Notfalldisketten nur dann einen Sinn, wenn sie laufend aktualisiert werden. (Nicht zuletzt aufgrund dieser Fakten enthält Windows XP den Wiederherstellungs-Assistenten und setzt normalerweise automatisch Wiederherstellungspunkte, wenn neue Geräte oder Programme installiert werden.

7 Bootfähige Disketten und nützliche Programme

> Achten Sie darauf, dass Sie Disketten, die gegebenenfalls für Rettungsaktionen benötigt werden, möglichst laufend aktualisieren. Dies gilt insbesondere für Notfallreparaturdisketten wie die von Windows 2000.

Wie bereits erwähnt, lassen sich Notfalldisketten mit vielen Programmen erstellen. Insbesondere zählen dazu Norton SystemWorks von Symantec, die Fix-It-Utilities von Ontrack (bzw. V-com SystemSuite) oder System Mechanic (http://iolo.com). Diese Programme arbeiten normalerweise unter Windows, greifen aber bei Rettungsaktionen auf die DOS-Befehlszeile zurück und stellen die wichtigsten Komponenten auch (allerdings oft nur schlecht dokumentiert) als DOS-Programme zur Verfügung. Über die Jahre hinweg haben sich im Bereich der PC-Utilities übrigens nur die Norton Utilities auf dem Markt halten können. Wenn Sie aber noch alte Versionen der Programme vorliegen haben und tatsächlich mit alten DOS-Versionen und z.B. mit Windows 3.x arbeiten, können Ihnen die alten Norton-Konkurrenten (oder auch die alten Versionen der Norton Utilities), wie z.B. Nuts&Bolts (bzw. McAfee-Utilities; waren für Windows 3.1 und Windows 9x erhältlich), die PC Tools (die in den alten DOS-Zeiten verbreitet waren) oder die Mace Utilities durchaus gute Dienste leisten.

Die Fix-It-Notfalldiskette stellt übrigens ein gutes Beispiel dafür dar, wie ein kommerzieller Anbieter eine Startdiskette dadurch erstellt, dass er eine bootfähige Systemdiskette (bei den Fix-It-Utilities 4.0 z.B. mit DR-DOS 7.05) erstellt und diese mit eigenen und fremden Hilfsprogramme erweitert. (Bei FDISK.EXE und FORMAT.COM handelt es sich bei der Notfalldiskette der Fix-It-Utilities 4.0 z.B. um die Versionen von Windows 98.) Hinweise auf die Aufgaben, die sich mit Notfalldisketten bewältigen lassen, können Sie der Abbildung 7.7 entnehmen.

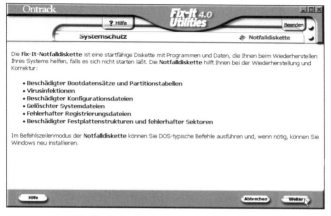

Abbildung 7.7: Die Fix-It-Notfalldiskette kann kritische Daten wiederherstellen und verfügt über einen Befehlszeilenmodus.

> Teilweise werden Hilfsprogrammsammlungen auch auf bootfähigen CD-ROMs ausgeliefert, so dass Sie die Programme von CD aus ausführen können, ohne mit diesen Sammlungen bootfähige Disketten erstellen zu müssen oder zu können.

Ultimate Boot Disk (UBD)

Wenn Festplattenlaufwerke erst einmal ausfallen, kann der Rechner naturgemäß nicht mehr über die Festplatte gestartet werden. Entsprechend müssen Programme zur Behebung von Festplattenfehlern bzw. zu deren Wartung auf bootfähige Disketten (oder CD-ROMs) zurückgreifen. Ein Programm, das in diesem Zusammenhang häufig erwähnt wird, ist UBD

(The Ultimate Boot Disk) mit dem sich z.B. Kopien des Bootsektors und der Partitionstabelle von Festplatten erstellen und auf Diskette sichern lassen. UBD ist über das Internet erhältlich (www.startdisk.com) und beherrscht mit einem zusätzlichen PlugIn auch die deutsche Sprache. In jedem Fall kann UBD eine wertvolle Ergänzung Ihrer Programmsammlung darstellen.

UBD ist in unterschiedlichen Versionen für die verschiedenen aktuellen Windows-Varianten erhältlich, beschränkt sich im Funktionsumfang etwa auf die Option zur Erstellung von Notfalldisketten in den kommerziellen Hilfsprogrammsammlungen und kann die Windows-Startdiskette sinnvoll ergänzen. Insbesondere können Sie mit UBD eine Kopie des Bootsektors der Festplatte anlegen und diesen bei Bedarf wiederherstellen (über WEITERE TOOLS und MBR SICHERN bzw. MBR WIEDERHERSTELLEN).

Datensicherungsprogramme

An dieser Stelle kann ich angesichts der Vielzahl der verschiedenen Datensicherungsprogramme nicht umfassend auf diese eingehen. Datensicherungsprogramme oder entsprechende Funktionen gibt es in allen Betriebssystemversionen (und seien es auch nur die einfachen Kopierprogramme, wie z.B. COPY oder XCOPY unter DOS) und den meisten Brennerprogrammen. Durchweg lassen sich mit diesen Programmen oder Funktionen von bestimmten oder allen Daten Sicherungskopien erstellen. Kritische Systemdateien werden dabei zwar (oft) nicht erfasst, aber immerhin können Sie gesicherte Dateien nach einer Neuinstallation des Betriebssystems wieder auf eine Festplatte zurück kopieren. Das Sichern von Programmdateien hat dabei wenig Sinn, da sich diese ohnehin von den Programm-CDs erneut auf Festplatten kopieren lassen und meist auch nur dann wieder funktionieren, wenn die Daten in der Windows-Registrierungsdatenbank ebenfalls entsprechend gesetzt sind bzw. werden. Die Daten der Programme sind jedoch weitgehend unabhängig vom Programm (häufig aber abhängig vom gewählten Installationsordner).

Mit einigen Datensicherungsprogrammen lassen sich aber auch komplette Abbilder von Festplatten (so genannte Disk Images) erstellen.

Wenn dann auch noch die Möglichkeit besteht, den Rechner mit DOS (oder einem anderen Betriebssystem) zu booten und die Festplatte inklusive aller Organisationsstrukturen wiederherzustellen, dann sind derartige Sicherungen (die allerdings recht zeitaufwändig sein können) auf einer zweiten Festplatte, auf CD-ROMs, DVDs oder Bandlaufwerken allerdings eine geeignete Grundlage für Rettungsaktionen im »Katastrophenfall«.

> Viele Anwender erstellen kaum Datensicherungen. Oft scheuen sie einfach den (häufig nur vermeintlichen) Aufwand. Vielfach reicht es aber völlig aus, die wichtigsten Dateien zu komprimieren (z.B. mit den Programmen WinZip oder PowerDesk zu »zippen«) und auf Diskette zu kopieren oder wichtige bzw. kritische Dateien einfach einmal mit auf eine CD-R(W) zu brennen und über einen gewissen Zeitraum hinweg zu archivieren.

Diskmanagement-Software

Die heute vielleicht wichtigste Situation, in der Sie auf eine DOS-Startdiskette zurückgreifen müssen, ist dann gekommen, wenn Sie eine neue oder zweite Festplatte in einen Rechner einbauen wollen. Um die gesamte Kapazität großer EIDE-Festplatten nutzen zu können, müssen Sie häufig spezielle Programme einsetzen, da FDISK mit diesen Festplatten oft nicht mehr klarkommt. Profis greifen dabei gern auf das kommerzielle Programm PartitionMagic (www.PowerQuest.com) von PowerQuest zurück. PartitionManager (cdv) und Ontrack DiskManager lauten die Namen weiterer entsprechender Lösungen. Aber es gibt auch kostenlose Alternativen, die von den Festplattenherstellern auf deren Websites zur Verfügung gestellt werden. Diese eignen sich dann üblicherweise nur für die Festplatten der jeweiligen Hersteller, was aber durchaus genügen sollte. Maxtor Maxblast (letztlich nichts anderes als eine eingeschränkte Version des Ontrack DiskManagers) oder EZ Drive lagen früher vielen

7 Bootfähige Disketten und nützliche Programme

Festplatten bei und lassen sich heute aus dem Internet herunterladen. Wenn Sie dann die aus dem Internet heruntergeladenen Dateien unter Windows aufrufen, erzeugen diese üblicherweise eine bootfähige Diskette mit dem Programm. Ähnliches gilt vielfach für jene Programme, mit denen sich Festplattenfehler diagnostizieren oder Festplattenparameter einstellen lassen, die ebenfalls von den Websites der Festplattenhersteller heruntergeladen werden können.

Auf diesen bootfähigen Disketten befinden sich heute meist neben den Systemdateien von IBM/PC DOS oder Caldera DR-DOS die für die Einrichtung von Festplatten benötigten Hilfsprogramme. Und selbstverständlich sind auch bei den normalerweise unter Windows nutzbaren Programmen DOS-Versionen enthalten, die von Diskette aus gestartet werden können. Die meisten dieser Programme verwenden auch unter DOS grafische Benutzeroberflächen, über die diese Programme wie unter Windows üblich mit der Maus bedient werden können. Letztlich orientieren sich die Möglichkeiten und auch die Gestaltung vieler dieser Programme (bis hin zur Datenträgerverwaltung von Windows 2000/XP) an PartitionMagic von PowerQuest.

> Häufig kann auch die Einrichtung neuer Festplatten mit den in Windows integrierten Hilfsmitteln erfolgen, die die Vorbereitung (Partitionierung und Formatierung) der Festplatte übernehmen. Zudem müssen Sie beim Einbau neuer Festplatten mit hoher Kapazität immer darauf achten, dass Sie aktuelle Versionen der vorgestellten Programme verwenden, da es ansonsten zu Fehlern kommen kann. (Mit den bootfähigen CD-ROMs von Windows 2000/XP lassen sich beispielsweise auch noch relativ große Festplatten verwalten.)

Zum Abschluss dieses Abschnitts über Programme zur Festplattenverwaltung und -wartung darf auch ein kurzer Hinweis auf den wirklichen Katastrophenfall nicht fehlen. In diesem Bereich genießt einerseits das

Programm SpinRite von Gibson Research (www.grc.com) einen sehr guten Ruf und andererseits bietet die Firma Ontrack spezielle Laborservices zur Wiederherstellung von Daten auf Festplatten an. (Die 24-Stunden-Hotline ist in Deutschland über die Telefonnummer +49 (0) 70 31/64 41 50 erreichbar.) Selbst wenn die üblichen Hilfsprogramme der Dienstprogrammsammlungen nicht mehr greifen oder wenn Festplatten gar durch Wasser, Brand, Blitzschlag oder Überspannungen zu Schaden gekommen sind, lassen sich die darauf magnetisch gespeicherten Daten vielfach noch retten. (Häufig ist lediglich die Elektronik, aber nicht die Platten mit den eigentlichen Daten beschädigt.) Dazu bedarf es dann aber neben speziell ausgebildetem Personal spezieller Soft- und Hardware, die in Reinräumen arbeiten. (Ähnliche Rettungsdienste im Labor werden auch von anderen Firmen angeboten.)

Festplattenabbilder

Eine weitere Programmkategorie, die entweder auf bootfähigen Datenträgern ausgeliefert werden oder mit denen sich solche zumindest erstellen lassen, dienen dem Kopieren oder Übertragen kompletter logischer Laufwerke oder Festplatten. Mit diesen Programmen lassen sich (mehr oder weniger komfortabel) die Daten von alten Festplatten auf neuere und gegebenenfalls größere übertragen, ohne dass diese komplett neu eingerichtet werden müssten, oder auch Sicherungskopien kompletter Laufwerke erstellen. Einige dieser Funktionen lassen sich aber auch mit Programmen zur Festplattenverwaltung wie PartitionManager vornehmen. Drive Image von PowerQuest ist z.B. ein Vertreter dieser Programmkategorie, mit dem sich anfangs nur komplette Festplatten kopieren und damit einfach einrichten ließen. Mittlerweile ist aus Drive Image so etwas wie eine Komplettlösung für den »Katastrophenfall« (neudeutsch »disaster recovery«) geworden, mit denen sich auch komplette Partitionen zur Datensicherung einrichten lassen. Wenn es dann aber um die Systempartitionen geht, muss auch hier wieder auf das gute alte DOS zurückgegriffen werden.

8 Festplatten und mehr

In diesem Kapitel habe ich einige Themen, Hinweise und Tipps zusammengestellt, mit denen Sie sich bei der Arbeit mit DOS oder der Einrichtung eines Rechners für die Arbeit mit DOS möglicherweise auseinander setzen müssen. DOS ist eben ein wenig in die Jahre gekommen und entsprechend in einigen Bereichen nicht mehr ganz auf der Höhe der Zeit. Aber wenn Sie glauben, dass die Errungenschaften der letzten Jahre, wie z.B. große Festplatten, MP3 bzw. Audio, MPEG bzw. Video oder gar das World Wide Web bzw. das Internet an DOS vorbeigegangen wären, dann trifft dies sicherlich nicht zu.

8.1 Einrichtung von Festplatten

Eigentlich sind die Installation und die Vorbereitung von Festplatten ja gar nicht besonders schwierig. Da stehen bei den seit Jahren üblichen Rechnern und Festplatten zwei Anschlüsse zur Verfügung, mit denen man ein Kabel verbindet, an das maximal zwei Festplatten (oder CD-ROM-DVD-Laufwerke) angeschlossen werden können. Schließt man nun zwei Geräte an ein solches Kabel an, erklärt man das eine (üblicherweise das schnellere) zum »Herrscher« (Master) und das andere zum »Sklaven« (Slave), indem man die kleinen Steckbrücken (Jumper) so setzt, wie es den Schaubildern auf den – heute nahezu auf allen handelsüblichen Geräten angebrachten – Aufklebern entspricht. Gut, bei älteren Geräten muss man dem Master vielleicht noch mitteilen, ob er einen Sklaven hat (Slave present) und gegebenenfalls eine weitere kleine Steckbrücke setzen, aber das war es dann auch fast schon, so weit es die Hardware betrifft, zumal die Kompatibilitätsprobleme heute auch recht selten geworden sind. Spätestens, wenn Sie die alten Kabel mit 40 Adern durch die neuen Kabel mit 80 Adern ersetzen, sollten auch die schnelleren Laufwerke keine Probleme bereiten. Und wenn Sie so verfahren, können Sie üblicherweise auch den Hinweis ignorieren, dass der Master an den Stecker am Ende und der Slave an den Stecker in der Mitte des Kabels angeschlossen werden soll. (Zumindest sind bei mir in dieser Hinsicht nie Probleme aufgetreten.)

> Die heutigen Festplatten und CD-ROM-/DVD-Laufwerke sollten Sie generell an ein Kabel mit 80 Adern anschließen. Mit dem 40-adrigen Kabel kann die Datenübertragung ansonsten schnell unzuverlässig werden.

Anschließend erkennen die handelsüblichen Rechner bereits seit Jahren die Parameter der eingebauten Festplatten bzw. Geräte automatisch, sofern diese Option nicht im BIOS-Setup der Rechner deaktiviert wurde.

Die dann noch verbleibenden Schritte sind eigentlich auch nicht besonders kompliziert. Die im nächsten Schritt erforderliche Aufteilung der Festplatten (Partitionierung) mit FDISK erfolgt weitgehend menügesteuert und die dann noch erforderliche Formatierung erledigen viele Programme gleich automatisch mit, so dass man das Programm FORMAT auch nicht eigens bemühen muss.

So weit die schlichte, graue Theorie. Ja, wenn es nur nicht diese verschiedenen Dateisysteme gäbe, wenn die Programme alle erforderlichen Möglichkeiten böten und nicht auch noch selbst etliche Macken und Fehler enthielten, wenn DOS nicht mittlerweile in die Jahre gekommen wäre und große Laufwerke unterstützen würde, wenn Sie nicht möglicherweise mehrere Betriebssysteme auf einer Festplatte installieren wollten und wenn es nicht auch noch seitens der Hardware etliche Beschränkungen bzw. Kapazitätsgrenzen gäbe, dann hätte ich mir das vorliegende Kapitel wohl schenken können.

Prinzipielle Vorgehensweise

Die Vorbereitung von Festplatten für die Aufnahme von Daten erfolgt in drei Schritten:

1. *Low-Level-Formatierung* (Vorformatierung). Mit diesem Schritt müssen Sie sich bei den heute üblichen IDE-Festplatten normalerweise gar nicht befassen, da diese bereits vom Hersteller durchgeführt wird. Bei der physischen Formatierung werden die Spuren und Sektoren auf der Festplatte angelegt.
2. *Partitionierung*. Dieser Schritt muss durchgeführt werden, selbst wenn die Festplatte nur als eine einzige logische Geräteeinheit genutzt werden soll und damit nur eine einzige Partition enthalten soll. Traditionell dient das Programm FDISK (DISKPART unter Windows 2000/XP) diesem Zweck. Es legt im MBR (Master Boot Record) eine Partitionstabelle an, die darüber Auskunft gibt, wie viele Partitionen eine Festplatte enthält, wo sich diese befinden und bei welcher Partition es sich um die aktive Partition handelt, über die der Rechner gestartet werden soll. Jede Partition kann ein oder (im Falle erweiterter Partitionen) mehrere logische Laufwerke enthalten.
3. *Formatierung*. Bei der Formatierung eines logischen Festplattenlaufwerks wird das Dateisystem angelegt, so dass sie mit dem entsprechenden Programm eines Betriebssystems erfolgen muss, das mit diesem Dateisystem umzugehen weiß. Bei der Formatierung werden ein Bootdatensatz und eine Tabelle für die auf der Festplatte verfügbaren Zuordnungseinheiten (Cluster) und deren Belegung angelegt. Unter DOS heißt diese Zuordnungstabelle FAT (File Allocation Table – Dateizuordnungstabelle). Manchmal erledigen die Programme, die für die Partitionierung zuständig sind, gleich auch die Formatierung mit. Ansonsten ist dafür unter DOS das Programm FORMAT zuständig.

Und auch diese drei Schritte hören sich eigentlich nicht besonders kompliziert an. Und das wären sie auch nicht, wenn es nicht eine ganze Reihe von Fallstricken und Besonderheiten gäbe, die berücksichtigt werden wollen. Auf diese werde ich nachfolgend kurz eingehen.

Kapazitätsgrenzen

Nicht nur DOS ist in die Jahre gekommen. Das ursprüngliche Konzept des PC entstand um 1980 herum und ist damit, gemessen an der Geschwindigkeit der technischen Entwicklung, steinalt. Damals konnte sich niemand vorstellen, dass das Grundkonzept derart lange überleben würde, dass es die vorgesehenen Grenzen mittlerweile vielfach gesprengt hat.

Wenn man einmal vom alten PC/XT absieht, der nur über 15 oder später knapp 40 im BIOS eingetragene und fest vordefinierte Festplattentypen verfügt, aus denen man den gewünschten Typ auswählen musste, dann haben alle PCs die Möglichkeit, die Festplattenparameter im BIOS-Setup einzutragen. Dazu steht seither ein benutzerdefinierter Typ zur Verfügung. Seit etwa Mitte der 1990er sollten die meisten Rechner auch (im Rahmen ihrer Beschränkungen) die Parameter der angeschlossenen (E)IDE-Festplattenlaufwerke automatisch ermitteln können.

Zwar funktionieren auch die heutigen Festplatten mit ihren vergleichsweise riesigen Kapazitäten noch in den alten Rechnern, aber vielfach lassen sich (und nicht nur unter DOS) deren volle Kapazitäten nicht ohne weiteres nutzen. EIDE-Laufwerke sind bei der Eingabe falscher Informationen im BIOS-Setup außerordentlich nachsichtig. Wenn Sie heute eine moderne Festplatte mit 20 GB oder mehr in einem alten Rechner installieren und im BIOS-Setup nur eine Kapazität von 504 MB vorgeben, dann verhalten sich die Festplatten üblicherweise entsprechend. Allerdings läuft man dann bei Änderungen der Festplattenparameter im BIOS-Setup Gefahr, alle Daten zu verlieren.

Über die BIOS-Routinen des ursprünglichen AT werden die Zylinder, Köpfe und Sektoren (CHS – Cylinder, Head, Sector) von Festplatten physisch angesteuert. Im CHS-Modus konnten Festplatten mit einer maximalen Kapazität von 504 MB angesteuert werden. Spätestens um 1993, als Festplatten diese Kapazitätsgrenzen überwanden, mussten neue Lösungen gefunden werden. Daher stattete man die Festplattenelektronik mit zusätzlicher »Intelligenz« aus, die es ihr erlaubt, den Rechner hinsichtlich seiner wahren

Geometrie (der Anzahl der Zylinder, Köpfe und Sektoren) »anzulügen«. Die Elektronik übersetzt dabei einfach intern die vom Rechner bzw. vom Betriebssystem ankommenden Befehle für die anzusteuernden physischen Zylinder, Köpfe und Sektoren und steuert nach der Adressübersetzung intern andere Positionen an, so dass die Sektoren der Festplatte logisch fortlaufend nummeriert werden (Sektorübersetzung). Dazu kamen ursprünglich zwei verschiedene Verfahren zum Einsatz, die LBA (Logical Block Adressing) bzw. ECHS (Extended CHS; heißt im BIOS-Setup oft »Large«) genannt wurden, wobei sich LBA schließlich durchsetzen konnte und ECHS verdrängt hat.

	CHS	**LBA/ECHS**	**(E)IDE/ATA**
Zylinder	1.024	1.024	65.536
Köpfe	16	256	16
Sektoren/Spur	63	63	256
Max. Kapazität	504 MB	7,8 GB	128 GB

Tabelle 8.1: Durch die verschiedenen Standards verursachten Kapazitätsgrenzen von Festplatten

Als LBA und ECHS Mitte der 1990er Verbreitung fanden, war man sich bereits der Tatsache bewusst, dass auch die Grenze von 7,8 GB schon bald fallen würde. Bereits 1994 entwickelte Phoenix Technologies die BIOS-Befehle weiter und erweiterte den Interrupt 13h (INT13), über den Festplatten angesprochen werden. Damit lassen sich Festplatten mit einer Kapazität von bis zu 128 GB ansteuern. Die meisten seit 1998 hergestellten Rechner arbeiten mit dem erweiterten INT13. Wenn Sie eine Festplatte mit mehr als 7,8 GB installieren und die automatische Erkennung nicht die vollständige Kapazität angibt, dann werden die INT13-Erweiterungen nicht unterstützt.

> Zu den bereits erwähnten Kapazitätsgrenzen kommt hardwareseitig eine weitere hinzu. Insbesondere vom Phoenix-BIOS 4.5 ist bekannt, dass es einen Fehler enthält, aufgrund dessen die mit ihm ausgestatteten Rechner nur Festplatten mit einer maximalen Kapazität von 32 GB unterstützen.

Mittlerweile wurde der EIDE/ATA-Standard einmal mehr erweitert, so dass viele Rechner ab Baujahr 2002 (gegebenenfalls mit BIOS-Aktualisierung) auch Festplatten mit mehr als 128 GB Kapazität unterstützen.

> In alten Rechnern lässt sich aufgrund verschiedener technischer Beschränkungen die volle Kapazität von Festplatten nur mit Hilfsprogrammen wie dem Disk Manager von Ontrack (der z.B. auch Festplatten der Firma Maxtor unter dem Namen MaxBlast beiliegt) nutzen. Derartige Programme können die genannten Grenzen zwar durch entsprechende Programme aufheben, können aber naturgemäß auch Kompatibilitätsprobleme mit sich bringen.

Die wohl gravierendste Beschränkung resultiert aber daraus, dass Standard-DOS nichts vom erweiterten Int 13h weiß. Daher erkennt das Programm FDISK der Standard-DOS-Versionen nur eine maximale Festplattenkapazität von 8.033 KB (7,8 GB). Dies gilt für DR-DOS und PC DOS in allen Versionen und auch für MS-DOS bis zu den ersten mit Windows 95 ausgelieferten MS-DOS-Versionen. Und auch die FDISK-Programme ab Windows 95 OSR2 und von Windows 98 wissen nur mit Festplattenkapazitäten von maximal 64 GB umzugehen. Laut Microsoft soll diese Beschränkung zwar für die FDISK-Version von Windows Me nicht mehr gelten (die auch als Hotfix für Windows 98 verfügbar ist), aber die Angaben dieser Programme können nicht gerade Vertrauen erwecken, so dass Sie auf deren Einsatz bei größeren Festplatten wohl besser verzichten sollten.

Weiterhin ist die Größe logischer Laufwerke aufgrund des verwendeten Dateisystems (FAT16B) unter Standard-DOS auf maximal 2 GB beschränkt (vgl. unten). In Tabelle 8.2 fasse ich die in diesem Abschnitt erläuterten Kapazitätsgrenzen noch einmal zusammen.

Beschränkung	Max. Kapazität
FAT-Dateisystem (bis DOS 3.3)	32 MB (logisches Laufwerk)
CHS	504 MB
FAT16B-Dateisystem (ab DOS 4.0)	2 GB (logisches Laufwerk)
FDISK (Standard-DOS) und LBA/ECHS	7,8 GB
Phoenix-BIOS 4.5	32 GB
FDISK (Windows 95 OSR2/98)	64 GB
(E)IDE/ATA	128 GB

Tabelle 8.2: Zu beachtende Kapazitätsgrenzen im Überblick

Partitionen, Cluster und Dateisysteme

Festplatten müssen partitioniert werden. Für diesen Zweck stehen im MBR (Master Boot Record) einer jeden physischen Festplatte in der *Partitionstabelle* vier Einträge zur Verfügung. Entsprechend können je Festplatte maximal vier *primäre Partitionen* angelegt werden. Eine primäre Partition enthält aber nur ein einziges logisches Laufwerk und es kann jeweils auch nur eine primäre Partition (je Festplatte) aktiv und damit sichtbar sein. Alle anderen primären Partitionen bleiben unsichtbar. Daher wurde eine besondere Art der primären Partition entwickelt, auf die diese Einschränkungen nicht mehr zutreffen. Bei dieser besonderen primären Partition handelt es sich um die so genannte *erweiterte Partition*.

Werden die Begriffe so definiert, wie ich es im letzten Abschnitt gemacht habe, dann lautet die Aussage also: *Je Festplatte kann es maximal vier primäre Partitionen geben, von denen eine eine erweiterte Partition sein kann.*

8 Festplatten und mehr

Erweiterte Partitionen können (im Gegensatz zu Primärpartitionen) in mehrere logische Laufwerke aufgeteilt werden. Ein weiterer Unterschied zu Primärpartitionen besteht darin, dass der Rechner von erweiterten Partitionen aus an sich nicht gestartet werden kann. (Dies geht nur über Umwege.)

FAT-Dateisysteme

Unter DOS und Windows 9x/Me (und z.B. auch Linux) erfolgt die Partitionierung von Festplatten mit Hilfe von FDISK, unter Windows 2000/XP mit DISKPART (oder, wenn Windows 2000/XP bereits installiert sind, über die COMPUTERVERWALTUNG).

> Unter Windows 2000/XP können Sie zur Vorbereitung der Festplatte den Rechner mit der Betriebssystem-CD-ROM starten und anschließend die Wiederherstellungskonsole verwenden. Anstelle von FDISK benutzen Sie DISKPART. Falls es um Reparaturen geht, übernimmt der Befehl FIXMBR die Funktion des DOS-Befehls FDISK /MBR. Weiterhin können Sie mit FIXBOOT einen neuen Windows-2000/XP-Bootsektor erstellen.

Das Programm FDISK von DOS und Windows 9x kann auf einer Festplatte nur eine primäre und eine erweiterte Partition einrichten, obwohl in der Partitionstabelle einer Festplatte Platz für vier Partitionen ist. Allerdings zeigt FDISK durchaus auch die mit anderen Programmen (z.B. Partition Magic, System Commander oder Partition Manager) angelegten weiteren Primärpartitionen an und kann auch dazu eingesetzt werden, um eine andere vorhandene Partition zu aktivieren.

Zu den bereits genannten Einschränkungen kommen versionsspezifische Einschränkungen des FDISK-Programms hinzu. Bis einschließlich Version 3.3 benutzt DOS das ursprüngliche FAT16-Dateisystem, bei dem die Adressen auf Festplattensektoren (512 Byte) verweisen, so dass mit den verwendeten 16-Bit-Adressen nur logische Laufwerke verwaltet werden konnten, die maximal 32 MB groß sein durften. Größere Festplatten mussten entsprechend aufgeteilt werden. Mit DOS 4.0 wurde das FAT16-Dateisystem erweitert. Seither werden mehrere Sektoren zu einem so genannten Cluster (Zuordnungseinheit) zusammengefasst, das dann adressiert wird. Wenn heute von FAT16 die Rede ist, dann ist damit meist dieses Dateisystem gemeint. Die meisten Programme, die der Aufteilung von Festplatten dienen, nehmen es aber in dieser Hinsicht etwas genauer und sprechen von FAT16B oder auch »BigDOS«. Anders als bei Sektoren steht die Größe eines Clusters nicht von vornherein fest. Zwar kann auch FAT16B nur 65.536 (64 K) Adressen verwalten, aber dafür werden bei größeren Laufwerken eben mehr Sektoren zu einem Cluster zusammengefasst. FAT16B unterstützt Partitionen mit maximal 2 GB Kapazität. (Die in der Tabelle mit aufgeführte Variante mit 64 KB großem Cluster lässt sich zwar mit Windows NT/2000/XP einrichten, wird aber ansonsten kaum unterstützt, und sollte daher nicht verwendet werden.)

Laufwerkkapazität	Clustergröße FAT16B	Clustergröße FAT32
bis 128 MB	2 KB	–
bis 256 MB	4 KB	–
bis 512 MB	8 KB	4 KB
bis 1 GB	16 KB	4 KB
bis 2 GB	32 KB	4 KB
bis 4 GB	(64 KB; nur NT/2000/XP)	4 KB
bis 8 GB	–	4 KB
bis 16 GB	–	8 KB
bis 32 GB	–	16 KB
über 32 GB	–	32 KB

Tabelle 8.3: Clustergröße bei FAT16B und FAT32 in Abhängigkeit von der Laufwerkgröße

> Tipp! Wenn Sie mehrere logische Laufwerke auf einer Festplatte einrichten wollen, können Sie unter Umständen einiges an Speicherplatz sparen, wenn Sie die unterschiedlichen Clustergrößen berücksichtigen. (Den Maximalwert sollten Sie aufgrund der Rundungen, die FDISK durchführt, immer knapp unterschreiten.) Größere Partitionen führen zu stärkerer Platzverschwendung. Allerdings kann die Verwendung größerer Cluster bei großen Dateien zu einer höheren Arbeitsgeschwindigkeit führen. Dies wird z.B. auffällig, wenn man unter Windows eine feste Größe für die Auslagerungsdatei vorgibt und diese auf dem größten Laufwerk anlegt! Dabei sollte das entsprechende Laufwerk gegebenenfalls zuvor defragmentiert werden und sollte sich naturgemäß auch auf der schnellsten Festplatte befinden. (Nicht nur der Startvorgang des Rechners lässt sich dadurch häufig nicht nur mess-, sondern auch spürbar beschleunigen!)

FAT32- und NTFS-Laufwerke

Mit Microsoft Windows 95 OSR2 (Version B oder C) führte Microsoft ein neues Dateiformat namens FAT32 ein. FAT32 unterstützt Partitionen bis zu 2 Terabyte und arbeitet mit kleineren Clustern (vgl. Tabelle 8.3).

Standard-DOS kennt nun aber nur die Partitionstypen FAT16 und FAT16B für Festplatten und kommt damit nur mit Laufwerken klar, die maximal eine Kapazität von 2 GB haben dürfen. Und – wie bereits erwähnt – ist bei einer Festplattengröße von 7,8 GB Schluss. Zwar erkennen viele der FDISK-Programme, die den neueren DOS-Versionen (z.B. DR-DOS 7.03) beiliegen, auch FAT32-Laufwerke und teilweise sogar eine ganze Reihe weiterer Dateisysteme, aber an der grundlegenden Beschränkung ändert sich damit noch nichts. Größere Festplatten oder Laufwerke lassen sich damit für DOS nicht einrichten.

Mit dem FDISK-Programm aus dem Lieferumfang von Windows 98 (ab Windows 95 OSR2) lassen sich Festplatten mit bis zu 64 GB Kapazität einrichten. Dabei wird für logische Laufwerke, die größer als 2 GB sind, das FAT32-Dateisystem verwendet, mit dem allerdings nur die diesen Windows-Versionen beiliegenden MS-DOS-Versionen (ab 7.1) direkt etwas anfangen können. Das wiederum bedeutet aber nicht, dass Sie nun zwingend die Microsoft Windows 9x/Me beiliegenden MS-DOS-Versionen einsetzen müssen, wenn Sie auf Laufwerke mit dem FAT32-Dateisystem zugreifen wollen.

> FAT16-Laufwerke lassen sich mit den Bordmitteln von Windows zwar in FAT32-Laufwerke umwandeln, für den Weg zurück müssen Sie aber schon Programme von Drittanbietern nutzen.

DRFAT32

Um dem Problem der FAT32-Laufwerke zu begegnen, hat Caldera einen Einheitentreiber und ein kleines Hilfsprogramm entwickelt, das den Namen DRFAT32 trägt und kostenlos im Internet erhältlich ist. Mit seiner Unterstützung lassen sich von DR-DOS aus Laufwerke mit FAT32-Dateisystem ansprechen. Dabei soll DRFAT32 auch unter PC-DOS/MS-DOS-Versionen ab 3.3 und DR-DOS ab 5.0 tadellos funktionieren.

Wenn Sie DRFAT32 einsetzen wollen und den Rechner von einem Diskettenlaufwerk aus starten, dann erweitern Sie die CONFIG.SYS um die folgende Zeile:

```
DEVICE=A:\DRFAT32.SYS /X
```

Weiterhin müssen Sie auch zur AUTOEXEC.BAT eine Zeile hinzufügen, die in diesem Fall so lauten könnte:

```
A:\DRFAT32.EXE /m:120
```

Beim Start des Rechners wird Ihnen dann mitgeteilt, welche FAT32-Laufwerke erkannt und welche Laufwerkbuchstaben diesen zugewiesen wurden.

DRFAT32 unterstützt in der mir vorliegenden Version eine maximale Clustergröße von 16 KB und damit eine logische Laufwerkkapazität von maximal 32 GB. Wenn DRFAT32.EXE geladen ist, dürfen Sie es kein zweites Mal aufrufen, da ansonsten die Laufwerkbuchstaben neu zugeordnet werden! DRFAT32 erkennt Laufwerke mit der Partitionskennung 0Bh. Darüber hinaus ist mir beim Einsatz von DRFAT32 aufgefallen, dass *keines* der FAT32-Laufwerke im Rechner mehr als 32 GB Kapazität haben durfte, um mit DRFAT32 arbeiten zu können.

DR-DOS 7.04/7.05

Auf die DR-DOS-Versionen 7.04 und 7.05 habe ich bereits hier und da hingewiesen. Hierbei handelt es sich lediglich um eine Weiterentwicklung der Kernel-Dateien durch Ontrack Systems. Diese unterstützen zwar FAT32 und LBA, sollen aber einige Fehler enthalten und sich nach Aussage von Ontrack Systems *nicht* für die Installation auf Festplatte eignen!

Weitere Lösungen

Neben den bereits genannten Lösungen, mit denen sich unter DOS FAT32-Laufwerke ansprechen lassen, gibt es ein paar weitere Alternativen. Zurzeit gibt es mit NTFSDOS eine kostenlos erhältliche Lösung, mit der auf Laufwerke, die mit dem NTFS-Dateisystem von Windows NT/2000/XP formatiert wurden, zumindest lesend zugegriffen werden kann.

Und auch die eine oder andere kommerzielle Lösung steht zur Verfügung bzw. befindet sich in der Entwicklung. Aktuelle Informationen dazu sollten Sie erhalten, wenn Sie »NTFSDOS« und/oder »DRFAT32« als Suchbegriff in einer der Suchmaschinen im Internet eingeben.

Die Partitionierung

Das Schwierigste an der Partitionierung und Vorbereitung von Festplatten haben Sie damit bereits hinter sich gebracht. Denn im Gegensatz zu den doch recht zahlreichen Hardware- und Software-Beschränkungen ist die Bedienung des FDISK-Programms nicht besonders schwierig. Und das gilt auch (oder erst recht) für die Alternativen wie Partition Magic oder auch DISKPART aus dem Lieferumfang von Windows 2000/XP. Sie müssen sich aber *vorher* einen Plan machen, wie Sie die Festplatten aufteilen wollen und welche Betriebssysteme Sie einsetzen wollen.

> Wenn mit FDISK Festplatten partitioniert und erweiterte Partitionen in mehrere logische Laufwerke unterteilt werden, dann trägt FDISK in den BPB (BIOS Parameter Block) des Laufwerks den Partitionstyp (PID – Partition Identifier) ein. FAT16-Laufwerke haben die Kennung 04h, FAT16B-Laufwerke die Kennung 06h und FAT32-Laufwerke die Kennung 0Bh. Gut, das hätte jetzt nicht sein müssen, wenn nicht das eine oder andere Programm hier erfahrungsgemäß unsinnige Angaben eintragen würde, die dann zu Schwierigkeiten führen können. Jedenfalls hat es z.B. das Programm DISKPART aus dem Lieferumfang von Windows 2000 geschafft, bei 60-GB-Laufwerken den Partitionstyp FAT (04h) anstelle von FAT32 (0Bh) einzutragen. Da die Laufwerke aber ansonsten erst einmal scheinbar korrekt funktionierten, trat das Problem erst in Erscheinung, als SCANDISK einen Fehler erkannte, nach deren Korrektur auf einmal fast 10 GB weniger freie Kapazität zur Verfügung standen. Die genauere Untersuchung der Laufwerke mit Partition Magic brachte dann die oben genannte Ursache zu Tage. In der Folge galt es dann mehr als 50 GB Daten zu sichern (bzw. auf eine andere behelfsweise eingebaute Festplatte zu kopieren) und die Festplatte neu zu partitionieren.

Wenn Sie z.B. Standard-DOS ohne zusätzliche Hilfen oder Dateisystemtreiber einsetzen wollen, dann legen Sie zunächst mit FDISK eine 2 GB große primäre Partition an. Darauf können Sie dann eine der DOS-Versionen ab 5.0 installieren. (Ältere DOS-Versionen sollten Sie möglichst nicht mehr einsetzen, da diese zu starke Beschränkungen oder anderweitige Macken aufweisen.) Und wenn Sie wollen, können Sie auf dieser primären Partition zumindest prinzipiell auch eine Windows-Version bis 98 installieren und diese parallel starten. (Windows Me beansprucht doch deutlich mehr Speicher als Windows 98, so dass ich davon abraten würde.)

Wenn der Rechner von dieser primären Partition gestartet werden soll, dürfen Sie nicht vergessen, diese zu aktivieren.

Wenn Sie nun weiter mit FDISK arbeiten, können Sie auf der Festplatte eine erweiterte Partition anlegen und unter Berücksichtigung der bereits genannten Einschränkungen logische Laufwerke in der erweiterten Partition anlegen.

In den meisten Fällen dürfte es heute aber sinnvoller sein, spätestens hier bereits den Einsatz eines anderen Betriebssystems mit einzuplanen und zu einem anderen Partitionierungsprogramm zu greifen. Dann können Sie z.B. die eben eingerichtete 2-GB-Partition verstecken und – vor dem Einrichten der erweiterten Partition – für Windows 98/Me eine zweite primäre Partition anlegen. Generell gilt, dass Sie erst die Partitionen für die älteren und dann für die neueren Betriebssysteme einrichten. Wenn Sie wollen, können Sie dann dieses Vorgehen wiederholen, für Windows 2000/XP eine dritte primäre Partition und dann eine erweiterte Partition und darin logische Laufwerke einrichten. Auf diese Weise können Sie eine Festplatte so partitionieren, dass Sie mit dem Boot-Manager, der den Partitionierungsprogrammen üblicherweise beiliegt, den Rechner z.B. wahlweise mit DOS/Windows 98, Windows Me oder Windows XP starten können. (Windows NT/2000/XP können Sie auch so einrichten, dass es von einer zweiten Festplatte im Rechner aus gestartet wird.)

Wie das Endergebnis nach Partitionierung und Formatierung aussehen könnte, können Sie der Abbildung 8.1 entnehmen. Dort gibt es auf Platte 1 (30 GB) zwei primäre Partitionen (eine ist versteckt und erhält entsprechend keinen Laufwerkbuchstaben zugeordnet) und drei logische FAT32-Laufwerke in einer erweiterten Partition. Auf der Platte 2 (120 GB) befinden sich zwei logische Laufwerke in einer erweiterten Partition und auf der Platte 3 (60 GB) benutzt das einzige logische Laufwerk die komplette erweiterte Partition.

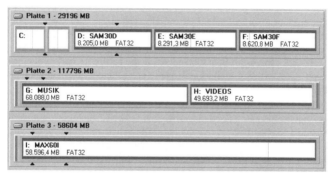

Abbildung 8.1: Beispiele für die Partitionierung

Setzen Sie zum Partitionieren großer Festplatten möglichst aktuelle Programme ein. So unterstützt laut Herstellerangaben z.B. erst Partition Magic ab Version 8.0 Festplatten mit Kapazitäten über 80 GB umfassend. In diesem Zusammenhang darf auch ein Hinweis darauf nicht fehlen, dass sich mit den einfachen Einrichtungsprogrammen der Festplattenhersteller oft nur eine einzige große Partition anlegen lässt.

Buchstabensuppe

Wenn Sie eine zweite Festplatte in einem Rechner installieren, kann es ganz leicht zu einiger Verwirrung kommen. DOS weist nämlich zuerst den von ihm erkannten primären Partitionen Kennbuchstaben zu. Wenn Sie (was prinzipiell geht) nun auf einer zweiten Festplatte in einem Rechner eine primäre Partition anlegen, die von DOS erkannt wird, wird dieser der Laufwerkbuchstabe D: zugeordnet. Danach erst werden den erkannten logischen Laufwerken in erweiterten Partitionen Buchstaben zugeordnet. Daher sollten Sie bei der Installation einer zweiten Festplatte in einem Rechner dafür sorgen, dass diese nur eine erweiterte Partition mit logischen Laufwerken enthält. (Alternativ können Sie mit Partitionierungsprogrammen aber auch primäre Partitionen einrichten und diese verstecken. Dies kann sich z.B. anbieten, wenn eine Festplatte nur vorübergehend installiert wird und normalerweise eigenständig in einem anderen Rechner eingesetzt wird.)

Um die Verwirrung zu komplettieren, ist die Reihenfolge der Zuordnung der Buchstaben zu logischen Laufwerken teilweise auch noch von dem auf dem Startlaufwerk verwendeten Dateisystem abhängig. Dann wird erst einmal allen Laufwerken mit demselben Dateisystem wie dem des Startlaufwerks ein Buchstabe zugeordnet. Und wenn Sie einmal unter Windows NT/2000/XP eine zweite Festplatte ein- und ausgebaut haben, dann wird Ihnen möglicherweise auffallen, dass hier die Buchstaben nahezu beliebig zugeordnet werden können.

Die Formatierung

Wenn dieser Schritt nicht vom Partitionierungsprogramm gleich mit erledigt wird, dann müssen Sie die eingerichteten Festplattenlaufwerke nach der Partitionierung formatieren. Um ein Startlaufwerk für DOS zu formatieren, geben Sie FORMAT C: /S ein. Alle weiteren DOS- bzw. FAT-Laufwerke formatieren Sie dann mit FORMAT D: usw.

Abschließend können Sie ganz nach Belieben die benötigten Dateien auf die Festplatte installieren.

8.2 Ein paar abschließende Tipps

Vielleicht befinden Sie sich ja in der Situation, dass Sie einen etwas älteren Rechner besitzen oder auch einen solchen geschenkt bekommen haben. Vielleicht benutzen Sie diesen Rechner ja unter DOS auch nur als Zweitrechner, wollen aber dennoch auf ein paar Annehmlichkeiten nicht verzichten. Möglicherweise können Ihnen dann die folgenden Tipps helfen.

Mehr als 64 MB Arbeitsspeicher?

Standard-DOS kann maximal 64 MB RAM verwalten. Zwar sollte das unter DOS für die meisten Belange ausreichen, aber wenn Sie doch mehr Arbeitsspeicher benötigen, können Sie versuchen, ob Sie unter DOS mit HIMEM.SYS von Windows 98/Me an mehr Speicher herankommen. Ich selbst habe diesen Trick bisher noch nicht ausprobiert und würde auch von dessen Einsatz abraten, wenn es nicht unbedingt nötig ist, wollte Ihnen diesen Tipp aber auch nicht vorenthalten. Jedenfalls soll das gehen. EMM386.EXE soll dann zwar hier und da Fehlermeldungen ausgeben, aber das so eingerichtete System soll angeblich tadellos funktionieren. (In der entsprechenden Fundstelle war konkret von DR-DOS 7.03 die Rede.)

Internet und World Wide Web

Sie können oder wollen nicht auf das Internet verzichten? Modems für den Anschluss an die serielle Schnittstelle werden zwar zunehmend von USB-Modems verdrängt, sind aber zumindest zurzeit noch erhältlich. Und wenn Sie auf die entsprechenden Möglichkeiten auch unter DOS nicht verzichten wollen, können Sie es ja einmal mit »Arachne« oder »Alice« probieren. Auf jeden Fall sollten Sie entsprechende Programme über das Internet finden können. Geben Sie als Suchbegriff in eine der bekannten Suchmaschinen einfach »Web-Browser DOS« ein oder auch »Arachne DOS«. (Versuchen Sie es gegebenenfalls einmal mit und einmal ohne Bindestrich oder schreiben Sie Webbrowser zusammen.)

> Notfalls können Sie ja einen Bekannten bitten, Ihnen die entsprechenden Programme aus dem Internet zu besorgen. Besonders groß sind sie jedenfalls meist nicht.

Audio und Video

Ähnliches wie für DOS-Webbrowser gilt auch für Programme, mit denen sich MP3- (Audio) oder MPEG-Dateien (Videodateien) unter DOS wiedergeben lassen. Wenn Sie als Suchbegriff in eine der bekannten Suchmaschinen »MP3 DOS« oder »MPEG DOS« eingeben, sollten Sie fündig werden. Von Quick View Pro für DOS ist so z.B. gerade, als ich diesen Tipp überprüft habe, eine aktualisierte Version erschienen.

DOS ist tot? Wie es scheint, wohl doch noch nicht so ganz. Und zumindest, wenn Sie sich im Besitz eines CD-Brenners für die SCSI-Schnittstelle befinden, dann sollen sogar dafür noch entsprechende Programme über das Internet erhältlich sein. (Vielleicht verfügen Sie ja sogar noch über einen alten, ausgemusterten SCSI-Brenner?)

Bochs für Windows

In diesem Abschnitt wird kurz der Einsatz von Bochs unter Windows erläutert. Bochs ist ein Emulator für Rechner mit x86-Prozessoren, der sowohl für das hier im Beispiel verwendete Windows (9x und 2000/XP) als auch für Linux und einige weitere Betriebssysteme (u.a. BeOS und Mac OS X) kostenlos erhältlich ist.

Mit Bochs können Sie mehr oder weniger problemlos gleichzeitig mehrere Betriebssysteme auf einem einzigen PC ausführen und damit auch nach Herzenslust mit einer oder mehreren DOS-Versionen experimentieren, ohne dass Sie dazu die Festplatte Ihres Rechners neu partitionieren oder sonst irgendwie großartig neu organisieren müssten. Bei Bochs handelt es sich einfach um eine so genannte virtuelle Maschine, die anstelle von echten Festplatten, Disketten oder CD-ROMs Dateien auf einer physischen Festplatte verwendet. Und da DOS ein einfaches und ziemlich anspruchsloses Betriebssystem ist, kommen Sie dabei normalerweise mit virtuellen Festplatten (und damit entsprechend großen Dateien) aus, die nicht mehr als maximal 30 MB Kapazität haben müssen (oft reichen bereits 10 MB).

Mehr noch, Sie können mit Bochs das Partitionieren und Formatieren von Festplatten üben, Dateien löschen und sonstige Experimente durchführen, ohne dass die Gefahr des Datenverlusts bestehen würde. (Zwischenstände können Sie angesichts der tatsächlichen Kapazitäten der heutigen Festplatten immer wieder sichern, wenn Sie einfach die Dateien, die die virtuellen Festplatten enthalten, in ein anderes Verzeichnis kopieren und umbenennen.)

A Bochs für Windows

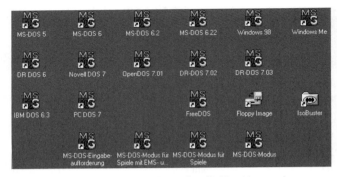

Abbildung A.1: Mit Bochs eingerichtete virtuelle Maschinen und Hilfsprogramme auf dem Windows-Desktop

A.1 Wie bekommen Sie Bochs?

Die Homepage von Bochs finden Sie im Internet unter der Adresse http://bochs.sourceforge.net/. Dort können Sie sich den Quellcode oder bereits kompilierte Versionen des Emulators für Windows und Linux herunterladen.

A.2 Einschränkungen unter Windows 9x/Me

Zwar läuft Bochs (im Unterschied zu einigen seiner kommerziellen Konkurrenten) nicht nur unter Windows 2000/XP, sondern auch unter Windows 9x/Me, aber dann müssen Sie mit einigen Einschränkungen leben. Zurzeit ist das direkte Ansprechen physischer Laufwerke nur unter Windows 2000/XP möglich. Unter Windows 9x/Me können Sie nur mit so genannten ISO-Image-Dateien arbeiten, die fest vorgegebene Voraussetzungen erfüllen müssen. Bei diesen Image-Dateien handelt es sich um genaue (und unkomprimierte!) Abbilder von Disketten oder CD-ROMs, für deren Erstellung Sie sich möglicherweise weitere Programme aus dem Internet herunterladen müssen, da diese nicht bereits im Lieferumfang von Bochs mit enthalten sind. (Einzelheiten dazu erfahren Sie im weiteren Verlauf dieses Kapitels.)

A.3 Installation und Einrichtung von Bochs

Wie bereits erwähnt, werden wir uns hier auf die Windows-Version von Bochs beschränken. Wenn es sich dabei um ein ZIP-Archiv handelt, müssen Sie die Dateien des x86-Emulators nur in ein Verzeichnis entpacken und können bereits (fast) loslegen. Bei der getesteten EXE-Datei handelt es sich letztlich auch nur um ein selbstextrahierendes Archiv, das Sie in ein Verzeichnis Ihrer Wahl auspacken lassen können.

Um keine größeren Änderungen an den Konfigurationsdateien von Bochs vorzunehmen, müssen Sie möglicherweise einige Dateien in die standardmäßig vorgegebenen Unterverzeichnisse verschieben bzw. umkopieren. Im Unterverzeichnis BIOS sollten sich die Dateien befinden, deren Namen BIOS*.* bzw. VGABIOS*.* lauten. Die Dateien namens *.map sollten sich im Verzeichnis KEYMAPS befinden. Und die Dokumentation von Bochs sollte im Verzeichnis DOCS landen. Weiterhin sollten Sie für jedes virtuell installierte Betriebssystem ein eigenes Unterverzeichnis anlegen. Dort legen Sie alle Dateien ab, die für diese Betriebssystemversion spezifisch sind. In Abbildung A.2 sehen Sie dies am Beispiel für DR-DOS 7.02. Bei den Dateien DOS?.IMG handelt es sich um die Image-Dateien der Disketten, HDDC.IMG enthält eine 30-MB-Festplatte (Laufwerk C:), BOCHSRC.TXT ist die Konfigurationsdatei für diese Betriebssystemversion und DRDOS702.BAT ist die Batch-Datei, über die die entsprechende virtuelle Maschine gestartet wird.

A Bochs für Windows

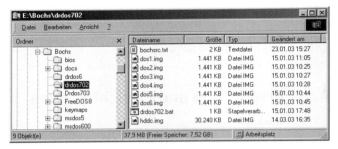

Abbildung A.2: Verzeichnisbaum und Dateien für DR-DOS 7.02

Wenn Sie so vorgehen, brauchen Sie später lediglich die Datei BOCHSRC.TXT sowie die Batch-Dateien zu ändern.

Darüber hinaus sollten Sie das eine oder andere Verzeichnis anlegen, in dem Sie die Image-Dateien von Disketten, CD-ROMs usw. ablegen, die gemeinsam genutzt werden sollen. Diese Vorgehensweise empfiehlt sich insbesondere unter Windows 98/Me, da diese Dateien dort letztlich auch dem Datenaustausch dienen. Ich habe zu diesem Zweck einen Ordner namens TOOLDISK eingerichtet, in dem sich (vgl. Abbildung A.3) das Abbild einer CD-ROM, die Datei FDDB.IMG (gemeinsam benutztes Diskettenlaufwerk B:), die Image-Datei einer gemeinsam benutzten 10-MB-Festplatte sowie einige andere Image-Dateien mit Hilfsprogrammen etc. befinden, die bei Bedarf als Disketten in eines der virtuellen Diskettenlaufwerke eingelegt werden können. (Beispielsweise enthält die Image-Datei WORD5.IMG eine Miniversion des Textverarbeitungsprogramms Word für DOS.)

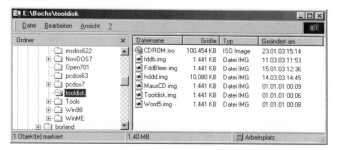

Abbildung A.3: Gemeinsam genutzte CD-ROM-, Festplatten- und Disketten-Images

Weiterhin habe ich im Beispiel einen Ordner namens TOOLS eingerichtet. Darin (bzw. in dessen Unterverzeichnissen) befinden sich für die Arbeit mit Bochs erforderliche Hilfsprogramme, wie z.B. Floppy Image und ISO-Buster, deren Symbole sich auch in Abbildung A.1 auf dem Windows-Desktop wiederfinden. Diese Programme (oder deren Alternativen befinden sich nicht im Lieferumfang von Bochs, sondern müssen getrennt aus dem Internet heruntergeladen werden.)

A.4 Die Bochs-Konfiguration

Eine wichtige Rolle bei der Arbeit mit Bochs spielt die Konfigurationsdatei BOCHSRC.TXT. Den Namen für die Konfigurationsdatei können Sie zwar im Prinzip beliebig wählen, aber letztlich empfiehlt es sich doch, sich an die Vorgabe zu halten. Insbesondere die Erweiterung .TXT sorgt dafür, dass diese Textdatei mit dem Editor geöffnet wird, wenn Sie sie doppelt anklicken.

Menügeführte Bochs-Konfiguration

Anfangs dürfte es einfacher sein, direkt in der mit Bochs mitgelieferten Konfigurationsdatei erst einmal jene Eintragungen vorzunehmen, die allgemein benötigt werden. Dazu empfiehlt sich der Einsatz des in Bochs integrierten Editors. Rufen Sie dazu BOCHS auf. Es wird das in Abbildung A.4 dargestellte Fenster angezeigt, in dem Sie die Option 3. EDIT OPTIONS auswählen.

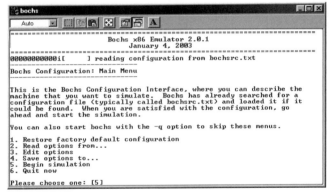

Abbildung A.4: Das Konfigurationsmenü von Bochs

Arbeitsspeicherkapazität

Der erste Punkt, den Sie einstellen sollten, ist die Größe des Arbeitsspeichers der virtuellen Maschine. Dazu wählen Sie erst 6. MEMORY OPTIONS und dann 1. MEMORY SIZE IN MEGABYTES. Für virtuelle DOS-Maschinen mehr als 64 MB zu verwenden, ist üblicherweise wenig sinnvoll. Wenn der Arbeitsspeicher Ihres Rechners knapp ist, sollten Sie mit 4 oder 8 MB auskommen. 16, 24 oder 32 MB sind Werte, die üblicherweise für genügend Spielraum sorgen sollten.

Die Bochs-Konfiguration

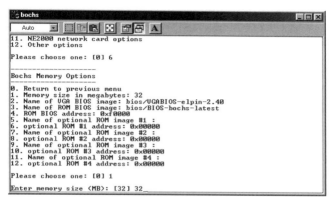

Abbildung A.5: Angabe der Größe des Arbeitsspeichers der virtuellen Maschine

Nach Drücken von ↵ befinden Sie sich wieder im vorherigen Menü.

Aktivierung der Maus

Die Option zur Aktivierung der Maus finden Sie unter 7. INTERFACE OPTIONS. Wählen Sie dort 4. ENABLE THE MOUSE und beantworten Sie die anschließend angezeigte Frage durch Eingabe von yes. Nach Drücken von ↵ befinden Sie sich wieder im vorherigen Menü.

> Auch wenn die Maus aktiviert ist, funktioniert diese nicht ohne weiteres unter Bochs. Zunächst einmal muss natürlich der DOS-Einheitentreiber für die Maus geladen werden. Dann müssen Sie die Maus aber zusätzlich durch Drücken von F12 im Bochs-Fenster aktivieren oder deaktivieren. Da die Maus im Bochs-Fenster zudem recht träge reagiert, sollten Sie sie nur benutzen, wenn sie wirklich benötigt wird.

A Bochs für Windows

Datenträger

Im Menü 8. DISK OPTIONS (vgl. Abbildung A.6) finden Sie die meisten wichtigen Eintragungen.

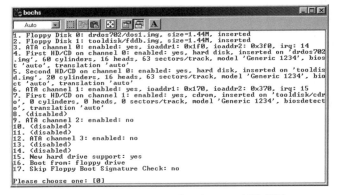

Abbildung A.6: Optionen für Disketten, Festplatten und CD-ROMs

Über die ersten beiden Optionen richten Sie die Diskettenlaufwerke ein. Für das erste Diskettenlaufwerk und unser Beispiel sieht das Dialogfeld wie folgt aus:

```
-------------
Floppy Disk 0
-------------
Enter new filename, or 'none' for no disk: [none]
drdos702/dos1.img
What type of floppy disk? [1.44M] 1.44M
Is the floppy inserted or ejected? [inserted]
```

Dabei können Sie die in den eckigen Klammern angegebenen aktuellen Einstellungen einfach durch Drücken von ⏎ übernehmen. (Achten Sie auch hier wieder darauf, dass Sie innerhalb der Pfadangabe zur Image-Datei den normalen Schrägstrich verwenden müssen.)

Die Angabe für das zweite Diskettenlaufwerk und unser Beispiel können Sie Abbildung A.6 entnehmen.

Über 3. ATA CHANNEL 0 muss der erste Kanal für ATA-Geräte aktiviert werden. Anschließend bestätigen Sie dann einfach alle Vorgaben. Wiederholen Sie das Vorgehen bei der Aktivierung des zweiten ATA-Kanals über die Option 6. ATA CHANNEL 1.

Nun richten Sie die Festplatten über die Optionen 4. FIRST HD/CD ON CHANNEL 0 bzw. 5. SECOND HD/CD ON CHANNEL 0 ein. Dabei müssen Sie das Gerät zunächst aktivieren:

```
Device is enabled: [no] yes
```

Dann haben Sie die Wahl zwischen Festplatte oder CD-ROM-Laufwerk:

```
Enter type of ATA device, disk or cdrom: [hard disk] hard disk
```

Bei der nächsten Frage müssen Sie wieder den Namen der entsprechenden ISO-Image-Datei angeben:

```
Enter new filename: [none] drdos702/hddc.img
```

Wie ich oben bereits erwähnt habe, benötigen Sie für DOS-Installationen keine großen Festplatten, so dass 30 MB für die meisten Belange ausreichen sollten. Die entsprechenden Angaben lauten:

```
Enter number of cylinders: [60] 60
Enter number of heads: [16] 16
Enter number of sectors per track: [63] 63
```

Bei den übrigen Optionen übernehmen Sie am besten die Vorgaben. Die Anzahl der Zylinder ergibt sich (zumindest bei den hier relevanten Größen) aus der mit 2 multiplizierten Kapazität der Festplatte. Für eine 30-MB-Festplatte tragen Sie also 60, für eine 20-MB-Festplatte 40 und für eine 10-MB-Festplatte 20 Zylinder ein.

Damit bleibt noch das CD-ROM-Laufwerk übrig, das Sie über 7. FIRST HD/CD ON CHANNEL 1 einrichten. Beantworten Sie die Fragen der Reihe nach mit yes, cdrom, der Eingabe des entsprechenden Dateinamens (in unserem

Beispiel TOOLDISK/CDROM.ISO) und bestätigen Sie ansonsten wieder die Vorgaben.

Die letzte wichtige Option hinsichtlich der Datenträger betrifft den eigentlichen Start. Über 16. BOOT FROM legen Sie fest, ob die virtuelle Maschine von Diskette, Festplatte oder CD-ROM gestartet werden soll. (Die zulässigen Eingaben lauten: floppy, hard, cdrom.) Wenn Sie eine DOS-Version starten oder auf einer virtuellen Festplatte installieren wollen, müssen Sie Bochs zunächst so einrichten, dass DOS von einer virtuellen Diskette aus gebootet wird, so dass hier floppy eingegeben werden muss.

Wenn Sie nun zwei Mal ⏎ betätigen, befinden Sie sich wieder im Hauptmenü der Bochs-Konfiguration.

Optionen speichern

Abschließend dürfen Sie das Speichern der Optionen nicht vergessen. Wählen Sie dazu 4. SAVE OPTIONS TO ... Wenn Sie nun die Vorgabe übernehmen und die Sicherheitsabfrage mit yes beantworten, wird die Datei BOCHSRC.TXT im Bochs-Verzeichnis überschrieben. (Ansonsten müssen Sie das gewünschte Zielverzeichnis mit angeben und z.B. DRDOS702/BOCHSRC.TXT eingeben.) Diese Datei enthält nun die wichtigsten Vorgaben für virtuelle DOS-Maschinen, so dass Sie diese Datei in die den jeweiligen DOS-Versionen entsprechende Verzeichnisse kopieren und direkt bearbeiten können. Diese Änderungen lassen sich jedoch meist einfacher direkt in der Konfigurationsdatei im jeweiligen Verzeichnis vornehmen (s.u.).

> Es spielt keine Rolle, wenn die Konfigurationsdatei BOCHSRC.TXT auf nicht vorhandene ISO-Image-Dateien verweist. Entweder werden die entsprechenden Geräte dann deaktiviert oder Bochs kann nicht gestartet werden. Abbildung A.7 zeigt, wie der Startversuch der virtuellen Maschine über 5. BEGIN SIMULATION beim aktuellen Stand unseres Beispiels aussehen würde. Wechseln Sie dann vom neuen Fenster mit der virtuellen Maschine in das Bochs-Fenster zurück und betätigen Sie zwei Mal mit ⏎, um den Prozess »sterben« zu lassen.

Abbildung A.7: Der fehlgeschlagene Startversuch einer virtuellen Maschine

Die Konfigurationsdatei BOCHSRC.TXT

Jetzt können Sie den Ordner für das Betriebssystem anlegen, das Sie unter Bochs einrichten und konfigurieren wollen (im Beispiel den Ordner DRDOS702). Dann kopieren Sie die eben bearbeitete Konfigurationsdatei BOCHSRC.TXT in diesen neuen Ordner. Die nachfolgend abgedruckte Konfigurationsdatei enthält die Optionen, die in den letzten Abschnitten über die Konfigurationsmenüs vorgenommen wurden, und greift auf die weiter oben erwähnten Verzeichnisse und die dort bereits eingerichteten Image-Dateien zurück.

```
# configuration file generated by Bochs
floppya: 1_44="drdos702/dos1.img", status=inserted
floppyb: 1_44="tooldisk/fddb.img", status=inserted
ata0: enabled=1, ioaddr1=0x1f0, ioaddr2=0x3f0, irq=14
ata0-master: type=disk, path="drdos702/hddc.img",
cylinders=60, heads=16, spt=63, translation=auto,
biosdetect=auto, model="Generic 1234"
ata0-slave: type=disk, path="tooldisk/hddd.img",
cylinders=20, heads=16, spt=63, translation=auto,
biosdetect=auto, model="Generic 1234"
ata1: enabled=1, ioaddr1=0x170, ioaddr2=0x370, irq=15
ata1-master: type=cdrom, path="tooldisk/cdrom.iso",
status=inserted, biosdetect=auto, model="Generic 1234"
ata2: enabled=0
ata3: enabled=0
romimage: file=bios/BIOS-bochs-latest, address=0xf0000
vgaromimage: bios/VGABIOS-elpin-2.40
megs: 32
parport1: enabled=1, file="parport.out"
com1: enabled=1, dev=""
# no sb16
boot: floppy
floppy_bootsig_check: disabled=0
vga_update_interval: 300000
```

```
keyboard_serial_delay: 250
keyboard_paste_delay: 100000
floppy_command_delay: 500
ips: 1000000
pit: realtime=0
text_snapshot_check: 0
mouse: enabled=1
private_colormap: enabled=0
i440fxsupport: enabled=0
time0: 0
# no ne2k
newharddrivesupport: enabled=1
# no loader
log: bochsout.txt
logprefix: %t%e%d
debugger_log: -
panic: action=ask
error: action=report
info: action=report
debug: action=ignore
pass: action=fatal
keyboard_mapping: enabled=0, map=
keyboard_type: mf
user_shortcut: keys=none
config_interface: textconfig
display_library: win32
```

Bei den mit »#« beginnenden Zeilen handelt es sich um Kommentarzeilen. An dieser Stelle beschränke ich mich wieder auf die wichtigen Einstellungen.

Änderungen in der Datei BOCHSRC.TXT wirken sich erst nach einem Neustart der virtuellen Maschine aus!

Diskettenlaufwerke

```
floppya: 1_44="drdos702/dos1.img", status=inserted
floppyb: 1_44="tooldisk/fddb.img", status=inserted
```

Diese beiden Zeilen enthalten die Angaben für die Diskettenlaufwerke. Wenn Sie die Datei BOCHSRC.TXT in ein anderes Verzeichnis kopieren, müssen Sie gegebenenfalls die Diskettenkapazität vor dem Gleichheitszeichen (2_88, 1_44, 720k, 1_2 oder 360k) sowie das innerhalb der Anführungszeichen angegebene Verzeichnis (und möglicherweise den Dateinamen) anpassen.

> Unter Windows 2000/XP können Sie direkt auf physische Laufwerke zugreifen. Dann tragen Sie als Dateinamen für das erste Diskettenlaufwerk anstelle des Dateinamens z.B. »A:« zwischen den Anführungszeichen ein. Aber auch in diesem Fall empfiehlt es sich in den meisten Fällen, wie auch unter Windows 9x/Me möglichst auf Image-Dateien zurückzugreifen, weil diese deutlich schneller gelesen und geschrieben werden können.

Festplatten

```
ata0-master: type=disk, path="drdos702/hddc.img",
cylinders=60, heads=16, spt=63, translation=auto,
biosdetect=auto, model="Generic 1234"
```

Auch hier muss gegebenenfalls wieder der Verzeichnisname und/oder der Dateiname angepasst werden. Die Kapazität der Festplatte können Sie hier ebenfalls ändern. Bei den angesprochenen 10-, 20- und 30-MB-Festplatten brauchen Sie nur die Kapazität der Festplatte mit 2 zu multiplizieren und tragen so z.B. cylinders=60 für eine 30-MB-Festplatte ein. Ansonsten notieren Sie sich die Werte, die Ihnen das Programm BXIMAGE liefert, mit dem Sie die entsprechenden (leeren) Image-Dateien erzeugen können (s.u.).

CD-ROM

```
ata1-master: type=cdrom, path="tooldisk/cdrom.iso",
status=inserted, biosdetect=auto, model="Generic 1234"
```

Bei CD-ROM-Laufwerken ist allenfalls der Name des Verzeichnisses und der Datei anzupassen.

Arbeitsspeicherkapazität

`megs: 32`

Wenn Sie den Arbeitsspeicher der virtuellen Maschine vergrößern oder verkleinern wollen, können Sie dies in dieser Zeile machen.

Startlaufwerk

`boot: floppy`

Hier können Sie alternativ `floppy`, `disk` oder `cdrom` eintragen. Wenn Sie DOS erst einmal auf der Festplatte installiert haben, müssen Sie die virtuelle Maschine herunterfahren, `disk` eintragen und sie anschließend neu starten.

Maus

`mouse: enabled=1`

Da die Maus ohnehin über die Taste F12 gesondert für das jeweilige Fenster aktiviert/deaktiviert werden muss, können Sie diese Option im Prinzip immer so stehen lassen.

A.5 Bochs über eine Startdatei ausführen

Im Beispiel habe ich jeweils eine Batch-Datei in den Ordnern mit den einzelnen DOS-Versionen angelegt, die dem Namen der jeweiligen DOS-Version entspricht. Natürlich können Sie diese Datei auch generell BOCHS.BAT nennen, wenn Ihnen das lieber ist. Diese Datei können Sie z.B. mit dem Windows-Editor anlegen. Für unser Beispiel tragen Sie in diese Datei die folgenden beiden Zeilen ein:

```
CD ..
bochs -f drdos702/bochsrc.txt
```

Wenn Sie diese Datei für andere virtuelle Maschinen kopieren, brauchen Sie nun nur noch jeweils den Verzeichnisnamen (im Beispiel DRDOS702) anzupassen und können die virtuelle Maschine dann über die Startdatei aufrufen. (Mit Hilfe der Option −f lässt sich der Name der Konfigurationsdatei angeben.)

A.6 Bochs-Symbole auf dem Desktop

Das Anlegen eines Symbols auf dem Windows-Desktop erfolgt wie auch sonst üblich. Klicken Sie den Desktop mit der rechten Maustaste an und wählen Sie im Kontextmenü NEU und dann VERKNÜPFUNG. Dann klicken Sie die Schaltfläche DURCHSUCHEN an und wählen die eben erstellte Batch-Datei (bzw. die gewünschte Bochs-Startdatei) aus. Klicken Sie dann die Schaltfläche WEITER an, tragen Sie einen Namen als Symbolunterschrift ein und wählen Sie das Symbol aus, das auf dem Desktop angezeigt werden soll. Nach dem Anklicken der Schaltfläche FERTIG STELLEN wird dann das Symbol auf dem Desktop angelegt.

Nun können Sie sich auf Dauer noch ein wenig Arbeit ersparen, wenn Sie dafür sorgen, dass das DOS-Fenster, in dem Bochs ausgeführt wird, beim Beenden des Programms automatisch geschlossen wird. Dazu klicken Sie das angelegte Symbol mit der rechten Maustaste an und wählen im Kontextmenü EIGENSCHAFTEN. Die entsprechende Option (BEIM BEENDEN SCHLIESSEN) finden Sie dann unter Windows 98 beispielsweise im Register PROGRAMM.

Nun können Sie einfach das Symbol doppelt anklicken, um Bochs für eine virtuelle Maschine zu starten.

A.7 Leere Image-Dateien erstellen

Nun haben wir Bochs zwar bereits konfiguriert, können aber noch nicht damit arbeiten, weil uns noch die wichtigsten Dinge fehlen. Wir benötigen Image-Dateien von Disketten und gegebenenfalls von CD-ROM-Laufwerken und haben auch noch keine virtuellen Festplatten!

Mit Bochs wird ein Programm ausgeliefert, mit dem sich virtuelle Disketten und Festplatten erstellen lassen, die allerdings leer sind. Diesem Zweck dient BXIMAGE.EXE. Wenn Sie das Programm aufrufen, haben Sie die Wahl zwischen der Erzeugung von Disketten (fd – floppy disk) oder Festplatten (hd – hard disk). Anschließend können Sie die gewünschte Kapazität des Datenträgers und den Namen der Zieldatei eingeben. Den entsprechenden Dialog für das Festplattenlaufwerk C: in unserem Beispiel zeigt Abbildung A.8.

Abbildung A.8: Die Erzeugung einer leeren 30-MB-Festplatte mit BXIMAGE

Wenn Sie dem Beispiel folgen wollen, wiederholen Sie den Vorgang für die zweite virtuelle Festplatte (und der Zieldatei TOOLDISK/HDDD.IMG).

A.8 Image-Dateien von Disketten erstellen

Wenn Sie leere Disketten benötigen, können Sie dazu zwar ebenfalls BXIMAGE einsetzen, sollten dies aber vermeiden, weil es dabei zu Kompatibilitätsproblemen kommen könnte. Die von BXIMAGE.EXE erzeugten Image-Dateien von 1,44-MB-Disketten sind 1.474.560 Byte groß. Im Unterschied dazu erzeugt DISKCOPY von DR-DOS in diesem Fall Dateien, die 1.474.979 Byte groß sind, während die Dateien des Programms Floppy Image 1.474.584 Byte groß sind. Alle Varianten eignen sich zwar für Bochs, aber wenn die Dateien auf physische Disketten geschrieben werden sollen, dann sollten Sie zum Erstellen von Image-Dateien möglichst das Programm verwenden, mit dem Sie die Dateien später auch wieder auf Disketten schreiben. Kopieren Sie dann also einfach eine Diskette, um eine wirklich mit dem verwendeten Programm kompatible ISO-Image-Datei zu erzeugen. (Sie können die virtuelle Diskette natürlich nachträglich formatieren und/oder löschen.)

Um überhaupt virtuell mit DOS arbeiten zu können, benötigen Sie natürlich eine bootfähige Startdiskette. Da Windows 9x/Me unter Bochs nicht auf physisch vorhandene Diskettenlaufwerke zugreifen kann, müssen Sie von dieser Diskette eine ISO-Image-Datei erstellen. Eine solche Image-Datei (kurz häufig auch nur »Image« oder »Abbild« genannt), lässt sich mit einigen Programmen erzeugen.

Eines ist das DISKCOPY-Programm der DR-DOS-Versionen, das an anderer Stelle dieses Buches behandelt wird. Da DR-DOS im Internet in Form von Image-Dateien zum Download bereitgestellt wird, bekommen Sie über die entsprechenden Adressen auch DISKCOPY separat. (Die Image-Dateien des Betriebssystems lassen sich mit MAKEDISK oder DISKCOPY

Image-Dateien von Disketten erstellen

auf einen Diskettensatz übertragen.) Dann kommen z.B. das Shareware-Programm WinImage (http://www.winimage.com/), die Freeware-Programme PartCopy (http://www.execpc.com/~geezer/johnfine/index.htm#zero) oder RawWrite (http://uranus.it.swin.edu.au/~jn/linux) oder auch Floppy Image (http://www.rundegren.com) in Frage, wenn es um das Erstellen von ISO-Image-Dateien von Disketten geht.

PartCopy wird über die Befehlszeile gesteuert. Um von einer 1,44-MB-Diskette eine Image-Datei zu erstellen, legen Sie diese in das erste Diskettenlaufwerk und geben den folgenden Befehl ein:

PARTCOPY -f0 0 168000 DOS1

Die Daten der Diskette werden dabei in eine Datei namens DOS1 kopiert, die beim obigen Befehl in dem Verzeichnis abgelegt wird, in dem sich auch das PartCopy-Programm selbst befindet. Anschließend müssen Sie die so erstellte Datei dann im Bochs-Verzeichniszweig in das jeweils gewünschte Verzeichnis kopieren.

WinImage läuft unter Windows. Wenn Sie es nach seiner Installation gestartet haben, legen Sie eine Diskette in das erste Diskettenlaufwerk ein, wählen DISK (Diskette) und anschließend READ DISK (Diskette lesen). Dann müssen Sie das Image speichern. Wählen Sie dabei ALL FILES (Alle Dateien) und schützen Sie die Datei nicht mit einem Passwort.

Bei RawWrite aktivieren Sie zum Erzeugen einer Image-Datei nach dem Programmstart das Register READ, wählen über die Schaltfläche rechts neben dem Eingabefeld das gewünschte Zielverzeichnis aus und geben einen Dateinamen an. Dann klicken Sie einfach die Schaltfläche READ an. Das Schreiben von Image-Dateien auf Disketten erfolgt analog über das Register WRITE.

A Bochs für Windows

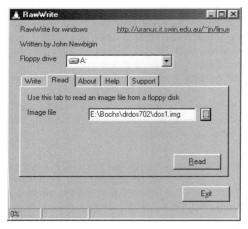

Abbildung A.9: Das Erstellen einer Image-Datei mit RawWrite

Mit dem Windows-Programm »Floppy Image« lässt sich ähnlich einfach wie mit RawWrite arbeiten. Sie müssen lediglich über die Schaltfläche BROWSE einen Dateinamen für die Image-Datei angeben und dabei festlegen, dass das Image unkomprimiert gespeichert wird. Dazu wählen Sie als Dateityp eine .IMG-Datei aus. Anschließend klicken Sie im Hauptfenster die Schaltfläche START an.

A.9 DOS virtuell installieren

Wenn Sie vom kompletten Satz Ihrer DOS-Disketten Image-Dateien angelegt haben und die Festplatte C: mit BXIMAGE erstellt haben, können Sie DOS von Diskette aus auf der virtuellen Festplatte installieren. Wie Sie dabei prinzipiell vorgehen können oder müssen, wird an anderer Stelle in diesem Buch dargestellt. Wenn die Installation, wie dies beispielsweise bei

DOS virtuell installieren

DR-DOS der Fall ist, weitgehend automatisch abläuft, müssen Sie nur noch wissen, wie Sie die virtuellen Disketten wechseln können.

Abbildung A.10: Der Wechsel einer virtuellen Diskette während der Installation von DR-DOS 6.0

A Bochs für Windows

Da Bochs (zumindest unter Windows 9x/Me) nicht mit physischen Diskettenlaufwerken zusammenarbeitet, müssen Sie Disketten auf andere Weise wechseln. Die einfachste Variante besteht darin, *immer* bei einem festen Namen zu bleiben (im Beispiel DOS1.IMG für das erste Diskettenlaufwerk) und die jeweils benötigten Image-Dateien während der Arbeit mit Bochs z.B. mit dem Windows-Explorer bei Bedarf umzubenennen.

Solange Bochs auf eine Image-Datei zugreift, lässt sich diese aber nicht umbenennen. Daher müssen Sie zum Wechsel der Diskette erst das jeweilige Diskettensymbol anklicken, so dass es durchgestrichen wird. Anschließend benennen Sie dann die benutzte Datei um (z.B. nennen Sie DOS1.IMG dann DOS1_.IMG) und geben der Diskette, die jeweils benötigt wird, den Namen DOS1.IMG. (Achten Sie dabei darauf, dass Sie die Namen der Dateien nicht durcheinander werfen.) Wenn Sie nun die beiden Umbenennungen durchgeführt haben, klicken Sie wieder das Diskettensymbol des entsprechenden Laufwerks in Bochs an, so dass es nicht mehr durchgestrichen ist. (Wenn dies nicht möglich ist, haben Sie beim Umbenennen der Image-Dateien einen Fehler gemacht.)

A.10 Image-Dateien von CD-ROM

Wenn Sie über einen CD-Brenner verfügen, können Sie auch CD-ROMs mit DOS-Programmen zusammenstellen, um diese auf der virtuellen Maschine auszuprobieren. Ein Programm, das ich in dieser Hinsicht ausprobiert habe und das sich für die Arbeit mit Bochs eignet, ist IsoBuster (http://www.IsoBuster.com).

> Über OPTIONS|LANGUAGE können Sie dafür sorgen, dass IsoBuster mit deutschsprachigen Menüs arbeitet.

Zum Erstellen einer ISO-Image-Datei von einer CD-ROM für Bochs legen Sie die entsprechende CD-ROM in das Laufwerk ein, klicken CD und dann in den Kontextmenüs EXTRAHIEREN CD (BILD) und schließlich BENUTZERDATEN (*.TAO, *.ISO) an. Geben Sie dann einen Namen für die Datei ein und klicken Sie SPEICHERN an, um die ISO-Image-Datei auf der Festplatte zu erstellen.

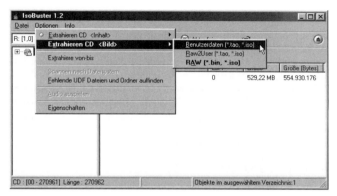

Abbildung A.11: Das Erstellen einer Image-Datei von einer CD-ROM mit Iso-Buster

In einigen Fällen ließen sich bei meinen Tests mit IsoBuster keine einwandfreien Image-Dateien von CD-ROMs erstellen. Suchen Sie daher bei Bedarf im Internet nach alternativen Programmen.

A.11 Kompatibilität

Bochs ist ein einfacher x86-Emulator. Bei meinen Tests haben sich nur recht wenige Kompatibilitätsprobleme mit DOS oder DOS-Dienstprogrammen gezeigt, die dann durchweg die Editoren betrafen. Der Microsoft-Editor erwies sich dabei am kompatibelsten, während der Editor von IBM die meisten Probleme verursachte.

Vom Versuch, umfangreichere DOS-Spiele unter Bochs ausprobieren zu wollen, kann ich jedoch nur abraten. Dies dürfte in aller Regel fehlschlagen. Spezielle Festplatten-Dienstprogramme (abgesehen von `FDISK`) funktionieren unter Bochs ebenfalls nicht. Aber diese beiden Ausnahmen sind auch nicht weiter verwunderlich.

Letztlich habe ich Bochs hier deshalb vorgestellt, weil es eine einfache Möglichkeit bietet, sich erst einmal eingehend mit DOS und seinen Dienstprogrammen befassen zu können, ohne den Rechner komplett neu konfigurieren oder die Festplatte neu partitionieren und formatieren zu müssen. Wenn Sie mehr mit DOS arbeiten wollen oder müssen, sollten Sie sich eine 2-GB-Partition am Anfang einer Festplatte einrichten und die Anschaffung bzw. Installation eines Boot-Managers (wie er z.B. in PartitionMagic enthalten ist) in Betracht ziehen. (Für umfangreichere Vorhaben benutze ich üblicherweise eine alte Festplatte in einem Wechselrahmen.)

> Ein Problem mit DOS auf virtuellen Maschinen besteht darin, dass die verschiedenen DOS-Versionen in eine Leerlaufschleife gehen, bei der das Host-Betriebssystem nicht merkt, dass DOS eigentlich untätig ist. Die Folge davon ist, dass die virtuelle DOS-Maschine unverhältnismäßig viel Rechenzeit verbraucht. Für Abhilfe kann hier ein kleines Programm sorgen, das den Namen DOSIDLE trägt.

A.12 Alternativen

Während Bochs kostenlos erhältlich ist und sich bereits mit Windows 9x/Me begnügt, kosten kommerzielle Alternativen schon ein wenig Geld und setzen Windows 2000/XP (oder Linux/Unix) voraus. Die Ihnen dann zur Verfügung stehenden Möglichkeiten gehen zwar über die unter Bochs hinaus, sind aber für die ersten Schritte mit DOS wahrscheinlich zu weitreichend. Das in diesem Bereich wohl bekannteste Programm ist VMware Workstation.

Abbildung A.12: DOS auf einer virtuellen Maschine unter VMware Workstation

B Netzwerke unter DOS

Zugegeben, die Netzwerkfunktionen von DOS waren über die Jahre hinweg kaum der Rede wert und das Laden des Treibers in der CONFIG.SYS, mit der sich die Verbindung zu NetWare-Servern herstellen lässt, wäre auch keinen eigenen Abschnitt wert. Aber immerhin befindet sich im Lieferumfang von DR-DOS 6 und der mit ihm verwandten Varianten (Novell DOS/Open DOS) NetWare Lite bzw. Personal NetWare. Und damit ist es durchaus möglich, nur mit den Bordmitteln von DOS Verbindungen zu Netzwerken herzustellen, so dass auch mit älteren Rechnern der Zugriff auf die Ressourcen von z.B. Windows-Rechnern möglich wird. Und im Lieferumfang sind auch Programme für Windows 3.x enthalten, so dass Sie auch mit alten Rechnern und alter Software Verbindung zur modernen Windows-Welt aufnehmen können. Personal NetWare verwendet dabei SNMP (Simple Network Management Protocol) und IPX/SPX. Das IPX/SPX-kompatible Protokoll können Sie unter den neueren Windows-Versionen über das Symbol NETZWERK in der Systemsteuerung hinzufügen.

Hier jetzt allerdings ausführlich auf Netzwerke einzugehen, würde den Rahmen dieses Buches doch deutlich sprengen. Natürlich benötigen Sie aber einen Netzwerkadapter (NIC – Network Interface Card bzw. Netzwerkschnittstellenkarte), der unter DOS genutzt werden kann und von Personal NetWare unterstützt wird. Und das könnte bereits problematisch werden, da die Auswahlliste im Prinzip nur die alten Adapter für die ISA-Steckplätze enthält, die in den modernen Rechnern von den PCI-Steckplätzen völlig verdrängt worden sind. Zu einem weiteren Stolperstein kann dann das Koaxialkabel werden, das damals verbreitet der Verbindung der Rechner diente, während heute TP-Kabel (Twisted Pair – paarweise verdrillte Leitungen, wie sie auch in anderer Kabelqualität bei ISDN-Verbindungen genutzt werden) üblich sind. (Im Elektronik-Fachhandel sollte die-

B Netzwerke unter DOS

ses Kabel mit einem Innenwiderstand von 50 Ohm aber ebenso wie die erforderlichen T-Stücke, BNC-Stecker und Abschlusswiderstände auch heute noch ohne größere Probleme erhältlich sein.)

Wenn Sie also noch über einen älteren Rechner und entsprechende Ausstattung verfügen, dann finden Sie in diesem Kapitel ein paar kurze Hinweise zur Einrichtung von Personal NetWare. Weiterhin können Sie unter DOS auch die Netzwerkfähigkeiten von Windows für Workgroups nutzen. Diese Netzwerkfunktionen setzen auf dem Protokoll NetBEUI auf, das heute zunehmend von TCP/IP verdrängt wird.

> Die zuletzt erhältlichen ISA-Netzwerkadapter basierten überwiegend auf dem Chip Realtek RTL8019. Diese ließen sich mit ihrem Einrichtungsprogramm in einen Jumperless-Modus umschalten. Dann lassen sich die Werte fest einstellen. Da das Einrichtungsprogramm bei einem erneuten Aufruf gegebenenfalls vorhandene Konflikte erkennt und zu beseitigen versucht und die Karten NE2000-kompatibel sind, eignen sie sich für die Nutzung mit Personal NetWare. (Es dürfte aber unwahrscheinlich sein, dass der Fachhandel derartige Netzwerkadapter noch auf Lager hat, zumal Windows XP keine ISA-Netzwerkadapter mehr unterstützt.)

B.1 Grundkonfiguration von Personal NetWare

Mit Personal NetWare können Sie ein so genanntes Peer-to-Peer-Netzwerk (ein Netzwerk gleichberechtigter PCs) einrichten und betreiben und darüber hinaus auf Server (bedienende Rechner) zugreifen, auf denen Novell NetWare läuft oder das IPX/SPX-Protokoll installiert ist. Die Grundkonfiguration eines solchen Netzwerks soll hier kurz beschrieben werden.

Grundkonfiguration von Personal NetWare

Die Personal-NetWare-Programme werden bei der Installation von DR-DOS (OpenDOS/Novell DOS) auf die Festplatte (in das Verzeichnis NWCLIENT) übertragen, wenn die entsprechende Option aktiviert wurde. Dabei werden aber ausschließlich die benötigten Programme auf die Festplatte kopiert. Um mit Personal NetWare arbeiten zu können, sind einige weitere Schritte vonnöten, die auf allen Netzwerkrechnern durchgeführt werden müssen. Dabei müssen Sie mit einem Rechner beginnen, der Ressourcen für andere Rechner freigibt.

Server-SETUP

Dazu rufen Sie das Setup-Programm von der Befehlszeile aus durch Eingabe von SETUP auf.

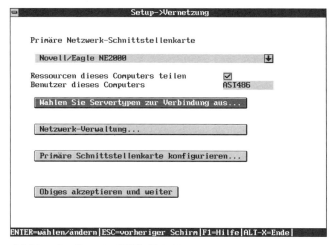

Abbildung B.1: Zentraler SETUP-Bildschirm zur Einrichtung von Personal NetWare

B Netzwerke unter DOS

Anschließen wählen Sie die Option VERNETZUNG (NETWORKING). Die Bedienung des Programms sollte Ihnen keine weiteren Probleme bereiten, da sie weitgehend den auch unter Windows üblichen Gepflogenheiten folgt.

Anschließend müssen Sie die verschiedenen Optionen abklappern und Ihre Eintragungen vornehmen:

- Unter PRIMÄRE NETZWERK-SCHNITTSTELLENKARTE (PRIMARY NETWORK INTERFACE CARD) wählen Sie Ihr Netzwerkkarten-Modell aus. Die Auswahlliste können Sie dabei durch Drücken von ↵ öffnen.
- Die Option RESSOURCEN DIESES COMPUTERS TEILEN (SHARE THIS COMPUTER'S RESOURCES) muss gegebenenfalls beim ersten Rechner, den Sie für den Netzwerkeinsatz konfigurieren, aktiviert werden.
- Unter BENUTZER DIESES COMPUTERS (USER OF THIS COMPUTER) tragen Sie normalerweise Ihren Namen oder den Namen des Rechners ein, bei dem es sich im Beispiel um einen alten 486er handelt. Diese Eintragung dient als Benutzername.

Danach wenden Sie sich der Option WÄHLEN SIE SERVERTYPEN ZUR VERBINDUNG AUS... (SELECT SERVER TYPES TO CONNECT TO...) zu.

Wenn Sie nur mit Personal NetWare arbeiten und keine Verbindung zu NetWare-Servern (IPX/SPX-Servern) herstellen, aktivieren Sie nur die Option PERSONAL NETWARE DESKTOP SERVER. Wenn Sie sich mit einem anderen IPX/SPX-Server verbinden wollen, wählen Sie die Option NETWARE 4.X SERVER. Als Name für die bevorzugte Arbeitsgruppe wurde im Beispiel mein Vorname gewählt. Innerhalb von Unternehmen können Sie hier z.B. die Bezeichnung einer Abteilung (oder den Namen eines Gruppenleiters) eintragen. Unter dem angegebenen Namen sollte später aber auch wirklich eine Arbeitsgruppe existieren. Auf dem ersten Rechner, auf dem die Einrichtung erfolgt, wird diese bevorzugte Arbeitsgruppe üblicherweise später auch unter diesem Namen angelegt.

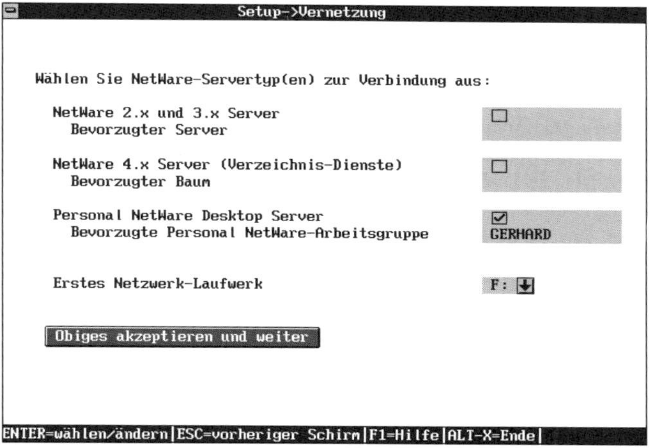

Grundkonfiguration von Personal NetWare

Abbildung B.2: Auswahl der Servertypen für Personal NetWare

Bleibt die Option ERSTES NETZWERK-LAUFWERK (FIRST NETWORK DRIVE). Standardmäßig ist hier F: eingetragen. Beliebt ist es jedoch, auf Rechnern mit großen Festplatten mehrere logische Laufwerke einzurichten, die dann z.B. unter den Buchstaben D: und E: ansprechbar sind, während Rechner mit kleineren Festplatten meist nur über das Laufwerk C: verfügen. Dann können Sie diesen Eintrag je nach Bedarf ändern. Sie sollten dabei aber möglichst dafür sorgen, dass die Laufwerke von allen Clients aus unter dem gleichen Kennbuchstaben angesprochen werden können, da Ihnen dies gegebenenfalls anstehende Verwaltungsaufgaben ungeheuer erleichtern kann.

Wenn Sie nun OBIGES AKZEPTIEREN UND WEITER (EXIT THIS SCREEN) wählen, landen Sie wieder im zentralen Bildschirm der Netzwerk-Einrichtung. Dort wählen Sie dann NETZWERK-VERWALTUNG (NETWORK MANAGEMENT...). Lassen

B Netzwerke unter DOS

Sie dort am besten die Vorgaben stehen. Der SNMP-Agent dient dem Zweck der Ferndiagnose und sollte wegen seines Speicherbedarfs nur aktiviert werden, wenn er wirklich benötigt wird.

Zurück im zentralen Bildschirm der Netzwerk-Einrichtung wählen Sie PRIMÄRE SCHNITTSTELLENKARTE KONFIGURIEREN (CONFIGURE PRIMARY INTERFACE CARD...) und nehmen die Eintragungen so vor, dass sie der Konfiguration Ihres Netzwerk-Adapters entsprechen. Meist genügen hier die Eintragungen für den IRQ (INT) und die I/O-Adresse (PORT), so dass Sie die weiteren Eintragungen übergehen können.

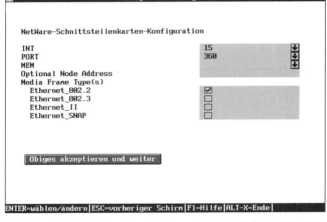

Abbildung B.3: Die Konfiguration des Netzwerkadapters für Personal NetWare

Welche Option der folgenden vier Sie dann wählen, ist eigentlich egal, solange Sie »nur« privat mit Personal NetWare arbeiten wollen. Die Auswahl muss dann nur auf allen eingesetzten Rechnern übereinstimmen.

Grundkonfiguration von Personal NetWare

Wählen Sie zwei Mal OBIGES AKZEPTIEREN UND WEITER (EXIT THIS SCREEN) und anschließend ÄNDERUNGEN SICHERN UND ENDE (SAVE CHANGES AND EXIT). Abschließend werden Sie kurz danach darüber informiert, dass die Einrichtung beendet ist. Danach können Sie das Betriebssystem neu starten oder zu DOS zurückkehren.

Beim nächsten Rechnerstart werden Sie gefragt, ob Sie die Netzwerk-Software laden wollen, da die folgende Zeile am Ende der Datei AUTO-EXEC.BAT hinzugefügt worden ist:

```
?"Netzwerk-Software laden? (J/N)
?"CALL C:\NWCLIENT\STARTNET.BAT
```

STARTNET lautet dementsprechend der Befehl, über den Sie denn auch Personal NetWare nachträglich von der Befehlszeile aus starten können. Dahinter verbirgt sich eine Stapeldatei, die Befehle zum Starten von Personal NetWare enthalten wird. Aber damit ist die Konfiguration von Personal NetWare noch nicht abgeschlossen, denn bisher haben wir fast ausschließlich die Hardware konfiguriert. In weiteren Schritten müssen noch Arbeitsgruppen eingerichtet und die für andere Rechner freizugebenden Ressourcen festgelegt werden. Auch diese Aufgaben lassen sich weitgehend mit Hilfe des SETUP-Programms erledigen, das momentan über eine Zeile am Ende der Datei STARTNET.BAT (im Verzeichnis NWCLIENT) automatisch aufgerufen wird, die folgendermaßen lautet:

```
C:\DRDOS\SETUP /FIRST
```

(Je nach eingesetzter DR-DOS-Variante kann der Name des Verzeichnisses natürlich anders lauten.)

SETUP /FIRST

Wenn STARTNET.BAT erstmals aufgerufen wird, gelangen Sie wieder in das SETUP-Programm. Lesen Sie sich die auf dem Bildschirm angezeigten Hinweise aufmerksam durch. Wie Sie erfahren, können Sie das erstmalige Setup auch überspringen. Dann müssten Sie die folgenden Eintragungen jedoch über den Befehl NET ADMIN vornehmen. Anfangs ist es sicherlich leichter, wenn Sie den vorgegebenen Weg beschreiten.

B Netzwerke unter DOS

WEITER MIT ERSTMALIGEM SETUP bringt Sie zu einem Bildschirm, in dem Sie den Namen der einzurichtenden Arbeitsgruppe ändern können. Vorgegeben wird hier der zuvor bereits vorgenommene Eintrag, den Sie am besten akzeptieren. Damit gelangen Sie zu einem Bildschirm, in dem Sie Freigaben für Drucker und Festplattenlaufwerke festlegen können.

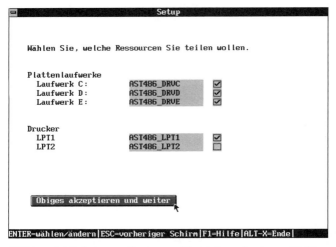

Abbildung B.4: Freigaben von Druckern und Festplatten unter Personal NetWare

Die Bezeichnungen für diese Geräte innerhalb der Arbeitsgruppe bestehen standardmäßig aus dem Benutzernamen (hier AST486), einem Unterstrich sowie DRV und einem Buchstaben für Laufwerke (DRiVes) bzw. LPT und 1 oder 2 für die parallelen Druckerschnittstellen. Auch hier gilt: Am besten, Sie halten sich an die vorgeschlagenen Standards und legen lediglich fest, was freigegeben werden soll, ohne die aufgeführten Namen zu ändern.

Die folgenden Meldungen brauchen Sie jeweils nur noch mit einem Tastendruck zu bestätigen. Nun sind Sie zwar in einer Arbeitsgruppe als Benutzer angemeldet, haben aber noch kein Passwort. Im Vertrauen: Solange Sie Ihre Rechner privat nutzen, brauchen Sie auch keins.

Abschließend ändert SETUP die Datei STARTNET.BAT und trägt dort anstelle von SETUP /FIRST den Aufruf zur Anmeldung im Netzwerk ein:
C:\NWCLIENT\NET LOGIN

Spätere Konfigurationsänderungen

Sie können nachträglich nach Herzenslust freigegebene Geräte ändern, Benutzer und Arbeitsgruppen anlegen, Zugriffsbeschränkungen einrichten und Ähnliches. Für dies alles ist das Dienstprogramm NET zuständig. Für administrative Zwecke rufen Sie es mit NET ADMIN auf.

> Halten Sie vergebene Namen, freigegebene Ressourcen und Ähnliches möglichst schriftlich fest.

Personal NetWare auf weiteren Rechnern konfigurieren

Die nächsten Schritte entsprechen im Wesentlichen den bereits für den ersten Rechner des Netzwerks beschriebenen. Dazu müssen Sie aber den zuerst konfigurierten Rechner gestartet und im Netz angemeldet haben, bevor Sie SETUP auf weiteren Rechnern aufrufen, um diese ebenfalls zu konfigurieren. Freigegebene Ressourcen stehen dabei bereits zur Verfügung. Nutzen können Sie diese von Client-Rechnern aus aber erst dann, wenn diese sich anmelden. Dies geschieht am einfachsten auf dem menügesteuerten Weg. Geben Sie einfach in der Befehlszeile ein:
NET

Die Bedienung dieses Programms dürfte Ihnen nicht weiter schwer fallen, wenn Sie dabei die in der untersten Bildschirmzeile aufgeführten Kurzbefehle beachten.

Wenn Sie die vorgenommenen Zuordnungen bzw. Umleitungen in der gleichen Form immer wieder nutzen wollen, sollten Sie diese auf jeden Fall abspeichern. Ansonsten müssen Sie nämlich nach jedem Neuanmelden im Netzwerk und einem Aufruf von NET von vorn beginnen. Diesem Zweck dient die Option SKRIPT SICHERN (SAVE SCRIPT) des DATEI-Menüs. Sie erstellt eine Datei mit den vorgenommenen Zuordnungen/Umleitungen und den entsprechenden Befehlszeilenversionen der Befehle. Diese Datei trägt den Namen PNWLOGIN.SCR und enthält neben Einstellungen für die Arbeitsgruppen auch Einstellungen für die DOS-Umgebung. Die in dieser Datei enthaltenen Anweisungen werden bei jeder Anmeldung im Netzwerk automatisch abgearbeitet. Personal NetWare versteckt PNWLOGIN.SCR in einem mit einer achtstelligen Ziffern-Buchstaben-Kombination benannten Verzeichnis unterhalb von NWCNTL\MAIL.

> STARTNET.BAT und PNWLOGIN.SCR sind reine Textdateien, die sich dementsprechend mit EDIT bearbeiten lassen. PNWLOGIN.SCR lässt sich aber auch über die Option SKRIPT EDITIEREN des DATEI-Menüs bearbeiten.

Arbeiten mit Personal NetWare

Damit kennen Sie bereits die wichtigsten Schritte, die zum Einrichten und Betreiben eines einfachen Netzes mit Personal NetWare erforderlich sind. Nach der Umleitung der Drucker und der Zuordnung der Laufwerke können Sie diese genau so nutzen, als ob sie sich in dem Rechner befänden, an dem Sie gerade arbeiten. Außer der notwendigen Eingabe des Benutzernamens beim Rechnerstart ändert sich im einfachsten Fall darüber hinaus kaum etwas. Am auffälligsten dürfte der Umstand sein, dass Server (Rechner, die Ressourcen zur Verfügung stellen) nicht mehr direkt

Grundkonfiguration von Personal NetWare

über die Tastenkombination [Alt]+[Strg]+[Entf] neu gestartet werden können. Vielmehr wird zunächst ein kleines Auswahlmenü angezeigt, das Sie über von anderen Rechnern geöffnete Dateien auf dem Server informiert. Sie haben dann die in der Abbildung wiedergegebenen Auswahlmöglichkeiten.

```
═══════════════ Herunterfahren des Personal NetWare Servers
Anzahl aktiver Verbindungen:                                1
Geöffnete Dateien auf dem Server:                           3

1. Inaktivieren des Servers ohne Neustart
2. (oder STRG-ALT-ENTF)  Neustart des Rechners


Anfrage:
Zulässige Tasten: Esc (Abbruch), Zahl ═══════════════════
```

Abbildung B.5: Abfrage beim Herunterfahren eines Personal-NetWare-Servers

Wenn Sie mit Personal NetWare arbeiten, sollten Sie sich aus Gründen der Datensicherheit immer erst vom Netz abmelden, bevor Sie Ihren Rechner neu starten oder ausschalten. Dafür ist der Befehl NET LOGOUT zuständig. Dies können Sie auch zwischenzeitlich machen. Mit NET LOGIN können Sie sich wieder im Netz anmelden.

NET-Befehle

Abschließend sollen nun noch die wichtigsten Befehle zum Einrichten und Arbeiten mit Personal NetWare in Kurzform vorgestellt werden, die der Pflege und Wartung des Netzwerks dienen. Diese ausführlicher zu behandeln, würde den vorgegebenen Rahmen bei weitem sprengen. Wenn Sie weitergehende Informationen benötigen, erhalten Sie diese unter NET HELP und DOSBOOK.

B Netzwerke unter DOS

Befehl	Funktion
NET ADMIN	Verwaltung und Überwachung der Netzwerkgruppe (menügeführt).
NET AUDIT	Anzeige des Status und Schreiben eines Eintrags in das Prüfprotokoll.
NET CAPTURE	Umleiten von Schnittstellen und Vornehmen von Einstellungen.
NET CONNECT	Anzeigen/Hinzufügen von Server-Arbeitsgruppen und Baumverbindungen.
NET CONSOLE	Anzeige der Verbindungsinformationen eines Servers.
NET CONTEXT	Anzeige der aktuellen Position im Verzeichnisbaum und Eingabe eines neuen Kontexts.
NET DIAGS	Personal NetWare-Diagnoseprogramm starten (menügeführt).
NET DOWN	Herunterfahren eines Servers, so dass er keine Anfragen mehr beantwortet.
NET HELP	Aufrufen von Hilfe zu einem NET-Befehl.
NET INFO	Anzeige der Software-Version und Ihres Benutzernamens.
NET JOIN	Eintreten in die aktuelle Arbeitsgruppe.
NET LINK	Einstellen der Anzahl der Wiederholversuche beim Verbindungsaufbau, der Wartezeit und der Sendeverzögerung.
NET LOGIN	Anmelden bei einer Arbeitsgruppe.
NET LOGOUT	Abmelden bei einer Arbeitsstation.
NET MAP	Anzeige von Laufwerk-Verbindungen.
NET NTIME	Synchronisieren der Uhren der Server.
NET PLIST	Auflisten der verfügbaren Netzwerk-Drucker.
NET PRINT	Drucken einer Datei über Netzwerk-Drucker.

Grundkonfiguration von Personal NetWare

Befehl	Funktion
NET RECEIVE	Steuerung des Meldungsempfangs auf einer Arbeitsstation.
NET RIGHTS	Einstellung von Benutzer-Zugriffsrechten.
NET SAVE	Speichern von aktuellen Netzwerk-Einstellungen in einer Stapeldatei.
NET SEND	Senden einer Nachricht an angemeldete Benutzer.
NET SETDOG	Einstellen der Überwachungsprogramm-Abfragehäufigkeit.
NET SETPASS	Einstellen des Passworts für Server, Arbeitsgruppe oder Verzeichnisbaum.
NET SHARE	Gemeinsames Benutzen eines lokalen Verzeichnisses oder Druckers.
NET SLIST	Auflisten verfügbarer Server und ihrer Netzwerkadressen.
NET SYNC	Synchronisieren einer Arbeitsstation mit anderen Stationen.
NET TIME	Synchronisieren der Uhrzeit einer Arbeitsstation mit der eines Servers.
NET ULIST	Auflistung aller im Netzwerk angemeldeten Benutzer (User).
NET USER	Zugriff auf das Benutzer-Dienstprogramm (menügeführt).
NET VLIST	Liste der Netzwerk-Datenträger (Volumes) anzeigen.
NET WAIT	Warten vor der Ausführung eines Befehls.
NET WGFIND	Auflisten aller Arbeitsgruppen (WorkGroups) im Netzwerk.
NET WGLIST	Auflisten aller Arbeitsgruppen (WorkGroups) in definierten Arbeitsgruppen-Leitwegen.
NET XLIST	Auflistung der Dienste-Erweiterungen.

Tabelle 2.1: Parameter des NET-Befehls von Personal NetWare

Abschließende Hinweise

Zum Schluss dieser Kurzeinführung in Personal NetWare noch einige Hinweise:

- Naturgemäß lassen sich die meisten NET-Befehle nur nutzen, wenn Sie Ihren Rechner im Netzwerk angemeldet haben.
- Als Merkhilfe kann Ihnen der Hinweis dienen, dass es viele NET-Befehle in Varianten für Benutzer (U – User), Server (S), Drucker (P – Printer) und Laufwerke (V – Volumes) gibt.
- Wenn außer Ihnen andere Personen Ihre(n) Rechner nutzen, sollten Sie gegebenenfalls dem Supervisor-Konto ein Passwort geben und überlegen, wem Sie Arbeitsgruppenverwalter-Rechte einräumen. Die notwendigen Schritte führen Sie über NET ADMIN aus.
- Wenn Sie Personal NetWare von der Festplatte entfernen wollen, brauchen Sie dazu einfach nur die Verzeichnisse \NWCLIENT und \NWCNTL sowie die Zeile mit dem Aufruf von STARTNET.BAT aus der AUTOEXEC.BAT zu entfernen.

B.2 Anbindung an Windows

Sollten Sie nun glauben, dass es ähnliche Möglichkeiten nicht mit MS-DOS gäbe, dann muss ich Sie enttäuschen. Ich werde hier zwar nicht ausführlicher darauf eingehen, aber es gab sogar einmal eine zusätzliche Diskette, die den Namen »Anbindung an MS Workgroups« trug, die sich dann aber nie im offiziellen Lieferumfang von MS-DOS wiedergefunden hat. Letztlich verbergen sich dahinter lediglich jene Programme aus dem Lieferumfang von Windows für Workgroups, mit denen auch von der Befehlszeile aus eine Anmeldung bei NetBEUI-Netzwerken möglich ist, denen ein eigenes Installationsprogramm zur Seite gestellt wurde. Die zentrale Stellung innerhalb dieser Dateien nimmt wie bei Personal NetWare eine Datei namens NET.EXE ein, die auch unter Windows 9x/Me (allerdings in völlig veränderter Form) weiterhin existiert.

Wenn Windows für Workgroups installiert ist, können Sie also auch über DOS auf freigegebene Ressourcen anderer Rechner zugreifen. Beim Aufruf des NET-Befehls ohne Parameter wird unter DOS/Windows 3.x eine einfache zeichenorientierte Oberfläche angezeigt, über die sich die gängigsten Aufgabenstellungen im Netzwerk erledigen lassen.

B.3 Netzwerkdiagnose mit DOS-Programmen

Damit nähern wir uns dem Ende dieses Kapitels und kommen zu jenen DOS-Hilfsprogrammen, die die Einrichtung von Netzwerken unter Windows 9x/Me und selbst unter Windows 2000/XP unterstützen.

PING

Wenn ein TCP/IP-Netzwerk unter Windows eingerichtet wurde, kann man dessen Funktion vom lokalen Rechner aus prüfen, indem man diesen selbst »anpingt«. Weiterhin lassen sich mit PING auch symbolische Namen im Internet auflösen.

```
C:\WINDOWS>ping 192.168.10.8

Ping wird ausgeführt für 192.168.10.8 mit 32 Bytes Daten:
Antwort von 192.168.10.8: Bytes=32 Zeit<10ms TTL=128
Antwort von 192.168.10.8: Bytes=32 Zeit<10ms TTL=128
Antwort von 192.168.10.8: Bytes=32 Zeit<10ms TTL=128
Antwort von 192.168.10.8: Bytes=32 Zeit<10ms TTL=128

Ping-Statistik für 192.168.10.8:
    Pakete: Gesendet = 4, Empfangen = 4, Verloren = 0
    (0% Verlust),
Ca. Zeitangaben in Millisek.:
    Minimum = 0ms, Maximum =  0ms, Mittelwert =  0ms
```

B Netzwerke unter DOS

In diesem Beispiel wird ein Rechner angepingt, der die TCP/IP-Adresse 192.168.10.8 hat. Dabei kann es sich sowohl um den Rechner handeln, auf dem der PING-Befehl ausgeführt wird, als auch um einen anderen Rechner im lokalen Netzwerk, der mit diesem verbunden ist, auf dem ebenfalls das TCP/IP-Protokoll ausgeführt wird und der eigentlich antworten müsste. Wird geantwortet, bedeutet dies, dass TCP/IP korrekt installiert ist, so dass Fehler gegebenenfalls an anderer Stelle gesucht werden müssen. Antwortet der lokale Rechner (von dem aus der Befehl abgesetzt wurde) zwar, wenn er selbst angepingt wird, während andere Rechner die Antwort schuldig bleiben, dann stimmt entweder mit der Verkabelung oder mit der TCP/IP-Installation auf dem angepingten Rechner etwas nicht. (Lassen Sie den fraglichen Rechner dann erst einmal sich selbst anpingen.)

```
C:\WINDOWS>ping XP2000
PING wird ausgeführt für xp2000 [192.168.10.8] ...
```

Hier erhalten Sie dasselbe Ergebnis wie eben, nur dass im PING-Befehl der Name (und nicht die TCP/IP-Adresse) eines Rechners angegeben wird. Auf diese Weise können Sie für bekannte symbolische Namen deren numerische TCP/IP-Adresse ermitteln. Das folgende Beispiel zeigt dies bei einer bestehenden Internet-Verbindung:

```
C:\WINDOWS>ping www.microsoft.de
PING wird ausgeführt für www.microsoft.de [212.184.80.190] ...
```

> Windows 9x/Me verhält sich im Netzwerk manchmal ein wenig merkwürdig. So kann es vorkommen, dass Rechner, auf denen keine Ressourcen freigegeben sind, manchmal unter Windows partout nicht in der NETZWERKUMGEBUNG auftauchen, obwohl TCP/IP korrekt eingerichtet und auch die Verkabelung in Ordnung ist. (Löschen Sie dann gegebenenfalls bereits vorhandene Freigaben und geben Sie zumindest ein Verzeichnis neu frei. Nach einem Neustart des Rechners wird er dann üblicherweise gefunden.)

TCP/IP-Einstellungen anzeigen

Sollten Sie Ihre eigene IP-Adresse vergessen haben oder in Erfahrung bringen wollen, greifen Profis üblicherweise auf das Befehlszeilenprogramm IPCONFIG zurück. Für den genannten Zweck reicht es aus, wenn Sie den Befehl ohne weitere Parameter an der Eingabeaufforderung angeben:

```
C:\WINDOWS>ipconfig
Windows Me IP-Konfiguration
0 Ethernet Adapter :
        IP-Adresse. . . . . . . . . : 192.168.10.8
        Subnet Mask . . . . . . . . : 255.255.255.0
        Standard-Gateway  . . . . . :
```

Im Beispiel werden Adressen aus dem für private Zwecke vorgesehenen und reservierten IP-Adressbereich verwendet.

Ausführlichere Angaben erhalten Sie, wenn Sie IPCONFIG /ALL eingeben. Dann erfahren Sie beispielsweise, ob Ihr Rechner mit ICS arbeitet, ob ein DHCP-Server und ein DNS-Server im Netzwerk vorhanden sind und wie deren Adressen lauten. Einzelheiten dazu sollten Sie aber Quellen entnehmen, die sich speziell mit dem Thema Netzwerke befassen. Durch Eingabe von IPCONFIG /? erfahren Sie darüber hinaus mehr zu den weiteren Schaltern des Befehls IPCONFIG.

> PING und IPCONFIG lassen sich normalerweise natürlich nur im DOS-Fenster unter Windows sinnvoll einsetzen.

ISBN 3-8266-0941-7
www.mitp.de

Matthias Günter

IT-Fachabkürzungen Ge-Packt

Die praktische Referenz

Abkürzungen sind in der IT-Welt weit verbreitet, werden aber meist nicht weiter erklärt. Oft sind sie sogar der Schlüssel zum Verständnis eines ganzen Textes. Mit dieser Referenz werden mehr als 2.600 Abkürzungen aus den Bereichen EDV, Hardware, Programmiersprachen, Betriebssysteme, Internet, Netzwerke, Telekommunikation und Elektronik kurz und kompakt erläutert und somit schnell verfügbar. Es handelt sich hierbei um deutsche und englische Abkürzungen, die zum Verständnis von Fachliteratur in Beruf und Studium benötigt werden. Mit dieser handlichen Referenz sind Abkürzungen für Sie kein Rätsel mehr.

Stichwortverzeichnis

Symbole
%SystemRoot% 172
.BAT 35
.COM 35
.EXE 35
@ 212

Numerisch
12-Stunden-Format 82
32-Bit-Dateizugriff 434
32-Bit-Zugriff 434
4DOS 431

A
A20-Leitung 134
Abbild 281
Abzug 281
Abzüge 66
ACALC 213
ACCDATE 214
Aliasname 69
Alice 509
AMI-BIOS 44
Anführungszeichen 72
ANSI.SYS 214
Anwendungsprogramme 31
APPEND 36, 217
Arachne 509
ASSIGN 219
ASSOC 204
AT 204
ATTRIB 93, 221
ATTRIB.EXE 93, 482
Attribut-Byte 94
Attribute
   erweiterte 94
AT-Zeichen 151
Audiodateien 510
AUTOEXEC.BAT 29, 126-127, 150-151
   Sichern 96
AUTOEXEC.NT 172
AUX 76

B
Backslash 43, 96, 100
Backspace 39
BACKUP 223
BATCH 204
Batch-Dateien 126, 158, 169, 193
Befehle
   externe 34
   Interne 34
Befehlsinterpreter 28, 126
Befehlszeile editieren 49
Benutzername 540
Berkeley Utilities 484
Betriebssysteme 21
Bildschirm löschen 86
BIOS 26, 513

Stichwortverzeichnis

BIOS-Setup
    Aufrufen 44
Bochs 511
BOOTCFG 204
Booten 22
Bootsektor 22
Bootsektor-Viren 46
Borland 16
BREAK 225
BROWSE 196
BSD-Partitionen 321
BUFFERS 145, 226
BUFFERSHIGH 226
BXIMAGE.EXE 527

C

CAB-Datei 93, 482
Cache 152
CACLS 204
Caldera 16, 199
CALL 227
Capitals Lock 38
Carriage Return 39
CD 100, 228
CED 289
Central Point Backup 110
CHAIN 230
CHCP 231
CHDIR 228
CHECK 196
CHECK (Stacker 4.0) 117
CHKDSK 232
CHKDSK.EXE 482
CHKSTATE.SYS 369
CHOICE 234
CLOCK$ 76
CLS 86, 156, 237
CMD 204
CMD.EXE 34
CMDREF.INF 58, 195
CNFIGNAM 196
Codepage 334
COLOR 204
COM 76
COMMAND 237
COMMAND.COM 29, 126
    nicht gefunden 445
    resident 28
COMMENT 241
COMP 241
COMPACT 205
COMSPEC 55, 430
CON 76
CONFIG 196
CONFIG (Stacker 4.0) 117
CONFIG.NT 172
CONFIG.SYS 29, 125, 127, 139
    sichern 96
Control 38
CONVERT 205
COPY 95, 243
COPY CON 89
COUNTRY 146, 246
COUNTRY.SYS 146, 271
CPBACKUP 111, 248
CPBDIR 250
CPOS 251
CPSCHED 251
CR 39
CRC 196
CREATE 196, 202, 252

CREATE (Stacker 4.0) 117
Creative 157
Crippleware 31
CTTY 253
CURSOR 254

D

D??SPACE.BIN 331
DATAMON 255
DATE 256
Datei, temporäre 432
Dateiattribute
  ändern 93
Dateien 66
  ausführbare 35
  kopieren 95
  löschen 91
  suchen 277
  umbenennen 86
Dateiname 67
  lange 69
Dateinamen, reservierte 76
Dateinamenerweiterungen 35, 67
Datumformat 146
DBLBUF.SYS 258
DBLBUFF.SYS 257
DBLSPACE 257
DBLSPACE.BIN 28
DBLSPACE.SYS 196, 257
DCONVERT 196, 202
DCONVERT (Stacker 4.0) 117
DEBUG 258
DEFRAG 114, 259
Defragmentierung 259
DEL 91, 262

DELOLDOS 263
DELPURGE 264
DELQ 265
DELTREE 104, 265
DELTREE.BAT 105
DELWATCH 266
Demoware 31
DEVICE 141, 269
DEVICEHIGH 142, 271
Devicelogics 16, 199
DEVLOAD 160, 201
DEVLOAD.COM 480
DEVSWAP.COM 273
Dienstprogramme 29
Differenzielle Sicherung 111
Digital Research 16
DIR 81
DIR (DR-DOS) 274
DIR (MS-DOS/PC DOS) 275
DIRCMD 84, 154
DIRCMD, Umgebungsvariable 57
Directories 97
DISABLE 205
Disk Images 488
Disk Manager 498
DISKCOMP 278
DISKCOPY 65, 279, 528
DISKCOPY (DR-DOS) 528
DISKCOPY.COM 482
Diskette, bootfähige 469
Disketten kopieren 64
DISKMAP 282
DISKMAP.DAT 282
DISKOPT 114, 283
DISKPART 205, 500, 505

DISPLAY.SYS 149, 284
DMF-Disketten 314
DOCS 513
DOS 143
DOS (Befehl) 285
DOSBOOK 59
DOSBook 286
DOSDOCK 196
DOS-Eingabeaufforderung 46
DOSERROR.INF 195
DOSIDLE 534
DOSKEY 49, 150, 287
DOSKEY.COM 481
DOSPRMPT.PIF 47
DOSREXX.INF 195
DOSSHELL 290
DOS-Shell 32, 123
DOS-Spiele 47
DOSSWAP.EXE 290
DOS-Version ermitteln 53
DoubleSpace 115
DPMI 144, 173, 291
DPMI.EXE 173
DPMS (Stacker 4.0) 117
DPMS (Stacker) 196
DPMS.EXE 150, 173
DR DOS 197
DR-DOS 7.04 504
DR-DOS 7.05 504
DRDOS.INI 154
DRDOSCFG 154
DRFAT32 483, 503
Drive Image 491
DRIVER.SYS 292
DriveSpace 115
DRIVPARM 294

DRMOUSE 155, 201
DRMOUSE.COM 483
DRVLOCK 181
DRVSPACE 296
DRVSPACE.BIN 28, 298
DRVSPACE.INI 298
DRVSPACE.SYS 298
DSVXD.386 109
DYNALOAD 141, 151, 160-161, 299
DYNALOAD.COM 480

E
E 137, 300
EANSI.SYS 216, 379
EBD.CAB 91, 93, 473
ECHO 301
ECHO OFF 151
EDIT 136, 302, 480
EDIT.EXE 138
EDIT.HLP 137
EDITOR 137
EDLIN 302
EGA.SYS 290
Einfügemodus 39, 49
Eingabeaufforderung 46
Einschaltselbsttest 22, 44
EJECT 181
EMM386.EXE 147, 303
EMMM386.EXE 481
EMS 136, 147
ENABLE 205
ENDLOCAL 205
ERA 262, 311
ERAQ 265, 311
ERASE 262, 311
ERRORLEVEL 170, 236, 345

Erweiterte Partition 499
Escape 38
Exception error 12 438
EXE2BIN 311
EXIT 206, 312
EXPAND 123, 206, 312
EXPAND.EXE 129
Expanded Memory 136, 147
EXtended Density Format 130
Extended Memory 134, 147
Externe Befehle 34
EXTRACT 123, 314
EXTRACT.EXE 93, 482

F

Fastback Express 110, 201
FASTHELP 58, 315
FASTOPEN 316
FASTOPEN.EXE 348
FBX 111, 201, 317
FC 317
FCBS 319
FCBSHIGH 319
FDISK 320, 498, 500
FDISK.EXE 482
Feststelltaste 38
File Control Blocks 319
File Handles 319, 323
FILELINK 322
FILES 144, 323
FILESHIGH 323
Filterzeichen 89
FIND 90, 323
FINDSTR 206
Firmware 21
FIXBOOT 206, 500

Fix-It-Utilities 486
FIXMBR 500
Floppy Image 529-530
FOR 326
FORMAT 327
FORMAT.COM 482
Formatieren 61
Formatierung 495
F-Prot Antivirus 113
Frames 136
Frisk Software 113
F-Secure Anti-Virus 114
FTYPE 206
Funktionstasten 37

G

GOSUB 332
GOTO 332
GRAFTABL 333
GRAPHICS 40, 88, 334
GREP 484
GWBASIC 31

H

Hauptverzeichnis 97
HCONVERT 196
HCONVERT (Stacker 4.0) 117
HELP 58, 336
HELP.COM 58
HELP.HLP 58
HIBUFFERS 337
HIDEVICE 337
HIDOS 337
HIGH 143
High Memory Area 134
HIINSTALL 338

HILOAD 338
HIMEM.SYS 135, 143, 481
HIMEM.SYS (DR-DOS) 338
HIMEM.SYS (MS-DOS) 339
HISTORY 50, 150, 344
HMA 134

I
IBM 25
IBM Antivirus 113
IBMAV 113
IBMAVD 183
IBMAVSP 183
IBMBIO.COM 26
IBMDOS.COM 26
IF 345
Image 281
Image-Dateien 66, 279, 513
INCLUDE 346
Inkrementelle Sicherung 111
INSTALL 347
INSTALLHIGH 347
Interlink 119, 121
INTERLNK.EXE 349
Interne Befehle 34
Internet 509
INTERSVR 351
IO.SYS 26
IPCONFIG 553
IPX/SPX 537
ISO-Image-Dateien 512

J
JOIN 354
Joker 78
Joliet 68

K
Kabinettdatei 93
Kabinett-Dateien 482
KEYB 154, 355
KEYB GR 53
KEYB.COM 54, 348, 481
KEYBOARD.SYS 54, 271, 481
KEYMAPS 513
Klammeraffe 151
Kompressionsrate 276
Konfiguration 125
Konfigurationsblock 439
Konfigurationsdateien 127
Konventioneller Speicher 132

L
LABEL 358
Landesspezifische Einstellungen 146
LapLink 121
LASTDRIVE 147, 359
LASTDRIVEHIGH 359
Laufwerk wechseln 80
LCD 335
Leerzeichen 68
    in Dateinamen 72
Leerzeichentaste 41
LFNFOR 359
LH 155, 360
LINKFILE 119
Linux-Partitionen 321
LISTSVC 206
LOADER 201, 361
LOADFIX 201, 363, 370
LOADHIGH 360
Loch, schwarzes 77
LOCK (DR-DOS) 364

LOCK (MS-DOS) 365
LOGON 207
Low-Level-Formatierung 495
LPT 76
LS 85, 484

M
MAKEDISK 479
Makros 287
MAP 207
MaxBlast 498
Maxblast 489
MD 100, 365
Mehrplatzsystemen 25
MEM 170, 366
MEMMAKER 170, 368
MEMMAX 370
MENUCOLOR 371
MENUDEFAULT 372
MENUITEM 165, 373
Microsoft 25
Microsoft Antivirus 113
Microsoft Backup 110
Microsoft Diagnostics 124
MIRROR 374
MKDIR 365
MODE 375
MORE 89, 382
MORE.COM 89
MOUNT 196
MOUSE 155, 383
MOUSE.COM 483
MOUSE.SYS 383, 483
MOVE 87, 105, 385
MP3-Dateien 510
MPEG-Dateien 510

MSAV 113, 387
MSBACKUP 111, 388
MSCDEX 143, 160, 389
MSCDEX.EXE 481
MSD 124, 391
MSDOS.SYS 26
MS-DOS-Modus 47
MSHERC 391
Multikonfiguration 164, 443
Multitasking 25
Multi-User-System 25
MWAV 109, 185
MWAVTSR 109
MWBACKUP 185
MWUNDEL 109, 185

N
NET 207, 547
NET.EXE 550
NetBEUI 538
NetWare Lite 537
NetWars 391
NLSFUNC 392
NLSFUNC.EXE 348
NOEMS 148
Norton Commander 32
Norton SystemWorks 486
Notfalldisketten 485
Novell 16
Novell DOS 53
NTFSDOS.EXE 483
NUL 77
Nullmodem 119
NUMLOCK 393
NWCACHE 152, 393, 432
NWCDEX 143, 160, 396

Stichwortverzeichnis

NWCLIENT 539
NWDOS.INI 154
NWDOSCFG 154

O

OAKCDROM.SYS 142, 160, 481
Ontrack DiskManager 489
OpenDOS 53
OPENDOS.INI 154
OPENDOSCFG 154
Ordner 66, 97

P

Packed file corrupt 363
PACKING.LST 129
Papierkorb 92
PartCopy 529
Partition Magic 500
Partition Manager 500
Partitionierung 495
PartitionMagic 489, 534
PartitionManager 489
Partitionstabelle 499
Partitionstyp 505
PARTNSAV.FIL 375, 457
PASSWD 196
PASSWD (Stacker 4.0) 117
PASSWORD 397
PATH 36, 106, 153, 161, 399
PAUSE 400
PCFORMAT 195
PC-Karten 196
PC-Kwik 432
PCM 196
PCM+ 196
PCMATA.SYS 195
PCMCIA-Karten 196
PCMCS 195
PCMDINST 196
PCMFDD 195
PCMFDISK 196
PCMINFO 195
PCMMTD 195
PCMRMAN 196
PCMSCD 195
PCMSETUP 196
PCMVCD.386 195
PCMWIN 196
PC-Shell 32
PD 31
Peer-to-Peer-Netzwerk 538
PenDOS 195
Peripheriegeräte 125
Personal NetWare 537
Pfad 98
PID 505
PIF-Datei 47, 171
PING 551
Platzhalter 78
PNUNPACK 123, 400
PNWLOGIN.SCR 546
POPD 207
POST 22, 44
PostScript 423
POWER.EXE 401
PowerCopy 121
Power-On Self-Test 22, 44
Präfix 67
PREVIEW 202, 402
Primäre Partition 499
Primary Bootstrap 22
PRINT 403

PRN 77, 87
Programme 21
   speicherresidente 25
Programmiersprachen 31
Programminformationsdateien 47
PROMPT 56, 153
Prozesse 445
Public Domain 31
Puffer 145
PUSHD 207

Q
QBASIC 31, 407
QBASIC.EXE 58, 137
QCONFIG 185
Quick View Pro 510
QWERTY 139

R
RAMBOOST 185
RAMBoost 170
RAM-Disk 408, 482
RAMDRIVE 343
RAMDRIVE.SYS 408, 482
RAMSETUP 186
RawWrite 529
RB???.CAB 70
RD 410
README.XDF 130
Read-Only-Bit 94
Real Mode 134
RECOVER 411
RECYCLED 92
REGEDIT 70
Registrierungsdatenbank 70
   sichern 70

REM 412
REMOVDRV 196
REMOVDRV (Stacker 4.0) 117
REN 86, 413
RENAME 413
RENDIR 87, 106, 414
REPAIR 196
REPAIR (Stacker 4.0) 117
REPLACE 414
REPORT 196
REPORT (Stacker 4.0) 117
RESIZE 196
RESIZE (Stacker 4.0) 117
RESTORE 417
RETURN 419
REXX 124
RMDIR 410
ROM-BIOS 21
Root 98
RTOOL 196
Rückschritt-Taste 39

S
SCANDISK 114, 420
SCANDISK.EXE 482
SCANDISK.INI 422
SCANREG 70
SCANREG.EXE 482
SCHEDULE 186
SCONVERT 202
SCREATE.SYS 196
SCREATE.SYS (Stacker 4.0) 117
SCRIPT 423
SDEFRAG 196, 202
SDEFRAG (Stacker 4.0) 118

Stichwortverzeichnis

SDIR 196
SDIR (Stacker 4.0) 118
SDRES 202, 424
SDSCAN 202, 424
Search & Destroy 113, 202
Seiten 136
Semikolon 68
SENTRY 456
SET 55, 153, 424
SET DIRCMD 154
SET DIRCMD= 84
SET TEMP 57, 65, 153
SETUP 425
SETUP (DR-DOS) 131
SETUP (MS-DOS) 127
SETUP (PC DOS) 129
SETUP (Stacker 4.0) 118
SETUP /F 45, 127
SETUP.INI 154
SETVER 149, 426, 480
SGROUP 196
SGROUP (Stacker 4.0) 118
ShadowRAM 342
SHARE 428
SHARE.EXE 348
Shareware 30
SHELL 147, 430
SHIFT 431
Sicherung
    differenzielle 111
    inkrementelle 111
SID 258
Single-Tasking 24
Single-User 24
SIZER.EXE 369
SMARTDRV 152, 432

SMARTMON 109
SNDSCAPE.INI 157
SNMP 537
Software 21
Sonderzeichen 39, 43
SORT 90, 435
SoundBlaster 157
Soundkarte 165
Soundkarten 157
Spiele 156
SpinRite 491
SPLIT 484
SSETUP 196
SSETUP (Stacker 4.0) 118
SSTOR 196
SSTORDRV.SYS 28
SSUNCOMP 196
SSUTIL 196
STAC 196
STAC (Stacker 4.0) 118
STACHIGH.SYS 28
STACHIGH.SYS (Stacker 4.0) 118
Stack Overflow 438
STACKER 196, 202
STACKER (Stacker 4.0) 118
Stacker 3.1 115
Stacker 4.0 115, 196
Stacker 4.0 (PC DOS) 116
STACKER.BIN 28
STACKS 437
STACKSHIGH 437
STACWIN 196
STACWIN (Stacker 4.0) 118
Stapelverarbeitung 126
Stapelverarbeitungsdateien 35, 158
START 208

Startdiskette 469
STARTNET 543
Startroutine 22
Steuerung 38
SUBMENU 439
SUBST 441
Suchwege 107
Suffix 67, 82
SuperStor 196
swapping 432
SWITCH 442
SWITCHES 443
SYS 444
SYS.COM 482
SYSBCKUP 70
SYSINFO 196
SYSINFO (Stacker 4.0) 118
System Commander 500
System-Bit 94
Systemdiskette 469
Systemprogramme 26
Systemprompt 56
SYSTEMROOT 208

T
Tabulator-Taste 38
TASKMGR 445
TASKMGR.INI 154
Tastaturbelegung 37, 53
TEMP 57, 153
TEMP (Umgebungsvariable) 89
TIME 448
TOUCH 449, 484
TREE 102, 450
TRUENAME 451

TUNER 196
TUNER (Stacker 4.0) 118
TYPE 88, 139, 452

U
UBD 487
Überschreibmodus 39
UDE 188
UDEOFF 187, 196
UDEON 188, 196
Uhrzeit 82
Ultimate Boot Disk 488
UMA 134
UMBs 134
Umgebungsvariable 107
Umleitungszeichen 87
Umschalttasten 38
UNCOMP 196
UNCOMP (Stacker 4.0) 118
UNDELETE 453-454
UNFORMAT 64, 457
UNINSTAL 459
Universal Data Exchange 188
UNIX 25
UNMOUNT 188, 196
UNPACK2 123, 459
UNSECURE 460
UNSTACK 202, 460
Unterverzeichnis 76
Upper Memory 134
Upper Memory Area 134
Utilities 29

V
V-com SystemSuite 486
VDISK.SYS 482

Stichwortverzeichnis

VER 53, 461
VERIFY 461
Verzeichnisbaum
   löschen 104
Verzeichnisse 97
Verzeichnisse sortieren 259
VFAT 69
VFINTD.386 109
Videodateien 510
VIEW 462
VIEW CMDREF 58
VIEWMAX 462
ViewMax 123
Virtuelle Maschine 511
Virus
   Master-Bootsektor 321
VMware Workstation 534
VOL 462
Vorformatierung 495
VSAFE 113, 463

W

Wagenrücklauf 39
WAVESETS.TXT 157
Whitespaces 319
Wiederherstellungskonsole 203, 500
Wildcard 78
WINA20.386 443
WINBACK 109
Windows 3.1x 434
Windows-Registrierungsdatenbank
   prüfen 482
WinImage 529
World Wide Web 509
WPCMINFO.CPL 195
Wurzel 98

X

XCOPY 97, 463
XDEL 92, 104, 466
XDF 466
XDF.COM 130, 483
XDFCOPY 130, 467
XDFCOPY.EXE 483
XDF-Disketten 130
XDF-Format 130, 483
XDIR 85, 467
XENIX 25
XMM 135
XMS 134, 147

Z

Zeichensatztabellen 193
Zugriffspfad 106
Zuwachssicherung 111

ISBN 3-8266-0777-5
www.mitp.de

Michael Meyers

A+ Hardware

Aktuell zur neuen 2001er A+-Prüfung

Dieses Buch deckt alle Aspekte der A+-Zertifizierung zum PC-Techniker ab und behandelt umfangreich alle Inhalte, die Sie brauchen, um das Examen der Kurse Core Hardware und Operating System Technologies erfolgreich zu bestehen. Am Anfang der Kapitel finden Sie die offiziellen Prüfungsziele, innerhalb der Kapitel spezielle Examenstipps, praktische Übungsfragen mit Lösungen am Ende der Kapitel sowie zahlreiche Abbildungen. Mit diesem verständlich geschriebenen, anschaulichen und praxisnahen Buch werden Sie nicht nur die A+-Zertifizierung erfolgreich meistern, sondern ebenso ausgezeichnet auf Ihre Tätigkeit als PC-Techniker vorbereitet sein. Auch für diejenigen, die keine Prüfung machen wollen, sondern beruflich oder privat alle PC-Probleme selber lösen möchten, ist dies ein hilfreiches und kompetentes Handbuch und Nachschlagewerk.

ISBN 3-8266-1321-X
www.mitp.de

Dirk Chung, Robert Agular

HTML Ge-Packt, 2. Auflage

Mit dieser gepackten Referenz erhalten Sie alle Informationen, die Sie brauchen, um mit HTML Ihre Webseiten zu erstellen. Dieses Buch enthält zusätzlich eine Referenz zu CSS für alle, die ihre Webseiten mit Cascading Style Sheets aufwerten wollen. Im zweiten Teil des Buches finden Sie viele wertvolle Tipps und Hilfen für die praktische Umsetzung und die Erweiterung Ihrer Webseite wie das Einbinden von Scripten und Multimedia-Elementen. Ein weiterer Teil befasst sich mit der Testphase, der Providerauswahl, der Suchmaschinenproblematik sowie einer Übersicht über verschiedene hilfreiche Tools, die Sie z.T. kostenlos aus dem Internet beziehen können.

Für die tägliche Praxis ist dieses Buch immer ein nützlicher Ratgeber.

ISBN 3-8266-0786-4
www.mitp.de

Joachim Rohde

Assembler Ge-Packt

Die praktische Referenz

Assembler ist noch heute nach wie vor eine der mächtigsten Programmiersprachen. In dieser gepackten Referenz finden Sie alle Informationen, die Sie brauchen, um die jeweiligen Befehle sicher einzusetzen. Hinweise, worauf Sie achten müssen und Programmiertipps helfen Ihnen, effektiv mit Assembler zu arbeiten. Sie erhalten präzise und klar verständliche Erläuterungen zu den Operatoren, Anweisungen, vordefinierten Symbolen, zu allen Befehlssätzen bis einschließlich dem Pentium 4 sowie den Technologien MMX und 3D NOW! Ebenso werden zu den jeweiligen Architekturen die wichtigsten Register beschrieben. Mit dieser handlichen Referenz sind Sie für Ihre Programmieraufgaben bestens gerüstet!

Dirk Chung, Robert Agular

HTML Ge-Packt

- Schnelles und effektives Nachschlagen aller HTML-Befehle
- Inklusive einer CSS-Referenz
- Praxisteil mit vielen nützlichen Tipps

ISBN 3-8266-0695-7

Thomas A. Powell

HTML Ent-Packt

- Umfassende Erläuterungen der gesamten Syntax von HTML 4.01 und XHTML 1.0
- Cascading Style Sheets 1 und 2
- Server- und clientseitige Programmierung mit CGI und ASP sowie ActiveX und Java

ISBN 3-8266-0894-4

www.mitp.de

Dan Rahmel

Visual Basic .NET Ge-Packt
- Effektives Nachschlagen der Visual Basic/VBA und VBScript-Elemente
- XML, COM und ADO.NET
- Objektmodelldiagramme u.a. zu Excel und ASP.NET

ISBN 3-8266-0810-0

Jeffrey R. Shapiro

Visual Basic .NET Ent-Packt
- Umfassende Erläuterungen der gesamten Syntax von Visual Basic .NET
- Schnittstellen, Ausnahmebehandlung, Datenverarbeitung und I/O
- Objektorientierte Programmierung und Softwareentwicklung mit VB .NET

ISBN 3-8266-0898-4

www.mitp.de